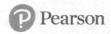

/ 教育治理与领导力丛书 /　　王定华 总主编

[美]

威廉·R. 戈登二世
William R. Gordon Ⅱ
罗斯玛丽·T. 泰勒
Rosemarye T. Taylor
彼得·F. 奥利瓦
Peter F. Oliva
著

王爱松
译

课程发展学

Developing The Curriculum

（Ninth Edition）

 华东师范大学出版社
上海

图书在版编目（CIP）数据

课程发展学：第9版/（美）威廉·R.戈登二世，
（美）罗斯玛丽·T.泰勒，（美）彼得·F.奥利瓦著；
王爱松译. -- 上海：华东师范大学出版社，2024.
（教育治理与领导力丛书）. -- ISBN 978-7-5760-5793-5

Ⅰ.G423

中国国家版本馆CIP数据核字第2025S5D373号

教育治理与领导力丛书
课程发展学（第9版）

丛书总主编	王定华
著　　者	（美）威廉·R.戈登二世（美）罗斯玛丽·T.泰勒（美）彼得·F.奥利瓦
译　　者	王爱松
策划编辑	王　焰
责任编辑	曾　睿
责任校对	丁　莹　时东明
装帧设计	膏泽文化
出版发行	华东师范大学出版社
社　　址	上海市中山北路3663号　邮编200062
网　　址	www.ecnupress.com.cn
电　　话	021-60821666　行政传真 021-62572105
客服电话	021-62865537
门市(邮购)电话	021-62869887
地　　址	上海市中山北路3663号华东师范大学校内先锋路口
网　　店	http://hdsdcbs.tmall.com
印　刷　者	青岛新华印刷有限公司
开　　本	16开
印　　张	23
字　　数	408千字
版　　次	2025年5月第1版
印　　次	2025年5月第1次
书　　号	ISBN 978-7-5760-5793-5
定　　价	98.80元
出版人	王焰

（如发现本版图书有印订质量问题，请寄回本社客服中心调换或电话021-62865537联系）

Authorized translation from the English language edition, entitled Developing the Curriculum 9e by Peter F. Oliva/William R. Gordon/Rosemarye T. Taylor, published by Pearson Education, Inc, Copyright © 2019.

All rights reserved. No part of this book may be reproduced or transmitted in any form or by any means, electronic or mechanical, including photocopying, recording or by any information storage retrieval system, without permission from Pearson Education, Inc. This edition is authorized for sale and distribution in the people's. Republic of China（excluding HongKong SAR, Macao SAR and Taiwan）.

CHINESE SIMPLIFIED language edition published by EAST CHINA NORMAL UNIVERSITY PRESS LTD. Copyright © 2025.

本书译自 Pearson Education, Inc 2019 年出版的 Developing the Curriculum 9e by Peter F. Oliva/William R. Gordon/Rosemarye T. Taylor。

版权所有。未经 Pearson Education, Inc 许可，不得通过任何途径以任何形式复制、传播本书的任何部分。本书经授权在中华人民共和国境内（不包括香港特别行政区、澳门特别行政区和台湾地区）销售和发行。

简体中文版© 华东师范大学出版社有限公司，2025。

本书封底贴有 Pearson Education（培生教育出版集团）激光防伪标签，无标签者不得销售。
上海市版权局著作权合同登记 图字：09-2022-0841 号

总　序

王定华

人类社会进入21世纪第3个十年后,国际政治巨变不已,科技革命加深加广,人工智能扑面而来,工业4.0时代渐成现实,各种思想思潮交流、交融、交锋,人们的学习方式、工作方式和生活方式发生很大变化。中国正在日益走上世界舞台中央,华夏儿女应该放眼世界,胸怀全局,不忘本来,吸收外来,继往开来,创造未来。只是,2020年在全球蔓延的新冠疫情,波及范围之广、影响领域之深,历史罕见,给人类生命安全和身体健康带来巨大威胁,给我国和各国的经济社会发展带来巨大挑战,对世界经济与全球治理造成重大干扰。教育作为其中的重要领域,也受到剧烈冲击。这是一次危机,也是一次大考。教育部门、各类学校、出版行业必须化危为机,抓住机遇,迎接挑战,与各国同行、国际组织良性互动,把教育治理及各项工作做得更好。

一切生命都需要新陈代谢,否则必然灭亡;任何文明都应当交流互鉴,否则就会僵化。一种文明只有同其他文明取长补短,才能保持旺盛活力。[1] 习近平总书记深刻指出:"改革开放已走过千山万水,但仍需跋山涉水,摆在全党全国各族人民面前的使命更光荣、任务更艰巨、挑战更严峻、工作更伟大。……必须坚持扩大开放,不断推动共建人类命运共同体。……我们必须高举和平、发展、

---

[1] 习近平:《深化文明交流借鉴 共建亚洲命运共同体——在亚洲文明对话开幕式上的主旨演讲》,光明日报,2019年5月16日。

合作、共赢的旗帜,……维护国际公平正义。"①这些重要指示为新时代各行各业改革发展、砥砺前行、建功立业指明方向、提供遵循。

在我国深化教育改革和改进学校治理过程中,必须立足中国、自力更生、锐意进取、创新实践,同时也应当放眼世界、知己知彼、相互学习、实现超越。我国教育治理的优势和不足有哪些？我国中小学校长如何提升办学治校能力、打造高品质学校？② 美国等西方国家的教育是如何治理的？其管理部门、督导机构、各类学校的权利与义务情况如何？西方国家的中小学校长、社区、家长是如何相互配合的？其教师、教材、教法、学生、学习是怎样协调统一的？诸如此类的问题,值得以广阔的国际视野,全面观察、逐步聚焦、深入研究；值得用中华民族的情怀,去粗取精、厚德载物、悦己达人；值得用现代法治精神,正视剖析、见微知著、发现规律。

现代法治精神与传统法治精神、西方法治精神既有相通之处,又有不同之点。现代法治精神是传统法治精神的现代化,同时也是西方法治精神的中国化。在新时代,现代法治精神包括丰富内涵:第一,全面依法治国。各行各业都要树立法治精神,严格依法办事；无论官民都要守法,官要带头,民要自觉,人人敬畏法律、了解法律、遵守法律,全体人民都成为法治的忠实崇尚者、自觉遵守者、坚定捍卫者,人民权益靠法律保障,法律权威靠人民维护；做到有法可依、有法必依、执法必严、违法必究,自觉守法,遇事找法,解决问题靠法。第二,彰显宪法价值。宪法是最广大人民共同意志的体现,规定国家和社会的根本制度,具有最高法律效力。全面贯彻实施宪法是建设社会主义法治国家的首要任务和基础性工作。第三,体现人文品质。法律是治国之重器,良法是善治之前提。法治依据的法律应是良法,维护大多数人利益,照顾弱势群体权益,符合社会发

---

① 习近平:《在庆祝改革开放40周年大会上的讲话》,新华网,2018年12月18日。
② 2018年1月《中共中央国务院关于全面深化新时代教师队伍建设改革的意见》提出"提升校长办学治校能力,打造高品质学校"。

展方向；执法的行为应当连贯，注重依法行政的全局性、整体性和系统性；法律、法规、政策的关系应当妥处，既严格依法办事，又适当顾及基本国情。第四，具有中国特色。坚定不移地走中国特色社会主义法治道路，坚持党的领导、人民当家作主、依法治国有机统一，不断促进国家治理体系和治理能力现代化，为实现"两个一百年"奋斗目标、实现中华民族伟大复兴的中国梦提供有力法治保障。第五，做到与时俱进。顺应时代潮流，根据现代化建设需要，总结我国历史上和新中国成立后法治的经验教训，参照其他国家法治的有益做法，及时提出立、改、废、释的意见建议，促进物质、精神、政治、社会、生态等五个文明建设，调整公共权力与公民权利的关系结构，约束、规范公共权力，维护、保障公民权利。

树立现代法治精神，必须切实用法治精神推进社会治理创新。过去人们强调管理（Management），现在更提倡治理（Governance）。强调管理时，一般体现为自上而下用权，发指示，提要求；而强调治理，则主要期冀调动方方面面积极性，讲协同，重引领。治理是各种公共的或私人的机构，或者个人管理其共同事务的许多方式的总和，是使相互冲突的或不同的利益得以调和并且采取联合行动的持续过程。①治理的实质是建立在市场原则、公共利益和认同之上的合作。它所拥有的管理机制不单是依靠政府的权威，还依赖合作网络的权威，其权力是多元的、相互的，而非单一的或自上而下的。②治理是公共利益最大化的社会管理过程，其最终目的是实现善治，本质是政府和公民对社会公共生活的合作管理，体现政府、社会组织与公民的新型关系。

政府部门改作风、转职能，实质上都是完善治理体系、提高治理能力。在完善治理体系中，应优先完善公共服务的治理体系；在提高治理能力时，须着力提升公共事务的治理能力。教育是重要的公共事务，基础教育又是其重中之重。基础教育作为法定的基本国民教育，面向全体适龄儿童少年，关乎国民素质提

---

① 李阳春：《治理创新视阈下政府与社会的新型关系》，中共中央党校学报，2014年第5期。
② Anthony R. T. et al: *Governance as a trialogue: government-society-science in transition*. Berlin: The Springer Press, 2007: 29.

升,关乎中华民族伟大复兴,是国家亟需以现代法治精神引领的最重要的公共服务,是政府亟待致力于治理创新的最基本的公共事务。

创新社会治理的体系方式、实现基础教育的科学治理,就是要实行基础教育的善治,其特点是合法性、透明性、责任性、适切性和稳定性,实现基础教育治理体系和治理能力现代化。实行善治有一些基本要求,每项要求均可对改善基础教育治理以一定启迪。一是形成正确的社会治理理念,解决治理为了谁的问题。基础教育为的是全体适龄儿童少年的现在和未来,让他们享受到公平而有质量的教育,实现全面发展和健康成长。二是强化政府主导服务功能,解决过与不及的问题。基础教育阶段要处理好政府、教育部门、学校之间的关系,各级政府依法提供充分保障,教育部门依法制定有效政策,学校依法开展自主办学,各方履职应恰如其分、相得益彰,过与不及都会欲速不达、事倍功半。三是建好社区公共服务平台,解决部分时段或部分群体无人照料的问题。可依托城乡社区构建课后教育与看护机制,关心进城随迁子女,照顾农村留守儿童。还可运用信息技术、人工智能,助力少年儿童安全保护。四是培育相关社会支撑组织,解决社会治理缺乏资源的问题。根据情况采取政府委托、购买、补贴方式,发挥社会组织对中小学校的支撑作用或辅助配合和拾遗补缺作用,也可让其参与民办学校发展,为家长和学生提供一定教育选择。五是吸纳各方相关人士参加,解决不能形成合力的问题。中小学校在外部应普遍建立家长委员会,发挥其参谋、监督、助手作用;在内部应调动教师、学生的参加,听其意见,为其服务。总之,要加快实现从等级制管理向网络化治理的转变,从把人当作资源和工具向把人作为参与者的转变,从命令式信号发布向协商合作转变,在加快推进教育现代化进程中形成我国基础教育治理的可喜局面。

2019年初,中共中央、国务院印发了《中国教育现代化2035》。作为亲身参与这个重要文献起草的教育工作者,我十分欣慰,深受鼓舞。《中国教育现代化2035》提出推进教育现代化的指导思想:以习近平新时代中国特色社会主义思想为指导,全面贯彻党的十九大和十九届二中、三中全会精神,坚定实施科教兴国战略、人才强国战略,紧紧围绕统筹推进"五位一体"总体布局和协调推进"四个全面"战略布局,坚定"四个自信",在党的坚强领导下,全面贯彻党的教育方针,坚持马克思主义指导地位,坚持中国特色社会主义教育发展道路,坚持社会主义办学方向,立足基本国情,遵循教育规律,坚持改革创新,以凝聚人心、完善人格、开发人力、培育人才、造福人民为工作目标,培养德、智、体、美、劳全面发展的社会主义建设者和接班人,加快推进教育现代化、建设教育强国、办好人民满意的教育。将服务中华民族伟大复兴作为教育的重要使命,坚持教育为人民服务、为中国共产党治国理政服务、为巩固和发展中国特色社会主义制度服务、为改革开放和社会主义现代化建设服务,优先发展教育,大力推进教育理念、体系、制度、内容、方法、治理现代化,着力提高教育质量,促进教育公平,优化教育结构,为决胜全面建成小康社会、实现新时代中国特色社会主义发展的奋斗目标提供有力支撑。

《中国教育现代化2035》提出了推进教育现代化的八大基本理念:更加注重以德为先,更加注重全面发展,更加注重面向人人,更加注重终身学习,更加注重因材施教,更加注重知行合一,更加注重融合发展,更加注重共建共享。明确了推进教育现代化的基本原则:坚持党的领导、坚持中国特色、坚持优先发展、坚持服务人民、坚持改革创新、坚持依法治教、坚持统筹推进。

《中国教育现代化2035》提出,到2035年,我国将总体实现教育现代化,迈入教育强国,推动我国成为学习大国、人力资源强国和人才强国,为到本世纪中叶建成富强、民主、文明、和谐、美丽的社会主义现代化强国奠定坚实基础。建成服务全民终身学习的现代教育体系、普及有质量的学前教育、实现优质均衡的义务教育、全面普及高中阶段教育、职业教育服务能力显著提升、高等教育竞争力明显提升、残疾儿童少年享有适合的教育、形成全社会共同参与的教育治理新格局。

立足新时代、推进教育治理体系和治理能力现代化,应当积极推进教育治理方式变革,加快形成现代化的教育管理与监测体系,推进管理精准化和决策科学化。提高教育法治化水平,构建完备的教育法律法规体系,健全学校办学法律支持体系。健全教育法律实施和监管机制。提升政府综合运用法律、标准、信息服务等现代治理手段的能力和水平。健全教育督导体制机制,提高教育督导的权威性和实效性。提高学校自主管理能力,完善学校治理结构。鼓励民办学校按照非营利性和营利性两种组织属性开展现代学校制度改革创新。推动社会参与教育治理常态化,建立健全社会参与学校管理和教育评价监管机制。要开创教育对外开放新格局。全面提升国际交流合作水平,推动我国同其他国家学历学位互认、标准互通、经验互鉴。扎实推进"一带一路"教育行动,加强与联合国教科文组织等国际组织和多边组织的合作,提升中外合作办学质量。完善教育质量标准体系,制定覆盖全学段、体现世界先进水平、符合不同层次类型教育特点的教育质量标准,明确学生发展核心素养要求。优化出国留学服务。实施留学中国计划,建立并完善来华留学教育质量保障机制,全面提升来华留学质量。推进中外高级别人文交流机制建设,拓展人文交流领域,促进中外民心相通和文明交流互鉴,鼓励大胆探索、积极改革创新,形成充满活力、富有效率、更加开放、有利于高质量发展的教育体制机制。

  立足新时代、推进教育治理体系和治理能力现代化,应当全面落实立德树人根本任务。广泛开展理想信念教育,厚植爱国主义情怀,加强品德修养,增长知识见识,培养奋斗精神,不断提高学生思想水平、政治觉悟、道德品质、文化素养。树立健康第一理念,防范新冠病毒和各种传染病;强化学校体育,增强学生体质;加强学校美育,提高审美素养;确立劳动教育地位,凝练劳动教育方略,强化学生劳动精神陶冶和动手实践能力培养。[①] 建立健全中小学各学科学业质量标准和体质健康标准。加强课程教材体系建设,科学规划大中小学课程,分类制定课程标准,充分利用现代信息技术,丰富创新课程形式。创新人才培养方式,推行启发式、探究式、参与式、合作式等教学方式,培养学生创新精神与实

---

① 王定华:《试论新时代劳动教育的意蕴与方略》,课程·教材·教法,2020年第5期。

践能力。建设新型智能校园,提炼网络教学经验,统筹建设一体化智能化教学、管理与服务平台。利用现代技术加快推动人才培养模式改革,实现规模化教育与个性化培养的有机结合。创新教育服务业态,建立数字教育资源共建共享机制,完善利益分配机制、知识产权保护制度和新型教育服务监管制度。

立足新时代、推进教育治理体系和治理能力现代化,应当特别关注广大教师的成长诉求。百年大计,教育为本;教育大计,教师为本。教师是人类灵魂的工程师,是时代进步的先行者,承担着传播知识、传播思想、传播真理的历史使命,肩负着塑造灵魂、塑造生命、塑造新人的时代重任,是教育改革发展的第一资源,是实现中华民族伟大复兴的重要基石。当前,工业化、信息化、新型城镇化、农业现代化迅速发展,国际竞争日趋激烈,国家经济社会发展对高素质人才的渴求愈发迫切,人民群众对"上好学"的需求更加旺盛,教育发展、国家繁荣、民族振兴,亟需一批又一批的好教师。所以,必须从战略高度充分认识教师工作的极端重要性,优先规划,优先投入,优先保障,创新教师治理体系,解决编制、职称、待遇的制约,真正加强教师队伍建设,造就师德高尚、业务精湛、结构合理、充满活力的高素质专业化创新型教师队伍。广大教师和教育工作者需要学习了解西方教育发达国家的新的教育理念和教育思想,并应当在此基础上敢于超越、善于创新。校长是教师中的关键少数。各方应加强统筹,加强中小学校长队伍建设,努力造就一支政治过硬、品德高尚、业务精湛、治校有方的校长队伍。

"教育治理与领导力丛书"是华东师范大学出版社为适应中国教育改革和创新的要求、推动中国教育现代化进程,而重点打造的旨在提高教师必备职业素养的精品图书。为了做好丛书的引进、翻译、编辑、付梓,华东师大出版社相关同志做了大量扎实有效的工作。首先,精心论证选题。会同培生教育出版集团(Pearson Education)共同邀约中外专家,精心论证选题。所精选的教育学、心理学原著均为培生教育出版集团和国内外学术机构推荐图书,享有较高学术声誉,被200多所国际知名大学广泛采用,曾被译为十多种语言。丛书每一本皆为权威著作，引进都是原作最新版次。其次，认真组织翻译。好的版权书，加上好的翻译，方可珠联璧合。参加丛书翻译的同志主要来自北京外国语大学、北京师范大学、华东师范大学、浙江大学、南京大学、西南大学等"双一流"高校，他们均对教育理论或实践有一定研究，具备深厚学术造诣，这为图书翻译质量提供了切实保障。再次，诚聘核稿专家。聘请国内相关专业的专家学者组建丛书审定委员会，汇集了部分学术界名家、出版界编审、一线教研员，以保证这套丛书的学术水准和编校质量。"教育治理与领导力丛书"起始于翻译，又不止于翻译，这套丛书是开放式的。西方优秀教育译作诚然助力我国教育治理改进，而本国优秀教育创作亦将推动我国学校领导力增强。

华东师范大学出版社王焰社长、曾睿编辑邀请我担任丛书主编，而我因学识有限、工作又忙，故而一度犹豫，最终好意难却、接受邀约。在丛书翻译、统校过程中，我和相关同志主观上尽心尽力、不辱使命，客观上可能仍未避免书稿瑕疵。如读者发现错误，请不吝赐教，我们当虚心接受，仔细订正。同时，我们深信，这套丛书力求以其现代化教育思维、前瞻性学术理念、创新性研究视角和多样化表述方式，展示教育治理与领导力的理论和实践，是教育现代化进程中广大教师、校长和教育工作者所需要的，值得大家参阅。

王定华

2020年夏于北京

（王定华，北京外国语大学党委书记，国际教育学院教授、博士生导师，国家督学、国家教师教育专家咨询委员会副主任委员，曾任教育部基础教育一司司长、教育部教师工作司司长、中国驻纽约总领事馆教育领事。）

前　言

《课程发展学（第9版）》，继续致力于全面提升学习者成就的课程开发系统。在这个强调实施标准、对学生学习结果负责的时代，我们对继续使用本书，以推进仍在发展的研究领域的读者心怀感激。我们力求阐明课程发展领域的各种历史方法和21世纪的创新方法，确保这些内容与当今课程专家和学区、学校的教育领导者紧密相关。

本版本的"更新"之处

尽管本版在基本框架上继承了先前版本的结构，但其进行了若干创新性更新，以增强其时效性和适用性。本书不仅适用于高等院校的教师与学生，也适用于实际教学中的课程专家和教育领导者。

·威廉·R.戈登二世，曾是教育领域的一位实践型领导，他在这一版本中分享了自己引领传统教育和虚拟教育的当代经验与知识。由于以往版本的作者彼得·F.奥利瓦（Peter F. Oliva）不幸去世，戈登博士接替他成为本书的第一作者。

·罗斯玛丽·T.泰勒，教育领导力专业教授和前从业者，是这个版本的新人，带来了她在课程系统（包括教学、评估和评价）方面的专业知识。

·第9版与第8版相比，增加了大约35%的新内容。在保留了原先第8版丰富的历史视角的同时，增加或扩展了诸如《每一个学生都成功法案》（ESSA）、数字方向、英语学习者、学习科学和基于标准的课程系统（教学和评估）等主题。更新了全书的学术用语和参考文献，以期更好地反映21世纪的课程体系思想。

原第8版的"数字课程"一章已更新为"数字化课程与教学的趋势"，反映了教育课程、教学、交付、评估和数据分析这一动态领域的新趋势和最新研究成果。介绍了数字和技术素养创新实践的概念，并深入分析了在线学习、混合式学习和移动学习等新兴领域。此外，还概述了如何使用基于计算机的评估来收集学生表现的数据，以便为课程和教学实践提供信息。此外，免费数字内容的新论坛、"开放教育资源"，以及一个论述数字伦理的章节，也堪称本版的特色。

- 删除了原第八章，其内容已适当地整合融入其他章节。
- 删除了原第十五章，有关课程开发、实施和评估的未来方向的内容，适当地融入了全书和最后一章。
- 第9版将参考文献放在每章的末尾，并采取"美国心理学会"（APA）的第6版格式，以帮助读者更便捷地追溯作者及其著作的出版时间。
- 第9版把阅读书目放在了每一章末尾的参考文献之前，因此删除了全书的参考书目。

与以往的版本一样，本书旨在应对学习者在课程开发、课程规划、课程与教学、课程改革和教育领导力等领域的学习需求。学区级课程专家、职前和在职课程协调员、校长、助理校长、课程资源教师、部门主任、教学团队带头人和年级带头人，将从这本实用的课程开发指南中受益。

第9版共分为六个部分，依次深入探讨，并援引了众多学校及学区的实践案例以资佐证。本书首先考察了课程开发的理论维度，评述了承担课程开发主要责任的各类人员，并描述了课程开发的各种模式，其中包括"课程系统开发的戈登泰勒模式"，该模式旨在积极改善学生在标准化教育时代的学习成效。考察了课程开发的过程：从陈述哲学的信仰和教育的广泛目标，到具体明确课程和教学的宗旨与目的、实施课程和教学、评估教学和课程的全过程。

各章旨在提供与本章的认知目标相关的深层信息。每章内容丰富，涵盖大量信息和建议、探究与反思，以及能强化目标、拓展超出本书所涵盖主题的各种应用。

本书一如既往地致力于将理论、研究和实践融为一体，以达到清晰易懂的表达效果。此外，我们对本书的内容进行了全面深入的研究和分析，旨在为读者提供一种优质的学习体验。我们深知，我们需要更多的教育工作者在课程开发这一复杂领域中发挥带头作用。我们的目标，是通过为那些参与课程开发过程的人提供有用的教学辅助工具，以期有效促进专业能力发展并培育此类发展潜能。

致谢

本书作者谨向所有为撰写和出版本书以及早期版本做出贡献的人致以诚挚的谢意。与我们共事的教师、行政人员、学生和同事的见解，评阅过本书的人的洞见，有助于我们形成对课程开发挑战性过程的思考。我们要特别感谢编辑朱莉·彼得斯（Julie Peters）、内容制作人法拉兹·沙里克·阿里（Faraz Sharique Ali），以及项目经理杰莎·梅·戴尔斯（Jessa May Dales），感谢他们为我们提供的帮助。

科尔顿·塔坡莱（Colton Tapoler）协助将注释和参考书目转换为各章的"美国心理学会"（APA）格式的参考文献。我们感谢他对这项繁琐工作的协助。

目　录

总　序 …………………………………………………………………………… 1
前　言 …………………………………………………………………………… 1

第一章　课程与教学的定义 …………………………………………………… 1
　　课程的概念 ………………………………………………………………… 1
　　课程目的或标准 …………………………………………………………… 7
　　课程与教学之间的关系 …………………………………………………… 8
　　作为一门学科的课程 ……………………………………………………… 12
　　课程专家 …………………………………………………………………… 15
　　总结·应用·反思与探究·网站·参考文献 ………………………… 16

第二章　课程开发的原理 ……………………………………………………… 21
　　术语的澄清 ………………………………………………………………… 21
　　课程原理的来源 …………………………………………………………… 22
　　原理的类型 ………………………………………………………………… 23
　　十大公理 …………………………………………………………………… 25
　　课程建设的八大指导性概念 ……………………………………………… 39
　　总结·应用·反思与探究·网站·建议阅读·参考文献 …………… 54

第三章　课程开发：多层次、多部门的过程 ………………………………… 59
　　课程决定 …………………………………………………………………… 59
　　课程开发的层次 …………………………………………………………… 62
　　开发的部门 ………………………………………………………………… 73
　　州之外的部门 ……………………………………………………………… 74

· 1 ·

总结·反思与探究·网站·建议阅读·参考文献·····················80

第四章 课程开发：人的维度·····························87
　　作为独特融合体的学校和学区······························87
　　课程团队成员的角色··································88
　　课程专家与团队过程··································97
　　变革过程···98
　　总结·应用·反思与探究·建议阅读·参考文献···············111

第五章 课程系统开发的模式·····························115
　　选择模式···115
　　课程开发的模式····································117
　　总结·应用·反思与探究·网站·参考文献··················129

第六章 哲学与教育的目标·······························131
　　使用建议的模式····································131
　　教育的目标：使命或目的······························132
　　教育哲学···143
　　阐明一种哲学······································158
　　教育哲学的例子····································160
　　总结·应用·反思与探究·网站·建议阅读·参考文献·········164

第七章 有数据和证据支撑的决策·························169
　　不断变化的期望····································169
　　需求的类别·······································171
　　一种分类方案·····································172
　　学生的需求：层次··································173

学生的需求：类型 …………………………………………………………… 176

社会的需求：层次 …………………………………………………………… 178

社会的需求：类型 …………………………………………………………… 183

来自科目材料的需求 ………………………………………………………… 187

需求评估过程的步骤 ………………………………………………………… 193

总结·应用·反思与探究·网站·建议阅读·参考文献 ………………… 194

第八章 课程目标或宗旨与课程目的或标准 …………………………… 199

课程体系组件的层级 ………………………………………………………… 199

定义课程目标和目的 ………………………………………………………… 200

构建课程目标陈述 …………………………………………………………… 203

构建课程目的或标准 ………………………………………………………… 204

阐明和确定课程目标、课程目的或标准的优先级 ………………………… 206

历史视角 ……………………………………………………………………… 208

课程文件和工件 ……………………………………………………………… 210

课程指南 ……………………………………………………………………… 210

总结·应用·反思与探究·网站·多媒体·参考文献 …………………… 215

第九章 教学目标或基本问题与教学目的或学习目标 ………………… 219

教学规划 ……………………………………………………………………… 219

教学目标或基本问题与教学目的或学习目标的定义 ……………………… 221

历史视角 ……………………………………………………………………… 222

准备教学目标或基本问题、教学目的或学习目标的指南 ………………… 225

分类系统 ……………………………………………………………………… 229

撰写教学目标和目的 ………………………………………………………… 235

阐明和确定教学目标和目的的优先级 ……………………………………… 238

总结·应用·反思与探究·网站·参考文献 ……………………………… 239

第十章 循证教学···243
　　教学模式···244
　　教学科学（SOI）··248
　　学习科学（SOL）···249
　　组织与标准相一致的教学···254
　　教学：艺术还是科学?···262
　　总结·应用·反思与探究·网站·播客·建议阅读·参考文献·······263

第十一章 教学评估···273
　　评估教学···273
　　评估··274
　　评估规划的步骤··275
　　常模参照测量与标准参照测量··278
　　三个领域的评估··282
　　基于表现的评估··288
　　总结·应用·反思与探究·补充资料·网站·建议阅读·参考文献····296

第十二章 课程评估···303
　　课程评估的目的与问题··303
　　评估··306
　　评估模式···308
　　评估标准···317
　　总结·应用·反思与探究·网站·建议阅读·参考文献···············318

第十三章 数字化课程与教学的趋势··323
　　教育技术···323
　　数字化学习（在线学习）···329

个性化学习……………………………………………………………………332
网络礼仪………………………………………………………………………339
总结·应用·反思与探究·网站·建议阅读·参考文献……………………340

第一章　课程与教学的定义

> **学习成果**
>
> 学习完本章，你应该能够：
>
> 1. 为你的环境定义课程。
> 2. 区分课程和教学。
> 3. 解释如何将课程视为一门学科。
> 4. 创建或选择一个模型，言之有据地显示课程和教学之间的关系。

课程的概念

公元前1世纪的盖乌斯·尤利乌斯·凯撒（Gaius Julius Caesar）和他同时代的人并不知道，罗马战车所驰骋的椭圆形轨道会留下一个词，这个词几乎每天都被2100年以后的教育工作者挂在嘴边。轨道——"课程"——是当今教育领导者的主要关注点，因为他们寻求创建和实施最符合学生需求的课程，并根据适用于其独特环境的问责制指标成功地提升学生的学习成效。

重要的是要注意到课程的实用含义，按官方的标准满足学生的需求并使学生的学习取得进步（它们可能是不同的需求）。课程理论家认识到，理论和实践并非截然分离，而应当是相互联系的（Wright, 2000）。事实上，赖特讨论了课程理论家如何力争将课程纳入到非传统学习环境（如博物馆、社区中心）和各种可能是虚拟或真实的场所之中。理论家们也在考虑学习的各种机会，这些机会反映在实体学校、虚拟学校以及课程开发、实施和评估的变革中（Wright, 2000）。本书的各章节，会涉及诸如此类的当代课程概念。

早在1976年，德韦恩·许布纳（Dwayne Huebner, 1976）就认为"课程"一词意义模糊、缺乏精确解释，由此产生了各种各样的课程定义。1988 年，玛德琳·R. 格鲁梅特（Madeleine R. Grumet, 1988）给课程贴上了一个"极度混乱的领域"（第 4 页）①的标签。在 21 世纪之交，阿瑟·W. 弗谢（Arthur W. Foshay, 2000）认为课程缺乏特殊性（第 9 页）。的确，课程有时似乎有盲人摸象的感觉。对有些人来说，它是厚皮类动物的鼻子；对另一些人来说，它是粗壮的腿；对某些人来说，它是像翼龙一样耷拉着的耳朵；对另一些人来说，它是皮糙肉厚的身躯；还有其他一些人说它是像绳子一样的尾巴。赫伯特·K. 克利巴德（Herbert K. Kliebard, 1998）观察到，"我们所称的美国课程，实际上是相互竞争的学说和实践的一个集合体"（第 2 页）。

直到在美国开发出《共同核心州立标准》（CCSS）并得到各种实施，课程才被认为是由地方教育机构（LEA）乃至州教育机构（SEA）提供的书面计划。2010 年，《共同核心州立标准》及其修订版本在 45 个州得到实施，使美国各地的课程比以往更为相似（Common Core State Standards Initiative, 2010）。然而，作为教师的观察者，我们注意到，在每所学校和单个课堂（虚拟课堂或传统课堂）中，真实的课程，是通过教学对课程所做的解释。观察者能够迅速感知到，教师和学生之间的互动（教学学习经验）实际上构成了真实课程内容的实证。由于教师是通过与学生的教学活动对官方课程进行具体实施或做出解释的，因此课程与教学不能完全分离。官方的说法是，课程是"教什么"，教学是"如何教"。

专业执照与课程

国家专业执照或专业认证管理文件，为教育工作者设定了专业标准。这些要求，无论是法规、规则还是政策，都加剧了课程定义的复杂性，因为很少有专业人士能够在"课程"范畴内获得相应的执照或认证。虽然大多数教育专业人士在预备项目中学习了被称为"课程"的课程，但通常不存在一个明确的、可认证的"课程"专业领域。专业人士通常在教育领导力、教育咨询、学校心理学、小学教育或中学教育内容领域获得许可或认证。但是在"课程本身"的范畴内，他们却难以获得相应的许可或认证，尽管课程领域的课程通常是大多数教育领域（包括教育领导力）所必备的。

然而，课程专家、协调员、开发人员、数码设计师、主管、顾问以及课程教授的数量，

---

① 译者注：本书中所标明的页码，均为英文版原书页码。

是可以明确界定的。这些课程专家中，许多人可能持有一个或多个领域的执照或证书，却不能习惯性地在墙上挂一张证书，表明他们在被称为"课程"的领域内获得了认证。

虽然可能缺乏一个被称为课程的可认证的专业领域，术语"课程"却常被赋予实体性，因为它要经历多种实质性的过程。人们会建立、规划、设计和构建"课程"——或者它的复数形式，curricula 或 curriculum（取决于用户对拉丁语的偏爱或厌恶）。基于可量化的学习成果或结果变化的问责指标对课程进行改进、修订和评估，就像发育得更强壮、获得了更多力量的肌肉一样，课程也会发展。它也会得到组织、结构化或重组，并且会像一个误入歧途的孩子一样，找到正确的方向。凭借相当的聪明才智，课程规划者可以浇筑、塑造和调整官方课程。然而，随着在各州实施《共同核心州立标准》及其修改，由于被限定和期望学生的学习成果，公立学校的课程可能会被认为在许多州变得缺乏创造性，趋向于统一化。而特许学校、营利性学校、私立或独立学校的课程，可能享有更大的灵活性，因为它们面临的问责机制与公立学校不同。

课程的解释

多年来，"课程"这一概念的多义性引发了广泛的诠释。根据个人的哲学理念，人们对课程做出了各自的解释。

- 课程是学校所教的东西。
- 课程是一组科目或内容领域。
- 课程是一个学习项目或科目。
- 课程是一系列材料和资源。
- 课程是一系列科目。
- 课程是一套操作标准。
- 课程是指课堂内外发生的包括学术、社交和其他方面的一切。
- 课程是学校内外正式教授的东西。
- 课程是学校人员计划的一切。
- 课程是学习者在学校中所学到的一系列经验。

在前面的定义中，你可以看到，课程可以被狭义地理解为在特定年级和内容领域所教授的标准官方课程，或者是学生在学校的其他经历（无论是在教学期间还是教学之外）所构成的非官方课程或隐性课程。对教学带头人来说，从不同的课程概念中得出的含义可能多有变化。那些接受将课程定义为有待学习的诸多标准的教学带头人所面临的任务，比那些要为学习者在课堂内外的经历乃至在校外所学的东西负责的学校领导，要简单得多。

历史上的课程观

当专业教育工作者定义课程时，会感觉到各种各样的细微差别。且让我们追溯一下20世纪初到21世纪初的一些作者是如何对课程进行概念化的。富兰克林·博比特（Franklin Bobbitt, 1918）是最早研究课程的专家之一，他认为课程是：

> 为了培养把成人生活中的事情做好的能力，儿童和青年必须做和经历的一系列事情；在各方面都做成年人该做的事。（Bobbitt, 1918, 第42页）

霍利斯·L.卡斯韦尔和多克·S.坎贝尔（Hollis L. Caswell and Doak S. Campbell, 1935）认为，课程不是一组科目，而是"儿童在教师的指导下所拥有的所有经历"（第66页）。拉尔夫·W.泰勒（Ralph W. Tyler, 1949）的著作指出了"教育目的"的途径，"教育目的代表了教育机构试图在学生身上带来的各种行为变化"（第6页）。希尔达·塔巴（Hilda Taba, 1962）在讨论为课程开发提供一系列学习机会的标准时说，"一门课程即一个学习计划"（第11页）。她通过列出课程的要素来定义课程。塔巴（1962，第10页）解释说，全球范围内的每一门课程都包含共同的元素，如目标和目的，以及不同的内容选择和组织方法，这些内容选择和组织方法影响学习和教学风格，最后以评估方法来确定是否达到了目的。

罗伯特·M.加涅（Robert M. Gagné, 1967, 第21页）采用一种不同的方法来定义课程，他将题材（内容）、目的陈述（终极目的）、内容排序以及学生开始学习内容时所需的入门技能预评估编织到一起。小莫里茨·约翰逊（Mauritz Johnson Jr, 1967）基本同意加涅的观点（1967），将课程定义为"一系列结构化的预期学习结果"（第130页）。约翰逊认为课程是"'课程开发系统'的输出和对'教学系统'的输入"（第133页）。

艾伯特·I. 奥利弗（Albert I. Oliver, 1977）将课程等同于教育项目，并将其分为四个基本要素："（1）学习项目；（2）体验项目；（3）服务项目；（4）隐性课程。"（第8页）学习、体验和服务项目是显而易见的。除了这些要素，奥利弗还增加了隐性课程的概念，包括学校提倡的价值观、不同教师在同一科目领域给出的不同侧重点、教师的热情程度以及校园氛围和社会氛围。

J. 盖仑·塞勒、威廉·M. 亚历山大和阿瑟·J. 刘易斯（J. Galen Saylor, William M. Alexander, and Arthur J. Lewis, 1981）给出了这样的定义："我们将课程定义为，为受教育者提供一系列学习机会的计划。"（第8—9页）

随着时间的推移，学校课程的一些概念在逐渐扩大。日内瓦·盖伊（Geneva Gay, 1990）在论述废除课程隔离时，对课程提供了一种更宽泛的解释："如果我们要实现平等，我们必须扩大我们的概念，包括学校的整个文化，而不仅限于题材内容。"（第61-62页）

D. 珍·克兰迪宁和F. 迈克尔·康奈利（D. Jean Clandinin and F. Michael Connelly, 1992）认为"'课程'一词已经仅仅意味着一门学习科目"，而他们主张课程不亚于教师作为课程制定者所引领的"生命历程"（第393页）。

罗纳德·C. 多尔（Ronald C. Doll, 1996）将学校的课程定义为："学习者在学校的支持下获得知识和理解、发展技能、改变态度、欣赏和价值观的正式和非正式的内容与过程。"（第15页）

从课程即"学校材料"的定义出发，威廉·F. 皮纳尔、威廉·M. 雷诺兹、帕特里克·斯莱特里、彼得·M. 陶布曼（William F. Pinar, William M. Reynolds, Patrick Slattery, and Peter M. Taubman, 1996）将课程描述为"符号表征"（第16页）。这些作者说：

被理解为符号表征的课程，是指那些制度和话语实践、结构、形象和经验，它们可以通过各种方式（例如，政治、种族、自传、现象学、神学、国际上的）并从性别和解构的角度得到辨析。（Pinar et al., 1996, 第16页）

在21世纪早期的著作中，定义有变化吗？且让我们检查几种定义。艾伦·C. 奥恩斯坦和弗朗西斯·P. 亨金斯（Allan C. Ornstein and Francis P. Hunkins, 2004）认为课程是"一个行动'计划'或书面文件，其中包括达成预期目标或目的的各种策略"（第10页）。

丹尼尔·坦纳和劳雷尔·N.坦纳（Daniel Tanner and Laurel N. Tanner, 2007）强调课程在学习和学习者持续成长中的作用，提出了以下定义："作者认为课程是知识和经验的重构，能使学习者在对后续知识和经验的明智把控中得到成长。"（第99页）

乔恩·怀尔斯和约瑟夫·邦迪（Jon Wiles and Joseph Bondi, 2007）也认为，"课程是一个期望的目标或一套价值观，可以通过一个发展过程来激活，最终为学生提供体验"（第5页）。

詹姆斯·麦基尔南（James McKiernan, 2008）认为课程"关注的是在学校的全部教育层次所计划、实施、学习、评估和研究的东西"（第4页）。

关于课程的各种解释，彼得·莱伯威茨（Peter Hlebowitsh, 2005）评论道："当我们开始将课程视为一个严格的专业和以学校为基础的术语时，许多不同的有关课程组件的有倾向性的解释就开始发挥作用了。"（第1页）

按目的、背景和策略给出的定义

课程定义的实质差异虽然存在，但并不像课程理论家在其术语概念中所包含的组成成分的差异那么显著或广泛。部分理论家详细地加以阐述，而另一些理论家则将课程和教学的各元素综合起来，这一问题将在本章后文进行探讨。此外，另一些人则提到在（1）课程的目的或目标；（2）课程的背景；（3）所使用的教学策略；或（4）有待学习的标准之中寻找课程的定义。

目的。 当理论家对课程这一术语做出回应，不是在课程是什么的语境中去回应，而是在课程"做"什么或"应该做"什么（也就是说，它的目的）之中去回应时，对课程定义的寻找就变得云遮雾罩。关于课程的目的，可以找到多种多样的说法，令人困惑不已。在对课程进行概念化时就是一个例证，声称"课程是对学习者反思性思维的开发"就不具体。同样的说法可以更具体地表达为课程的目的是开发学习者的反思性思维。对课程意味着要达到什么样的陈述，并不能帮助我们明确课程的定义，对课程开发人员来说，澄清和具体说明课程的目的，不失为明智之举。

背景。 课程的定义，有时会说明课程是在何种环境中形成的。当理论家谈到本质主义课程、以学生为中心的课程或重构主义课程时，他们同时援引了课程的两个特征——目的和背景。例如，本质主义课程的目的，是在有组织的学科中将文化遗产传递给学生，并为他们的未来做好准备。这种课程，起源于哲学本质主义学派的特殊哲学背景。

以学习者为中心的课程，清晰地揭示了它的导向：学习者（学习者是进步哲学学派的主要焦点），也许可以推断出个体学习者在成长的各个方面的发展，但是这种发展的计划因学校之间的不同而千变万化。遵循重构主义哲学信念的学校课程，旨在以这样一种方式进行教育：学习者将能够解决某些社会的紧迫问题，从而使社会变得更好。

策略。在目的和背景有时被用来作为课程的定义的同时，当理论家将课程与教学策略等同起来时，会产生额外的复杂性。一些理论家将某些教学变量（如过程、策略或技术）孤立出来，然后将它们等同于课程。将课程当作一个解决问题的过程表明了一种尝试：根据教学过程（解决问题的技巧、科学方法或反思性思维）来定义课程。作为个性化学习、可能以数字化或在线形式发布的课程，是一个学习者通过一种教学模式邂逅课程内容的系统。无论是目的、背景还是策略，都不能为定义课程提供一个明确的基础。

课程目的或标准

著名的课程概念之一，是将课程分类为有待学习或掌握的课程目的或标准。本书将课程目的和课程标准两个术语当作同义词加以使用，并使用其他基于传统的学术语言和基于标准的学术语言，原因是一些教育机构使用其中之一或另一个或两者兼用。最初，使用的术语是表现或行为目的。泰勒在20世纪中期倡导用行为术语来描述教育目的。W. 詹姆斯·波帕姆和伊娃·L. 贝克（W. James Popham and Eva L. Baker, 1970）认为，"课程是学校负责的所有有计划的学习成果"（第48页）。在设计课程时，规划人员会将这些学习成果或目的按操行或行为术语表达出来。

行为目的也可以称为绩效目标或操行目标，实际上是教学目的。按行为目的支持者的观点，将学校所有项目和学习经验的行为目的编制到一起就构成课程。课程即为所有教学目的的集合体。在本书中，你会遇到一种方法，将课程总目标（宗旨）和课程目的（标准），以及教学总目标（基本问题，大观念）和目的（学习目标）区分开来。稍后你将看到，标准源自教育的宗旨和目标（任务或目的），学习目标源自基本问题或大观念，以及宗旨和标准。标准和学习目标都可以用行为术语来表述。为了帮助你了解与课程系统（包括课程、教学和评估）相关的多样化的、动态变化的术语，我们提供了表1.1。表1.1 "传统的学术语言与基于标准的学术语言"显示了更为传统的术语与适用于基于标准的环境的术语之间的一致。当继续阅读本书时，这些术语对你可能会有所帮助。

表 1.1 传统的学术语言与基于标准的学术语言

传统的学术语言	基于标准的学术语言
目标	使命或目标
课程目标	宗旨
课程目的	标准
教学目标	基本问题（大观念）
教学目的	学习目标（短期可测量的结果）
措施	成败的标准（证据）
评估/测验	形成性评估（对达到标准、目标或学习目标的进程所做的正式或非正式的检查，为教学提供信息） 总结性评估（对达成标准、目标或学习目标的水平进度的测量）

一些行为目的的拥护者似乎满意于这样一种想法，即一旦明确规定了预期的学习成果（学习目标），课程就得到了定义。从那一刻起，教学接管了一切。这种将课程视为标准或目的的具体说明的课程观，与将课程视为一个计划、一个项目或一系列科目的大概念截然不同。

在本书中，官方课程被视为对学习者在学校或学区的教学领导下遭遇到的所有经验的计划或规划。这种官方课程包括学生在特定年级或内容领域中期望掌握的课程目的或标准，并且通常是教育工作者通过各种指标负责的课程目的或标准。当在课本中呈现课程时，请考虑官方课程，而不是考虑学生在学校或教育过程中可能拥有的全部扩展经验或体验。在实践中，官方课程由许多计划组成，以书面形式且不拘一格地描绘出预期的学生学习成果。因此，课程可以是一个单元、一个科目、一系列科目、学校或学区的整个学习规划，并且在课堂内外，在学校工作人员的引领下，都可能与课程正面相逢。

课程与教学之间的关系

澄清课程含义的探索，暴露出了课程与教学之间的区别及其相互关系的不确定性。简单地说，可以将课程视为要教授的东西，而教学是用来教授要教授的东西的手段。更简单地说，可以将课程理解为"是什么"或意图，而将教学理解为"如何"或手段。你可能认为课程是一种规划、一个计划、内容和学习经历，而你可能把教学描述为教学法、方法、传道解惑的模式、策略和实施。

历史上，约翰逊（Johnson，1967）将教学与课程区分开来，将教学定义为"教学主体与一个或多个有意学习的个体之间的互动"（第138页）。詹姆斯·B.麦克唐纳和罗伯特·R.利珀（James B. Macdonald and Robert R. Leeper, 1965）认为，课程活动是为进一步行动所做计划的产物，而教学是将计划付诸实施。因此，根据麦克唐纳和利珀的观点，课程规划先于教学，这是本书所赞成的一个前提（MacDonald & Leeper, 1965, 第5—6页）。

在规划课程或教学的过程中，会做出各种决定。有关课程的决定与计划或规划有关，因此是纲领性的。然而，就教学（以及实施）所做的决定，是方法论意义上和教学法意义上的。课程和教学，都是更大的教育系统的子系统。

课程与教学关系的模式

这两个术语的定义是有价值的，但可能这两个系统的相互依存关系比较模糊。教育"是什么"和"如何教"之间的关系不容易确定，这可以从这种关系的几种不同模式中看出。由于缺乏更好的专门术语，这些模式的学术语言是：（1）二元模式；（2）连锁模式；（3）同心模式；（4）循环模式。每一种课程与教学模式都有自己的拥护者，他们部分或全部地、在理论上或在实践中支持自己所主张的模式。

二元模式。图1.1描述了二元模式。课程在一边，教学在另一边，它们是分开的。这两个实体之间有一个巨大的深渊。课堂上发生的事情，似乎与课程的总体计划或学习意图没有什么关系。课程开发人员或设计人员不与教师接触。对课程的讨论与课程的课堂实施脱节。在这种模式下，课程和教学可以各自改变而不会对双方产生重大影响。

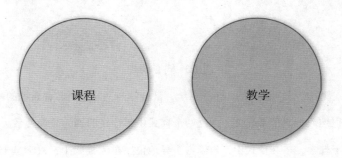

图1.1 二元模式

连锁模式。当课程和教学被表现为相互交织的系统时，一种连锁关系就出现了。在图1.2所示的两种模式中，教学或课程的位置并没有被赋予特别的意义。无论哪一元素出现在左边或是右边，都隐含着相同的关系。这些模式清楚地显示出这两个实体之间的一种综合关系。一个与另一个的分离将影响两者的有效性。

图 1.2 连锁模式

课程开发人员会发现难以将教学视为课程的首要任务，也难以在规划形成之前确定教学方法。然而，有些教师可能会把教学当作首要任务来展开，他们免除了基于课程的预先教学规划过程，让课程随着课堂学习的进程而展开。

同心模式。以往的课程与教学关系模式表现出不同程度的独立性：从完全分离到一种连锁关系。相互依赖是同心模式的关键特征。在图 1.3 中可以看到课程与教学关系的两个概念，其中一个是另一个的子系统。变体 A 和变体 B 都传达出一种观点，即其中一个实体占据了主要地位时，另一个实体就处于从属地位。

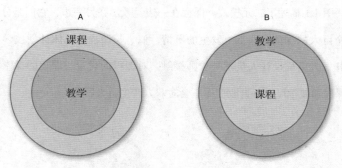

图 1.3 同心模式

A 同心模式使教学成为课程的一个子系统，课程本身又是整个教育系统的一个子系统。B 同心模式将课程纳入教学子系统之中。这两个模式中都存在明确的等级关系。在 A 模式中，课程的地位高于教学，在 B 模式中，教学占主导地位。在 A 模式中，教学是十分依赖于课程这一实体的一部分。B 模式则使课程从属于更为整体的教学，是教学的衍生品。

循环模式。课程与教学关系的循环观念是一个简化的系统模式，强调反馈的基本要素。课程与教学是具有持续的循环关系的独立实体。课程对教学产生持续影响；反之亦然，教学对课程有影响。这种关系可以如图 1.4 所示，循环模式意味着教学决策是在课程决策之后做出的，而课程决策又在学生学习成果得到评估之后获得修正。这一过程是连续不断、再三重复、永无止境的。对教学效果的评价影响到下一轮的课程决策,而课程决策又影响着教学的实施。虽然在图解中课程和教学是作为独立的实体来表示的,但在循环模式中,它们并不被视为独立的实体,而是作为一个球体——一个围绕其旋转的圆圈——的一部分,根据学习成果的各种指标,对两个实体进行持续的调整和改进。

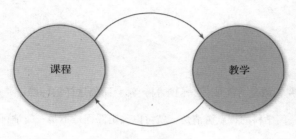

图 1.4 循环模式

共同的信念。随着研究成果对教与学增加了新见解、新的观念得到发展,与课程和教学相关的信念也发生了转变。课程和教学等概念的"对"或"错",不能由个人甚至一个团体来确定。"正确"的一个指标,可能是在历史的某一特定阶段流行的见多识广的意见——一种相当务实但仍然切实可行且站得住脚的立场。今天的大多数理论家似乎都认同以下评论:

- 课程和教学既相关又不同。
- 课程和教学是环环相扣、相互依存的。
- 课程和教学可以作为独立的实体加以研究和分析,但不能彼此孤立地发挥作用。

课程与教学关系的二元概念模式,以及这一模式将这两个实体分离开来,可能会造成问题。随着《共同核心州立标准》的创建以及在各州具体实施或变化,课程与教学有了一种走向同心模式的趋势:教学成为课程的一个子系统,而课程标准成为驱动因素。这是许多公立学区的情形。一些课程开发人员和设计者对连锁模式感到满意,因为连锁模式显示了两个实体之间的密切关系,以及包括学生学习成果指标在内、可为修订提供信息的反馈回路。考虑到教师和管理者对学生学习成果负有的责任,循环模式可能更具有优势。由于通过反馈(数据和证据),持续改进课程与教学的重要意义得到明晰和简化,循环模式可能为课程开发和设计相关的从业者提供最佳的发展前景,使他们得以发挥作用。

作为一门学科的课程

尽管课程具有难以捉摸的特点,但它是高等教育中的一门学科或一个主要研究领域,因此课程既是人们工作的领域,也是一门要教授的学科。研究生和本科生可以修课程开发、课程理论、课程评估、中级课程、小学课程、中学课程、社区大学课程,在少数情况下,也可以修大学课程。

学科的特点

要确定一个研究领域是否能成为一门学科,就会面临这样的问题:"一门学科的特点是什么?"如果能把一门学科的特点讲清楚,就可以确定课程是不是一门学科。

原理。任何值得研究的学科,都有一套统领它的有组织的理论建构或原理。当然,课程领域已经发展出一套重要的原理,包括经过尝试和未经尝试的、经过证明和未经证明的,其中许多是适合本书讨论的主题。第二章所讨论的课程平衡,就是一种建构或概念。课程本身是一种建构或概念,是将一种极其复杂的理念或一套理念用语言表达出来。利用平衡和课程的建构,可以得出一个简单的原理,即"为学习者提供最大机会的课程综合了平衡的概念"。课程排序、行为目的、综合研究和多元文化,都是建构的例证,这种建构整合进了一个或多个课程原理。

任何理论原理的一个主要特征,是它能否推广并应用于多种情境。如果课程理论只是针对具体问题的一次性解决方案,那么就很难捍卫课程是一门学科的概念。课程理论的原理往往是建立规则的成功尝试,这些规则可以在类似的情况和相同条件下再三重复。一般来说,应当将平衡的概念整合到每一课程之中。但是,对可以表述为"课程规划的第一步是将行为目的具体化"这一原理,有可能引发争议。尽管有些人坚持认为这一原理已经成为普遍的实践,并因此可能被贴上"真理"的标签,但它已经被许多教育工作者尝试后接受,被有些教育工作者拒绝,被另一些人尝试后抛弃;因此,它不能被始终如一地加以应用。

知识和技能。任何学科都包含与该学科相关的一系列知识和技能。课程领域已经从一些纯粹的和派生的学科中改编和借鉴了内容。图1.5图解了课程领域所借鉴的结构、原理、知识和技能的领域。例如,学生在选择学习内容时,必须参考社会学、心理学学科和数学的特定核心内容。课程的组织依赖于组织理论和教学领导力的知识(它们构成学校领导力的各个方面)。在课程开发的过程中,需要沟通、监督、系统、教学技术和数字设计等领域的参与。来自多个领域的知识，由课程领域内的专业人员进行选择和改编。

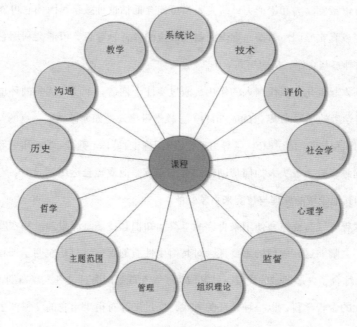

图1.5 课程领域的资源

以学习者为中心的课程作为一个概念，在很大程度上借鉴了人们对学习、成长和发展（心理学和生物学）、哲学（特别是来自一个哲学流派——进步主义）和社会学的已知知识。本质主义课程借鉴了哲学、心理学和社会学领域以及学术学科。

你可能会问，课程领域是否为借鉴其他学科贡献了自己的知识。当然，很多思考和研究都是以课程的名义进行的。新的课程理念正在不断产生，例如，与多元文化主义相关的社会和政治理论，以及与文化相关的课程和教学法（Wright, 2000）。新的理念，无论是人格教育、技术教育，还是科学、技术、工程和数学（STEM）教育，都大量借鉴了其他学科。

至于那些学习教育领导力的人，你会熟悉社会心理学领域的一个例子。人们普遍认为，只有受影响的人改变时，课程才会改变。这一原理，来自社会心理学领域，并应用于课程开发领域，在"西部电气"20世纪30年代所进行的调查研究中得到了最显著的证明（Popham & Baker, 1970）。在芝加哥西部电气公司的霍桑工厂，研究人员发现，当工厂里组装电话继电器的员工被征求意见并让他们感到对组织有价值时，其工作效率会更高。让员工觉得自己十分重要，比操纵物理环境（如工厂的照明）能产生更大的生产力。这种对研究十分重要的感觉也创造了自己的气场，即所谓霍桑效应（以"西部电气"的霍桑工厂命名）。因为被重视的感觉本身可以激发动力和生产力，研究人员可能会低估这种效果，因为它可能模糊产生变化的假设原因或真实原因。然而，意识到霍桑效应的教育领导者，可能会利用它来激励学生参与学习、教师参与合作，从而提高效率。

教学带头人起催化剂或代理人的作用，通过专注于创造一个学习优先的环境，改变教师的效率、改善学生的学习成果（Hatie, 2009）。教学带头人是如何做到这一点的？他或她利用多个领域的知识和技能（交往理论、领导力理论、组织理论、群体心理学、学术研究和其他领域）。一旦教师们同意，教学带头人如何帮助他们实施变革？他或她会运用领导力、专业学习、学科结构知识和其他领域的原理与技能来引领变革。

因此，课程领域需要综合使用来自许多学科的知识和技能。课程理论和实践来源于其他学科，丝毫不会削弱这一领域的重要性。对其衍生性质的观察，只是表明了课程的本质。课程在某些方面综合了许多领域的元素，使其成为了一个既费时劳神又令人兴奋的工作场域。

这一衍生的课程学科，以一种循环的方式，反过来又对衍生出它的学科产生了强有力的影响。通过课程研究、实验和应用，内容领域得到改进；学习理论获得证实、修订或否定；领导力和监督技巧获得实施或改变；哲学立场也受到检视。

理论家和实践者。一门学科有它的理论家和实践者。当然，课程领域有许多以其名义工作的人。我们已经提到了其中一些人的头衔：开发人员、数码设计师、顾问、协调员、主管和课程教授，等等。本书将把他们都归在"课程专家"的通用称谓之下。

课程专家在他们的领域做出了许多独特贡献。专家们对过去行之有效的课程类型、成功实施的条件以及成功者具备的特质有着深刻的理解。由于期望持续改进，专家们必须熟稔课程的历史发展，并且必须有能力使用这类知识，帮助实践者远离历史误区。

课程专家提出或帮助提出新的课程概念。凭借这种能力，专家借鉴过去、构思新的安排、调整现有方法或全新的方法。例如，对同样的教育总目标而言，另类学校就是更新的安排和方法。

当课程专家们超越已知知识范围的思考过程、希望带来新的理论之时，也许更多的课程专家更有可能成为应用理论和研究成果的专业人士。这些专业人士知道课程开发的技巧，这些技巧最有可能促成学习者取得更高成就。这些专业人士熟悉组织模式的变化。他们不仅要知识渊博，而且要对以研究为基础的创新持开放态度，这些创新有望为学习者带来更高成就。

课程专家

课程专家通常通过创造性地将理论和知识转化为实践而做出独特贡献。通过他们的努力，一种新的方法（最初是实验性的），经过数据收集、分析和修订，逐渐发展成为广泛采纳的实践模式，直到该方法产生令人满意的结果。作为课程学科的研究者，他们不断地审视和反思自己所在领域和相关领域的理论与知识。对过去在其他领域的成败经验的总结，有助于那些致力于课程领域的人为自己的课程制定方向。

课程专家最能激发对课程问题的研究。专家们开展并推动对课程问题的研究，鼓励对课程计划和规划、课程组织新模式的成效以及课程实验历史的比较分析，从而为多个研究领域提供引导。专家们鼓励运用研究结果继续努力改进课程。

课堂教师每天关心的是课程和教学的各种问题，而课程专家则承担着领导管理者和教师的任务。由于在许多不同的地方有许多不同类型的专家，你会发现很难归纳这些专家的角色。一些课程专家是通才，他们的作用可能不仅仅限于领导课程或项目规划，他们的作用也可能包括教学规划和决策制定。

一些课程专家将自己局限于特定的年级或内容领域，如小学、初中或中学；社区学院；特殊教育、阅读、科学；儿童早期教育；以及可能教授的任何内容领域。可以观察到的是，课程领导者扮演的角色，是由督导型管理者、学校或学区的需求以及专家本人所塑造的。在不同的时间，课程专家必须成为：

- 数码设计师；
- 人际关系专家；
- 理论家；
- 数据分析师；
- 科目材料专家；
- 评估员；
- 研究者；
- 指导者。

课程主管

在这一点上,应该进一步澄清的是:根据语境,被指定为课程专家的人与被称为课程主管的人所扮演的角色之间的关系,这两种称谓可能是同义的。

在本书中,课程主管被视为在三个领域(教学开发、课程开发、教师专业学习)工作的专家(Macdonald & Leeper, 1965)。当主管在前两个领域工作时,他或她是教学/课程专家,或者通常被称为"教学主管或协调员"(Macdonald & Leeper, 1965, 第5-6页)。因此,课程专家是一名主管,其职责比一般管理者(例如校长)更有限。课程专家和主管在课程开发和教学开发中与教师一起工作时都扮演相似的角色,但课程专家主要关注的不是对教师进行评价等活动,这类活动更应当是一般主管的职责。

角色的变化

就像教育场域的许多工作一样,试图在所有条件和所有情况下画一条固定不变的界线相当困难。要更充分地认识教育人士的角色和职能,就要考察地方实践。教师、课程专家和主管都参与到改善课程和教学的活动。有时,他们的角色是不同的;有时,他们的角色却是相似的。这些人员本身就是专家,他们频繁更换职位,以完成改善学习成果的任务。有时他们是一身而兼二任——教师既是自己的课程专家,又是自己课程的主管。无论改进课程和教学的领导结构如何,所有教师和所有专家最终都必须参与这项具有挑战性的任务。因为课程和教学是学校教育的核心,所有人员都必须参与到改进课程的供给以及如何实施课程的供给之中。

第三章将描述课程开发所涉及的人员的角色,包括教师、学生、系主任、班主任、组长、年级协调员、管理人员、课程专家、数码设计师、主管和利益相关方。

总 结

课程和教学被视为相互独立但相互依存的概念。课程被理论家以各种不同的方式加以定义。本书所遵循的课程概念是,课程是对学习者在学校的指导下所遇到的学习经验的计划或规划。课程受到学校、学区或教育机构采用的目标和标准的引导。

在本章中，教学被认为是使课程可操作的手段，也就是说，教师所采用的使学习者易于入门课程的各种技术。简言之，课程是规划，教学是方法。

本章讨论了能显示课程与教学关系的若干模式。虽然所有的模式都有其利弊，但循环模式似乎具有特别的优点，因为它强调课程和教学之间的互补。

计划应该从规划开始，也就是说，从课程决议开始，而不是从教学决定开始。适当的计划始于广阔的教育目标，进而通过一个连续体，导向最详细的教学目的。

课程被认为是一门学科，尽管它是一门衍生学科，借鉴了许多学科的概念和原理。

许多实践工作者致力于课程领域，这些从业者包括以课程规划、开发和研究为职业的专家。教师、课程专家和教学主管共同承担开发课程的领导责任。

作为一门学科，课程拥有（1）一套有组织的原理；（2）一套需要培训的知识和技能；（3）它自己的理论家和实践者。

应用

1. 确定你所在州、学区或组织的课程的基础。调查这门课程的影响，以及它们在教育、领导力和学习方面的专业知识。

2. 与许多被当作美国学生学习范本的实体不同，在美国不存在一门全国性课程。弄清一个在全球范围内取得高成就的国家是如何开发和实施一门统一课程的。比较美国和你选择的国家所涉及的变量。

反思与探究

1. 对一个教育机构中一个年级或一门科目的课程做出评述。根据这一评述来确定该教育机构是如何定义课程的。要影响学生展开更有意义的学习经历，需要在课程定义上做何种改变？

2. 想一想成为一名有效的课程专家所需要的知识和技能。根据你所选择的知识和技能，制定选择一个有效的课程专家的标准。

网站

Association for Supervision and Curriculum Development: ascd.org

National Association of Elementary School Principals: naesp.org

National Association of Secondary School Principals: principals.org

National Governors Association: nga.org Association for Middle Level Education: amle.org

参考文献

Bobbitt, F. (1918). *The curriculum. Boston*, MA: Houghton Mifflin Company.

Caswell, H. L., & Campbell, D. S. (1935). *Curriculum development*. New York, NY: American Book.

Clandinin, D. J., & Connelly, F. M. (1992). *Teacher as curriculum maker*. In P. W. Jackson, *Handbook of research on curriculum: A project of the American Educational Research Association*. New York, NY: Macmillan.

Common Core State Standards Initiative. (2010). *Supplemental information for Appendix A of common core state standards for English language arts and literacy: New research on text complexity*. Washington, DC: National Governors Association, Council of Chief State School Officers.

Doll, R. C. (1996). *Instructor's manual with tests for: Curriculum improvement: Decision making and process*. (9th ed.). Boston, MA: Allyn & Bacon.

Foshay, A. W. (2000). *The curriculum: Purpose, substance, practice* (p. xv). New York, NY: Teachers College Press.

Gagné, R. M. (1967). *Curriculum research and the promotion of learning, in AERA Monograph Series on Evaluation: Perspectives of Curriculum Evaluation*. No. 1, p.21. Chicago, IL: Rand McNally.

Gay, G. (1990). Achieving educational equality through curriculum desegregation. *Phi Delta Kappan*, 72(1), 61-62.

Grumet, M. R. (1988). *Bitter milk: Women and teaching*. Amherst, MA: University of Massachusetts Press.

Hattie, J. (2009). *Visible learning: A synthesis of over 800 meta-analyses relating to achievement*. New York, NY: Routledge.

Hlebowitsh, P. S. (2005). *Designing the curriculum*. Boston, MA: Allyn & Bacon.

Huebner, D. (1976). *The moribund curriculum field: Its wake and our work*. *Curriculum Inquiry*, 6(2), 156.

Johnson, Jr., M. (1967 April). Definitions and models in curriculum theory. *Educational Theory*,

17（2），127–141.

Macdonald, J. B., & Leeper, R. R. (1965). *Theories of instruction*. Arlington, VA: Association for Supervision and Curriculum Development.

McKiernan, J. (2008). *Curriculum and imagination: Process theory, pedagogy and action research*. London, England: Routledge.

Oliver, A. I. (1977). *Curriculum improvement: A guide to problems, principles, and process*. New York, NY: Harper & Row.

Ornstein, A. C., & Hunkins, F. P. (2004). *Curriculum: Foundations, principles, and issues* (4th ed.). Boston, MA: Allyn & Bacon.

Pinar, W. F., Reynolds, W. M., Slattery, P., & Taubman, P. M. (1996). *Understanding curriculum: An introduction to the study of historical and contemporary curriculum discourses*. New York, NY: P. Lang.

Popham, W. J., & Baker, E. L. (1970). *Systematic instruction*. Englewood Cliffs, NJ: Prentice Hall.

Saylor, J. G., Alexander, W. M., & Lewis, A. J. (1981). *Curriculum planning for better teaching and learning*. New York, NY: Holt, Rinehart & Winston.

Taba, H. (1962). *Curriculum development; Theory and practice*. New York, NY: Harcourt, Brace & World.

Tanner, D., & Tanner, L. N. (2007). *Curriculum development: Theory into practice*. Upper Saddle River, NJ: Merrill/Prentice Hall.

Tyler, R. W. (1949). *Basic principles of curriculum and instruction*. Chicago, IL: University of Chicago Press.

Wiles, J., & Bondi, J. (2007). *Curriculum development: A guide to practice*. (7th ed.). Upper Saddle River, NJ: Merrill/Prentice Hall.

Wright, H. K. (2000, June–July). Nailing Jell-O to the wall: Pinpointing aspects of state-of-the-art curriculum theorizing. *Educational Researcher*, 29（5），4–13.

第二章 课程开发的原理

学习成果

学完本章之后，你应当能够：

1. 描述本章讨论过的课程开发的十条公理。
2. 说明课程如何受到社会变化的影响。
3. 描述影响学区课程改革的限制以及课程专家发挥作用的限制。
4. 运用课程建设的八个概念。

术语的澄清

教育机构的建立是为了满足社会的需要，而教育机构也应该应对社区和社会所面临的问题。课程开发人员应该在他们的语境中寻求对当前环境的需要做出反应的课程。影响课程产生变化的情境包括：贫困、就业需求、无家可归现象、环境问题、犯罪率、吸毒成瘾、健康问题、自然灾害、气候变化、自然资源的减少、跨文化和国际冲突、核能的军事及工业风险。与此同时，随着社会问题对课程的影响日益显著，开发人员也学会了应用、适应和调整教育机构中出现的越来越多的技术工具。由于社会变化，教育变革的领导者（包括课程专家），关注以下预期：

- 深入理解标准，特别是语言艺术和数学领域；
- 维持情绪健康和身体健康；
- 为上大学或就业做好准备；
- 掌握个人理财、经济状况和消费主义的相关实用技能；

- 尊重和容忍不同的观点,与观点不同于自己的人合作;

- 通过接触各种形式的艺术来提升艺术鉴赏力;

- 保护环境;

- 从不同视角审视历史,包括其成因、发展过程和后果。

如果课程被视为对在学校指导下的学习经历的计划,那么其目的就是要让课程成为一个载体,将这些经历的深度、广度和顺序集于一身。这一提供载体并保持其顺利运行的过程,通常被称为"课程开发",它包括三个方面的内容:(1)"课程规划",这是初步阶段,在此阶段,要做出决定并采取行动,制定教师将通过对学生的教学来实施的课程计划;(2)"课程实施",将计划转化为行动,或转化为教师所提供的教学活动;(3)"课程评估",即开发的中间阶段和最终阶段,在此阶段,要评估学生的学习成效,分析教师实施课程的可行性。

有时,"课程修订"被用来指对现有课程进行变革的过程或指变革本身,并替代"课程开发"或"课程完善"。当第五章图解和讨论课程开发的模式时,你将重新面对课程规划、实施和评估之间的区别。

在课程开发的过程中,你可以发现提供更有效的学生学习体验的新方法。成功的课程开发人员,会不断努力寻找基于研究的方法,以更高效和更有效的方式提高学生的学习成绩。

课程原理的来源

原理是引领某一特定领域工作人员活动的指导方针。课程原理有许多来源:(1)经验数据;(2)实验数据;(3)由未经证实的信念和态度组成的民间传说;(4)常识。在科学技术时代,普遍流行一种态度,认为一切原理都必须是从研究结果中科学地推导出来的。然而,即使是民间传说和常识也自有它们的用途。例如,科学家发现,古代民间治疗人类疾病的方法隐藏着某些科学原理,而传统故事并非总是无稽之谈。挂在脖子上的大蒜花环是否能有效抵御吸血鬼尚无定论,鱼线末端的阿魏胶(asafetida)能否引诱鱼上钩也未有确凿证据,芦荟属植物确实会产出一种缓解烧伤的软膏,而薄荷药草据说可以缓解许多人的胃痛。

通常不被信任的常识,会与民间传说、基于观察的概括,以及通过直觉和理性论证的实验发现的学问结合起来。它不仅可以作为课程原理的来源起作用,而且可以作为一种方法论起作用。例如，在四十多年前讨论课程语言时，约瑟夫·J. 施瓦布（Joseph J. Schwab, 1970）提出了一种常识性的过程（他称之为"审议"）来处理课程问题。他的方法是最大限度地减少对理论结构和原理的探索，更多地依赖于对具体问题的实际解决方案。施瓦布指出了单纯依赖理论所面临的陷阱。他拒绝"追求全局原理和综合模式，寻找稳定序列和不变元素，建构所谓固定或循环型分类标准"，并推荐"其他三种操作模式——实践模式、准实践模式和折衷模式"（Schwab, 1970, 第2页）。

当课程规划建立在深思熟虑的基础上时，判断和常识就被应用于决策。一些专业教育工作者对将常识或判断作为一种方法论加以应用而吹毛求疵，因为他们深受解决问题的科学方法的濡染。1918年，富兰克林·博比特（Franklin Bobbitt）注意到课程制定中的科学方法论，他引用了测量和评估技术的应用、问题的诊断和补救的诀窍（Bobbitt, 1918）。后来，阿瑟·W. 库姆斯（Arthur W. Combs, 1965）发出警告：不要过于依赖科学来解决所有教育问题。尽管科学可以帮助我们找到一些解决问题的方案，但并不是所有教育问题都可以用科学的方法加以解决。当然，经验数据和其他证据比没有证据的论点更受欢迎。有时，经验数据缺乏，或者经验数据不能说明全部问题，课程专家必须依靠观测数据、学生作业样本和其他证据来解释经验数据，并依靠直觉和经验来支持变革。

除非根据客观数据确立了无可辩驳的原理，否则就必须进行某种程度的判断。每当判断介入进来时，就有可能产生争议。因此，课程开发的一些原理引起了争议，而另一些原理却被普遍认为是合理的指导方针。出现争议，经常是因为课程专家的价值观和哲学取向各不相同，以及缺乏决策的经验数据。迈克尔·W. 阿普尔（Michael W. Apple, 2008）指示我们"要特别注意这样一个事实：课程规划和选择的方式、课程的教学和评估的方式，以及谁参与和应该参与，都不是孤立的现象。相反，最好将它们相互关联起来加以理解，它们是与自己存在其中的（好的和坏的）社会现实错综复杂地联系在一起的"（第25页）。

原理的类型

课程原理可以被视为整体真理、局部真理或假设。虽然都发挥操作原理的功能，但它们会通过自己已知的有效性或风险程度区别开来。在研究课程开发的主要指导原理之前，了解这些差异是十分重要的。

整体真理

"整体真理"要么是显而易见的事实,要么是通过实验证明的概念,它们通常被人全盘接受。例如,很少有人会质疑,只有在他们掌握了必备的知识或技能之后,学生一般来说才更容易掌握高级素材。从对入门技能进行预评估、对内容做出循序渐进的安排,都来自这一原理。

局部真理

"局部真理"基于有限的数据,可以适用于某些、许多或大多数情况,但它们并不总是放之四海而皆准。例如,一些教育工作者断言,当将学生进行同类分组施教时,学生会获得更高的成绩。然而,虽然在能力或成绩水平相似的小组中,一些学习者可能会取得更好的结果,但另一些却可能不会。按同类或能力进行分组的做法,可能对某些学生来说是成功的,但对另一些学生则不然。进行同类分组可以使学校实现某些教育目标(如掌握内容),但却妨碍学校实现其他目标(如使学生学会与不同能力水平的人一起生活和协作)。局部真理不是包含谬误的半真半假,但它们并不适用于每一种情境,也没有提供所有的观点。

假设

最后,有些原则既不是整体真理,也不是局部真理,而是"假设"或尝试性的工作设想。课程专家将这些想法建立在他们最佳的判断、现有的研究、民间传说和常识的基础之上。例如,多年来,教师和管理人员一直在讨论选择何种最佳班级规模和学校规模以获得最佳学习效果。教育工作者主张高中班级的人数应少至二十五人,而小学班级的人数应更少。他们不太确定一所学校应该有多少学生。所推荐的班级和学校的人数,只是在最佳判断的基础上所做的估算。学校规划人员认为,着眼于节约和效率,班级和学校的规模可能太小了。他们从直觉或经验中也知道,班级和学校的规模可能会变得大到造成降低教育效率的地步。然而,这一研究并没有给出一个神奇的数字来保证每门科目、每一间教室和每个学校的成功,因为每一种情境都是独一无二的。

虽然基于整体真理的实践是可取的,但局部真理的使用和假设的应用也有助于课程领域的发展。如果课程领域要等到所有的真理都被人发现之后才做出变革,那么其发展就会受到阻碍。判断、民间传说和常识要让课程舞台成为一个有创造性、有目的的发展和学习场所，从而让每个个体取得最佳学习效果。

十大公理

由于许多实践者所认同的原理还没有得到充分检验，所以我们不从整体真理和局部真理的角度来思考课程，而是考虑公理或定理。学数学的学生都知道，公理和定理都能很好地服务于数学领域。它们提供了指导方针，为那些寻求操作方法和解决问题的人建立一个参考框架。适用于课程领域的几个得到普遍认同的公理，可以用来指导课程专家的工作。

变化的必然性

公理1。"变化是不可避免的，也是必要的，因为正是通过变化，生命形式才得以成长和发展。"人类机构，就像人类本身一样，其成长和发展与其对变化做出反应和适应不断变化的条件的能力成正比。社会及其机构不断面临问题，它们要么做出反应，要么就此灭亡。佛雷斯特·W. 帕克、埃里克·J. 安克提和已故的格伦·T. 哈斯（Forrest W. Parkay, Eric J. Anctil, and the late Glen T. Hass, 2006）呼吁人们关注社会面临的以下当代问题，所有这些问题都是持续存在的议题：

- 不断变化的价值观和文化多样性；
- 不断变化的价值观和道德；
- 家庭；
- 微电子革命；
- 不断变化的工作环境；
- 权利平等；
- 犯罪和暴力；
- 缺乏目标和意义；
- 全球相互依赖。（Hass, 2006, 第52—57页）

此外，你还可以补充：

- 区域战争和核战争的威胁；
- 国内和国际经济状况；
- 国际自然灾害和自然条件；
- 国内和国际健康需要；
- 全球变暖和生态灾害。

公立学校作为社会的基本机构之一，面临着大量的时代挑战，其中某些挑战还威胁到公立学校传统的存在方式。举例来说：公立学校资金不足；世俗和宗派私立学校的增长和激烈竞争；对可用于任何公立、私立或教区学校的税收抵免和代金券的政治上的支持；公立特许学校（包括非营利性学校和营利性学校）的增长；家庭教育的增加，说明了公立学校所面临的挑战范围之广。之所以出现这些挑战，是由于社区成员和政治家对一些学生的学习成效感到不满，企业家捕捉到教育消费者的需求，把握时机做出了反应。应对当代挑战的课程变革，必须是公立学校课程开发人员的首要考量。

课程是时代的产物

公理2。 第二个公理是第一个公理的必然结果。其表述颇为简洁明了："学校课程不仅反映了它的时代或历史背景，而且是其时代或历史背景的产物。"虽然可能在一些人看来，课程进展相当缓慢，但它实际上所经历的转变，比熟练的改革大师想要掩盖的数量要更多。

在电视、互联网和其他电子媒介出现之前，课程的变化相对缓慢；事实上，有时需要耗费几十年。今天，由于技术的不断变化，新闻、观点和思想通过手机、互联网和电视等媒介在全国乃至全世界瞬间闪现。对公共教育，电影界也有自己的呈现，2010年的纪录片《等待超人》就证明了这一点，该片突出了美国教育中的问题（Guggenheim, 2010）。然而，美国成千上万的学校并没有花上几十年时间来实施改革，在某些情况下，甚至还放弃了团队教学、电视教学、发现学习、价值观澄清、行为目的、计算机素养和课程绘图——这些只是课程创新的一小部分。显然，在特定历史时期，课程的改革发展受到了社会力量、哲学立场、心理学原理、知识积累和教育领导力的影响。社会的变化——如美国人口多样性的增加、技术的快速发展、对充分利用数字工具的期望以及健康教育的需求的提升——显而易见影响着课程的发展。在本书第九章讨论项目和问题时，你会注意到社会力量对课程的普遍影响。

知识的迅速积累所带来的影响，可能是影响课程变革的各种力量中更引人注目的例证。当然，随着拯救生命的疫苗、药物和生物工程人体器官的发现，人工智能、数字设备、机器人等的发明，登月、火星探测、"伽利略"号探测器、"卡西尼"号和"创世纪"号任务、"哈勃"和"开普勒"太空望远镜、往返空间站的航天飞机等科学成就的获得，以及其他陆地、海洋和太空探索的出现，学校的规划也应该做出相应的调整。

在历史上的特定阶段，令人信服的教育团体和个人的存在，对课程创新的采用负有责任，在许多情况下，甚至带来永久和持续的课程变革。"国家卓越教育委员会"（National Commission on Excellence in Education, 1983）发布的《国家在危机中》报告，以及2001年颁布的《不让一个孩子掉队法案》（*No Child Left Behind Act*）的影响，均是团体影响力在课程领域中具有代表性的例证。

甚至可以列举出历史上的个人，他们为自己或他们所代表的群体发声，他们可以因为课程的变革受到赞扬或指责，取决于个人的视角。例如，本杰明·富兰克林在18世纪创办了一所名为"学院"的学校（后来成为宾夕法尼亚大学），谁能估量出他对教育的影响？或者，谁又能估量出贺拉斯·曼（Horace Mann）在19世纪发起的公共学校运动（Common School Movement）给免费公共教育带来的影响？如果没有约翰·杜威、威廉·H.基尔帕特里克和博伊德·博德，20世纪早期的进步教育运动，会是什么样子？在20世纪50年代末和60年代初，有多少中学根据哈佛大学前校长詹姆斯·B.科南特（James B. Conant）的建议，将他们的课程"科南特化"了？玛丽亚·蒙台梭利对小学规划有什么影响？20世纪下半叶课程的哪些回应，可以追溯到让·皮亚杰和B.F.斯金纳的教学？莫蒂默·J.阿德勒、欧内斯特·l.博耶尔、约翰·I.古德拉德和西奥多·R.斯泽尔提出的建议，会带来哪些变化？

表 2.1 历史上有关影响课程和教学的力量的看法

时期	力量	课程的回应	教学的回应
1650—1750	哲学 本质主义 心理学 教师心理学——"心灵即肉体" 社会学 大男子主义 农业社会 贫富两极分化	男子拉丁文法学校 圣经 3R 经典课程 准备成为一名公民	严格训练 死记硬背 使用教派材料 心灵训练
1750—1850	哲学 本质主义 实用主义 心理学 教师心理学 社会学 工业革命 西进运动 中产阶级的兴起 城市化的加剧 当地税收支持的学校 进步主义	学术 女子教育 英语教学 自然史 世界语言加 3R 和古典课程 私立幼儿园	学术 女子教育 英语教学 自然史 世界语言加 3R 和古典课程 私立幼儿园
1850—1950	哲学 本质主义 进步主义 心理学 行为主义的 实验的 格式塔 感觉的 集中化控制，然后离心化控制 学校的合并 社会学 西拓	1850—1925： 高中 1925—1950： 以学习者为中心的课程 实验主义 适应生活	实践应用 解决问题 关注孩子的全面发展 个性化
1950—2000	机械化社会 开放注册社区/州立大学 城市化 移民 美国征兵结束，志愿军 公民权，平等权利 大企业 大劳工 家庭结构的变化 冷战及其终结	职业教育 开放空间教育 基本技能 另类学校教育 选择：磁性学校，特许学校，代金券，家庭学校 私立教育选择 中学 职业技术教育	教学分组 媒体教学 自律教育 成绩测试 有效的教学模式 合作学习 全语言

2000年至今	环境问题 日益减少的资源 技术快速发展 空间探索 公众对学校问责制的要求 吸毒和酗酒 犯罪 无家可归 种族紧张/民族冲突 残疾人 人口老龄化 宗教差异 世界民主运动 经济危机 全球变暖 健康需要 全球化 国际紧张局势、冲突和危机 恐怖主义 非传统型慈善家 对政府的不信任 可评估的研究 元分析的研究	基于标准的课程 数字化学校（主要工具） 虚拟学校 霸凌/品格教育 环境教育 多元文化教育 全球教育 健康教育 社区学校 性教育 成人教育 扫盲教育 双语教育 消费者教育 文化素养（核心知识） 社区服务 国际文凭 大学先修课程 技术教育 公立托儿所和幼儿园 大学和职业准备 国际比较 私人资助的开发	使用社区资源 在线远程教学 整合和跨学科 问责制评估 个性化教学 单性别课程和单性别学校 探究与思考 写作及回应 文化回应教学法 英语学习者教育 干预和强化 延长上学时间 私人实体资金的影响 高效规模策略

表2.1说明了历史上不同时期多种力量对课程和教学的影响。概括而言，美国教育史分为五个时期：1650—1750年、1750—1850年、1850—1950年、1950—2000年和2000年至今。该表中显示了课程和教学对当时哲学、心理学和社会学等领域力量的响应。分期并不是固定不变，你会看到这些力量和响应经常从一个时期重叠到下一个时期。

表2.1可以通过添加其他元素来不断改进，但这一粗放描述有助于说明课程是其时代的产物，或者正如詹姆斯·B. 麦克唐纳（James B. Macdonald, 1971）所指出的，"任何制度设置的改革……与多元社会过程错综复杂地联系在一起，且处于一般文化精神气质的背景之下"（第98-99页）。

卡罗尔·A. 穆伦（Carol A. Mullen, 2007）观察到，"以学生需要知道什么和能够做什么为基础的预测，仍在塑造今天课程规划的基础"（第18页）。因此，课程规划人员应明智地识别和制定策略，以应对地方、州、国家甚至国际层面上影响学校的各种力量。

并发的变革

公理3。"较早时期所进行的课程变革可以与较晚时期的更新的课程变革同时存在。"尽管本杰明·富兰克林（Benjamin Franklin）不情愿，拉丁文法学校的古典课程还是在学院中延续了下来。即使1821年在波士顿建立的第一所高中，也被称为英语古典学校。直到三年之后，英语古典学校才变成英语高中。

课程修订极少突然开始和结束。变革在很长一段时间内共存和重叠。通常情况下，课程开发是逐步进行的，也以同样的方式渐进式发展。由于竞争的力量和反应出现在不同时期并持续存在，课程开发成为一项令人沮丧但仍具有挑战性的任务。

在人类的本质、人类的命运、善与恶以及教育的目的等议题上，每个历史时期都存在不同的哲学立场。强大的本质主义和进步思想流派，不断力争专业人士和公众的支持。例如，大学预备课程与职业技术课程力争首要地位。以智力发展为目标的教学策略，与在身体、思想和精神上培养孩子的各种策略一较高下。甚至连教师心理学的不可信的信条（心灵即肉体，心灵训练）也在学校实践中流连徘徊。

对不断变化的条件的争相回应，几乎要求一种折衷主义，特别是在公立学校。课程开发人员从以往时代中选择最好的反应，或者根据最容易获得的研究工作或外部授权为未来的时间对课程做出修订。除了在最鸡毛蒜皮的层面，在教育等复杂的社会领域，几乎不可能做出非此即彼的选择。然而，有些人继续寻找和争论非此即彼的解决方案。对一些人来说，如果所有的教师不把每天的学习期望贴出来供学生查看和管理人员监督，教学就会变得糟糕透顶。对另一些人来说，除非在一所具有中学思想体系的学校里接受教育，否则他们青春期之前的成长将会出现发育不良的情况。一些小学管理者试图通过教学团队提供素质教育，另一些人则坚守传统的自足的课堂教育。21世纪初，美国公众已经确定了对州级和国家标准的评估需求，尽管我们渴望自己能够迎头赶上的那些国家，如芬兰、冰岛和日本，并没有这种强制性的问责制。

有几个主题在历史长河中反复出现。例如，批评人士定期抨击学校，因为他们认为这些学校没有强调科目材料（Parkay, Anctil, & Hass, 2006）。课程开发的历史不仅充满了反复出现的哲学主题的例证，如科目材料的不和谐音，而且充满了反复出现的、周期性的课程反应。我们的许多学校已经从本质主义的课程转变为进步主义的课程，然后又回到了本质主义的课程。它们已经从20世纪70年代的自助餐厅式的高中课程，发展到21世纪初将课程简化到符合测量标准,认识到要通过艺术、体育体验、职业和技术教育以及其他核心课程来激励学生学习并待在学校。此外,学生还可以通过上述选修课学习各种内容。一个学生能在不了解媒介或化学的成分构成关系的情况下成为艺术家吗?难道工程科目的学生不能应对阅读、写作、数学、科学和高级思维的挑战吗?

学校已经从自成一体发展到开放空间再到自成一体;小学从自成一体到不分级/多分级再到自成一体;学校教的是旧数学,然后是新数学,后来又恢复到以前的形式,或者最近又转向探究性数学;他们按自然拼读法教授阅读,后改为看/说方法,以及全语言教学法,然后又为了小学低年级的理解回到以自然拼读法为基础的方法,测量的是学生的词汇和领会,而不是单词。

20世纪末期,世界语言产品出现了增长。然而,"应用语言学中心"进行的一项调查显示,在1997年至2008年期间,提供世界语言课程的中小学数量却有所减少。在那些开设外语课程的学校里,阿拉伯语课程的数量增加了,而法语、德语和俄语课程的数量却下降了,这再次表明了社会、政治和文化需求对课程的影响(Rhodes & Pufhal)。另一方面,虽然社会变革在其周围风起云涌,一些学校,尤其是信奉本质主义的学校,却依然岿然不动,继续开设拉丁语课程。随着以西班牙语为母语的家庭移民到美国,西班牙语教学已经调整为给西班牙语为母语的人开设专门课程,因为他们的需求,往往与以西班牙语为第二语言或世界语言的英语为母语的学习者不同。

美国早期的学校强调在严格的纪律要求下教授基本技能,甚至到了可能要求学生站着与老师说话的地步。20世纪早期的学校所教授的超出了基本技能——有些人会说远离了基本技能——在一个更具包容性的环境中关注学生的不同需求和兴趣。现在的学校强调各年级的阅读、数学和其他特定领域或科目是否达到熟练水平,这些科目(如生物、代数1、美国历史等)可以在特定的背景和年级中加以测量。虽然学校的氛围和文化可能已经发生了变化,更加包容和重视差异,但还是期望尊重学校里的成年人和其他学生。在一些学区,甚至有学校董事会的政策,这些政策可能被称为行为准则,其目的是一致期望对某些不当行为做出反应。由于课程主题经常被概括重述,一些教师和课程开发人员倾向于维持现状,认为他们目前的运作模式虽然在当下可能不受欢迎,但将来某个时候会再次流行开来。"当我们最终可能会变回去的时候,那为什么要变呢?"他们问道。

当现状不再能满足学习者或社会的需要时,维持现状是不可原谅的,因为它阻碍了以最有效和最明智的方式为学生服务的道德期望的实现。即使先前的反应后来又重新出现,它们也应该是对当下各种力量进行重新审视的结果。因此,先前反应的重新出现将是新的反应,而不是一成不变和不可改变的过往反应。为了说明这一点,在《教学的艺术与科学:有效教学的框架》一书中,罗伯特·J. 马扎诺(Robert J. Marzano, 2007)指出,玛德琳·亨特(Madeline Hunter)的课程设计元素,在今天作为课程构建的框架仍然是可靠的(Hunter, 1984; Marzano, 2007, 第 181 页)。在亨特,然后是马扎诺及其同代人的影响下,这种课程设计模式一直是美国许多教师所期望的模式。事实上,它甚至可能成为教师正式年度评估体系的一部分。

人的变革

公理 4。"课程的变革源于人的变革。"因此,课程开发人员应该从尝试改变最终影响课程变化的人开始。这种努力意味着让人们参与课程开发过程,以赢得他们对变革的投入。长期以来的经验表明,自上而下的方法通常效果不佳。只有下属将这些变革内化并心甘情愿地接受它们,这些变革才能行之有效和持之以恒。许多学校人员之所以缺乏投入的热情,是因为拒绝他们参与变革,他们对变革的贡献被贬低了。

多年来,课程专家一直强调影响人的变革的重要意义,爱丽丝·米尔(Alice Miel, 1946)曾指出:

改变学校课程,就是改变相互作用的因素来塑造课程。在每一个例子中,这都意味着要带来人的变革——改变人们的欲望、信仰和态度,改变他们的知识和技能。即使是物理环境的变化,在很大程度上,也取决于对环境有一定控制能力的人的变化。简而言之,课程变革的本质应该被视为真枪实弹的变革:一种社会变革,一种人的变革,而不仅仅是纸上谈兵的变革。(Miel, 1946, 第 10 页)

这个公理可能被错误地解释为,在可能实施课程变革之前,所有受影响的各方必须 100% 地投入其中。在教育的任何问题上,有可能取得 100% 的共识吗?在简单多数和普遍同意之间,似乎存有一种合理的期望。在这一进程本身中受到影响的人的参与，将成功地获得支持，甚至从那些可能不完全同意最后课程产品的人那里获得支持。

课程开发人员应确保所有人都有机会在提议的变革走得太远之前做出贡献。任何人都不应该参与一个不真实的过程，即在结局已定时将教师和其他人带入规划过程，而无论参与者是否接受都将实施课程变革。"课程带头人或专家最了解"的态度，既不能很好地为开发和设计服务，也不能很好地为全心全意的实施服务。如果开发了具有创新性和前瞻性的课程，而没有实施人员的战略性参与，也没有一个全心全意为实施进行准备的过程，那么修订课程的努力可能就会劳而无功。人力资本是一种稀缺资源，因此，由于真正参与了课程开发和实施的过程以实现预期的结果，其他人的时间和学区的资源理应获得尊重。

教师、管理人员和利益相关方都渴望得到授权，使他们能够在一定程度上对学校发生的事情进行掌控。有关赋权的进一步讨论，请参见第四章，其中进一步阐释了制定和影响课程变革的过程。

同心协力

公理5。"课程变革是团体同心协力的结果。"尽管个别教师的独立工作有时确实能够影响课程的变革，但大规模和根本性的变革是集体决策所带来的结果。多年来，许多权威人士都强调了课程开发的群体性质。乔治·J.波斯纳和阿伦·N.鲁迪斯基（George J. Posner and Alan N. Rudnitsky, 2006）断言："课程开发通常是由一群人按一个共同的规划协作完成的。"（第13页）

几个团体或选区以不同的角色和不同的强度参与课程开发。学生和其他利益相关方经常（尽管可能不像期望的那样频繁）与教育界人士一起参与规划课程的工作。

教师和课程专家构成了规划人员的专业核心。这些有专业准备的人承担着课程开发的重任。他们在学校和学区管理者的指导下一起工作，管理者的任务是促进课程开发过程各个阶段的工作。学生作为课程变革的直接受益者进入课程开发的过程，而最关心学生的家长和最关心社区利益的人被引入课程开发。邀请学生家长和利益相关方参与课程规划过程，是司空见惯的。

一些学区越过了在校学生家长，寻求代表整个社区（包括家长和非家长）。由于重视教育（从幼儿园到高中、高等教育）如何影响当地和各州的经济，商业和社区领导人对课程和学生为经济做出贡献所做的准备感兴趣。社区广泛参与和学校产品相关的投入，是设计课程的一种积极方法，在实施时会获得支持。一般来说，课程的任何重大变革，都应该涉及上述所有赞助者，以及学校未得到正式认证的人员。受变革影响的人越多，变革的复杂度和成本就越高，应该涉及的个人和团体的数量也越多。第四章将探讨不同个人和团体在课程开发中的角色。

虽然采取足不出教室的方式独立开发课程肯定会带来一些有限的收获，但通过合作规划和解决问题，一定会出现课程的显著改善。小组审议的结果，不仅比个人努力更为广泛，而且小组共同工作的过程使各成员能分享自己的想法并达成共识。在这方面，成员们互相帮助做出改变，实现对变革的承诺。卡尔·D. 格利克曼（Carl D. Glickman, 1998）断言："如果没有得到大多数核心教育工作者和家长的理解和支持，任何全面的变革都会失败，失败的原因并不一定是变革本身"（第39页），"而是因为变革发生的方式"（第28页）。"无论保持学校现状是多么令人难受，如果没有教育工作者、家长和公民理解、讨论和参与新的可能性的途径，长期的变革努力将是徒劳的。（第39页）"认识到与课程开发有利害关系的不同各方的态度，是课程开发人员的基本责任（Taba, 1962）。

那些领导课程变革和实施的人，可能已经得到指令领导具体的变革，或者已经从分析学生的学习成果数据和实现学区或学校战略目标的进展中确定了需要重新开发课程。通常考虑的计划性变革有三种类型。这三种策略都适用于课程开发：经验理性策略、权力强制策略和规范的再教育策略（Bennis, Benne, & Chin, 1985）。

经验理性策略是基于在实践中使用（经验性）研究来开发变革，那些将实施变革的人认为变革对他们的工作有益或合理时，这种策略是有用的。一个例子是，当拨款接受者为阅读理解开发了所需的评估并将拨款的结果广为传播时，评估结果随后就会与州教育当局（SEAs）和地方教育当局（LEAs）共享，从而导致迅速采用新的阅读评估。

第二类策略是权力强制，这一策略依靠权力（通常是政治或立法）来推动变革。权力强制变革的一个例子是《不让一个孩子掉队法案》，即到2013年，所有学生都要按年级水平进行阅读，这导致了全国范围内的课程改革。读者可以根据自己的环境，评估这种变革策略在多大程度上有效。

规范的再教育策略基于这样一种思想——以不变应万变是令人舒适的，因此，课程变革可能不是来自于外部实体的吸引、邀请。组织内部的人员确定是否需要进行课程变革。然后，课程带头人与那些最有可能影响或参与课程变革实施的人协作。通过协作过程，创建所需的课程变革及其实施过程。

三种类型的变革随着时间的推移都可能要应用领导力。作为课程带头人，所起的部分作用是要针对目标变化和你的环境确定最有效的策略。当你考虑领导课程变革时，请考虑到变革也是对所有参与合作的人的能力建设和专业学习。佩尔·佛兰（Per Fullan，2010）认为，随着个人和合作小组的能力得到开发，重点要放在改善学生的学习成果上，改善才会是可持续的和持久的。

决策过程

公理6。"课程开发基本上是一个决策过程。"课程规划人员齐心协力，做出各种各样的决定，包括以下的例子：

1. **学科**。学校课程中哲学、人类学、教育，有时还有艺术、外语、音乐和体育的缺失或有限存在表明，对学生的学习来说，得到优先考虑的科目最为重要。

2. **相互竞争的观点**。规划人员要利用研究和他们的背景来确定哪种方法最适合学生。在某些情况下，有争议的一个例子是进行双语教学或为英语学习者提供另一种教育机会。规划人员决定为残疾学生如何提供服务，以及多大程度上包容残疾学生。其他常见的决定与学生分组有关，分组可以是异质的，也可以是同质的，可以根据责任评估成绩的高低，也可以根据学生的选择和兴趣。

3. **重点**。随着人们期望提高毕业率、学生们为上大学和就业做好准备，如何加快那些在阅读和教学方面还没有达到年级水平的学生的学习速度，有关决定早在幼儿园和高中阶段就已经做出了。类似的决定涉及强调为所有学生或仅为特定群体提供严格的学习机会（Taylor, Watson, & Nutta, 2015）。在课程开发或再开发过程开始之前，就要定下要点。

4. **教学方法和资源**。课程开发经常延伸到教学实施，并提出有效实施的方法或途径。下面是将会影响教学和资源决策的一些疑问示例。

数字工具是否会优先为学习者和教师提供灵活的访问途径？期望为小学阅读单元安排多少时间？如果阅读单元预计超过一小时，那么数学、科学、社会研究、艺术和体育还剩下多少时间？或者，在阅读时段之内，科学和社会研究的概念，要通过阅读信息性文本和非虚构文本来学习吗？

5. **组织**。学校教学日和学年的安排影响到课程开发。如果学校社区采用以掌握能力为基础的持续进步的理念，课程就必须有非常协调一致的、循序渐进的配套安排。如果课程是由社会研究教育工作者和英语语言艺术教育工作者组成的团队授课，那么整合这两个学科以促进教学将是课程组织的重要组成部分。随着虚拟学校和学生在实体学校学习的虚拟科目的扩大，如何进行新的组织成为需要考虑的问题。

在充分研究问题后做出决策的能力和做出决策的意愿，是课程规划人员的两个必要特征（Glickman，1998）。每一个决策，都需要精打细算，因为没有人——尽管一些专家可能会唱反调——对所有问题都了然于心、成竹在胸，或者对每一问题都有对症下药的灵丹妙药。考虑到这一点，从建立参数开始的协作决策，将促进这一过程（其中一些参数已在本节中确定）。课程规划的决定是在现有的最佳研究和证据的基础上做出的，这些研究和证据为所有学习者提供了达到预期水平的最佳机会。尽管在复杂的环境下，做出课程决定的任务可能相当困难，但在美国的学区，有机会从众多选项中做出选择，是一大优势。

持续的过程

公理 7。"课程开发是一个永无止境的过程。"课程规划人员不断追求理想，理想却与他们相去甚远，课程的规划永远不可能达到完美无缺。课程总是需要改进的，许多时候可以找到更好的解决方案来实现特定目的。随着学习者需求的变化，随着社会的变革，随着技术的发展，随着新知识的出现，课程也必须变革。课程评估应影响后续的规划和实施。当基于证据的反馈显示出需要时，应修改课程的目标、目的和课程组织的计划。

当单个课程问题暂时得到解决，或者当一个更新的、经过修订的规划被建立起来时，课程开发并没有结束。为了监测实施的可信度，收集持续的证据和数据是必要的，目的在于确保计划在实施过程中不偏离正轨，并在出现问题时制定合理的解决方案。此外，课程委员会的工作过程应保持充分的记录，以便将来成为可供参考和比较的有案可查的记忆。使用参与者可以投稿和访问的在线协作站点，将为感兴趣的各方提供授权和发声的机会，持之以恒地参与并持续改进。

综合性过程

公理 8。"课程开发是一个综合性过程。"从历史上看，课程修订一直是一个漫不经心的过程：修补、删减、添加、插入、缩短、加长和排查。希尔达·塔巴（Hilda Taba, 1962）在将课程开发比作缝制被子时也做了同样的观察：将不同的个人贡献汇集在一起，这些贡献仅通过类似的线索联系在一起（第 8 页）。

课程规划往往过于零散，而不是综合或全面的。太多的课程规划人员只关注树木，而没有看到森林。"整体大于部分之和"这一流行说法对课程开发十分适用。虽然可以单独研究课程的各个部分，但规划人员应经常和定期地将宏观课程（即作为一个整体的课程）与各部分之和区分开来。

将课程视为一个综合性过程的观点，包含一种对课程开发影响的认识：不仅对与课程纲领性变化直接相关的学生、教师和家长有影响，还对无辜的旁观者（即那些没有直接参与课程规划但在某种程度上受到规划结果影响的人）有影响。人类性教育在许多社区都是一个敏感的例子，它不仅会影响到该课程计划内的教师、学生和学生家长，还会影响到那些不在教学计划之内的教师、学生和家长。相关群体中的一些人，可能不希望参与其中。其他未在计划之内的小组成员，可能又希望接受指导。也许，这两个群体中都有一些人认为这一科目不适合学校。

综合性的课程规划方法，需要大量物资和人力资源投入。课程专家投入课程开发的规划，或者投入所谓管理计划的开发。在开始课程开发之前，要预先确定是否可以获得切实的资源、人员和足够的时间来保证合理的成功预期。课程带头人不仅要确定人员，而且要考虑他们的原始动机、专业知识和其他承诺。综合性方法对学区资源的需求高低不一，也许是课程开发在历史上一直支离破碎的原因之一。

系统性开发

公理 9。"系统性课程开发比试错更有效。"理想的情况下,课程开发应通过考察整体来实现综合性,并应通过遵循一套既定的程序来实现系统性。程序,包括参与者的合作准则,应由所有参与课程开发的人商定并了解。如果课程规划人员遵循一个商定的课程开发和合作模式,概括或绘制先后步骤与合作规范(课程开发过程的一部分),他们将更有可能富有成效并获得成功。

如果课程专家赞同上述公理,并同意根据这些公理来改变自己的行为,成功就能指日可待吗?答案显然是否定的,因为课程专家受到许多限制,其中有一些限制是他们无法控制的。对课程规划人员的限制包括:管理者的风格和个人理念,学区的资源,社区背景,课程开发参与者的专长、知识和技能,以及是否有可用的专业材料和人力资源。

最大的限制之一(有时被忽视,因为它是如此显而易见和包罗万象),是现有的课程。课程专家就不同类型课程的特点撰写了许多论文。在文献中详细描述了活动课程、主题课程、广域课程的特征和核心课程的变化。从纯粹的认知基础来看,这样的讨论是有用的。但可以推断,课程类型的选择是开放性的(这将是罕见的)。要改变课程类型,比如从基于个别学科内容的离散标准课程转变为基于问题的综合课程,需要花费数月的时间来调查实施是否可行(而不仅仅是开发是否可行)。

从现有课程开始

公理 10。"课程开发人员从当前课程所处的位置出发,就像教师从每个学生的当前成绩出发一样。"课程的变革不是一蹴而就的。在课程领域很少能发现巨大的飞跃,这种状况可能是积极的而不是消极的,因为缓慢而稳定的变革过程给数据收集、数据分析、改进和修订留出了时间。

由于大多数课程规划人员从已经存在的课程开始,他们的作用本质上是课程再开发。人力资本的投入、他们的思想、学区对再开发的资金支持,一般不会导致取消以往的课程,而是以以往的课程为基础。

课程建设的八大指导性概念

虽然一个课程开发模式可以显示一个过程，但它并不能揭示整个过程。例如，它没有显示如何从竞争性内容中进行选择，如何处理相互冲突的哲学，以及如何确保各层次之间的衔接。

本书所讨论的八大指导性概念不仅可以解决长期困扰课程开发人员面临的问题，而且可以形成课程开发的原理。例如，对于课程开发人员来说，创建一个运行良好的序列是一个长期存在的问题。同时，课程规划人员必须理解排序的概念，这对有效的课程至关重要。将课程和顺序这两个要素结合起来，这一原则阐述的是，有效课程是循序渐进的课程。

这八大概念是相互关联的。首先要考察的是四个彼此关联的概念：范围、相关性、平衡和整合。后三个概念是范围的各个维度；这四个概念都与目标和目的的选择有关。接下来要考虑的是另外三个密切相关的概念：顺序、连续性和衔接。后两个是排序的维度。最后，你将审视可转化性这一概念。

范围

"范围"通常被定义为课程的广度。任何科目或年级的内容——被确定为主题、学习经验、活动、组织线索或要素、整合线索或组织中心——构成了该课程或年级的课程范围（Tyler，1949；Bloom，1958；Goodlad，1963）。几个科目或年级水平的内容总和构成了学校课程的范围。J. 盖仑·塞勒和威廉·M. 亚历山大（J. Galen Saylor and William M. Alexander，1954）在早期的著作中这样定义范围："范围是指学生在通过学校计划取得进步的过程中提供给他们的教育经验的广度、多样性和类型。范围代表了选择课程经验的纵轴。"（第284页）

组织中心或线索。约翰·I. 古德拉德（John I. Goodlad，1963）将范围要素定义为"学习的实际焦点，通过这些焦点，得以实现学校的目标"（第28页）。他想把这些元素作为一个术语来表达，理由如下所述：

在教育文献中，没有任何一个术语能令人满意地传达这些焦点的意图。"活动"和"学习经验"这两个词使用得最频繁，但有几分误导。在这种情况下，使用"组织中心"这一机械术语有其可取之处。虽然有些笨拙，但这个术语确实允许包括诸如工作单位、文化时代、历史事件、诗歌、关于土壤侵蚀的电影、动物园之旅等广泛不同的学习焦点。教与学的"组织中心",可能像一本有关树的书那样独特,也可能像20世纪的新闻审查制度那样普遍。"组织中心决定了课程的本质特征"。(Goodlad, 1963,第28页)

同样,泰勒(Tyler, 1949)建议那些组织课程的人要辨识组织线索或要素,即要教授的基本概念和技能(第86页)。因此,课程规划人员选择课程的重点、基本概念和技能,以及将包含在课程中的知识。这种横向组织的一个中心问题(被称为范围),是要确定所包含的概念、技能、知识和态度的界限。

目标程序。通过与他人合作,课程专家选择将概念、技能和知识整合到以前没有由标准或教育组织划定领域的课程中。许多年前,霍利斯·L.卡斯韦尔和多克·S.坎贝尔(Hollis L. Caswell and Doak S. Campbell, 1935)提出了一个确定课程范围的程序。他们将这一过程称为"目标程序",同时勾勒了以下步骤。

第一,阐述了教育的总的全面目标。第二,将这一包罗万象的陈述分解成几个高度概括的陈述。第三,对少数目标的陈述进行划分,以适应学校的行政组织(小学、初中或高中)。第四,进一步划分每个部门的目标,说明每一科目要达成的目的。第五,将各个部门的科目的总目的分解为各年级的具体目的;也就是说,尽可能具体地说明每个年级要达到的科目目的。每个年级的所有科目的具体目的,代表该年级须继续进行的工作,并指明各年级的工作范围。(Caswell & Campbell, 1935,第152页)

卡斯韦尔和坎贝尔认为,具体的目的——而不是学习经验、焦点、主题或组织线索——表明了课程的范围。

必要的决定。由于时间如此宝贵,内容包袱如此沉重,课程中所纳入的每一组织中心,都必须明显优于未被纳入的组织中心。被选中元素具有何种优越性,相关的决定是通过群体共识、专家意见或两者共同达成的。课程规划人员要回答的问题并不容易回答,比如:

· 学生需要什么,才能在我们的社会中取得成功?
· 你所在地区、州、国家和世界的需要是什么?

· 包括过去、现在和未来在内，每个学科的基本要素是什么？

　　课程范围的决定是多方面的，并且与作为一个整体的课程联系在一起，因为学科、科目相互不同，学科、单元和每堂课的内容千差万别。

　　课程规划工作者不仅在三个学习领域中的每一个领域做出有关范围的决定，而且还在各个领域中做出决定。在这些领域内，他们必须提出以下问题：

· 除了人文地理外，是否还要纳入一门地质学课程（认知）？

· 是否应该将慈善活动的拓展和合作态度纳入课程（情感）？

· 是否要纳入体育和舞蹈（精神运动）？

　　课程规划工作者可能会发现，在一个领域内确定范围，虽然费时劳神，但比在不同领域之间做出决定更容易解决。必须要问的是，哪一领域最为重要？这一问题重新引发了关于知识本质以及学习者和社会的本质与需求的哲学讨论。什么知识更有价值？阿诺·贝拉克（Arno Bellack，1965）讨论了这一问题，并得出结论，学校应该让教师能够拓展学生在主要学科的知识。

　　其他理论家强调知识领域，即认知领域。杰罗姆·S.布鲁纳（Jerome S. Bruner，1962）写道："知识的结构——使一种观点继另一种观点环环相扣、旁逸斜出的思想结构——是教育的恰当重点。"（第120页）；罗伯特·L.埃贝尔（Robert L. Ebel，1972）倡导认知学习；菲利普·H.菲尼克斯（Philip H. Phenix，1962）说："简单地说，我的论点是，所有的课程内容都应该来自学科，或者换句话说，只有学科中包含的知识才是适合课程的知识。"（第57页）

　　另一方面，库姆斯、凯利和罗杰斯（Combs, Kelley, and Rogers，1962）则超越了知识的范畴，将价值观和自我观念的发展视为教育过程的核心。许多教师和课程规划工作者不依靠自己的判断，把范围的决定权交给了他人——课程顾问、课程指南的作者、教科书的作者和出版商。因此，范围可以由页码层层叠叠的一个或多个文本组成，并且可以简单地通过将页数除以上学天数或将科目中的主题和学习活动的数量除以天数或周数来确定。虽然这种简单的规划聊胜于无，但如果规划工作者通过一个系统的、协作的过程，运用他们自己的综合专业判断，并从整个领域中选择他们认为只适合自己的学校、学习者、社会、州、地区和国家的概念、技能与知识，那么这一课程就会更有针对性。

自从实施学生学习成果的标准和问责制以来，教学带头人和教师的考试范围发生了变化。由于对学习成果进行仔细审查，教师们在学生需要花费多少时间来达到特定标准或教学目标和目的方面，尽力协作并现身说法。即使有大量的课程指南资源，教师团队也要绞尽脑汁将时间分配在最需要的地方，并根据需要进行区分和重教。虽然以标准为基础的教育确实对课程决策提供了一些限制，但它并没有排除教师在规划、组织、展示和评估学习以帮助学生成功之上所做的许多决定。

相关性

相关性原则的挑战在于，它是如何确定的，又是由谁来确定的？一种环境中的相关性，在另一种环境中可能就不那么相关了。

不同的解释。确定相关性的困难在于对这个词有多种解释。被认为与郊区相关的教育可能并不适用于城市中心。被认为与盎格鲁人相关的东西可能不适宜西班牙人。与本质主义者相关的东西，可能与进步主义者不相关。相关性，就像美一样，存在于观察者的眼中。"就像关系和关联这两个词一样，"哈里·S.布劳迪（Harry S. Broudy，1972）说，"相关性实际上不排除任何东西，因为任何值得提及的东西，在某种意义上都与其他值得提及的东西相关"（第179页）。

宽泛地考虑一下一般相关。课程是否相关可能不是重点。课程的消费者、学校的相关人士和赞助人，将形成对相关性的态度。课程开发人员在考虑相关性本身的问题之前，先考虑对相关性的感觉。威廉·格拉瑟（William Glasser，1992）将学生觉得自己的课"无聊"的感觉归因于他们无法将所学内容与自己的生活联系起来（第7页）。

学术研究与职业技术课程之间存在冲突。为职业生涯做准备极为重要，学生可以看到技能课程的价值，但往往没有认识到学术领域可以为每门课程提供所需的基础，还可以为其他职业开辟新的远景。

关于相关性的分歧，源于对社会中存在的事物和社会中应该存在的事物的不同设想。问题就变成了：课程规划工作者应该按照生活现有的样子教育学生，还是应当按照他们认为的生活应该或将会是什么样子教育学生？课程是否应该培养学生阅读非虚构类书籍、订阅学术期刊、聆听古典音乐和经常参观艺术画廊的欲望？课程是否应该鼓励学生赚钱，喜欢流行小说，喜欢摇滚音乐，让自己的家充满艺术气息？课程是否应该保持中立，避免所有这些充满价值的内容，或者相反，应该向学习者介绍一系列内容和经验？

关于具体事物与抽象事物孰优孰劣的争论不断出现。有些人倾向专注于可以用感官体验的内容，而另一些人则倾向通过高层次的概括来开发智力。

对相关性的解释。B.奥塞内尔·斯密（B. Othanel Smith, 1969）清楚地解释了相关性，他写道：

老师经常被问到："我为什么要学这个？""学习历史有什么用？""为什么要求我学生物？"如果这些问题的意图是问在人们的日常活动中有何用处，那么只泛泛而谈是可能的。我们可以而且确实讨论了科目材料与学生必须做出的决定和进行的活动之间的相关性。我们知道，除其他事项外，它们必须：

- 选择并追随一种职业；
- 履行公民义务；
- 处理人际关系；
- 参加承先启后的文化活动……

……相关性的问题，简单说来，是什么是最确实有用的问题。（Smith,1969,第130-131）

斯密（Smith，1969）承认，要表明抽象科目材料的效用是十分困难的：

不幸的是，更难以证明这种形式的科目材料的效用……也许，无法向怀疑论者证明抽象知识的效用的主要原因是，它的大部分功能是二级效用。我们在日常行为中使用的技能，如书写和阅读，是一级效用。二级效用包括塑造行为的学习，但它本身并不能在行为中直接观察到。（Smith，1969，第131页）

知识的用途。斯密（Smith，1969）将不能直接观察到的知识的使用区分为联想型、解释型和应用型。斯密所说的联想型是指学习者有能力自由地将知识联系起来，有时还能解决问题。抽象的知识有助于个体理解所处的环境，而没有基本的知识是无法做到这一点的。抽象的科目材料使学习者能够运用概念来解决新问题。

课程专家与其他人合作确定相关性的含义，然后进一步使课程尽可能具有相关性。

平衡

平衡是一个不寻常的课程概念，表面上看起来一清二楚，但经过一番探索，却变得有些迷雾重重。给平衡下一个精确定义相当困难。许多——也许是大多数——教育工作者认为，课程设置处于不平衡状态。多年前，保罗·M. 霍尔沃森（Paul M. Halverson，1961）提出了一个今天仍可以重复的观点："课程的平衡可能总是缺乏，因为各种机构在适应文化的新需求和要求方面步履蹒跚，除非社会变革对这些机构的影响是迅速而紧迫的。"（第7页）

将不同的解释用于课程时，寻找平衡的定义变得更为复杂。霍尔沃森（Halverson，1961）谈到了目的和手段的平衡："一门平衡的课程，意味着旨在实现教育目的（目标）的课程范围和顺序（手段）的结构和秩序。"（第4页）

古德拉德（Goodlad，1963）力图平衡以学习者为中心的课程和以学科为中心的课程，因而评论道：

最近许多关于课程的争论，分别在集中给予学习者和科目材料何种关注和多少关注的问题上。非此即彼地强调所带来的前景，似乎不值得考虑。然而，感兴趣的观察者不难发现，学校的实际做法是强调一个组成部分而弱化另一个组成部分。（Goodlad, 1963，第29页）

罗纳德·C. 多尔（Ronald C. Doll，1996）则从学习者的立场看待平衡，并将其描述如下：

在特定的时间为特定的学习者所提供的平衡的课程，将完全符合学习者当时的特殊教育需求。它将数量足够多的每一种科目材料，以满足个人的目的，并加快他或她的发展……也许，在实现平衡的过程中所能做的最好的事情，就是更清楚地认识到什么对个体学习者的成长是有价值的，然后将这些价值观应用于选择课程内容、对学生进行分组教学、提供清晰的说明和进一步的指导规划。（Doll，1996，第186—187页）

在前面的评论中，古德纳德（1963）强调需要平衡以学习者为中心的课程和以科目为中心的课程，而后来的多尔（1996）强调需要一种通过群体经验和个人经验的明智平衡以适应个人的课程。

一组变量。你可以用几种方式运用平衡原则。考虑到典型的小学、初中和高中，课程规划工作者寻求各种变量之间的平衡（本书提到了其中的一些变量）。你会注意到，各组变量需要自己的比例或分割，而不是各50%的两两对开。有时，所谓平衡并不意味着比例对等。

1. "以学习者为中心和以主题为中心的课程。"这一变量预设了进步主义和本质主义这两种相互冲突的哲学之间的平衡。

2. "社会的需要和学习者的需要。"课程不仅要面向社会，而且要面向个人。

3. "通识教育和专业教育。"虽然高中的课程由核心教育科目组成，这些科目可能占课程提供的大部分，但必须为专业领域的学习者提供选修课。美国各地的学区通过在单独的学校或在一所学校内为专业教育提供有吸引力的项目，为通识教育和专业教育的平衡提供替代方案。此外，他们还通过允许高中和职业技术学校、社区大学或州立大学双重招生来满足学生的需求，或者与其他公立学校联合开办一个地区职业技术中心。在线课程作业是另一种让学区满足学生需求的方法。

4. "广度和深度。"课程可能过于宽泛而流于肤浅，也可能反过来，过于深奥而显得局促。

5. "三个领域可能会形成一种三行道的平衡。"你不能忽视认知、情感或精神运动领域。

6. "个性化和通识教育。"在学区的背景下找到个性化或个人化教学的方法，除了专业教师之外，数字资源可能最有希望满足每个人的需求。

7. "创新和稳定。"稳定是令人舒适的，并鼓励专业知识的拓展。不断的创新会给那些要实施的人带来认知超载。随着时间的推移，对实施效果的评估显得尤为关键，这有助于明确实施的可信度以及可信度与创新之间的关系，无论是正向还是负向相关性。

8. "特殊学生的需求和普通学生的需求。"期望所有的学习者都获得成功，所以有特殊需要的学习者、出类拔萃的学习者、英语学习者，以及所有居中游的学习者的不同需求都是必不可少的考量内容。

9. "学科内部和跨学科之间。"各学科可能会为课程争取时间,就像一个学科之中的内容学习存在竞争一样。

整合

课程专家可能会选择提供整合性的科目材料。整合,在课程建设理念的语境下,是指学科的混合、融合或统一。一门经过全面整合的课程打破了学科之间的樊篱,并在总主题或总论题下对各学科进行了整合。与必须完成的范围和顺序的确定不同,学科的整合是一项可选的、有争议的任务。是否要整合课程,是教育工作者存有分歧的一个问题。

课程规划工作者是否选择整合科目材料取决于他们对知识本质、学习者本质和教育目的的看法。许多教育工作者支持基于他们的研究所分析的科目材料的整合,他们的研究指出跨学科课程计划是成功的。泰勒(Taylor,1949)将整合定义为"课程经验的横向关系",并接着说,"这些经验的组织应该有助于学生越来越多地获得统一的观点,并将自己的行为与所处理的各要素联系起来"(第85页)。希尔达·塔巴(Hilda Taba,1962)评论说,当各个研究领域之间的联系得到明确时,学习就会更有效,特别是当一个人应用知识时更是如此。

科目材料可以根据具有自己的时间模块的不同学科来组织。另一种方法是,在不考虑学科的情况下,在全校范围基础上(如核心课程)进行整合,或在课堂层面(如某些类型的单元计划)进行整合。

当然,并不是所有的教育工作者都提倡整合科目材料。一些人认为不同的学科应该分开来教。因此,他们拒绝广域课程组织方法,并建议教师和学生专注于不同的学科。

课程的关联是一种整合,是科目之间相互联系,同时又保持各自独立。在特定的学校层面上,所教科目之间的关系展示给了学生,如历史和文学;数学和科学;艺术、音乐和文学。科目可以横向地跨一个年级或纵向地跨两个或更多年级建立起相互关联。前者的一个例子是,大二学年所教授的世界史,可能与学生几乎同时学习的文学保持同步。

课程整合的两种观点。塔巴提出了两种课程整合的观点。第一种观点是科目的横向联系。塔巴(1962)说,此外,"整合也被定义为发生在个体身上的事情"(第299页),如果你遵循第二种观点,"那么,问题在于如何在创造统一知识的过程中找到帮助个人的方法。这种对整合的解释,将重点从整合科目转向定位整合线索"(Taba, 1962,第 299 页)。

不管科目是否以一种整合的方式呈现给学习者,学习者必须将知识整合到自己的长期记忆之中。如果新的信息没有整合到先前的知识中,那么在以后的日子里,例如在春季进行问责评估时,就无法准确、快速地检索到这些信息。塔巴(1962)说:

科目的统一,一直是自赫尔巴特派学者以来教育的一个主题。迄今为止,绝大多数的实验性课程方案都围绕着统合学习的问题。同时,我们还远远没有达到统一,部分是由于害怕放弃专业科目的研究而失去训练有素的学习,另一方面是由于至今还没有找到统合学校科目的有效基础。(Taba, 1962,第 298—299 页)

在本书中,你已经看到并将看到许多关于跨学科或多学科综合课程的参考文献。虽然领导和教师可能会在多个层面上寻求跨学科的课程和教学方法,但在核心课程时代,对课程进行整合在中学中更为常见。

综合课程挑战了历史悠久的将课程组织成独立学科的做法。课程规划工作者必须决定,他们是否会有意识地去关联或整合科目材料,如果他们计划这样做,还要决定他们将为此创建的组织结构。范围、相关性、平衡和整合,是课程专家所关注的互有联系的原则。

顺序

"顺序"是课程规划工作者所安排的组织要素或中心的次序。范围指的是课程组织的"什么",顺序指的是"什么时候"。顺序回答了重点将被放置在何时和何地的问题,也许可以称为步调指南,它不仅包括顺序,还包括教学单元可能何时进行的大致时间。不久前,塞勒和亚历山大(Saylor and Alexander, 1954)将顺序定义为:

与学生一起发展教育经验的次序。顺序是指课程规划中的"何时"。教育经验顺序的确定,是对发展范围所建议的教育经验的最有利时间的决定。如果我们认为范围是课程规划的纬度,那么顺序就是课程规划的纵轴。(Saylor & Alexander, 1954,第 249 页)

一旦确定了范围，就可以确定课程河流中内容的顺序。在某些科目中，有被认为是具有重要意义的预备技能和知识，而在其他情况下，顺序是优先项。在历史中，时间顺序可能是一种自然的组织顺序。在某些情况下，历史和社会研究课程是按主题来组织的，在这种情况下，时间顺序在决策顺序中排在第二位。可能考虑的其他因素依次为：学习者、所需的预备知识、课程目的的挑战、教学目的和学习目标。

排序的方法。课程专家如何决定哪些内容优先？排序可以通过多种方式完成，包括安排内容。以下是考虑排序的几种方法：

1. "从最简单到最复杂"。比如，先学习十位数字，再学习百位数字。
2. "按时间顺序"。历史通常是用这种方式讲述的。
3. "通过主题"。可以研究英国文学和戏剧中的悲剧。
4. "地理位置"。可以研究世界各区域。
5. "从具体到抽象"。在开始解决问题之前，先用操作工具（真实的或虚拟的）逐渐形成概念。
6. "从一般到特殊"。在深入挖掘学生可以联系的例子之前，先学习概念"相互依赖"。
7. "对相似的主题、读物、技能进行分类。"

当顺序对技能开发不重要时，可能会有如当代美国作家之类的分类。相比之下，文学作品通常按体裁分类：戏剧、短篇小说、长篇小说和非虚构作品，但有时也按主题分类，比如变化主题，然后学生在主题内阅读短篇小说、小说节选、诗歌、非虚构作品或信息文本。标准和课程目的最有可能推动分类。

对于某些内容，学生必须熟练掌握此前的技巧才能参与。如果不精通乘法、除法以及将这些概念应用于分数，那么，学习代数就极具挑战性。一般来说，在世界语言课堂中，一个学生如果没有第一年的精通，第二年就无法获得成功。

排序的概念。唐纳德·奥洛斯基和B.奥塞内尔·斯密（Donald E. Orlosky and B. Othanel Smith, 1978）讨论了排序的三个概念：（1）根据需要排序；（2）宏观排序；（3）微观排序。根据第一个概念：

在每时每刻处理一种情况的过程中，学习者安排自己的学习顺序。他在需要时选择自己想知道的东西。如果在选择中犯了错，他只需要再经历这一过程，直到找到能满足自己目前需要的东西。这是一种机会主义的排序观，但那些提倡这种观念的人坚持认为，这在心理学上是说得通的。（Orlosky & Smith，1978，第267页）

奥洛斯基和斯密（1978）说，宏观排序遵循了阿诺德·格塞尔、弗朗西斯·L.伊格和让·皮亚杰等人阐述的学习者成长原则，是对知识的组织和教学的构想，目的在于与个人成长的不同阶段保持一致。长期以来，教师对教学知识的安排大致是按照学习者的成长来安排的。细察几乎所有学校现有的学习计划表明，它大致符合学习者的成长过程（Orlosky & Smith，1978，第251页）。

微观排序是根据每个内容单元所需的预备知识对科目材料进行排序。奥洛斯基和斯密（1978）说，"这假设了对于任何学习任务，都有一个等级体系，从非常简单的到更为抽象和复杂的元素，这些元素会导向达成特定的目的"（第267页）。

课程规划人员被要求做出决定，按适当的年级水平布置内容。B.奥塞内尔·斯密、威廉·O.斯坦利和J.哈伦·索雷斯（B. Othanel Smith, William O. Stanley, and J. Harlan Shores, 1957）将"顺序"和"年级布置"两个术语结合起来使用，观察到：

只有两种可能的方法来解决年级布置和顺序问题。第一种是接受孩子本来的样子，在保持教学目标不变的同时，根据孩子的发展水平调节经验。第二种方法假设课程经验应该落实到一个给定的年级水平之上，并提供学习来调整孩子的经验，也就是说，让他为学习做好准备。（Smith, Stanley, & Shores, 1957, 第171页）

从何处开始。对排序过程的分歧，主要集中在课程计划工作者应该从学习者开始还是从科目材料开始。前者要求对重点的选择，要与学习者的实际成长和发展保持同步，或适宜于学习者的发展；后者将科目材料安排在假定学习者能够掌握的年级水平之上。后一种排序方法是历史上著名的方法。

斯密、斯坦利和索雷斯（Smith, Stanley, and Shores, 1957）主张将这两种方法合为一体，认为完全赞同其中的任何一种方法都是不现实的（第171页）。他们建议，课程专家在制定课程顺序时，要考虑到学习者的成熟度、经验背景、心理年龄和兴趣，以及科目材料的用途和难度。对课程的组织要素进行排序，是课程开发人员的主要任务之一。

连续性

连续性是在连续的层次上有计划地重复内容，每次都增加复杂度。泰勒（1949）对连续性的描述如下：

连续性是指主要课程要素的纵向重复。例如，如果在社会研究中，拓展阅读社会研究的技能是一个重要目的，那么就有必要看到，这些技能有循环往复和持续不断的机会得到实践和发展。这意味着随着时间的推移，相同种类的技能将被带入持续的操作中。同样，如果科学的目的是发展一个有意义的能量概念，那么在科学课程的各个部分中反复讨论这一概念就十分重要。因此，连续性被视为有效的纵向组织的一个主要因素。（Tyler, 1949, 第84–85页）

螺旋课程。连续性原则体现在螺旋课程中（Bruner, 1963）。概念、技能和知识要一再介绍，例如，一再补充，研习民主、写作、个人健康、谈话，每次重新介绍都能在不同的学年中加强以前的学习。一个常见的例子是在一学年的英语语言艺术（ELA）标准中螺旋上升。一个特定的标准可以在一个学年之内学习几次，使用不同类型的文本，期望学生的工作成果在每次挑战中都有所增多。

必需的专业知识。规划一门课程的连续性需要高度的专业知识，既需要科目领域的知识，也需要学习者的知识。例如，为幼儿园或学前班到高中规划一个具有适当的范围、顺序和连续性的数学序列，需要科目材料专家和教师的综合技能。连续性不是简单地重复内容，而是在每一阶段的重复中，同时增加思维和适当资源的复杂度，随后是增强教师和教学带头人的专业学习。这一概念在《共同核心州立标准》的制定中得到了应用，该标准从幼儿园开始，并随着挑战的增加日益提高，直至高中阶段。例如，小学生可能会学到民主意味着民有、民治、民享的政府，而中学生可能会全力对付全球社会中有争议的、尚未解决的民主问题。

与那些受影响的人合作，将让课程开发人员知道哪些标准和内容单元将被重新介绍，以及在什么时候重新介绍。在开始讨论每一个新的组织要素之前，预先评估或检查学习者的背景知识和准备情况是必不可少的。预评估将发现学习者是否准备好了基于先前内容的新内容和将在更复杂的层次上重复的先前内容。

衔接

如果连续性被视为内容随年级而螺旋上升，那么，可以将衔接看作是跨学校层面（也就是说，跨小学、初中和高中）的组织元素的啮合。从高中到大专院校的衔接是排序的一个要素，随着人们期望毕业生为上大学和就业做好准备，以及本科学位授予机构的滞留率和毕业率的提高，这种衔接的重要性和频率也越来越高。

横向的和纵向的。奥利弗（Oliver，1965）使用"衔接"一词作为"横向衔接"或"关联"的同义词。他把"连续性"的概念等同于"纵向衔接"（第222页）。顺序、连续性和衔接都是相互关联在一起的。纵向衔接是从年级到年级的衔接，横向衔接是年级之内的衔接。这种啮合可能涉及，也可能不涉及重新介绍难度逐渐增加的内容单元。

如果要规划从幼儿园到十二年级甚至更高年级的衔接顺序，课程开发人员之间的合作努力是必不可少的。在分散的学区内，经常发生缺乏衔接的情况；然而，课程通常被认为是学区的一个组成部分，应该像人力资源政策一样集中协调。在一些州，如高中学区或小学学区，在不同的行政人员和不同的学校董事会之下，不同的学区管理着不同水平的学校教育，衔接尤为困难。即使所有层次的学校教育都集中到一个督导和学校董事会之下，学校之间、年级之间和内容领域之间的衔接，仍然是一大挑战。

各层次之间的空白和重叠。如果获得授权，教师就可以选择教授哪些内容，从而导致课程留下空白。同样地，有一种合理的担忧是，当学生在教育的连续体中不断攀升时，他们可能会不止一次地被重新引入相同的内容。通过为教师提供机会，让他们在不同年级之间建立衔接，可以避免空白和重叠。重叠的一个例子是，学生在五年级和六年级阅读相同的小说选，尽管所选的小说在两个年级都是合适的。通过在不同层次学校之间提供规划的机会以调整课程设置的不断规划的学校，以及作为专业学习社群运转的学校，拥有更好的机会消除这一领域的担忧。

个人的衔接。不仅需要对科目材料进行有计划的衔接，而且需要学生的个人衔接。学校领导会寻找各种方法来应对学生的各种能力。例如，一些中学生能够应付高中科目，如代数和几何。一些高中生可以在高中的大学先修课程中表现出色,或者由于他们的杰出才能和大学与学区之间的衔接协议,他们可以在当地大学进行双重注册。

回顾一下已经说过的排序、连续性和衔接——连续性和衔接是排序的两个维度。排序是在课程、单元、科目和年级中对内容单元做出逻辑的或心理的安排。连续性是通过按年级不断增加深度和广度、有计划地介绍和重新介绍相同单元的内容。衔接是对跨年级的内容单元进行计划排序——也就是说,从一个年级到下一个年级进行排序,以确保下一个年级从上一个年级止步的地方开始。

虽然本书提出的排序和关联原则从好的一方面来说是规划、组织、评估课程的有用概念,但人们对教育中许多概念和实践的看法依然众说纷纭。排序和螺旋课程的概念,也不例外。约翰·D.麦克尼尔(John D. McNeil,2006)写道,"如今人们对排序兴趣不大""目前的研究,对技能等级和螺旋课程的僵化概念提出了质疑。虽然可能存在一些有效的技能等级,比如先教加法,再教乘法,但几乎少有证据支持布鲁姆分类法中的等级"(第332页)。将麦克尼尔的发现牢记在心,帮助教师和课程带头人了解如何有效地使用更高层次的思维和复杂度,而非总是从陈述性知识起步,可能是有帮助的。许多学生觉得陈述性知识无聊透顶,截然相反的是应用和运用知识的机会,这类机会是促人思考、引人向上的。

可转化性

学校里教的任何东西,都应该在某种程度上具有转化的价值;也就是说,学校的学习应该具有广义或狭义的适用性,无论是在校外还是在毕业之后。为教育而教育——有学问的人的标志——仅仅作为教育的目标是不够的,因为人们期望学生为上大学和就业做好准备,教育工作者要对学生的学习成果负责。教育应该在某种程度上丰富个人的生活。

学习的转化,正如人们有时所称的那样,已经在教育心理学的文献中得到了相当详尽的讨论(Brody,1972)。迈耶(Mayer,2011)描述了当只使用口头语言和可视教具的双重渠道提供内容而在同一时间没有第三种渠道(例如书面文字)时,如何增加使用数字和印刷资源的转化。转化赋予了学习以持久的价值,在第一次进入课堂的那一刻之后,所学的东西在以后各年级或责任评估中就可以重复派上用场。在问责评估上未能获得成功的部分原因,可能是在教授目标概念时不注意转化。

职业技术教育在可转化性方面具有内在优势。在职业和技术教育中学到的技能与知识，可以转化到工作和生活情境之中。教授精神运动技能的教师尤其幸运，因为学生们不难看出这些学习领域的转化价值。学生可以并将在音乐、艺术、体育、工程、布景开发、软件和仿真开发等领域使用自己所学的知识。对大多数知觉运动技能教师来说，转化是至关重要的。

情感和认知领域的转化更难辨别。认知学习的转化，学生在评估和标准化考试中的表现、在大学的录取和成败，以及雇主给予的评价中最为显而易见。

心理学（心灵或合规训练）的支持者坚持认为，严格的科目会训练心灵；因此，这种教育通常是可转化的。一些本质主义者认为，教育是将数据以计算机的方式储存起来，以备日后不时之需。不幸的是，最终废弃不用或逐渐遗忘，当需要检索时，据说存储过的数据开溜了。另一方面，如果课程将科目发展到高级思维和复杂性的程度，或者至少发展到应用水平，那么转化和存储在长期记忆中以供检索的可能性就更大（Brown, Roediger, & McDaniel, 2014; Intentional Futures, 2015）。

丹尼尔·坦纳和劳雷尔·坦纳（Daniel Tanner and Laurel Tanner, 2007）指出，"八年研究"反驳了高中生必须完成规定顺序的科目才能在大学取得成功的观点（第87页）。布鲁纳（Bruner, 1963）提供了一个五年级学生学习的例子：学习"一种思考地理的方式"，而不是向他们灌输经过精选的、互不相关的地理事实（第26页）。布鲁纳鼓励教师使用一种探索性方法，并以"提高智力潜能、内在奖励、有用的学习技巧和更好的记忆过程"为理由替这一方法辩护（第27页）。

可转化性既是教学的原则，也是课程的原则。可转化性教学方法涉及教学过程。当你分析学习者所转化的内容时，你就进入了课程领域。课程开发工作者应该明确目的，选择内容、思维水平和复杂度，以及将导致最大限度转化的教学策略。此外，评估课程的计划，应包括判断课程的多数片段在多大程度上实现了转化的方法。

在确定课程开发的八大指导性原则后，我们提供了课程开发的结构，从而形成了一个涉及范围、相关性、平衡、整合、顺序、连续性、衔接和可转化性的课程系统。

总 结

教育系统随着其上层系统（社会）条件的变化而变化。课程变革是环境变化的正常的、预期的结果。

课程专家的责任是寻求课程的持续改进。如果普遍接受的课程开发的原理和概念得到遵循，课程专家的任务就更容易完成。本章提出了十大公理（或一般原理）和八大指导性概念，作为课程开发的指导方针。这些原理和概念，不仅来自专业教育之外的学科，而且来自民间传说、观察、实验数据和常识。

教师和课程专家都在课程开发中与学校其他人员合作。教师、课程专家、督导、管理人员、学生、家长和其他利益相关方，都可以在影响课程变革及其成功实施中发挥重要作用，以达到预期的结果。

课程开发人员从给定的内容开始，并在特定的环境参数中工作。除非有法令或政治需要要求快速改变和实施课程，大多数成功的变革，都是由关键的利益相关方因为目标变化而开发和实施的。

应用

1. 在你的环境中，用哪些课程原理和概念指导实践？

2. 在你的环境中或全国范围内，哪些课程创新是以半真半假、全真或全假的前提为基础的？使用证据来支持学习成果和对课程的任何修正。

3. 目前可用的技术和数字工具是如何影响课程开发和实施的实践的？举例说明这些资源的开发对课程变革的影响，以及由此导致的教学效果和学生学习的变化。

反思与探究

1. 设想在线学习、特许学校、家庭教育和大学提前入学项目一类选择活动的开发和结果。

2. 选择三种社会发展、事件、压力或力量在过去二十年里在美国引起的课程变革，并简要分析这些变革。哪些学生群体从这些变革中受益，其受益程度如何？

3. "力争上游"的资助重点是建立具有挑战性的标准，开发和维护专业评估系统，创建监测结果的数据系统，以及扭转表现欠佳的学校的局面（Department of Education，2015 年，第

vii 页）。2015 年签署成为法律的《每个学生成功法案》（ESSA）（www.ed.gov/ESSA）提供了某些灵活性，许多教育工作者认为，这种灵活性对于情境化课程解决方案十分重要。

调查这两个法案最近对课程的影响，并调查与美国全国环境相比，它们是如何影响或正在影响你的环境的。

4. 基于证据和数据，制定第 11 条公理来改善全国性的课程开发。

网站

Association for Supervision and Curriculum Development: Ascd.org

Digital Promise: digitalpromise.org

George Lucas Education Foundation: Edutopia.org

Phi Delta Kappa International: pdkintl.org.

Every Student Succeeds Act: www.ed.gov/ESSA

建议阅读

Parkay, F. W., Anctil, E. J., & Hass, G. T. （2006）. *Curriculum planning: A contemporary approach*. （8th ed.）. Boston, MA: Allyn & Bacon.

Perelman, L. J. （1992）. *School's out: Hyperlearning, the new technology, and the end of education*. New York, NY: William Morrow.

Sizer, T. R. （1984）. *Horace's compromise: The dilemma of the American high school*. Boston, MA: Houghton Mifflin.

Turney, D. （1976）. *Sisyphus revisited: Perspectives on curriculum development 1776–1976*. （n.a.）. 1976 Year-book. Alexandria, VA: Association for Supervision and Curriculum Development.

Walker, D. F., & Soltis, J. F. （2004）. *Curriculum and Aims*. （4th ed.）. New York, NY: Teachers College Press.

Wiles, J., & Bondi, J. C. （2011）. *Curriculum development: A guide to practice* （8th ed.）. Upper Saddle River, NJ: Pearson Education.

参考文献

Apple, M. W. （2008）. Curriculum planning: Content, form, and the politics of accountability. In F. M. Connelly, *The SAGE handbook of curriculum and instruction*. Thousand Oaks, CA: SAGE Publications.

Bellack, A. (1965, February). What knowledge is of most worth? *The High School Journal*. 48, 318–322.

Bennis, W., Benne, K., & Chin, R. (1985). *The planning of change* (4th ed.). New York, NY: Holt, Rinehart & Winston.

Bloom, B. S. (1958). Ideas, problems, and methods of inquiry. In (n.a.) *The Integration of educational experiences: The fifty-seventh yearbook of the National Society for the Study of Education: Part III*. Chicago, IL: University of Chicago Press.

Bobbitt, F. (1918). *The curriculum. Boston*, MA: Houghton Mifflin.

Broudy, H. S. (1972). *The real world of the public schools*. New York, NY: Harcourt Brace Jovanovich.

Brown, P. C., Roediger III, H. L., & McDaniel, M. A. (2014). *Make it stick: The science of successful learning*. Cambridge, MA: Belknap Press.

Bruner, J. S. (1962). *On knowing*. Cambridge, MA: Harvard University Press.

Bruner, J. S. (1963). Structures in learning. *Today's Education*, 52(3), 26–27.

Caswell, H. L., & Campbell, D. K. (1935). *Curriculum development*. New York, NY: American Book.

Combs, A. W., Kelley, W. C., & Rogers, C. R. (Eds.). (1962). *Perceiving, behaving, becoming: 1962 yearbook*. Alexandria, VA: Association for Supervision and Curriculum Development.

Combs, A. W. (1965). *The professional education of teachers*. Boston, MA: Allyn & Bacon.

Doll, R. C. (1996). *Curriculum improvement: Decision making and process*. Boston, MA: Allyn & Bacon.

Ebel, Robert L., (1972. September). What schools are for. *Phi Delta Kappa*, 54(1), 3–7.

Fullan, M. (2010). *All systems go: The change imperative for whole system reform*. Thousand Oaks, CA: Corwin Press.

Glasser, W. (1992). *The quality school: Managing students without coercion*. New York, NY: Harper Perennial.

Glickman, C. D. (1998). *Revolutionizing America's schools*. San Francisco, CA: Jossey-Bass.

Goodlad, J. I. (1963). *Planning and organizing of the public schools*. Washington, DC: National Education Association.

Guggenheim, D. (Director). (2010). *Waiting for Superman*[Video file]. United States.

Halverson, P. M. (1961). The meaning of balance. In (n.a.) *Balance in the curriculum, 1961 yearbook*. Alexandria, VA: Association for Supervision and Curriculum Development.

Hunter, M. (1984). Knowing teaching, and supervising. In P. Hosford (Ed.), *Using what we know about teaching*. Alexandria, VA: Association for Supervision and Curriculum Development, 169–192.

Intentional Futures. (2015). *Learning science & literacy: Useful background for learning designers*. Bill & Melinda Gates Foundation.

Macdonald, J. B. (1971). Curriculum development in relation to social and intellectual systems. In R. M. McClure, *The curriculum: Retrospect and prospect*. Chicago, IL: University of Chicago Press.

Marzano, R. J. (2007). *The art and science of teaching: A comprehensive framework for effective instruction*. Alexandria, VA: Association for Supervision and Curriculum Development.

Mayer, R. E. (2011). *Applying the science of learning*. Upper Saddle River, NJ: Pearson.

McNeil, J. D. (2006). *Contemporary curriculum in thought and action* (6th ed.). Hoboken, NJ: John Wiley & Sons.

Miel, A. (1946). *Changing the curriculum, a social process*. New York, NY: D. Appleton-Century Company.

Mullen, C. A. (2007). *Curriculum leadership development: A guide for aspiring school leaders*. Mahwah, NJ: Lawrence Erlbaum Associates.

The National Commission on Excellence in Education, (1983). *A nation at risk: The imperative for educational reform*. Washington, DC: U.S. Government Printing Office.

Oliver, A. I. (1965). *Curriculum improvement: A guide to problems, principles, and process* (2nd ed.). New York, NY: Harper & Row.

Orlosky, D. E., & Smith, B. O. (1978). *Curriculum development: Issues and insights*. Chicago, IL: Rand McNally.

Parkay, F. W., Anctil, E. J., & Hass, G. T. (2006). *Curriculum planning: A contemporary approach* (8th ed.). Boston, MA: Allyn & Bacon.

Phenix, P. H. (1962). The disciplines as curriculum content. In (n.a) *Curriculum crossroads*. New York, NY: Teachers College Press, Columbia University.

Posner, G. J., & Rudnitsky, A. N. (2006). *Course design: A guide to curriculum development for teachers*. Boston, MA: Pearson/Allyn.

Rhodes, N. C., & Pufahl, I. (n.d.). *Foreign language teaching in U.S. schools: Results of a national survey, Executive summary*. Retrieved December 8, 2010, from http://www.cal.org/projects/executive-summary-08-09-10.pdf

Saylor, J. G., & Alexander, W. M. (1954). *Curriculum planning for better teaching and learning*. New York, NY: Rinehart.

Schwab, J. J. (1970). *The practical: A language for curriculum*. Washington, DC: National Education Association, Center for the Study of Instruction.

Smith, B. O. (1969). *Teachers for the real world*. Washington, DC: American Association of Colleges for Teacher Education.

Smith, B. O., Stanley, W. O., & Shores, J. H. (1957). *Fundamentals of curriculum development*. New York, NY: Harcourt Brace Jovanovich.

Taba, H. (1962). *Curriculum development: Theory and practice*. New York, NY: Harcourt Brace Jovanovich.

Tanner, D., & Tanner, L. (2007). *Curriculum development: Theory into practice*. Upper Saddle River, NJ: Merrill/Prentice Hall.

Taylor, R. T., Watson, R., & Nutta, J. (2015). *Leading, teaching, learning, the common core standards: Rigorous expectations for all students*. Lanham, MD: Rowman & Littlefield.

Tyler, R. W. (1949). *Basic principles of curriculum and instruction*. Chicago, IL: University of Chicago Press.

U.S. Department of Education. (2015). *Fundamental change: Innovation in America's schools under race to the top*. Washington, DC: Office of Elementary and Secondary Education, Office of State Support.

U.S. Department of Education. (2016). *Every student succeeds act*. Washington, DC: U.S. Department of Education. http://www.ed.gov/ESSA.

U.S. Department of Education. (2001). *No child left behind act*. Washington, DC: U.S. Department of Education. www2.ed.gov/policy/elsec/leg/esea02/index.html.

第三章 课程开发：多层次、多部门的过程

> **学习成果**
>
> 学习完本章，你应该能够：
> 1. 描述不同层次和不同部门的课程体系类型。
> 2. 描述单所学校课程开发的组织模式。
> 3. 描述学区层次课程开发的组织模式。

课程决定

由于教学带头人寻求改善学生的学习成果，美国一些学区正在制定以下课程决定：

· 学校系统根据"世界一流教学设计与评估"（WIDA）和"英语学习者"标准（ELs）修订了课程计划。

· 学区成立一个委员会，审查潜在的辅助数字资源，以扩大其小学核心阅读计划。

· 中学决定将重点放在"英语语言艺术"（ELA）标准上，数据表明学生对该标准的熟练程度低于其他标准。

· 高中决定如何更好地准备学生参加州规定的课程结业考试（EOCs）。

· 由于"第九条"的影响，学区的各中学开设了增加女生参与的体育课。

· 学区正在实施针对高中生的"一比一（1∶1）"的倡议，为每个学生和工作人员提供一台数字设备。

· 学区采用了数字政策，例如学生携带自己用于学习目的的设备（BYOD）。

无数的课程决定（如前面的例子），是在持续变化的基础上做出的。有些决定相对简单——在这里添加一门课程，在那里删除一门课程，或者对学习目标做一些微调。另一些决定是全面而深远的，例如，创建一所强调科学、技术、工程和数学（STEM）的有吸引力的中学，或将传统的 8-3-3 学校组织计划（8 年小学 [PreK-6]，3 年初中 [7-9] 和 3 年高中 [10-12]）改为 7-3-4 计划（小学 7 年 [PreK-5]，初中 3 年 [6-8]，高中 4 年 [9-12]）。这些变革是复杂的，需要行政和课程方面的决定。

要考虑到学校和学区领导做出这些决定的方式千变万化。进步的学区，拥有连续不断、安排得当的改进模式，以处理课程决策，并不断影响作为这些计划之结果的课程变革。另一些学校则将课程决定作为对学生表现或其他压力所产生的明确需求的回应。一些学区灾难性地做出没有结果的决定，而一些学区对课程决定表现出倦怠和冷漠，从所有的意图和目的来看，都停滞不前、一潭死水。

尽管课程决定的原因和方式各不相同，但一个学区遵循一个系统过程，就其课程体系做出合理决定，这一点至关重要。当把课程视为由相互依赖的组成部分（例如，课程、教学、评估）组成的一个系统，并将这种大视野的概念牢记于心来开发课程时，学生就会取得更好的学习成果。

决策的顺序

你可以将一个学区内不同层次的课程团队的课程决策顺序形象化，以波浪状的形式使其可视化：波浪从个别教师的教室开始，到地区课程团队结束，如图 3.1 所示。

在这一示例中，每个层次从模式中的各个层次接收信息、观点和建议，然后依次向它们发送信息、观点和建议。每一层次都在自己的责任范围内行事。任何层次的课程团队都可以主动采取行动，并针对向他们提出的建议做出反应。团队对下级和上级都做出响应。如果一个课程小组希望启动一个影响其他层次的计划，它必须从最早的计划阶段开始就让这些层次的人员参与进来。如果某一层次的人员希望发起或批准一项超出其指定责任范围的计划，或者可能在系统的任何地方产生反响，则必须寻求更高层次的批准。

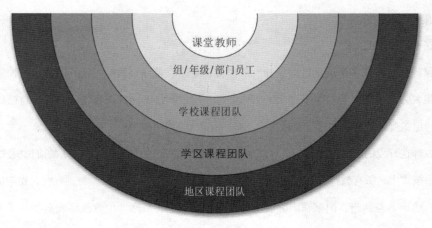

图 3.1 决策的顺序

虽然本章开头给出的课程决策的例子是典型的且出现在个别学区内,但不同学区的类似课程开发也许是同时展开的。一个例子是,不同的外部压力如何影响到所做的决定。由于某所学校学生在州考试中表现不佳,公众的强烈抗议和家长的普遍不满可能会导致要求变革课程;同时,由于同样的不满,另一所学校的家长可能会使用代金券转到非公立学校。每个学区决定是否在一所学校改变课程设置,以安抚利益相关方或提高学生的学习成果,同时保持其他学校的标准课程不变,这是一个真实而复杂的问题。虽然媒体可能影响对话和教育界对这些挑战的反应,但专业人员可能更多地致力于研究基础性话语和寻找解决方案。

在本章开头给出的例子中,只有三个,"英语学习者"及其决定计划、女性的机会,以及为州评估做准备,可以说是由于联邦或州政府施加的压力而导致的。1974 年,美国最高法院在"劳诉尼科尔斯案"(1974 年)中做出裁决,开启了要求"英语学习者"计划及其决定的大门。作为这一决定的结果,"旧金山联合学区"被要求为英语有困难的华裔儿童提供差异化教学。此外,联邦政府还拨款协助各学区开发和实施"英语学习者"计划。

美国国会通过了 1972 年《教育修正案》第九条,禁止性别歧视,促进了女性参与体育。在 2001 年《不让一个孩子掉队法案》的压力下,设定学术标准的州已经在小学到高中阶段建立了评估体系(U.S. Department of Education, 2004)。当然,联邦和州的立法和法院的判决,带来了课程的变革,这一点将在后文进行更充分的探讨。

课程开发的层次

在不同层次上

课程开发涉及多个层次,课程开发工作者、专家、督导、教师、领导团队、学校领导或利益相关方可能同时参与多个层次的工作。每一层次执行不同的课程尝试,并有自己的课程决策的组织过程。为顺利进行课程决策,必须有适当的组织结构。

教师在开发的层次发挥作用,可以加以概念化,如图3.2(Oliva, 1972)的阶梯模式所示。在阶梯模式中,所有教师都参与到课堂层次;大多数教师在学校层次参与;有些人在学区层次参与;然而参与到州、国家和国际层次的教师越来越少。当然,少数教师确实参与了各个层次的课程开发。特许学校或私立(独立)学校是阶梯模式的例外,因为它们有自己的组织结构。它们可能是由教师做出所有课程决定的独一无二的学校,也可能是在执行层次上做出与课程相关决定的特许学校或独立学校组织的成员。

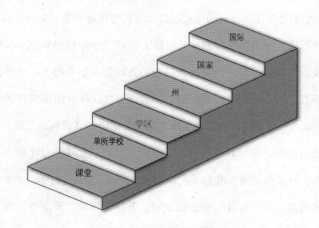

图3.2 开发的阶梯模式

阶梯模式,由于它逐步上升的梯级,特别是它所使用的术语"层次",可能会导致某些错误的结论。你可能会推断,既然这些阶梯清楚地勾勒出了一个等级体系,那么在课堂层次上的规划是最不重要的,而在每个后续层次上的规划则越来越重要。就重要性而言,课堂规划远比任何后续阶梯更重要。在课堂层次,课程规划的结果对学习者施加影响。

在某种程度上,如果把这一模式颠倒过来,把课堂规划放在最上面,把国际规划放在最底端,这似乎也是切题的。不幸的是,颠倒阶梯模式会带来另一种可能的误解。由于课堂是课程规划的焦点,也是该模式中课程开发工作的主要场所,因此被显示为第一阶梯。指定国际层次作为第一阶梯是不准确的,因为很少有教师或课程专家在国际层次工作,并且通常只有在他们表现出极高水平的成功并在其他层次的课程专业知识方面得到认可之后,才会进入国际层次。

阶梯模式可能会告知一些读者:课程专家以固定的顺序经历每个阶段或层次。虽然大多数教师都参与课堂和学校两个层次的课程规划,但有些教师会止步于这两个层次。通常,教师和课程专家按顺序从一个层次工作再到下一个层次,或同时在所有层次工作;然而,另一些人可能会跳过全部层次。虽然课程规划通常从课堂开始,但也可能从课程专家认为有必要开始变革的层次开始。

请注意,上述模式中的阶梯宽度和高度相等,因此,该模式可以给人一种印象,即课程规划人员有平等的机会参与所有层次,并在每个层次的规划中花费同样多的时间。越上升一个阶梯,课程规划的机会就变得越少。因此,当你从课堂层次转移到国际层次去模拟越来越少的课程规划的机会时,阶梯模式会变窄。

课堂层次

当一名教师第一次被学校聘用时,似乎所有的课程决定都早已经做出了。他人已经为这名教师提供了标准,选择了科目或年级的教科书和材料,指导方针早已部署到位。这位教师有理由认为,有关课程的重要决策,已经由其他人(年级或科目小组、学校、学区、州、国家和公众)做出了。

然而,有关课程的决策是不断进行的,并且出现在不同层次和整个学年的不同时间段。大多数学校都有适当的系统和结构来支持协作决策。可以在各学校实施团队方式,以鼓励教师参与决策。有些学校可能会采用教练模式,在这种模式下,教师们结合工作以指导课程决策。学校领导可以选择两种方式的结合,或者提供其他方式的机会。无论采用何种课程体系,重要的是为教师搭建好支持协作的结构(例如资源和时间)。

如果课程是预先规定的,也许教师的生活会更容易,也不会那么复杂。另一方面,如果不要进行任何课程决策,教师在学习过程中的参与度就会降低。本书的一个主题是,教师处于学习决策的中心,应该在影响或决策方面发挥重要作用。那么,教师不仅要做出决策或参与协作决策,而且要收集数据和证据作为课程决策的基础。课堂教师最有可能参与哪些具体的课程尝试？下面两个案例，也许能给我们一点启示。

两个案例。首先，假设有两位经验丰富、表现优异、积极上进的教师，其中一位是四年级的沉默寡言的通识教育教师 F，另一位是十年级的社会研究教师 N。他们都有八年的教学经验，都是班主任，都在同一个学区任职，都参与了不同层次的课程规划。四年级的 F 老师是年级带头人，同年级还有五位老师。十年级的 N 老师，是社会研究部的一员，该部有八名教师。现在，且让我们考察他们在学年之内的课程开发活动。

F 老师创建了与标准（课堂层次）一致的教案。他审查进度，与同年级的其他老师一起监测数据，以推动团队对非熟练学生（年级层次）的数学课程做出决策。他参加了一个课程小组，为在学校（学校层次）实施精读计划提出建议。此外，他还在一个学区小组服务，该小组研究如何实施有关"特殊学生教育"（ESE）（学区层次）的联邦立法。

在 F 老师为学校和学区层次的课程开发做贡献时，N 老师则在州、国家和国际层次上同样忙忙碌碌。她被选为一个全州委员会的成员，该委员会负责制定社会研究科目结业考试的最低分数（州层次）。她充当国际文凭考试（IB）考官，给候选人做外部评估、确定等级（国际层次）。她收到了"美国人文基金会"的通知，她递交的申请书将得到资助（国家层次），并已被"世界天才儿童理事会"邀请在欧洲的一次会议上发言（国际层次）。

虽然相对较少的教师有机会或可能倾向于参与不同层次的课程努力，但正如这两个案例所暗示的那样，这类课程活动都处在可能的范围之内。全国各地的学区，都有教师参与诸如此类的活动。

教师的任务。教师在审视目标标准并使教学目标（基本思想）和教学目的（学习目标）与之保持一致时执行课程设计。当他们整合科目材料（内容）、选择材料并确认学校和社区的资源时，他们是在拓展自己的课程设计工作。当他们决定并纳入标准的范围和顺序、修改内容符合标准、制订教学计划并构建与标准相一致的课堂评估时，他们正在完善自己的课程体系。随着他们试行新计划，为个别学生和学生群体细分课程，并开发自己的课程材料，他们成为自己教师角色中的课程专家。

课程实施被一些课程专家等同于教学。许多人认为，直到教学开始，课程实施才开始。确定如何实施基于标准的课程以及如何设计和实施教学时，这种看法纳入了课程规划或设计的最后阶段。在这种情况下，教师在标准的范围内选择适当的重点，确定就学生来说需要特别强调的内容，并为不同的主题和单元分配时间，除非已有预先规定的作息时间表。他们决定课堂的结构以及如何进行修订，并决定如何最好地利用资源，使学生最大程度地受益。

教师也有责任对课程和课程教学进行评估。在某种程度上，很难将这两个维度分开，也很难区分教学评估始于何时、止于何时。在非常真实的意义上，评估教学就是评估课程实施。你可以用下面的方法来澄清评估的两个维度之间的区别：课程评估是对纲要、过程、课程文件和物件（例如，指南、形成性评估、校准表）的评估。教学评估是在教学之前、期间和结束时对学生成绩的评估，以及通过学生的学习成果对教师的教学有效性进行评估。因此，当教师试图找出纲要是否有效、相关、可行、对学习者有益并符合严格的标准时，他们就是在完成课程评估的任务。此外，教师还要审查教学发布系统、材料和资源的选择，并检查业已完成的课程文件和他们创建的物件，如指南、单元计划和教案。教师在开始教学前对学习者的入门技能和知识进行评估、督促学生干部、撰写和管理课堂水平评估、解释结果数据和证据，以进一步为教学提供信息，这都是在进行教学评估。

这些发生在课堂层次的例子表明，课程开发和教学是复杂而艰巨的任务。正像下文我们对不同层次的课程开发的讨论一样，教师个人看上去似乎没有多少自主权。在某种程度上，这种看法自然有道理，因为联邦、州和当地学区的规定，影响了教师在课程和教学领域的自主权，这是现实。尽管这对教师的专业要求产生了影响，但许多课程和教学决策仍有待做出，特别是在选择教学发布系统、细分学生的学习需求、监控学生的学业进步，以及根据课堂证据和数据进行必要的重教等方面，更是如此。

小组、年级和部各层次

在下一节中，讨论具体的课程创新，主要是为了描述课程开发的过程，并帮助带头人影响和评估课程变革。组织模式也出现在本节中，以说明教师在课堂之外的各个层次对课程开发的参与。通常情况下，小学教师在学校作为一个合作小组且在年级层次上分担课程开发的责任。中学教师通常会参与小组、年级和部等层次的课程开发。中学或高中教师主要与他们的同事一起参与部一级的课程规划，也参与科目层次或年级层次的课程规划。

第二章中的一个公理指出，课程开发本质上是一项集体事业。一旦教师加入其他教师中，课程开发就呈现出一种新动态。它需要每位教师的合作精神，对单打独斗的课程开发加以限制，并要求更正式的组织结构。在小组、年级或部的层次中,课程领导力开始显现。

一个合作小组、一个特定年级或一个特定的部或科目的教师,被要求进行的课程开发实践的例子包括:

- 审查学生对标准熟练程度的进展数据;
- 根据学生数据建立或修订小组、年级或部的优先事项;
- 使课程与标准保持一致;
- 制定标准的范围和顺序;
- 选择教学材料和资源;
- 决定如何将技术纳入教学、反馈提供和评估中;
- 编写共同的进度监测评估;
- 根据学生的进度制定细分教学的措施;
- 评估教学效果。

相关的列表并不详尽。然而,它给出了组成小组、年级、科目或部的成员可能做出的多种协作决策的样本。一般来说,教师被赋予了做出影响自己班级决定的自主权。当一项决定可能对教师产生影响时,它就变成了课堂外或受影响的更高层次共同审议的问题。为了使决策过程变得更为有效,要选择具有领导技能的最有效率的教师作为合作小组的课程开发人员或科目问题专家(SMEs)。如果课程开发也被视为专业学习,那么教师,无论是资深教师还是见习教师,都可以被纳入其中。在选择合作决策的参与者时,那些有明确目的和深思熟虑的教师显得更为重要。

有组织的互动,其模式因教师、小组、年级、科目和部而各不相同,因校而异,因学区而异。在小组、年级、科目或部之内可以确定和实施的课程事宜,就在相应的层次加以处理。然而,课程开发可以影响为其制作文档的小组和团体以外的人员。

学校层次

虽然许多课程决定是在课堂或小组、年级、科目和部的层次上做出的,但其他决定只能在学校层次上达成。学校提供了一些机制，将课程连接和整合起来，学校领导和员工应该对课程决定的意义负责。

在全国、州内和同一地区，不同学校的制度和结构各不相同。对于课程开发工作者来说，教育多样性既是一件好事，也是一种困境。它是优势，因为允许学校对单所学校和地方的需求做出回应。根据州和国家标准，教育多样性提出了一个问题，它将期望和熟练水平的共性具体化了。

一个去中心化的以站点为基础的管理方法，并不比一个由学区或州层次协调的集中方法更能保证成功的课程编制。迈克尔·G. 弗兰（Michael G. Fullan, 1994）呼吁注意协调自上而下和自下而上的战略（第 186—202 页）。以站点为基础的管理和共同决策，不应被视为将所有权力和责任委托给单个学校。在创造持久的课程改进方面，没有较高层次支持的自下而上的方法，可能不会比没有较低层次合作的自上而下的方法更为成功。弗兰（1994）评论道："总而言之，就证据而言，去中心化的倡议并不比集中的改革好多少。"（第 189 页）争取地方层次授权的努力，已经寻求平衡以前由学区和州层次所施加的更沉重控制。然而，当地学校不能各行其道。各层次之间的协作，仍然必不可少。

前一章证明了课程开发工作者将课程开发视为一项合作事业。鉴于学校行政管理工作的许多维度，参与管理的方法不仅在哲学上而且在实践上都是可行的。协作决策，无论是在课程规划方面，还是在教学领导工作的其他方面，都有利于学校更为高效和有效。

学校的利益相关方。参与课程开发的学校的利益相关方（构成群体），通常被确定为工作人员、教师、学生和社区的非专业成员。有时，学区的非专业员工也会参与规划过程，但很少作为主要参与者。

让利益相关方参与课程开发过程的概念并不新鲜。1970 年，杰克·R. 弗莱米尔和贺拉斯·C. 霍恩（Jack R. Frymier and Horace C. Hawn）提出了一个原则，总结了在广泛范围内让人参与课程规划的必要性：

"让受影响的人参与进来。"参与是民主和学习理论的基本原则。民主的本质，建立在这样一个假设之上：那些受任何变革影响的人，在决定这种变革应当是什么方面，应该有一定发言权……只有这样的参与才能产生重大而持久的变革。所有受课程开发和变革影响的人，

都应该有真正的机会参与这一进程。（Frymier, 1970, 第 28—29 页）

然而，罗伯特·S.扎伊斯（Robert S.Zais, 1976）提出了一个关于课程决策参与型模式是否有效的问题（第 448 页）。此外，在谈到民主的"草根模式"时，扎伊斯说：

课程工程的草根模式……是由各单所学校的教师发起的，采用民主的团体决策方法，在"支离破碎的前线"上进行，并针对特定学校乃至特定课堂的具体课程问题。（Zais, 1976, 第 18 页）

"草根模式"产生了课程建构的两个公理：第一，课程只有在教师全面参与课程建设和开发过程的情况下才能成功实施；第二，在课程规划过程中，不仅要纳入专业人员，还要纳入学生、家长和其他非专业人士。否认这两种主张的有效性（两者都没有得到令人满意的证明），并不一定否认教师或外行参与者的所有作用；相反，它建议需要更精确地定义学校领导、教师、课程专家和非专业人士在课程工程中应该扮演的"适当"角色（Zais, 1976, 第 448—449 页）。

在学校中，利益相关方参与的一种常见的组织模式是"课程领导小组"。课程领导小组专注于课程问题，其运作方式既主动又被动。它应该确保学校各个小组、年级、科目和部之间的衔接，确保教师遵循商定的顺序，并满足基于课程、教学和评估的统一标准的期望。虽然它可能会对校长（教学领导）和教师提出的建议做出反应，但小组也会对课程问题提出自己的建议和可能的解决方案。

学校中存在的另一种组织模式是"学校改进小组"。学校改进小组以数据为中心，专注于提高学生的成绩。其目的不同于课程领导小组，因为它在解决学生成绩问题的方法上是被动的。在大多数情况下，学校改进小组将推荐一个行动计划，包括时间表和指标，旨在立竿见影，但它不会开发课程。

在这两个例子中，课程领导小组在课程开发过程中占据战略地位，发挥着关键作用。课程领导小组在所有规划层次的小组中，其地位最有可能为课程改进做出重大贡献。

课程领导小组可能采取的行动包括：

·添加新项目，删除或更改项目；

- 增加在线教学和研究的权限；

- 在整个学校增加课堂数字设备的使用；

- 评估学校的课程；

- 规划方法来响应数据，了解学生的需求；

- 学校认证策划；

- 选择资源；

- 验证与州法令和联邦立法是否一致。

虽然在应该多大程度上鼓励或允许各种利益相关方参与的问题上，学校领导和课程专家可能存有异议，但有关课程开发的文献还是一直提倡合作的方法。然而，重要的是，在教育环境中的任何组织模式中，外部利益相关方只应该以咨询的方式为学校领导服务。

学区层次

前面讨论过的各个层次——课堂（教师）、小组/年级/学科/部或单所学校——都不能作为独立的单元各行其是。他们在学校董事会的指导下，在学区的范围内发挥作用。已做出各种努力，在各实体之间进行协调，以实现学区的战略性课程目标。因此，主管或其指定人员提供了一种机制，凭借这一机制，可以进行学区层次的课程规划。

随着学区规模的扩大，学区层次组织模式的复杂度也在增加。地区层次的课程规划通常由不同的团队进行。全区各团队可能由教师、学校领导、学区课程开发人员、利益相关方所组成（在某些情况下，还有学生）。代表可以由各团队成员选出，也可以由学区一级的领导任命；学校工作人员可以由学校领导推荐。课程团队可委任来自学区任何地方的专业人士组成小组委员会，负责课程开发的特定阶段。

学区级团队和课程团队碰头讨论以下问题：

- 增加新的项目；

- 放弃项目；

- 实施基于标准的课程和教学；

- 创建进度监控或结课考试（EOC）的各种事项；
- 撰写或审查州、联邦和私人基金会资助的申请书；
- 衔接不同层次之间的项目。

州层次

州教育部门（SDOE）或州教育机构（SEAs）直接负责其境内的教育事务。由州教育委员会（SBOE）管理（该委员会通常由州长选拔或任命的成员组成），或者，州教育部门或州教育机构通过教育界内外的许多渠道在课程开发领域运作，直接或间接影响一个州的课程。

教育界内部渠道。通过影响立法和提供州教育部门或州教育机构的监督，州教育部门在公共教育领域发挥了政治抓手的作用。作为一个委员会，他们的主要职能是制定政策，其中可能包括教育机构要遵循的标准。得克萨斯州提供了一个出色的例子来说明州教育部门是如何运作的。在得克萨斯州，州教育部门由选举产生的成员和一名州长任命的成员组成，他们：

- 设置课程标准；
- 审查和采用教学材料；
- 确立毕业要求；
- 监督资金使用情况；
- 任命军事学区和特殊学区的董事会成员；
- 提供教育工作者认证规则并终审；
- 审查专员所提出的对新特许学校的奖励，有权否决获得推荐的申请人。（Texas Education Agency，2016）

通过解释和强制执行立法政策，州教育机构通过教育行业内的多种渠道在课程开发领域发挥作用。州教育机构可能会邀请具有不同背景的各种利益相关方在全州委员会或团队中任职。被要求服务的教育专业人员，构成了课程开发的"专业渠道"。

州教育部门。州教育部门或州教育机构直接负责各学区的课程。州教育部门是州政府行政部门的一个机构，由一名首席州学校官员（CSSO）（教育主管或专员）领导，由许多副手、主任、协调员、督导、专家和其他工作人员组成。州教育机构为学区提供一般领导。州教育机构负责解释、执行和监督州或联邦立法法规（特别是当资金通过州教育机构流向学区时），例如第一条款和第二条款。

州教育机构对学区行使巨大权力。在课程事务方面，它向立法机构提供技术援助，帮助它们制定章程，为州考试设定标准和成绩水平，选择和批准项目，监督学生的进步。州教育机构还为特定的项目支付州和联邦的资金，在解释州章程和政策方面，为学区提供技术援助，并执行州法律和政策。

有时，在没有事先咨询当地学区人员的情况下，就在州一级做出了决定。然而，在其他时候，州教育部门向个人和为研究具体问题和建议解决方案而设立的特设委员会寻求建议与帮助。学校领导和教师经常被要求参与组织、指导和参加在全州举行的有关特定主题的会议和讲习班。在全州学校之间传播有关课程创新和实践的信息方面，州教育部门起着领导作用。它发布"技术援助文件"（TAPs）、白皮书、信息指南和其他信息资源，为其所辖地区提供服务。

州专业组织。以一种不太正式的方式，课程开发人员通过州专业组织的活动寻找课程开发和考虑课程问题的机会。在州一级委员会任职或参加会议，使他们能够学习和分享课程理念，这通常为随后的课程改革奠定了基础。这种类型的课程专业学习，不能等同于在州教育机构下更有组织的活动。州专业组织对课程问题的检查，也不能被视为一个层级的规划，因为在这种自愿活动中不存在任何权威因素。更恰当地说，州专业组织组成了一个部门，通过研究、示范和建议，再加上跨学区合作，力图影响课程变革。

立法决策。全国各地的州立法机关一贯表现出对课程编制的偏爱。立法可以是州内"草根运动"的结果，也可以从州教育机构提出的建议中发展而来。在某些情况下，州立法机关的行为，源于立法者自己的个人信仰、个人影响、愿望或政党立场。由于学校和学区直接受到立法的影响，开发工作者在立法会议上应该明察秋毫。

高等教育领域最近的一个例子是，波多黎各在2017年经历了两次毁灭性的飓风后，佛罗里达州州长向州内大学颁布法令，向来自波多黎各的学生提供学费。立法机关最终确定预算拨款并制定法令，并可能不支持州长要求或已形诸法规的课程倡议。

州最高法院。多年来，州最高法院发现自己卷入了课程决策中。历史上两个著名的案例，可以用来说明州法院对课程制定的参与。1874年,密歇根州最高法院在卡拉马祖学区被该社区的一名纳税人起诉的案件中裁定,卡拉马祖学校董事会确实可以使用公共资金为该区的年轻人提供中学教育(Stuart v. School District No. 1, 1874)。

1927年,田纳西州最高法院回应了约翰·托马斯·斯科普斯(John Thomas Scopes)在世界著名的猴子审判案中的辩护律师的上诉,坚持了田纳西法的合宪性,该法禁止在公立学校教授任何否认神创造人类的理论(de Camp, 1968)。直到今天,科学神创论与进化论的争论,仍在一些州的行政和立法机构中浮出水面,影响着课程和教授科学时所使用的资源。

州最高法院不直接参与制定课程决策;然而,他们的意见确实影响到课程开发。司法部门凭借其意识形态和昔日的观点,在政策的制定和实施中影响着州长和州教育机构。

等级制结构

在实践中,课程开发的责任分散在课堂、学校、学区和州的各个层次。等级制的每一级,一级一级地往上升,直到州一级,都有权批准或拒绝下一级的课程建议。虽然教师和课程开发人员可以参与州层次的课程开发,但他们在州层次的课程开发工作是纯粹咨询性的。只有州教育局、州教育机构或州立法机关才能对当地学区下达命令。学区遵循特定的州法规和章程,然后才可以启动课程开发。

等级制结构的局限

在州层次之外,等级制权力结构就不适用了。在美国,一个全国去中心化的教育过程已经到位,教育权归各州所有。国家层次可能会寻求课程变革,但只能通过说服,通常是通过州教育机构和"领导力效力分析"(LEA)的财政激励来实现。

支持职业技术教育和特殊需要学生教育的联邦立法历史表明,国家层次对全国各地学校的课程施加了强有力的影响。当然,联邦政府分配的美元本身,就是一种强有力的有说服力的工具。然而,国家一级的官员,只有在他们被授权或被要求执行联邦立法或法律案件裁决之后,才能干预州和地方学校的事务。国家层次代表一种通过权威和说服来加以控制的独特融合。尽管教育过程是去中心化的,但联邦政府还是在很大程度上支配着学校,包括学校的课程。

因此,课程模式显示了通过州一级和超出州一级的课程规划层次。该模式如图3.3所示。

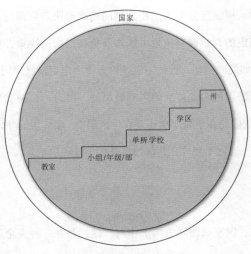

图 3.3 等级制结构模式

开发的部门

有些课程理论家更喜欢研究开发的各个"部门",而不是论及规划的"层次"。部门的概念,消除了阶梯模式的等级和顺序问题,简单地说,课程规划是在八个部门进行:教室;小组/年级/科目部;单所学校;学区;州;地区;国家;国际。规划部门模式如图3.4所示,显示了大部分课程开发是由课堂、小组或年级、学校和学区的教师和课程专家进行的。在学区边界以外的部门进行的课程开发数量正在减少。虚线表示单个教师或课程开发人员也可能在不同的时间或同时在多个部门工作。

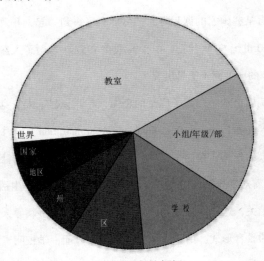

图 3.4 开发的部门

在讨论开发部门时，应该区分专家工作的部门和做出决定的部门。这些部门不一定是相同的。单个教师希望制定的课堂课程决策可能涉及更高层次的决策，特别是如果这些决策将影响其他教师，就更是如此。例如，教师不应该单方面决定更换已采用的符合州标准的教材，这些教材是几个年级所使用的相互连贯的系列教材的一部分。这种类型的决定应该在更高的层次上做出，这取决于权限是在学校层次还是在学区层次。事实上，可能有一些教科书和材料，是州教育机构所采用的，这就不允许在州部门以外做出这种决策。

州以外的部门

当课程专家在地区、国家或国际机构工作时，他们是在一种完全不同的背景下工作。除了下文将会讨论的联邦立法和联邦司法裁决或判例法之外，地区、国家和国际机构使用的工具是信息共享和说服，而不是法定权力。因此，不能保证在这些部门所做出的课程决定能够或将在各个学校实施。

虽然课程专家参与地区、国家和国际机构规划的机会较少，但对参与者来说，出现的机会是千差万别的。

地区部门

参与地区部门的课程开发，不能与之前所描述的各部门相比。有时，美国某一特定地区的课程专家，甚至来自某些国家的课程专家，可能会聚集到一起，开发他们可能在自己的学校使用的课程材料。20世纪60年代初，由于苏联在1957年发射了人造卫星，美国学校受到了抨击，这种努力合作的典型例子于是出现了。

苏联人造卫星在美国公众中引起了广泛的恐慌，苏联赢得了太空竞赛，美国在技术上不如自己的对手先进（National Aeronautics and Space Administration）。因此，苏联人造卫星树立了一个令美国人讨厌的先例，在这个先例中，公共教育要为美国的社会危机担负所有指责（Bracey，2007）。随着对学校不满情绪的增加，美国教育部增加了生活适应教育课程，旨在使学校与青少年息息相关，这种课程受到了批评。政治家、军事领导人和科学家在演讲和采访中呼吁回归更传统的教育形式。由于大量公共资金被分配，学校问责运动第一次得到广为宣传（Bowers，1991）。来自全国各地的学者和利益相关方开发了"新数学"和"新科学"规划，以作为"国防教育法"（NDEA）的一部分，确保受过高等教育的个人可以帮助美国在科学和技术领域与苏联一较高下（National Defense Education Act，2017）。"新数学"和"新科学"课程包括微积分和物理等更高水平的课程，旨在帮助高中生为上大学做好准备，并与国际同龄人竞争。

一般来说，地区部门的课程开发更可能包括分享共同问题、交流实践、报告研究和收集信息。地区部门学校员工所参与的大部分工作，流于与课程评估相关的数据分析范畴的工作，而不是规划课程或实施课程。

国家部门

美国国会。虽然美国的教育是各州的职责，但国家立法对学校管理和课程的深远影响不容小觑。1964年，美国国会颁布了《民权法案》，禁止在所有联邦资助的机构中存在种族和性别歧视，并授权美国教育部（USDOE）收集学校的种族数据（Brown，2004）。通过制定1965年《中小学法案》（ESEA），为所有学习者增加公平教育机会的压力与日俱增。当时，《中小学法案》被认为是联邦政府试图影响州和地方学校董事会改革组织和资源分配实践的最具里程碑意义的努力（Kantor，1991）。其中包括大量拨款，以吸引各州和学区与《中小学法案》保持一致。超过40亿美元的援助（例如，第1条）被提供给那些经济贫困学生的学校（Mondale & Patton，2001）。除了资助经济贫困学生的教育之外，《中小学法案》的重新授权还提供资金，以资助教育技术、职业学习（第Ⅱ条）、缩小班级规模、安全和无毒学校、"教育水平"（EL）教育、美洲原住民教育、特许学校和领先等领域（Electronic Summary of The Elementary and Secondary Education Act of 1965，2008）。

《中小学法案》的一个主要期望是，与全州的非贫困学生相比，使用联邦资金的学区有望提高贫困学生在阅读和数学领域的学习成绩（Wong & Meyer，1998）。此外，《中小学法案》将每四年进行一次评估，以确保达到目标（Electronic Summary of the Elementary and Secondary Education Act of 1965，2008）。《中小学法案》经过多次修订，其持续影响依然存在。

2016年，美国通过了《每个学生成功法案》，以取代《中小学法案》，这标志着课程开发领导力的一个新时代（U.S. Department of Education，2016）。正如第二章所述，与《不让一个孩子掉队法案》所经历的更严厉的问责制相比，《每个学生成功法案》提供了一定的灵活性，许多教育工作者认为，这对于课程解决方案的因地制宜十分重要。

美国教育部。美国教育部收集数据、发布信息、提供咨询援助、赞助和开展研究、资助项目，并支付国会拨款的资金。美国教育部在全国教育工作者和学校的课程开发方面发挥一定程度的领导作用，特别是在由联邦政府资助的领域。在政府公共部门，美国教育部发挥着强大影响。教育工作者有机会参与由美国教育部所支持的美国课程工作，撰写并提交资助申请书，以进行课程研究或在其学区实施特定项目。美国教育部资助课程工作的例子发生在 1990 年和 1991 年，当时向各州提供拨款，让各州自愿制定历史、英语语言艺术、科学、公民、经济学、艺术、世界语言和体育的标准。在联邦行政层面，由于不同的政治影响，领导力发生了变化，因此由美国教育部资助的标准开发，刚一开始就被搁置了（Ravitch，2010）。

美国教育部可能会邀请来自特定领域的课程专家充当资助申请书的读者。这些读者会对申请书进行评估并提出建议。有机会以读者身份参与资助团队，可以让专家在专业上获得成长，并为他们自己的机构带来课程开发的新理念。

全国各地的地方学校，通过由美国教育部下属的国家教育统计中心（NCES）监督的"国家教育进展评估"（NAEP），参与了全国范围内的课程评估。"国家教育进展评估"是唯一由联邦政府管理的评估，尽管教育工作者可能会误解，认为其他一些评估也是由联邦政府管理的。在"国家教育进展评估"的指导下，已经明确了目标，创建了参照标准的测量工具，并在若干科目领域进行了评估。从这些数据中，当地学区的课程开发人员可以推断出被测试科目的各个方面。

美国最高法院。在讨论全国范围内的课程时，已提到立法部门（国会）和美国教育部，它们是美国政府行政部门的一部分。有时，联邦政府的司法部门承担课程决策者的角色。例如，美国最高法院裁定，公立学校不得进行宗教活动，某些条件下在得到豁免的时间里允许进行宗教教育，可以教授进化论，必须向英语不熟练的学生提供特殊的英语教学，公立学校的祈祷违反"美国宪法第一修正案"，克利夫兰的教育券计划没有违反政教分离原则。如果公立学校不为孩子提供适当的私立学校教育，那么学区必须补偿那些被认为有特殊教育需要的孩子的父母（Illinois ex rel McCollum v. Board of Education, 1948; Zorach v. Clauson, 1952; Epperson v. Arkansas, 1968; Lau v. Nichols, 1974; School District of Abington Township, Pa. v. Schempp & Murray v. Curlett, 1963; Zolman et al. v. Simmons–Harris et al., 2002; Forest Grove School District v.

T.A.，2009）。美国最高法院法官并不主动寻求扮演课程专家的角色，但当他们选择思考案例时，他们实际上也就选择了将自己置于课程决策的角色之中。

专业教育协会。专业教育协会为教育工作者提供了参与课程审议的机会。从历史的角度来看，专业组织在国家级课程决策方面的最重要尝试之一，是全国教育协会（NEA）任命的"中学教育重组委员会"（1918），该委员会在1918年制定了美国教育史上最具影响力和远见的文件之一。《中学教育基本原理》文件提出了十九项概述或原则，其中一些原则适用于各级教育。在谈到中学教育在实现主要教育目的方面的作用时，委员会（在原则四）列出了七项广为人知并得到广泛讨论的目的，即"七项基本原则"（第5—10页）。这些目的包括保持身体健康、熟练掌握基本技能（阅读、写作和数学），以及技术教育。

该委员会的报告，除了自身的说服力之外没有其他任何权威，它得到广泛接受，被认为是当时中学教育目标的有效陈述。许多高中试图执行该委员会的基本原则。尽管存在某些对"七项基本原则"的批评，但许多教育工作者认为，这一关于中学教育目的的陈述，在今天仍和许多年前首次发布时一样重要。

专业教育组织继续为课程领域做出重大贡献。例如，"监督与课程发展协会"（ASCD）是一个对课程改进特别感兴趣的专业协会，它让其成员和其他人参与了大量的课程研究。它通过印刷品、在线资源、出版物（《教育领导力》）和期刊传播研究成果。对课程领域感兴趣的人而言，特别有帮助的是"监督与课程发展协会"的会议，与会者在公认的专家的领导下特别关注特定的课程问题。其在线简讯《简报》（SmartBrief）和《教育技术简报》（SmartBrief on EdTech）提供有关当前教育事件和问题的文章链接。

专业书籍。教育方面的专业书籍，为许多社会和教育问题寻求课程解决方案做出了自己的贡献。过去写的一些对历史上的课程开发有影响的、值得关注的书籍是由厄尔·凯利（Earl Kelley, 1947）等作者所写的，凯利强调了个人自我概念的重要意义；拉尔夫·泰勒（Ralph Tyler, 1949）提出了一种达到教学目的的系统方法；本杰明·布鲁姆和他的同事（Bloom, Hastings, & Madeus, 1971）提出了一种评估对教育目的的掌控程度的方法；詹姆斯·B. 科南特（James B. Conant, 1959）提出的建议被中学广泛采用；杰罗姆·S. 布鲁纳（Jerome S. Bruner, 1959）写了关于学科结构的文章；西奥多·赛泽（Theodore Sizer, 1984）创立了基础学校联盟；约翰·I. 古纳德（John I. Goodlad, 1984）对学校进行了广泛研究，并提出了改进建议；

E.D. 赫希（E.D. Hirsch, 1987）提出了"文化素养"概念，通过确定"美国人需要知道什么"，导致了"核心知识基础"学校的建立。研究和课程开发，并不是最近才出现在教育领域的现象，它们在许多受人尊敬的出版商的出版物中仍然有体现。

私人基金会和商业公司。由商业和工业公司赞助的私人基金会和组织，对支持旨在改善美国教育的项目表现出浓厚兴趣。基金会过去对课程感兴趣的例子包括卡内基基金会在数学领域的支持和阿尔弗雷德·P. 斯隆基金会在科学领域的资助。

在20世纪50年代早期，卡内基公司在财政上资助伊利诺伊大学文科、理科、教育学和工程学的教授，为九年级到十二年级的学生开发了一个数学项目，这一课程后来被称为"伊利诺伊大学学校数学委员会"（UICSM）项目。此后不久，在20世纪50年代末，卡内基基金会资助了另一个数学项目：由马里兰大学的数学教师、数学家和数学教育家为七年级和八年级学生开发的一个项目。

阿尔弗雷德·P. 斯隆基金会在20世纪50年代末开始参与课程开发，与国家科学基金会和福特基金会的"教育促进基金"一起，支持创建一个名为"自然科学研究委员会"（PSSC）高中物理新项目。

通过对过去的研究，我们可以对美国数学和科学课程的开发做出几点观察。首先，这些项目是通过学者和实践者、教授和教师的合作创建的，他们支持一个公理——课程开发本质上是一项集体事业。其次，所有这些工作都需要极大的努力和成本。如果没有联邦政府、公共和私人基金会以及专业组织的慷慨捐助，就不会存在这些项目。再次，所有这些努力都出现在20世纪50年代，一直持续到60年代初。20世纪50年代，教育领域激动不安，资金源源不断地流向教育事业。作为对苏联技术的回应，并以国防的名义，20世纪50年代对教育项目和研究的资助十分充足。

在制定《共同核心州立标准》之前，从未发生过如此大规模的相关合作活动。这项倡议是由"力争上游"（RTTT）资助的，这在第二章和下一节中都有提及（U.S. Department of Education，2015）。

有许多私人组织、基金会和公司继续提供资金以影响教育景观（例如，比尔和梅琳达·盖茨教育基金会、卢卡斯教育基金会、华莱士基金会）。迈克·法恩伯格和戴夫·莱文在为另一个私人基金会"为美洲而教"工作后，又建立了一个私人基金会"知识就是力量项目"（KIPP）

（Author, 2017）。许多学区通过建立部门来寻求资助，这些部门的唯一目的是为战略倡议寻求资助。此外，学校还会组建捐款写作团队来处理较小的课程规划。在寻求资助或为捐款写作团队提供技术援助方面，课程专家可以发挥关键作用。

其他有影响力的声音。虽然教育在美国是各州的职责，但根据"宪法第十修正案"，总统已经努力影响教育格局。1990年，乔治·H·W．布什总统和全国州长协会提出了六大国家教育目标，最终形成了美国2000年立法。在布什改革努力的基础上，美国国会于1994年颁布了比尔·克林顿总统的教育改革一揽子方案，即《2000年目标：美国教育法案》，在之前的六大目标基础上增加了两大目标，并授权拨款促进这些目标的实现（U.S. Congress，1994）。2001年美国国会通过的2001年《不让一个孩子掉队法案》，于2002年1月由乔治·W．布什总统签署成为法律，该法案引入了一系列措施，通过数据分析和对学生种族、语言、特殊教育、经济地位等分组的结果问责，提高学生的阅读和数学能力。

通过向各州提供竞争性拨款，寻求进一步的教育改革。一个例子是巴拉克·奥巴马总统的《美国复苏与再投资法案》（ARRA），其中包括"力争上游"倡议，美国教育部于2010年春季向特拉华州和田纳西州颁发了首批奖项（U.S. Department of Education，2015）。这笔资助提供给了《共同核心州立标准》的制定和相关的评估联盟（Common Core State Standards Initiative，2010）。

国际机构

国际专业协会。通过加入国际专业协会（主要是那些设在美国的协会），美国课程专家对国际教育领域的参与成为可能。前文提到过，"国际读写协会"（International Literacy Association）吸引了来自世界各地的阅读专家，但主要来自美国和加拿大。"世界天才儿童协会"在世界各地举行会议。对那些对跨国范围的课程活动感兴趣的个人来说，两个比较合适的国际组织是"世界课程与教学理事会"和"国际课程研究促进协会"。"美国课程研究促进协会"是后者的组织成员之一。这些国际组织在世界各地定期赞助会议，为对课程研究感兴趣的个人提供思想交流和了解彼此教育制度与问题的机会。

如果教师和其他学校领导愿意花一段时间在国外，他们可以通过接受美国国防部学校的工作来密切参与海外课程的开发（这类学校的数量近年来有所减少），或者在私立的"美国社区国际学校"工作（这些学校的课程主要是在美国提供的）。或者，他们可以通过在"和平队"或"国际开发署"工作，积极参与开发外国国立学校的课程。

总部设在巴黎的"联合国教科文组织"（UNESCO）为联合国成员国提供课程学习、研究、教学和技术援助的机会。位于纽约市的"国际教育协会"（Institute of International Education）指导了一项部分由富布赖特基金会支持的国际学生和教师交流项目。华盛顿特区的"国际学者交流委员会"管理富布赖特奖学金，使高等教育机构的教师和管理人员能够在美国境外进行研究和教学。

另一个针对与非传统学习相关的特定教育领域的专业组织，是"国际 K-12 学习协会"（iNACOL）。该协会通过提供书籍、报告、白皮书、学术会议和网络研讨会等在线教育资源，为数字教学社区提供服务。"国际 K-12 学习协会"的重点，是创建国家标准、混合式学习、基于能力的学习和个性化学习（International Association for K‐12 Learning）。在线教育和这一领域的现状和趋势，将在第十三章更全面地讨论。

在跨国基础上直接参与课程建设的机会较少，这种机会的缺乏在意料之中。各国的课程需求和教育目标如此千差万别，以至于制定一套适合各国教育体系要求的特定课程是痴人说梦。

学生成绩的国际研究。主要在评估学生成绩方面所作的重大努力，值得我们注意。对许多国家和不同学科的成绩的比较研究，是由"国际教育成就评估协会"（IEA）、"国际教育进步评估组织"（IAEP）和"经济合作与发展组织"（OECD）的"国际评估计划"（PISA）、"数学与科学研究趋势"（TIMMS）、"国际阅读素养进展研究"（PIRLS）进行的。在美国，领导者经常通过这些结果将学生的成绩与其他国家学生的成绩进行比较，从而对课程施加影响。在本书的第十二章，你会发现关于国际比较研究的讨论。

总　结

本章讨论了在单所学校和学区开展课程活动的各种组织模式，支持教师或课程专家在学区内的一些课程委员会和理事会中任职。

第三章 课程开发：多层次、多部门的过程

课程开发被视为是发生在不同层次上的：课堂、合作小组/年级/科目/部、单所学校、学区和州。按逐渐上升次序排列的每一层次，拥有比前一层次更大的权威。

此外，开发发生在国家和国际部门。部门不同于层次，因为部门对五个层次不拥有权力或仅只有限的权力。

教师和课程专家将发现，他们积极参与课程开发最常见的机会，是在前四个层次。一些课程专家被州征调参与课程规划。数量有限的在校人员参加了由地区、国家和国际组织与机构赞助的课程活动。

教师有相当多的机会在课堂、当地学校和学区层次上制定课程决策，同时也有某些机会在州层次制定课程决策。

学校之外的力量也影响课程的决策。课程开发被认为是一个多层次、多部门的协作过程。

规划的层次模式或部门模式解决了在何处做出决策以及在制定计划时使用哪些组织过程等问题。这些模式并没有回答为什么要做出决定的问题，这一问题将在后面的章节中探讨。

只要我们将规划的层次概念化为工作的重心而不是是否重要的等级，并且理解课程专家不必在所有层次或部门工作，那么规划层次和规划部门的概念就是有效和有用的。

反思与探究

1. 研究《每个学生成功法案》，并解释该法案的核心用户将如何影响各个层次的课程开发。
2. 美国教育部应该存在吗？请证明你的立场。
3. 请研究促进在线课程开发标准的机构。根据你的研究，它们的立场存在何种异同？

网站

American Association for the Advancement of Curriculum Studies: aaacs.org

Association for Supervision and Curriculum Development SmartBrief and SmartBrief on EdTech: ascd.org, smart brief.com/ascd/index.jsp, and smartbrief.com/edtech/ index.jsp

Institute of International Education: iie.org

International Association for the Advancement of Curriculum Studies: www.iaacs.ca

International Association for the Evaluation of Educational Achievement: iea.nl

National Council of Teachers of English: ncte.org

South Atlantic Modern Language Association: samla.memberclicks.net

United Nations Educational, Scientific, and Cultural Organization: unesco.org

U.S. Department of Education: ed.gov

WIDA: http://wida.us

World Council for Curriculum and Instruction: wcci–international.org

World Council for Gifted and Talented Children: world–giftd.org

建议阅读

Brady, M.（2000）. The standards juggernaut. *Phi Delta Kappan*, 81（9）, 649–651.

Eccles, J. C. & Harold, R. D.（2008）. *Gender differences in sport involvement: Applying the Eccles' expectancy–value model*. Ann Arbor, MI: University Press.

Glickman, C. D.（1998）. *Revolutionizing America's schools*. San Francisco, CA: Jossey–Bass.

Kohn, A.（1999）. *The schools our children deserve: Moving beyond traditional classrooms and "tougher standards."* Boston, MA: Houghton Mifflin.

National Education Association.（1983）. *Report of the committee of ten on secondary school studies*. Washington, DC: National Education Association.

Sowell, E. J.（2005）. *Curriculum: An integrative approach*（3rd ed.）. Upper Saddle River, NJ: Pearson Merrill Prentice Hall.

参考文献

Author.（2017）. *Keeping promises to children since 1994*. Kipp Foundation. Retrieved from http://www.kipp.org/kipp–foundation/history/.

Bloom, S. B., Hastings, J. T., & Madeus, G. F.（1971）. *Handbook on formative and summative evaluation of student learning*. New York, NY: McGraw–Hill.

Bracey, G.（2007）. The first time "everything changed": The 17th Bracey report on the condition of education. *Phi Delta Kappan*, 89（2）, 119–136.

Bowers, J.（1991）. Evaluating testing programs at state and local levels. *Theory into Practice*, 30（1）, 52–60.

Brown, F.（2004）. The first serious implementation of Brown: The 1964 Civil Rights Act and beyond. *The Journal of Negro Education*, 73（3）, 182–190.

Bruner, J. S. (1959). *The process of education*. Cambridge, MA: Harvard University Press.

Commission on the Reorganization of Secondary Education. (1918). *Cardinal principles of secondary education*. Washington, DC: United States Office of Education.

Common Core State Standards Initiative. (2010). *Supplemental information for Appendix A of common core state standards for English language arts and literacy: New research on text complexity*. Washington, DC: National Governors Association, Council of Chief State School Officers.

Common Core State Standards Initiative. (n.d.). Retrieved from http://www.corestandards.org/

Conant, J. B. (1959). *The American high school today*. New York, NY: McGraw-Hill.

de Camp, L. S. (1968). *The great monkey trial*. Garden City, NY: Doubleday.

Electronic Summary of The Elementary and Secondary Education Act of 1965. (2008). From http://wps.prenhall.com/wps/media/objects/2355/2412111/Documents-Library/esea1965.html

Epperson v. Arkansas, 393 U.S. 97, 89 S. Ct. 266 (1968).

Forest Grove School District v. T.A. (No. 08-305), 523 F.3d 1078 (9th Cir.), aff'd, 129 S. Ct. 2484, (2009).

Frymier, J. R. & Hawn, H. C. (1970). *Curriculum improvement for better schools*. Worthington, OH: Charles A. Jones.

Fullan, M. G. (1994). Coordinating top-down and bottom-up strategies for educational reform. In R. F. Elmore & S. H. Fuhrman (Eds.), *The governance of curriculum* (pp. 186-202). Alexandria, VA: Association for Supervision and Curriculum Development.

Goodlad, J. I. (1984). *A place called school: Prospects for the future*. New York, NY: McGraw-Hill.

Hirsch, E.D. (1987). *Cultural literacy: What every American must know*. Boston, MA: Houghton Mifflin.

Illinois ex rel McCollum v. Board of Education, 333 U.S. 203, 68 S. Ct. 461 (1948).

International Association for K-12 Learning. (n.d.). *Our story*. Retrieved from https://www.inacol.org/about/our-story/.

Kantor, H. (1991). Education, social reform, and the state: ESEA and federal education policy in the 1960s. *American Journal of Education*, 100（1）47–83.

Kelley, E. C.（1947）. *Education for what is real*. New York, NY: Harper & Row.

Lau v. Nichols, 414 U.S. 563（1974）.

Mondale, S., & Patton, S.（2001）. *The story of American public education*. Boston, MA: Beacon Press.

National Aeronautics and Space Administration.（n.d.）. *Sputnik and the dawn of the space age*. Retrieved from http://history.nasa.gov/sputnik

National Center for Education Statistics.（n.d.）. *The nation's report card*. Retrieved from http://nces.ed.gov/ nationsreportcard/about

National Defense Education Act.（2017）. *The federal role in education*. Retrieved from http://www2.ed.gov/about/ overview/fed/role.html

Oliva, P.（1972）. *The secondary school today*（2nd ed.）.New York, NY: Harper & Row.

Ravitch, D.（2010）. *The death and life of the great American school system: How testing and choice undermine education*. New York, NY: Perseus Books.

School District of Abington Township, Pa. v. Schempp & Murray v. Curlett, 374 U.S. 203, 83 S. Ct. 1560,（1963）.

Sizer, T. R.（1984）. *Horace's compromise: The dilemma of the American high school*. Boston, MA: Houghton Mifflin.

Stuart v. School District No. 1, Village of Kalamazoo, 30 Mich. 69（1874）.

Texas Education Agency（2016）. *SBOE-State Board of Education*. Retrieved from http://tea.texas.gov/ About-TEA/Leadership/State_Board_of_Education/ SBOE_-_State_Board_of_Education

Tyler, R. W.（1949）. *Basic principles of curriculum and instruction*. Chicago, IL: University of Chicago Press.

U.S. Congress.（1994）*H.R. 1804 Goals 2000: Educate America Act*. Retrieved from www2.ed.gov/ legislation/GOALS2000/TheAct/intro.html.

U.S. Department of Education （2004）. *Four pillars of NCLB*. Retrieved from http://www.ed.gov/nclb/overview/intro/4pillars.html

U.S. Department of Education（2015）. *Fundamental change: Innovation in America's schools under race to the top*. Office of State Support, Washington, DC: Office of Elementary and Secondary Education.

U.S. Department of Education（2016）. *Every Student Succeeds Act（ESSA）*. Office of Elementary and Secondary Education, Washington, DC: U.S. Department of Education.

Wong, K., & Meyer, S.（Summer, 1998）. Title I schoolwide programs: A synthesis of findings from recent evaluation. *Educational Evaluation and Policy Analysis*, 20, 115–136.

Zais, R. S.（1976）. *Curriculum: Principles and foundations*. New York, NY: Harper & Row.

Zolman et al. v. Simmons-Harris et al., 536 U.S. 639（2002）.

Zorach v. Clauson, 343 U.S. 306, 72 S. Ct. 679（1952）.

第四章 课程开发：人的维度

> **学习成果**
>
> 学习完本章，你应该能够：
>
> 1. 描述（1）教学带头人的角色；（2）课程专家或开发人员的角色；（3）教师的角色；（4）学生的角色；（5）课程开发利益相关方的角色。
>
> 2. 描述课程专家或开发人员所需的知识和技能。

作为独特融合体的学校和学区

各学校之间在硬件设施、资源和所在地区有很大不同。然而，学校之间的差异，远不如支持学校或在学校里工作的人之间的差异。每所学校都有独特的人才组合，他们拥有不同的技能、知识、经验和个性。课程开发是人的过程，是人的努力，个人和团体在其中接受并出演相互之间取强补短的角色。那些倾向于改变课程以更好地为学生服务的员工，将他们的技能和知识巧妙地融合在一起，可以在课程改进方面取得重大成功。

学校师资差异

在课程开发过程中，人的变量是重大且复杂的。当人们比较学校在课程改进方面取得的成就时，很快就会发现，其中存在巨大的变量：（1）领导课程研究的人；（2）课程开发团队；（3）全体教职员工；（4）前述三个实体的共同协作。很大程度上，成败将取决于人们如何在课程创设中相互联系和合作。本书的前一章指出，有关课程的决定是不断进行的，并且在不同层次和整个学年的不同时间展开。此外，课程开发人员认为，课程开发是一种共同协作的团队任务，必须在其中做出决定。由于人为因素，其中存在影响决策过程的各种变量。

人才变量

学校和学区的教职员工和管理人员在领导、教学、课程、技术、数据分析、组织和沟通等领域具有多种多样的能力。参与课程开发的个人和团队之间的差异是因变量（取决于其他因素），而不是自变量（不会因其他变量而改变）。是否存在一项特殊技能或专业知识，以及个人在多大程度上拥有这一知识或技能，对参与这一过程的所有人都有影响。不仅带头人的领导技能和追随者的追随技能本身十分重要，更重要的是，他们能否走到一起，互相取长补短。

在解释协作事业中的成败时，要考虑团队之间和个人之间的差异。团队成员在一起工作时，必须本着相互尊重的精神，团结一致，走向共同的目标。因此，"课程团队可以展示其领导能力"。只有管理团队的领导才能与教师和利益相关方结合到一起，从而形成一个整体的团队来解决课程问题时，才更有可能取得课程开发的成功。

课程团队成员的角色

在第三章中，确定了课程团队在几个层次和几个部门中发挥作用。课程开发的主要责任被分配给一个合成小组或课程协作团队，该团队由教学带头人、课程开发人员、教师、学生和利益相关方组成。课程协作团队在寻求课程改进方面承担着最繁重的任务，团队成员在课程开发过程中扮演多种角色。这些角色有些是由社会决定的，有些是由组织结构决定的。团队成员可以根据时间、专业知识和兴趣，自行决定他们在团队中喜欢扮演的角色。有些角色是强制性的，而另一些角色则是源于团队的特征。

为了分析，请把你的注意力集中在一个表现优秀的高中九年级到十二年级的课程团队的角色之上，XX学校有一个全职的带头老师在员工中充任课程专家。最近，学校领导得知他们获得了一笔重大捐款，用于实施一比一（1:1）数字设备倡议。它还包括为学生服务的移动学习平台和无线网络，学生可以通过携带自己的设备（BYOD）（如智能手机和平板电脑）访问平台的内容和课程。学校的利益相关方很高兴有这样的机会，让学生可以在家里和在学校里都有权限使用数字设备来获得和使用数字课程及其他电子资源。此外，工作人员接受了这一机会来发展他们的课程，以满足学生和社区的当下需求和未来需求。第一年的资助重点是在英语语言艺术（ELA）学科实施这项倡议，并在第二年和第三年扩展到全校所有学科。

在这一设定的高中里，一个课程协作团队的任务是确定使用哪种设备、平台和电子课程来为学生提供前沿机会，同时保持学生表现优秀。为了完成这类任务，校长（教学带头人）要求课程专家担任一个团队的主席，该团队包括来自学校不同学科和年级的教师、来自该州其他地区的在线学校的教师，以及学校的利益相关方（如学生、家长、商业领袖）。作为教学带头人，他为课程专家提供指导，告知自己为课程专家所设定的期望和可交付的成果，以及团队成员所承担的角色。可交付的成果旨在为下一学年成功实施一比一（1:1）课程倡议的路线图提供建议，该倡议的实施期为三年。

教学带头人的角色

在XX高中，教学带头人给课程专家布置了组建团队的任务。在这样做的过程中，他选择了委托。委托是一项重要的管理技巧，因为它有助于与他人合作并提供动力；然而，如果管理不当，委托就可能产生负面影响。在这种情况下，教学带头人在整个过程中发挥积极作用，通过支持、沟通和让团队负责来确保成功。

由教学带头人创立的可交付成果的各个组件，需要课程专家组建一个团队，建立流程，进行研究，寻求利益相关方的意见，并就结果达成团队共识。围绕团队的构成和团队运作的参数，他所设定的其他期望包括：

- 成员具有思想的多样性，并能代表学校的人口统计数据特征；
- 成员在课程、适用标准、教学、评估和技术等领域提供专长、知识和技术能力；
- 成员具有优秀的书面沟通和口头沟通技能；
- 成员应具备客观的决策能力；
- 必须在过程的早期建立沟通结构和期望；
- 团队必须开发一份在线课程调查，供所有员工和利益相关方管理；
- 团队必须对从调查和其他来源收集的数据进行分析，以指导可交付成果的开发。

无论教学带头人是起直接作用还是间接作用，他或她的存在，应该总是被人强烈地感受到。如果教学带头人在课程开发过程中积极服务，或者间接地将领导责任授权给下属，那么如果没有他或她的支持，努力很可能会失败。早在1955年，教学带头人在"教学和课程开发"中的作用，就得到凯洛格基金会的"美国南方各州教育合作计划"资助，被列为教学带头人的首要任务（Southern States Cooperative Program in Educational Administration, 1955年）。

然而，在今天的学校里，落到教学带头人身上的责任范围，往往超过了他或她开发课程的机会。在某些情况下，课程开发并不是校长优先考虑的事项。2003年，威廉·H. 罗和塞尔伯特·L. 德雷克（William H. Roe and Thelbert L. Drake, 2003）观察到，校长在其作为教学带头人的理想角色和作为管理者与经理人的实际角色之间摇摆不定（第22页）。2009年，约翰·哈蒂（John Hattie, 2009）从元分析研究中得出结论，教学领导力的重点在于促进学生成绩发生变化的过程，它比其他类型的领导力具有更大的效果。

导致校长在教学领导力上不花时间的一些因素是：商业和人事管理、操作效率和安全性、来自州和学区的指令以及利益相关方对参与的期望。在大多数学校，利益相关方都意识到，根据传统和工作描述，教学带头人负有指导学校所有事务和决策的责任。同样，在学区层次，课程将由督导负责。从这个意义上说，学校和学区的所有课程团队和小组分别向校长和督导提供咨询。

"X理论"和"Y理论"

通过每个人的个人方法，教学带头人对学校内的所有活动施加一份力量。课程专家和开发人员的成功，可能一定程度上取决于校长是"X理论"还是"Y理论"的领导者。1960年，道格拉斯·麦格雷戈（Douglas McGregor, 1960）基于管理者对人员的一系列假设，将两种管理方法区分为X理论和Y理论。根据麦格雷戈（McGregor, 1960）的说法，遵循X理论的管理者一般相信以下几点：

- 普通人不喜欢工作，并试图逃避工作。
- 大多数人必须被迫工作，并以惩罚相威胁才能让他们工作。
- 普通人缺乏雄心，逃避责任。
- 普通人必须得到指导。

- 对安全的需要是普通人的主要动机。（McGregor，1960，第33—34页）

权威、控制、任务维护和产品导向主导了 X 理论管理者的思维。另一方面，持 Y 理论的管理者一般都持有以下信念：

- 普通人欣然接受工作。
- 普通人寻求承担责任。
- 大多数人在致力于实现共同目标时，都会表现出恪守承诺。
- 如果其奉献得到奖励，一般人会致力于一个组织的目标。
- 解决问题的创造力，是人们身上普遍发现具有的一种特质。（McGregor，1960，第47—48页）

虽然管理者可能更倾向于某种理论，但他或她的行为有时会倾向于另一种理论。有时候，Y 理论的管理者会行使权力并遵循 X 理论的原则。然而，课程开发和领导力方面的许多专家的立场是，建议采用 Y 理论方法。托马斯·J. 塞尔乔瓦尼和佛雷德·D. 卡弗（Thomas J. Sergiovanni and Fred D. Carver，1980）建议说："在我们看来，学校作为一个人性化和自我实现机构的独特角色，要求学校管理者采用 Y 理论的假设和行为表现。"（第49页）

以人际关系为导向的校长，通过建立一种氛围来培育课程开发的过程，在这种氛围中，课程团队感觉受到了重视，并且用亚伯拉罕·马斯洛（Abraham Maslow，1970）的术语来说，他们满足于"自我实现的需要"（第4页）。教学带头人鼓励并促进这一过程。因为教学带头人拥有最终决策权，他或她明智地认真考虑课程团队提出的建议。Y 理论的管理者可能正好发现，与他们的领导力原则观点相一致的是，Z 理论组织的领导力原则在 20 世纪 80 年代经由威廉·G. 乌奇（William G. Ouchi，1981）流行开来。基于日本商业和工业的传统实践，Z 理论组织强调集体决策和承担责任，而不是个人决策和承担责任。Z 理论组织欢迎建立质量控制圈，或者简单地说，质量圈是由员工组成的小团队，其任务是研究和提出解决问题与提高组织有效性的方法（Ouchi，1981）。对读者来说，这些质量圈可能听上去像一个专业学习社群（PLC），因为专业学习社群的起源可能来自质量运动。

无论采用何种方法，教学带头人都要建立一个组织框架和一种积极的组织文化，从而使课程开发得以顺利进行。他们确保提供所需的设施和资源，并为各小组的协调努力和咨询帮助提供条件。他们的指导将保持团队运转，帮助解决矛盾冲突，并把学校的需要传达给所有团队。教学带头人提供健康的学校文化和氛围，鼓励持续改进，从而发挥组织中所有人的才能和能力。由于强调有数据和证据支持的决策，教学带头人确保有权限访问相关的资源和分析内容，从而给团队以支持。

课程专家的角色。 在XX学校的场景中，在线教师和利益相关方表示，让他们亲自参加所有会议是不切实际的。然而，如果提供虚拟形式，他们就有参与的积极性。课程专家认为，混合式会议结构将有助于加强沟通。在混合式会议结构中，团队成员根据团队的需要进行虚拟会议或面对面（f2f）会议。在这一课程团队的案例中，课程专家建立了两个面对面会议和具有即时消息系统（IMS）和视频功能的虚拟会议。在即时消息系统会议中，会议负责人（主持人）通过聊天、经由网络打出实时对话、电话和视频等方式，将团队的所有成员联系在一起，召开会议。

这是课程专家第一次使用混合式方法来主持会议。因此，她在与同事的几次低级别会议中一试身手，以了解潜在的挑战。她发现，在虚拟会议中存在的挑战与她习惯的传统面对面会议类似。虚拟会议面临的挑战是：

- 人们可以同时说话。
- 一位成员忍不住炫耀自己在所讨论科目上的高级知识。
- 一名成员自始至终为其他成员完成句子。
- 一位成员包办了讨论。
- 在所有团队成员似乎都明白之前，领导把一个观点解释了三次。

她相信她可以克服这些挑战，因为她对成人的沟通策略有深刻理解（Mangin & Dunsmore, 2014）。她的结论是，有可能很多成员乃至大多数成员认为自己在讲话时是在向团队传达某种信息。但极有可能，别人所听到的和他们表达的意图大不相同。

她还发现，在召开即时消息系统会议时，存在以下挑战：

- 与会者必须获得权限，用主持人使用的相同的电子程序来访问材料。
- 如果不制订后备计划，可能会出现技术问题，造成重大挑战。
- 材料必须以电子方式呈现，以便参与者可以看到和使用材料。
- 参与者直接向主持人，或向小组，或向其他参与者插入自己的评论，无论其他人是否知道。
- 参与者容易分心，因为他们不在实际的现场。

由于在执行这项任务时考虑到了各种复杂性，她敏锐地意识到自己对课程规划小组工作的成败负有责任。根据"强化教学专业中心"（Center for Strengthening the Teaching Profession, 2009）的说法，教师带头人必须具备以下知识和技能：

- 与成人学习者协作；
- 沟通；
- 合作；
- 内容和教学法知识；
- 系统思维。（Center for Strengthening the Teaching Profession, 2009）

每一个确定的专业知识领域都十分重要。然而，如果课程专家不了解团队过程，就会发现这相当困难。课程改进的成败，取决于团队成员和带头人的共同努力。课程专家必须创造一个建立在信任基础上的合作环境。

教师的角色。在我们提出的设定中，教师扮演着各种各样的角色。传统的、以学校为基础的实体课堂教师参与了这一团队：

- 洞察学生的学习需求。
- 针对员工在使用技术、课程设计和学校使用的教学方法方面的专业水平，提供意见。
- 充当学生必须掌握的标准的专家。
- 帮助设计符合"英语语言艺术"标准的形成性评估和总结性评估。

- 提供对当前课程和教学倡议的意见。
- 与团队、员工和教师就事关倡议成败的重要事项保持联系。

对在线老师的援助，借助：

- 协助选择符合标准的强有力的数字课程。
- 提供在线教学所需的各种教学法的专业知识。
- 获取资源以协助实施该倡议。

所给出的例子不是决定性的，也不是只适用于在线教师和实体课堂教师；然而，团队中教师的综合实力，将很好地为学校服务。教师将在课程开发阶段发挥主要作用，并将在执行实施计划方面发挥关键作用。此外，当一比一（1:1）倡议推广到其他教职员工时，他们将在同行中担任教师带头人。

多年来，教师在课程开发中所扮演的角色随着环境的变化而变化。直到最近的基于标准的课程运动，教师团队才成为课程开发的主要团队。20世纪80年代和90年代，赋权运动势头大增，并寻求提高教师的地位，从而改善学校的课程和教学项目的有效性。这种赋权，允许教师作为专业人士参与学校的决策过程，被认为是学校成败的基础（Maeroff，1988）。学校和学区都归因于这种模式，这种模式演变为另一种概念，即以站点为基础的管理。遵循以站点为基础的管理实践，管理者实际上与教师分享自己的权力（Snowden，Gorton，& Alston，2007）。

以站点为基础的管理，指的是最接近实施或相关人员的决策，其结果导致从学区层次到学校层次的权限下放，随后可能与教师共享。随着时间的推移，一些学区发现，为了保持连贯一致，有些职能最好由学区一级来承担，比如人才招聘、预算和财务管理及课程开发。课程开发中的内容被发现需要连贯一致，特别是为了与2001年《不让一个孩子掉队法案》所带来的问责制的实施保持一致，这导致了现在许多课程开发都是在学区层次进行的，获得权限的教师参与其中，从而将分散和集中的概念结合起来，成为学生学习问责制背景下的一种实用方法。对赋权和共同决策持批评态度的人认为，教师参与决策或共同决策是对教师时间的不必要要求，是一种不适当的角色，或者是对行政管理权力的侵犯。然而，这与日本质量圈的成功直接冲突，日本质量圈表明，有意义的参与决策可以提高工人的士气，从而增加产量（Roethlisberger & Dickson，1939）。将其翻译成学校术语，这一原则表明，当教师发现自己是有价值的专业人士、其意见有一定的分量时，他们会更加满意自己的职业。教师士气的提高，反过来又会提高学校的生产力，也就是提高学生的成绩。

1990年，乔治·H.伍德（George H.Wood，1990）将教师赋权与学生赋权联系起来，他说："只有通过将民主与赋权联系起来，即为学生的民主赋权而努力，教师自己才能找到真正意义上的赋权。"（第107页）2011年，泰勒、霍切瓦尔和塔奇顿（Taylor, Hocevar, and Touchton, 2011）在一项针对校长和督导的全国性研究中发现，随着对学生学习成果的问责增加，校长们重新考虑了共同决策，因为他们感到了问责制的分量。当然，校长们表示继续相信共同决策，并为教师的参与提供资金和时间，特别是在影响教师日常工作的课程和教学决策方面。

作为利益相关方的社区的角色。 如本书第三章所述，利益相关方、群组，在学校和学区等各个层次上运作，内部（员工、学生和地区一级人员）和外部（家长、社区成员和企业）在提高学生成果方面都发挥关键作用。因此，如果管理得当，将所涉利益相关方纳入倡议之中，是明智的。为了使学校的各项倡议取得成功，家长和社区参与学校事务必须：

除社会活动和筹款努力，进入正面解决学生成绩问题，而且学校员工必须带头。当学校、地区、家长和社区团体同心协力，围绕学生的成绩共同努力时，就会有更多的学生取得成功，成功可以持续下去，公共教育也将处于最佳状态。（U.S. Department of Education，2009）

利益相关方在课程团队中所扮演的角色，随着项目的不同、学校的不同和学区的不同而摇摆不定。在与成人一起工作时，课程专家应该了解邀请和尊重不同决定所带来的风险，在建立信任的同时保持客观性，并能够在促进重点对话的同时对有益身心的话语进行管理（Center for Strengthening the Teaching Profession, 2009）。在XX高中所描述的一比一（1:1）倡议中，利益相关方在以下领域提供协助：

· 定义并提供对社区需求的洞察力。

· 协助有关技术的决策。

- 协助在线调查的设计、实施和结果分析。
- 推销课程和教学的变革以及对公平权限的期望。
- 在倡议方面，联系课程团队和学校社区。

多年来，利益相关方在学校事务中的角色发生了很大变化。历史上，社区就是学校。由于缺乏正规学校，父母在家培养孩子，富裕之家从欧洲引进家庭教师住在家里并指导孩子。教堂提供宗教戒律的指导，年轻人在工作中作为学徒学习手艺。美国殖民时期的妇女会把孩子带回自己家（每个家庭给这样的妇女一小笔钱），教他们基础知识（读、写、算）。

在 20 世纪的大部分时间里，社区参与被解释为对学校的被动支持。学校会将公告和通知寄回家，告知家长有关问题和相关活动。利益相关方会聚在一起听取学校或学区所获得的成就，自己组织起来做志愿者，并为特殊项目筹集资金。社区的作用是支持和加强学校与学区领导所做的决定。

目前的专业文献，充斥着关于社区参与教育过程之必要性的讨论。因此，利益相关方参与的转变，是值得注意的。学校领导寻求利益相关方的参与，并制定战略，从学校所服务的社区的代表性人口中获得意见。创建咨询委员会、学校改进小组、商业/工业/大学合作伙伴关系以及寻求社区参与资助，都是教学带头人为获得支持而采取的行动。来自利益相关方的多元思想和专业知识，是教学带头人在致力于改进课程时应该考虑的重要因素。

作为利益相关方的学生的角色。一般来说，学生的表现是课程开发的驱动指标，然而，学生对课程改进的一个特别有价值的贡献，是对教师的教学提供反馈。虽然有些老师拒绝学生对他们的表现做出反馈，但学生可以匿名提供反馈，可以为修订课程和改进教学方法提供有价值的线索。有效率的教师经常从学生那里寻求反馈，这样做是明智的，因为当教师从学生那里寻求反馈时，学生学习提高的可能性很高（Hattie，2009）。

在 XX 高中的一比一（1:1）倡议方面，改善学校条件对学生们有切身利益的提升，他们通过以下方式支持该倡议：

- 洞察学生的教育和技术需求。
- 对利益相关方所使用的调查设计提供帮助。

·对技术的选择提供帮助，并对所选择的技术做出反馈。

·参与评估。

·确定倡议的优势和劣势。

学生对课程创新的贡献，促进了专业教育工作者的工作。此外，领导者还通过其他行动寻求学生的意见。"进展监测"，即根据标准对学生学习成果进行非正式评估，为教师或课程团队在课程、教学的严谨性和教学的有效性方面提供了宝贵见解。

即使在那些不积极寻求学生意见的学校和学区，或者在按集体商议协议禁止学生建议的地方，还有在没有建立从学生那里收集数据的渠道的地方，学习效果也相当有说服力。对教学带头人来说，教师给出的成绩的等级分布，是确定课程和教学是否有效时要考虑的一个重要指标。如果教师的评分很高，而学生在全国标准化考试和州评估中的得分一直低于全国和州的平均水平，那么可以得出结论，在课程、教学或资源方面，需要进行某些调整。

课程专家与团队过程

无论专业技术知识还是课程理论知识，都不能代替课程专家对团队流程的知识和专长。有四组团队过程技能显得尤其重要。

1. "变革过程"。带头人必须了解影响变革的过程，并能够将这些知识转化为团队的实践。他或她必须展现出有效的决策技巧，并能领导团队成员学会使用这些技巧。

2. "人际关系技巧"。带头人必须了解团队动态。他或她必须表现出高度的人际关系技巧，能够在团队成员之间发展人际交往技巧，并能够创建一种协作文化。

3. "领导技巧"。带头人必须展示出领导能力，包括组织能力和管理变革过程的能力。他或她必须帮助团队成员拓展自己的领导技能，发展学校或学区的能力。

4. "沟通技巧"。带头人必须用英语或官方语言进行有效的口头和书面沟通，与建立之中的沟通热线相匹配。他或她必须精通促进讨论，确保所有人都有发言权，所有的声音都被听到，尊重每个人的观点。

变革过程

第二章中的公理1提出，变革既是不可避免的，也是令人向往的。人类制度，就像人类本身一样，如果要继续成长和发展，就必须变革。

盖尔·麦卡琴（Gail McCutcheon，1985）将现状的安逸和相对安全、对时间和努力的要求、缺乏奖励、既定政策和惯例列为变革的障碍。然而，对于学校和学区的领导来说，维持现状或退回过时的实践，都不是一个站得住脚的立场。他们力图不断改进。

课程开发是为影响课程变革而进行的有计划的努力。有计划的变革，与试错法或自然进化大不相同，它意味着所有参与者都要遵循一个系统的过程。人们应该通过调查各组织之中存在的、对该过程有影响的变量来开始对变革过程的检查。

变革代理人的典型功能是什么呢？沃伦·G.本尼斯（Warren G. Bennis，1965）列出了变革代理人的常规目标，包括改善管理人员之间的人际关系、帮助解决冲突、减少工人之间的紧张关系等任务。

四个变量。哈罗德·J.莱维特和霍马·巴拉密（Harold J. Leavitt and Homa Bahrami，1988）确定了四个组织性变量："结构""信息和控制方法"（即管理技术）、"人员"和"任务"（第246—256页）。

结构。在第三章中，确定了学校所采用的进行课程开发的各种组织模式或结构。如前所述，不同学区和不同学校之间的结构差别极大。一个学校的组织结构不仅取决于要完成的任务，还取决于领导、专家、教师和利益相关方。没有一个单一的组织结构可以满足每个学校或学区参与者的个人和专业需求。确定合适的组织结构，是课程开发人员要做的决定之一。适当的结构，有助于达成目标（Bolman & Deal，2013）。

信息和控制方法——管理信息的技术要素，包括学校可以获得的技术工具和其他资源，以及完成手头任务所遵循的程序。

人员——人力资本，或人才变量，使业务运转起来并完成任务。然而，人与人之间的差异使每一课程开发工作都成为一项独一无二的任务。对课程开发过程至关重要的人员，我们在本书前文中已经讨论过。人类行为社会科学的专家，将变革过程中的主要参与者称为"变革代理人"和"客户系统"。变革代理人是一个精通行为科学的有助于组织变革的人。客户系统由组织之中的与变革代理人一起工作的人员组成，这些人员本身也可能经历变革。这一点强化了第二章的公理 4 所假设的：课程的变革源于人的变革。

任务。学校在许多课程开发领域执行许多任务。学校的任务与学习者本身有关，他们的行为、技能和知识，都可能因参与课程而发生改变。领导力要求明智地整合这四个变量。

尽管行为科学家对变革的代理人是否必须来自学区或组织的内部或外部有争议，但实际上，学校和学区通常会使用自己的人员进行变革。当然，有时可能需要聘请顾问。实际上，教学带头人是变革的推动者，因为他的角色是要提高学生的学习效果。

在反思教育变革理论的历史时，你可能对库尔特·勒温（Kurt Lewin）相当熟悉。勒温（1947）提出了三个步骤的策略。他建议将现有的变革目标解冻，然后进行变革或创新，最后重新冻结新的结构，直到开启一个新的循环。后来，他引入了力场的概念，认为当变革的力量（驱动力）和阻力的力量（抑制力）在力度上相等时，各个组织就处于平衡或均衡状态（Lewin, 1951）。当组织被迫进入不均衡状态时，就会发生变革。这种不平衡状态可以通过增加驱动力或减少抑制力来达成；要么中断行动，要么解冻力场，维持组织处于均衡状态。

罗伯特·J.阿方索、杰拉尔德·R.弗思和理查德·F.内维尔（Robert J. Alfonso, Gerald R. Firth, and Richard F. Neville, 1981）认为，变革理论是据称对教学带头人的行为有影响的四个理论领域之一。他们的立场是，一个学区应该指定负责促进变革的带头人，带头人应该熟悉变革理论，不是为了感到新奇而进行变革，而是为了更好地改善学生的学习成果而进行变革。

表 4.1 确定了变革的常见障碍和消除这些障碍的策略。课程规划者心中最重要的必须是变革的目的：改进组织，既不是为了变革而变革，也不是为了创造一个新形象本身而变革，而是为了改善学校的产品而变革。

表 4.1 变革的常见障碍和可能的变革策略

障碍	策略
那些可能受到影响的人害怕变革	带头人为受变革影响的人提供与潜在的影响和选择相关的真切而清晰的期望 让受影响的人参与决策 要做到变革必须比缺乏变革更有吸引力
缺乏明确的目标	团队就明确的目标达成共识
缺乏有能力的带头人	由同侪选出的带头人或由上级任命的带头人是称职的。效率低下的带头人另有任用

团队成员缺乏团队合作能力	在协作过程中建立专业学习
对要解决的问题缺乏研究	提供研究、数据、证据和分析，并在需要澄清和理解时提供支持
有过课程尝试失败的历史	制定快速成功的策略，以激励坚持到底
缺乏对以往课程努力的评估	有数据和证据支持的评估，得出需要变革的结论。协作设计或因目标变更聘请评估人员
来自社区的消极态度	利益相关方和社区成员参与并更新流程和进度
缺乏资源	提供充足的资源（人力、物力和智力）来进行课程的规划、实施和评估，而且资源必须是可用的
外部压力，如州和联邦的立法与认证	通过游说以改变已成为障碍的立法，并在这些领域拓展与决策者的关系
对一个课程问题缺乏经验或知识	向大学或专业机构寻求专家咨询

决策。第二章的公理 6 主张，课程开发是一个决策过程。课程专家和团队缺乏决策技能，可能是变革的巨大障碍。

有没有什么决策原理对课程团队有帮助？斯塔弗尔比姆、福利和格普哈特（Stufflebeam, Foley, and Gephart，1971）以及由斯塔弗尔比姆担任主席的"卡潘（Phi Delta Kappa）国家评估研究委员会"（1971）为决策过程提供了指导。斯塔弗尔比姆和他的委员会大胆地认为，决策过程包括意识、设计、选择和行动四个阶段。在此过程中，他提出了四种决策：规划、结构、实施和回收。

从监测学生学习成果数据开始，就应该做出有关课程和教学的决定。持续监测有关的课程和教学数据点，应当是持续改进模式的核心。因为决策永远不会结束，所以数据分析、监控和决策过程方面的技能都需要开发。

创新的个人和小团队。大多数课程开发是通过团队过程进行的。然而，创新的个人或在带头人的批准下独立运作的小团队，可以并且经常带来变革。由具有创新精神的个人或小团队所创造的新观念的创举，可以广泛地转化为实践。非正式团队是自发组成的、临时的、即兴的个人集合体，他们为了一些直接的目的聚集到一起，然后又自发解散。明智的课程带头人力图识别可能对课程开发工作产生影响的非正式团队,并企图将他们的能量引导到正式结构的深思熟虑之中。

只要(1)基于数据和证据确定了需求,得到了支持需求的受人尊重的研究的支持,(2)创立并使用了合理的教学实践,(3)确立了研究问题并使用了数据来确定结果,就应该鼓励课程创新。如果没有证据证明该活动是有效的做法或试验,则不应复制或继续进行该活动。当一种创新尝试开始对他人提出要求时,没有支持性的数据或没有带头人的批准,自行其是可能会给学习环境带来无效的实践。课程带头人引导团队带来变革。在此过程中,他们展示出了促进和领导变革过程的专业知识。如果要对课程进行积极的变革,每个参与者都要培养自己的分析能力,以便做出决策。

团队动力。在某种程度上,课程团队的成功基于对团队任务的清晰理解,也就是对团队任务的目的和预期成果的理解。对于课程带头人来说,最大的困难之一是让一个团队完成任务。挑战这一目标的是许多人试图在团队环境中满足自己的个人需求。一种被称为处理的行为在任何团队中都是必不可少的,特别是在团队活动的早期,当个人相互了解并试图分析任务时,更是如此。课程带头人必须确保任务导向和过程导向之间的某种平衡,尽管不是完全的平衡。他或她必须确保团队继续完成任务,同时允许个人作为团队成员获得个人满足感。对任何一种方法的过度压力,都会带来成员的挫败感。

课程团队带头人应该意识到一个团队中存在三类行为。首先,每个团队都是由个人组成的,他们把自己的个人行为带到团队中。有些人会一直自行其是,有时是有意识的,有时是潜意识的,而不理睬团队处于何种环境。因此,团队成员可能会将个人偏好和行为带到团队环境中。有些行为对团队有积极影响,而有些行为则有消极影响。团队领导需要将消极行为引导到建设性的道路上,或者在可能的情况下铲除这类消极行为。

其次,团队中的个体有时会以与他们个人行为完全不同的方式行事。依靠自己内在资源(即内在导向型人格)的个人,与从周围人那里获取诱因(即外在导向型人格)的个人,在行为上是有反差的。在团队环境中,不仅个人行为有时会发生变化,而且个人也会承担他们不可能也无法独自完成的特殊角色。有时,一个人的行为,会导致他或她按照自以为团队成员希望他或她采取的方式行事。

再次,团队本身具有自己的个性。人们已经注意到,团队的功能不仅仅是组成团队的每个人的功能的总和。这些个体相互作用、相互加强，创造出了一个独特的融合体。在这方面，学校的一些部门或年级团队被认为比其他部门或团队更有生产力，正如不同学校被认为彼此不同一样。

团队成员扮演的角色。 肯尼斯·D.贝尼和保罗·希茨（Kenneth D. Benne and Paul Sheats, 1948）开发了一种识别团队成员职能角色的分类系统（第43—48页）。他们将自己的分类系统分为三类：团队任务角色、团队建设与维护角色以及个人角色。当团队成员试图推动团队实现其目标并解决其问题时，他们就承担任务角色。团队任务角色包括扮演信息寻求者、信息提供者和激励者。当团队成员关心团队的功能时，他们扮演团队建设和维护的角色。鼓励者、协调者和看门人是七种团队和维护角色中的三种。团队成员也沉迷于个人角色以满足个人需求。攻击者、阻碍者和寻求认可者是八个个人角色中的三种。

团队可以得到带头人的帮助，或者得到外部专家的帮助，这些带头人和专家可以模拟并分享高效的团队动态。通过允许向其成员提供反馈的团队互动，可以获得更真实的支持。这种反馈，可以采用对不同成员之间发生的互动进行简单分析的形式。如果一个团队的成员已经具备了高度的自我意识和互动技巧，那么这个团队就会更为高效。然而，如果一个团队似乎在互动或自我意识方面缺乏技巧，那么最好暂时放下团队的任务，进行团队建设锻炼，以培养信任、增进关系。

个人同意参与合作团队的原因多种多样，有时可以形诸语言，但通常难以言表；按团队的目标来讲，有时是有用的，有时则不然。应该鼓励那些有动力并拥有必要的专业知识的个人参与课程开发，这不仅是为了他们自己的付出，也是为了他们自己的专业学习和组织能力的建设。

团队。 课程开发团队本质上应该是以任务为导向。他们被赋予一项特定的工作去做、去完成，此后要么接受另一项工作，要么停止运作。他们的生产力，应该首先在由课程变革引起的学生学习成果的改进质量中加以评估，其次是按参与者的专业水平是否得到增长加以评估。

高效团队的特征。 在芝加哥西部电气公司霍桑工厂进行的一项著名研究证明，在项目的规划和实施中，受影响的人的参与可以导致更高的生产率。着眼于历史来看，高效团队的特征受到了备受尊敬的研究者的关注。伦西斯·利克特（Rensis Likert, 1961）认为，支持性的环境、团队成员之间的相互信赖和信任，以及共同目标的分享，有助于提高团队效率。内德·A.

弗兰德斯（Ned A. Flanders, 1970）对课堂语言互动的研究，导致其观察这一过程的工具使用者得出结论：团队带头人需要减少自己的言语行为，与团队成员进行更多的互动。内德·A. 弗兰德斯（Ned A. Flanders, 1967）专注于带头人的效率，金伯尔·怀尔斯（Kimball Wiles, 1967）关注的是沟通技巧对团队效率至关重要。1985年，沃伦·G. 本尼斯、肯尼思·D. 贝尼和罗伯特·钦（Warren G. Bennis, Kenneth D. Benne, and Robert Chin, 1985）倡导为变革制定计划的技巧。

通过考察关于团队动态和团队过程的大量文献，可以总结出一个成功的、使团队富有效率或生产力的带头人所具有的特征：

- 上上下下的支持；
- 成员之间存在明显的信任关系；
- 得到理解和相互接受的目标；
- 团队中必备的专业知识；
- 必要的资源；
- 共同的决策；
- 明显有效的沟通；
- 提供领导机会；
- 留意完成任务的进度；
- 满足成员的个人需求；
- 带头人寻求释放各成员的潜力；
- 有效的时间管理。

回应单个教师的关切。无论课程还是其他，其成功变革的基础，是对组成团队的个人关切保持理解。在20世纪70年代和80年代，得克萨斯大学教师教育研究与发展中心开发了"基于关切的采纳模式"（CBAM）。"基于关切的采纳模式"阐明了有必要分析团队中想要实现变革的个体之中存在何种关切。"基于关切的采纳模式"通过提供一种理解人类信仰的诊断方法，将研究的目标对准了个人的关切。

1978年，吉恩·E.霍尔和苏珊·劳克斯（Gene E. Hall and Susan Loucks, 1978）描述了变革过程中的七个关注阶段：从简单地意识到要加以考虑的创新，到重新关注创新的益处（第36—53页）。敏锐的课程带头人意识到这些关切，并引导组成团队的各个成员在这七个阶段将关切从他们自身转移到如何成功实施创新。

领导力。课程团队的生产力，来自团队成员和课程带头人技能的同步融合，然而团队生产力的沉重负担落在带头人身上。如果对教育工作者进行调查，以确定成功的带头人应有的特征，那么很可能会出现以下描述：

- 智慧；
- 经验；
- 自信；
- 能言善辩；
- 创新；
- 精力充沛。

几乎不可能把任何一套单一的特征归到处于带头位置的人身上。拉尔夫·B.金伯勒和迈克尔·Y.纳尼利（Ralph B. Kimbrough and Michael Y. Nunnery, 1998）概括说，除了其他属性外，带头人往往拥有略高于平均水平的智力以及必要的个人才能与领导技能。他们得出结论：拥有某些特征，并不能保证这些人作为带头人获得成功；缺乏某些特征，也不能排除他们能获得成功。

对领导力的历史透视

回顾历史上有关领导力的理论和研究，将帮助你发展自己的观点，并决定你将如何领导。

两种方法。从历史上看，人们认为带头人倾向于两种基本方式中的一种：官僚主义或合议制。第一种方式被贴上了专制的标签；第二种方式被贴上了民主的标签。1982年，埃德加·L.莫费特、罗·L.约翰斯和西奥多·L.雷列（Edgar L. Morphet, Roe L. Johns, and Theodore L. Reller, 1982）讨论了这两种方法背后的假设。根据这些作者的说法，遵循"传统的、独裁的、官僚主义的方法"的带头人坚持一种垂直的生产线与行政人员（line-and-staff）的组织计划，这种计划将责任和权力放在最高层，鼓励竞争，允许个人成为可消耗品（第77—79页）。另一方面，根据莫费特、约翰斯和雷列（1982）的说法，遵循"新兴的、多元的、合议的方法"的带头人认为，权力、权威和决策可以共享，共识导致组织内部的团结，个人是不可以成为耗材的（第80—82页）。

在对比这两种领导方法时，莫费特、约翰斯和雷列（1982）指出，传统方法在封闭的环境中运作，而民主方法在开放的环境中运作。传统方法依赖于权力集中，具有固定的生产线与行政人员结构。后一种方法，则权威是在多元方式下扩散和共享的，这种结构虽然有时比传统结构更复杂，但是也更灵活，允许组织成员最大限度地参与。在这两种方法下，沟通的流程有很大不同。独裁或专制的方法充满了上传下达的学问。消息可能来自梯队的最高层（这最为常见），也可能来自底层。来自上层的消息通过中间梯队向下传递，这些梯队可能不会截留信息。另一方面，来自底层的消息通过中间梯队向上传递，并且可以被任何梯队中止。下属必须通过渠道开展业务，不得恣意妄行"越过"顶头上司。在多元化的方法之下，沟通可以往任何方向流动——向上、往下、循环往复或在平级中进行。他们越级跳过梯队，也可以提交给直接指挥链条以外的人。这位多元化的领导人不会"成天盯着"渠道和个人地位。正是传统的方法造就了"组织人"。

在比较这两种方法时，莫费特、约翰斯和雷列（1982）警告说，"然而，我们不应该推断民主管理事实上是好的，而专制管理事实上是坏的。历史提供了无数成功和不成功的民主管理的例子，以及成功和不成功的专制管理的例子"（第85页）。不过，他们指出，一些研究显示，与多元化的组织相比，独裁的组织缺乏创新能力。

传统的带头人可以被认为是 X 理论的拥护者，而多元化的带头人可以被认为是 Y 理论的追随者。Z 理论类型组织中的带头人大部分是 Y 理论的实践者，他们构建组织以确保员工的最大参与和承诺。例如，在日本的 Z 理论组织中，个人不是耗材的多元假设，被解释为保证在组织中终身就业，个人则回报以全身心致力于该组织达成其目标（Ouchi, 1981）。不过，鉴于过去几十年的经济压力，这种承诺已经变得不那么确定了。

领导风格。领导风格是影响团队生产力的一个重要因素。勒温、利皮特和怀特（Lewin, Lippitt, and White）在1939年进行了一项关于领导力之影响的经典研究，他们研究了三种不同的成人领导风格对四组十一岁儿童的影响。他们考察了"专制""民主"和"放任"型领导的影响。在专制领导下,他们更依赖于领导者,会表达更多的不满,缺乏群体主动性。自由放任的氛围导致了对领导的更多依赖,团队中有更大的不满,减少了与工作相关的对话。此外,在自由放任的领导者缺席的情况下,十一岁孩子效率不高。这类情况与民主团体的氛围正好相反。因此,他们在民主领导的氛围中仍然富有成效。在民主领导下,他们更加相互依赖。此外,在民主团体领导人不在场时,儿童们仍能继续自己的工作(Oliva, 1956)。

虽然课程专家不是孩子王,不领导孩子,但这项著名的研究对领导团队还是有启示。如果课程带头人寻求团队的奉献,那么专制和自由放任的方法就不太可能有效。课程带头人的权力是由团队授予的,特别是如果领导力受到来自团队内部的鼓励时,更是如此。

任务导向型和关系导向型领导者。1969 年,著名的工业和组织心理学家弗雷德·费德勒(Fred Fiedler, 1969)研究了一个古老的问题,即成功的领导是来自个人风格还是来自该领导者所处的环境。费德勒认为,领导者的风格和他或她必须在其中发挥领导作用的团队情况之间,需要一种适当的匹配。费德勒发展了所谓"应急模式",将领导者分为任务导向型领导和关系导向型领导。在某些方面,这种分类类似于专制领导者和民主领导者之间的二分法。任务导向型领导者总是把组织的目标放在他或她的团队面前。组织的需要优先于个人的需要。上下级关系总是一目了然。关系导向型领导者较少以任务为导向,而更关心在组织成员之间建立和谐的关系。他或她拥有高度的人际关系技巧,很少意识到地位的高低。

表现出这两种风格中的任何一种的人,可能会发现自己所在的组织要么是结构化的,要么是非结构化的,或者处于既有结构元素又缺乏结构元素的混合状况之中。成功的领导取决于风格和环境之间的机缘巧合。费德勒(Fiedler, 1969)发现,在从结构到缺乏结构的连续体的两端,任务导向型领导者都比关系导向型领导者表现更佳。他们无论在拥有权威和影响力的结构化环境中,还是在缺乏权威和影响力的非结构化环境中,都表现良好。关系导向型的人,则在拥有适度权威和影响力的混杂型情境中表现最好。

情境型领导力。那么,领导力来自于紧急情况。例如,斯蒂芬·J.尼岑维奇(Stephen J. Knezevich, 1984)支持领导力来自于情境的观点,他说:

一个人被选出来担任领导角色,是因为他拥有团队实现团队目标和决策所需的一系列敏感性、洞察力或个人品质。领导者之所以获选和得到追随，是因为他有能力达成追随者所需要或想要的。在一个具有独特教育需求的社区取得成功的领导者，如果转移到另一个具有明显不同的教育问题、人员和价值取向的社区，可能不会取得类似的成功。在情境改变或者团队的性质和目标改变的情况下，会导致人们期望的领导者的特征也发生重大变化，这种变化会全盘颠覆对个人特征的最宽泛解释。（Knezevich, 1984, 第66页）

指导型领导力和变革型领导力。 如果不参考指导型领导力和变革型领导力，对与领导力相关的文献的评述就不完整。虽然两者在今天都受到广泛关注，但变革型领导力寻求随着时间的推移发展参与者的持续改进能力，而指导型领导力带来学生成绩的更大变化（Hattie 2009）。

因此，对领导力的研究表明，课程开发的带头人应该：

·力图开发一种协作方式。

·力图建立信任关系。

·使用数据分析，从而重点关注表明需要的数据和证据。

·鼓励从团队内部培养带头人。

·对新想法持开放态度。

即使有最好的领导，在实现目标的过程中，一些合作团队也会遇到极大困难。没有有效的领导，对团队的生产力心怀期望，是注定要落空的。

赋权。 W·爱德华兹·戴明（W. Edwards Deming, 1986）的管理思想，被认为帮助日本在二战后崛起为工业强国，并影响到大内（Ouchi, 1981）。戴明将工业管理原则融合到一个被称为"全面质量管理"（TQM）的概念中。虽然戴明的思想适用于工业，但"全面质量管理"在应用于教育时融入了共享管理的原则，即：质量应该在过程中确定，不是在过程结束时进行测试，学习者应该在评估自己的工作时分担责任，放弃对个人的绩效区分等级，团队成员参与寻找问题的解决方案。这种合作和所有权导致了今天所称的赋权。

1992年，威廉·格拉瑟（William Glasser, 1992）在与戴明类似的脉络中，指出了优秀学校存在的障碍：政出多门的管理、太多的强制、合作学习不足、传统测试太多、对提高知识运用能力的重视程度过低、学习者评估自己工作质量的机会过少。美国的工业和教育都没有完全贯彻质量管理的所有原则。然而，在绩效评估、合作学习和建构主义心理学等概念中，存在一些证据，这些概念鼓励学习者在教师的指导下形成自己的知识。

沟通技能。课程开发团队的成败，很大程度上基于如何建立沟通结构，以及参与者在书面沟通和口头沟通方面的技能水平如何。以实体学校为基础的团队，可以在现场建立定期会议，以审查和讨论课程计划。虚拟学校可能会确立类似的期望，但是，会议将通过电话会议、在线信息门户和允许视频会议的信息管理系统（IMS）等电子方式举行。两种课程团队都将通过口头形式和书面形式进行沟通，并可能建立类似的时间线、基准和可交付成果。在这两种环境中都存在挑战，带头人将以两种方式展示能力水平：他或她必须拥有高度的沟通技巧，并且必须能够使团队成员按计划准时交付高质量的产品。

常见的误解。需要澄清一些有关沟通的常见误解。首先，说话的技巧有时被误认为是一种沟通技能。迅速而全面的反应能力，以及独立思考的能力，是一个带头人所需要的品质。然而，能言善辩并不能保证信息按其本意得到理解。

其次，团队互动有时被认为是沟通。诸如"我们进行了热烈的讨论"之类的评论是没有意义的，除非知道讨论是否导致了理解和决策。对个人感情和意见的处理、分享，有时被等同于沟通。为互动而互动，不能被接受为是为了课程开发工作的合理活动。

再次，认为沟通是充分、清晰和完全理解的假设，往往是在没有充分证据的情况下做出的。阿方索、弗思和内维尔（Alfonso, Firth, and Neville, 1981）建议，带头人不要做出这样的假设："沟通总是不准确的，因为发送者和接收者永远不会有共同的看法。主管们常常假设沟通是完美的。相反，他们应该在沟通是不完美的并且必须永远如此的基础上发挥作用。"（第175页）

为了清晰起见，请考虑以下三个范畴：（1）口头沟通的问题或口头沟通和书面沟通共同存在的问题；（2）书面沟通的问题；（3）非言语行为或缺乏非言语行为所带来的问题。

口头沟通。在下列情况下，会出现口头沟通的各种困难：

1."团队成员或有意或无意地没有说到点子上。"他们绕来绕去，不就事论事。有时他们会采取回避行为，也就是说，他们拒绝应对这个问题。课程带头人要帮助团队成员解决问题，并通过澄清来直达要点。

2. "团队成员使用不精确的语言。"团队带头人警觉到成员在接下来的讨论中可能遇到的困难。他或她要求发言者在必要时重复陈述和澄清问题。带头人要牢记,有些成员不愿要求自己澄清,因为他们觉得这样做可能会暴露自己的无知。带头人通过询问来吸引每个人,并提供清楚明白的认识。

3. "团队成员从讨论中选择他们希望听到的内容。"每个人都有选择性地听和看。有时,由于与说话者的关系,或由于个人的参考框架,聆听是有选择性的。带头人要帮助团队成员看到问题的所有方面,提醒他们注意他们可能忽略了哪些相关方面。

4. "成员们未能表达自己的观点,特别是如果他们不同意别人所说的话时。"有些人出于各种原因隐瞒自己的观点和意见。带头人要向各成员保证,不同意见和观点的多样性是受到鼓励。通过模拟对不同意见的回应和对所有声音的重视,营造出一种氛围,在这种氛围中,每个人都可以表达自己,而不会遭到报复。

5. "成员没有按照有序的程序进行讨论。"当团队成员不愿意共享发言权时,沟通是不可能的;要轮流进行讨论,以开放的心态聆听对方,尊重对方的观点。团队带头人协作建立团队规范,以促进富有成效的沟通。

6. "没有达成共识。"团队努力通过对问题的全面讨论达成共识。目标是让尽可能多的人参与课程的开发和实施。没有承诺,改进课程是不可能的。

7. "会议不了了之。"如果下一步不明确,成员们离开团队会议时就会困惑不解。在可能的情况下,带头人有责任寻求问题的解决方案,总结团队的工作,并提醒团队注意下一步的工作。

8. "沟通流程主要是从带头人到成员。"带头人应该抵制霸占讨论和把自己的观点强加给团队的诱惑。他或她应该确保沟通是由团队成员对带头人、团队成员对团队成员以及带头人对团队成员发起的。

9. "团队中存在着尖刻、敌意和不和谐。"当这类情况发生时,带头人必须进行调解,努力消除摩擦。带头人应该了解团队的动态,并努力创造一个信任和尊重的环境。

书面沟通。写出易于充分理解的信息是一门艺术,至少在课程开发这样的合作活动中是如此。书面沟通只能作为口头沟通的补充，而不能取代口头沟通。请记住，电子通信、文本、电子邮件、网络聊天、专业发送都要遵守与传统书面沟通相同的准则。每一种书面沟通都可以被检查和解释（包括电子沟通在内）。当出现以下情况时，这种沟通方式就会出现困难：

1．"在书面沟通中，作者无法感受到他或她的话的影响。"在组织书面信息时要格外小心。如果没有非言语沟通的好处，书面信息可能给人的印象是作者言不由衷。读者当时的性情会影响解读。如果他或她是收件人，作者应该根据对他或她可能产生的影响来审查所有书面沟通。

2．"书面沟通的数量过多。"带头人应鼓励必要时使用书面沟通，但不鼓励过度使用书面沟通。礼貌、清晰和简洁，应该是书面沟通的特点。

3．"没有使用标准英语。"如果缺乏语法惯例（如英语或官方语言）、标点符号和用法，沟通就会失去作用。不准确的拼写、不正确的语法和糟糕的句子结构，会降低信息的价值，并会导致缺乏支持和不必要的批评。

面对面的沟通通常是一种比写作更有效的方式，可以在小团队成员之间（如典型的课程开发团队）传达各自的想法。数据或证据显示或电子表格可以以电子方式提供，以便在会议前或会议期间进行分析。即使是以书面形式提出的复杂数据或技术性数据，通常也需要进行后续讨论。

非言语行为。非言语交际是在生物学意义和文化意义上共同形成的。团队带头人应该能够通过肢体语言和其他非言语的暗示来察觉成员的疲劳、厌倦、敌意和敏感。他或她应该能够感觉到讨论何时陷入了消极状态，并将讨论转向富有建设性的路径。带头人必须特别小心自己发出的非言语信号，并必须尽一切努力确保这些信号是积极的。最后，对于成功的课程开发来说，带头人和团队成员都必须在所有沟通模式中表现出高度的技能（Hall，1959）。

总　结

本章着重讨论了在单所学校和学区层次参与课程开发的各种人员和团队所扮演的角色。一些教学带头人认为自己是课程和教学方面的专家，并积极参与课程开发，而另一些人则把这一责任委托给他人。信奉 X 理论的管理者强调权威和控制，而信奉 Y 理论的管理者遵循重视人际关系的方法。信奉 Z 理论的组织强调协作决策和责任，而不是个人决策和责任。指导型领导力对提高学生的学习成果至关重要，课程开发是改善学生学习成果必不可少的一部分，变革型领导力随着时间的推移发展专业能力。

学生根据他们的成熟程度，通过在委员会中服务和提供有关他们自己学习经历的数据和证据来参与课程改进。

利益相关方通过服务于咨询委员会、回应调查、提供有关其孩子的数据和证据，以及充当资源人员参与课程开发。

专业人员——教师、专家、管理人员——在课程开发中承担着最大责任。带头人和追随者都将在团队协作过程中发展技能。课程专家所需的能力，包括领导变革、决策、联系人员、领导团队和沟通方面的技能。

应用

1. 在你的环境中，教师在课程开发中扮演什么角色？举例说明教师参与课程倡议的情况以及他们所扮演的角色。你将如何调整这些角色以获得更大的赋权和能力建设？

2. 在你的环境中，来自个人或小团队的哪些创新实践已被制度化？用证据来支持你的观点，并讨论由此产生的对课程的所有修订。

3. 想一想可能从混合方法中受益的团队经验。作为一个带头人，设计一个计划来管理在不同物理位置扮演不同角色的参与者。

反思与探究

1. 考虑在不久的将来在你的环境中正在创建的课程倡议。设想团队成员和他们的角色来交付一个成功的倡议。

2. 用同样的主动权，讨论你将使用什么样的沟通结构。通过考虑时间、精力和成本来支持你自己的立场。

3. 在你的环境中，有什么证据表明今天的校长是或不是指导型领导者？用学生学习成果的变化来支持你的证据。

建议阅读

Johnson, J.（2011）. *You can't do it alone: A communications and engagement manual for leaders committed to reform*. Lanham, MD: Rowman & Littlefield.

Yankelovich, D.（1999）. *The magic of dialogue*. New York, NY: Simon & Schuster.

参考文献

Alfonso, R. J., Firth, G. R., & Neville, R. F.（1981）. *Instructional supervision: A behavior system*（2nd ed.）. Boston, MA: Allyn & Bacon.

Benne, K. D., & Sheats, P.（1948）. Functional roles of group members. *Journal of Social Issues*, 4（2）, 43-46.

Bennis, W. G.（1965）. Theory and method in applying behavioral science to planned organizational change. *The Journal of Applied Behavioral Science*, 1（4）.

Bennis, W. G., Benne, K. D., & Chin, R.（1985）. *The planning of change*（4th ed.）. New York, NY: Holt, Rinehart & Winston.

Bolman, L. G. & Deal, T. E.（2013）. *Reframing organizations: Artistic choice and leadership*（5th ed.）. San Francisco, CA: Jossey Bass.

Center for Strengthening the Teaching Process.（2009）. *Teacher leadership skills framework*. Retrieved December 17, 2016, from http://cstp-wa.org/cstp2013/wp-content/uploads/2014/06/Teacher-Leadership-Framework.pdf

The Concerns-Based Adoption Model（CBAM）（n.d.）. *A model for change in individuals*. Retrieved from www.nationalacademies.org/rise/backg4a.htm

Deming, W. E.（1986）. *Out of the crisis: Productivity and competitive position*. Cambridge, MA: Massachusetts Institute of Technology University Press.

Fiedler, F. E.（1967）. *A theory of leadership effectiveness*. New York, NY: McGraw-Hill.

Fiedler, F.（1969）. Style or circumstance: The leadership enigma. *Psychology Today*, 10（2）,

38–43.

Flanders, N. A. (1970). *Analyzing teacher behavior*. Reading, MA: Addison-Wesley P. C.

Glasser, W. (1992). *The quality school: Managing students without coercion* (2nd ed.). New York, NY: Harper Perennial.

Hall, E. (1959). *The silent language*. Garden City, NY: Doubleday.

Hall, G. E., & Loucks, S. (1978). Teacher concerns as a basis for facilitating and personalizing staff development. *Teachers College Record*, 80(1), 36–53.

Hattie, J. (2009). *Visible learning: A synthesis of over 800 meta-analyses relating to achievement*. New York, NY: Routledge.

Kimbrough, R. B., & Nunnery, M. Y. (1998). *Educational administration: An introduction*. Upper Saddle River, NJ: Prentice Hall College Division.

Knezevich, S. J. (1984). *Administration of public education* (4th ed.). New York, NY: Harper & Row.

Leavitt, H. J., & Bahrami, H. (1988). *Managerial psychology: Managing behavior in organizations*. Chicago, IL: University of Chicago Press.

Lewin, K. (1947). Frontiers in group dynamics. *Human Relations*, 1(1), 5–41.

Lewin, K. (1951). *Field theory in social science*. New York, NY: Harper Torchbooks.

Likert, R. (1961). *New patterns of management*. New York, NY: McGraw-Hill.

Maeroff, G. (1988). *The empowerment of teachers: Overcoming the crisis of confidence*. New York, NY: Teachers College Press.

Mangin, M. M. & Dunsmore, K. (2014). How the framing of instructional coaching as a lever for systematic or individual reform influences the enactment of coaching. *Educational Administration Quarterly*, 51(2), 179–213.

Maslow, A. H. (1970). *Motivation and personality* (2nd ed.). New York, NY: Harper & Row.

McCutcheon, G. (1985). Curriculum theory/Curriculum practice: A gap or the Grand Canyon? In A. Molnar (Ed.), *Current thought on the curriculum*. Alexandria, VA: Association for Supervision and Curriculum Development.

McGregor, D. (1960). *The human side of enterprise*. New York, NY: McGraw-Hill.

Morphet, E. L., Johns, R. L., & Reller, T. L. (1982). *Educational organization and administration: Concepts, practices, and issues*. Englewood Cliffs, NJ: Prentice Hall.

Oliva, P. (1956). High school discipline in American society. *NASSP Bulletin*, 40 (6).

Ouchi, W. G. (1981). *Theory Z: How American business can meet the Japanese challenge*. Reading, MA: Addison-Wesley.

Phi Delta Kappa National Study Committee on Evaluation (1971). *Educational evaluation and decision making*. Itasca, NY: Peacock.

Roe, W. H., & Drake, T. L. (2003). *The principalship* (6th ed.). Upper Saddle River, NJ: Merrill/Prentice Hall.

Roethlisberger, F. J., & Dickson, W. J. (1939). *Management and the worker*. Cambridge, MA: Harvard University Press.

Sergiovanni, T. J., & Carver, F. D. (1980). *The new school executive: A theory of administration*. New York, NY: Harper & Row.

Snowden, P. E., Gorton, R. A., & Alston, J. A. (2007). *School leadership and administration: Important concepts, case studies, and simulations* (7th ed.). Boston, MA: McGraw-Hill.

Southern States Cooperative Program in Educational Administration. (1955). *Better teaching in school administration*. Nashville, TN: McQuiddy.

Stufflebeam, D. L. (1971). *Educational evaluation and decision making*. Itasca, NY: Peacock.

Taylor, R. T., Touchton, D., & Hocevar, M. (2011). Principals' decision making: The influence of accountability. *Education Leadership Review*, 12 (2).

U.S. Department of Education. (2009). *Step 6: Engaging stakeholders. Sustaining Reading First*, 6, 205–243. Retrieved from http://www2.ed.gov/programs/readingfirst/support/stakeholderlores.pdf

Wiles, K. (1967). *Supervision for better schools*. Englewood Cliffs, NJ: Prentice Hall.

Wood, G. H., (1990). Teachers as curriculum workers. In J. T. Sears and J. D. Marshall (Eds.), *Teaching and thinking about curriculum: Critical inquiries*. New York, NY: Teachers College Press.

第五章 课程系统开发的模式

> **学习成果**
>
> 在学习了本章之后，你应该能够：
>
> 1. 分析模式并选择一个或多个组件在你的环境中进行评估。
> 2. 区分课程开发的演绎模式与归纳模式。
> 3. 区分课程开发的线性模式与非线性模式。
> 4. 区分课程的说明性模式与描述性模式。
> 5. 了解课程开发诸模式的一种系统方法。

选择模式

教育文献中充满了关于建模的讨论。"模式"，本质上是提供连贯一致的范式，充当行动的指导方针。它们几乎在所有形式的教育领导任务中可以找到。教育行业有教学模式、管理模式、评估模式、监督模式，等等，甚至存在与课程开发模式相对立的课程模式（Johnson, 1967）。

不幸的是，在教育行业中使用的术语"模式"往往缺乏精确。一个模式可能是一个尝试过或未尝试过的方案。它可以是针对某个问题的一个建议解决方案，也可以是针对某个特定问题的一种尝试解决方案，或者是在更大规模上可复制的微观模式。

在本地层次，一些员工和教学领导遵循模式或调整模式以满足学生的需求。他们设计自己的模式来解决教育问题或建立程序，尽管他们可能还没有将自己的实践形式化。严格遵循基于证据的模式或使用混合（组合）方法，可能对教育工作者有益，因此，接受模式指导的从业者有责任理解模式的基本组件。课程开发人员如果选择不同于基于证据的模式，就应当对课程和教学研究有深刻的理解。

模式的变化

在文献中发现的一些模式十分简单，另一些却非常复杂。在特定的专业领域，如管理、教学、监督或课程开发领域，模式可能不同，但也可能极为相同。相似之处可能大于不同之处。根据当前影响教育实践和教育领导力的趋势，如问责制和基于标准的课程，人们经常对个别模式进行改进或修订。

本章提出了四种课程开发模式。通过检查课程开发的模式，你可以分析原创者认为对开发过程至关重要的各个阶段。介绍两种模式（泰勒模式和塔巴模式）的目的，是让读者熟悉课程发展的历史基础。第三种模式（奥利瓦模式）展示了一种更复杂的课程模式，其中包括一个评估组件，也可以被认为是在学生学习成果的问责制到位之前的历史模式。第四个模式（戈登泰勒模式）展示了一种基于标准实践的系统方法，在问责制时代，这一方法具有反馈回路。

这些模式中的三个模式（泰勒、奥利瓦、戈登泰勒）都是演绎的。演绎模式是从一般的（例如，考察社会的需求）到具体的（例如，具体说明教学目的）。另一方面，塔巴模式是归纳的。归纳模式使用从下到上的方法，从评估本地学生的需求开始，并推而广之。

本章描述的四个模式是线性的，也就是说，它们通过不同的步骤提出了一定的次序或顺序。"线性"一词适用于其步骤从头到尾或多或少以依次的直线方法进行的模式。也许，"大部分线性"一词可能更为准确，因为即使在"大部分线性"模式中，也可能出现一些重复到前面步骤的情况。为了简单起见，我们使用线性这一术语。"非线性"方法将允许开发人员进入模式的各个点，跳过组件，颠倒顺序，同时处理两个或多个组件。本书提倡在课程开发等任务中使用模式，无论是线性的还是非线性的模式，都可以提高效率和生产力。

本章提出的四种模式是"规定性的"，而不是"描述性的"。一个"规定性的"模式建议应该做什么，并被许多课程开发人员视为行业标准。通过遵循规定性模式，开发人员可能能够实现以更可控的方式获得所期望的结果。

描述性模式以更一般的术语推荐一种方法。换句话说，开发人员依赖于他们熟悉的实践，他们不必每次都遵循一种确切的方法。在描述性模式中，对结果的控制可能更难以预测。

这里所提出的所有模式都详细说明了执行各个阶段或各个组件的顺序。然而，模式中并不包括所涉及的不同个人和团体。个人在这一过程中的作用，在本书的其他地方讨论。

课程开发的模式

课程开发被视为是一个基于持续的和后续的有效性评估来制定计划决策和修正工件（例如，课程指南、说明书、基准和进度指南）的过程。模式可以提供一致性并为过程提供秩序。正如塔巴（Taba，1962）所表达的，课程开发应该系统地进行。当考虑课程开发的结构和策略时，课程在相关的背景下不断地、真实地演化。

泰勒课程开发模式

也许最著名的而且特别关注计划阶段的课程开发模式，可以在拉尔夫·W.泰勒的经典著作《课程与教学的基本原理》（Ralph W. Tyler，1949）中找到。"泰勒课程理论"——一种选择教育目标的过程，在世界各地的课程界广为人知并得到实践。虽然泰勒提出了一个相当全面的课程开发模式，但他的模式的第一部分（目标的选择）受到了其他教育家的广泛关注。

泰勒（1949）建议课程开发人员通过从三种资源收集数据来确定总体目标，三种资源即学习者、学校外的当代生活、科目材料。在确定了大量的总体目标之后，开发人员通过两重屏障对它们进行筛选以进一步完善它们，两个屏障即：（1）学校的教育和社会哲学；（2）学习心理学。根据泰勒的模式，筛选过程是必要的，旨在消除不重要和矛盾的目标。他建议使用学校的教育和社会哲学作为这些目标的第一道屏障（Tyler，1949）。成功通过这两种筛选的总体目标被称为教学目标。在描述教育目标时，泰勒将其称为"目标""教育终极目标""教育目的"和"行为目标"（第12—13页）。

作为资源的学生。开发人员通过收集和分析与学生需求和兴趣相关的数据来开始自己对教育目标的搜索。要研究全部的需求（教育的、社会的、职业的、身体的、心理的和娱乐的）。泰勒推荐的证据包括：教师的观察、对学生的采访、对家长的采访。问卷调查和测试结果被推荐为收集学生数据的技术手段。通过检查学生的需求和兴趣，开发人员确定一套潜在的课程总体目标。

作为资源的社会。在泰勒制定总体目标的过程中，下一个步骤是分析当地社区和整个社会的当代生活。泰勒建议开发人员创建一个分类方案，将生活划分为不同的方面，例如健康、家庭、娱乐、职业、宗教、消费和公民角色。从社会的需求中涌现出了许多潜在的教育目的。开发人员应该研究过去和现在的社会趋势，对社会机构的需求做出明智的分析。在考量了这第二个来源之后，开发人员加长了自己的目标清单。

作为资源的科目材料。 泰勒为开发人员推荐了第三种来源，即科目材料、学科本身。20世纪50年代的许多课程创新，如新的数学、外语视听课程和大量的科学课程，都是由学科专家们提出的。从上述第三个来源中，课程开发人员得出一般的或广泛的目标（如教学目标）。这些目标可能与特定的学科相关，也可能跨越多个学科。

小莫里茨·约翰逊（Mauritz Johnson, Jr., 1967）对这些来源持有不同的看法。他评论说，"'课程'唯一可能的来源是全部可用的文化"（第132页）。约翰逊（1967）进一步指出，只有有组织的科目材料，也就是学科，而不是学习者的需求和兴趣或社会的价值观和问题，才能被认为是课程事项的来源。

哲学屏障。 为了开发课程材料的屏障，泰勒（1949）建议特定学校的教师制定一种教育和社会哲学。他敦促他们概述自己的价值观，并通过强调美国的民主目标来说明这项任务：

- 承认每个个人的重要意义，不论其种族或国籍、社会地位或经济地位如何。
- 广泛参与社会各群体各阶段活动的机会。
- 鼓励多样性，而不是要求千人一面。
- 相信处理重要问题的方法是智慧，而不是取决于专制集团或贵族集团的权威。（Tyler, 1949, 第34页）

泰勒（1949）在讨论教育社会哲学的建构时，把学校人格化了。他暗示，当一所学校致力于一种教育和社会哲学时，许多学校将其信仰人格化。例如，一个创立其哲学的学校，在陈述自己的哲学时可能会使用"我们"（主格）或"我们"（宾格）这样的词（Tyler, 1949, 第33—36页）。因此，泰勒认为学校是动态的、有生命的实体。在筛选科目材料时，开发人员应该审查总目标列表，并删除那些与员工已达成共识的哲学不一致的目标。

心理学屏障。 心理学屏障的应用是泰勒模式的下一步。为了应用屏障，教师要阐明他们认为正确的学习原则。"学习心理学，"泰勒（1949）说，"不仅包括具体和明确的发现，而且还包括学习理论的统一表述，这有助于概述学习过程的本质，学习是如何发生的，在什么条件下、凭什么样的机制运作，等等"（Tyler, 1949, 第 41 页）。有效应用这一屏障的先决条件是，那些负责课程发展的人在教育心理学和人的成长与发展方面做好充分准备。泰勒（1949）解释了心理学屏障的意义：

拥有学习心理学的知识，能使我们区分人类的变化：哪些变化可以期望从学习过程中产生，哪些不能。

拥有学习心理学的知识，能使我们区分哪些目标是可行的：哪些目标可能需要很长时间才能达成，或者在预期的年龄水平上几乎不可能达成。

拥有学习心理学的知识，可以让我们了解达到一个目标需要多长时间，以及在哪个年龄段付出努力最为有效。（Tyler, 1949, 第 38—39 页）

在课程开发人员应用了这第二个屏障之后，他或她的总体目标列表将得到简化，留下那些最重要和最可行的目标。然后要注意用行为术语来陈述目标，这可以将简化后的目标转化为教学目的或课堂目的。

泰勒没有使用图表来描述他所推荐的过程。然而，在1970年，W.詹姆斯·波帕姆和伊娃·L.贝克（W.James Popham and Eva L.Baker）将该模式转化成了《泰勒课程原理》，如图5.1（第87页）所示。在应用"泰勒课程原理"时，波帕姆和贝克提倡使用行为目标，并将经过哲学和心理学筛选后的阶段称为对"精确教学目的"的识别。泰勒将这一阶段视为确定少数重要目标的阶段，尽管这些目标本质上是普遍的，但仍然足够具体，可以将内容和行为层面结合到一起。泰勒给课程开发人员留下了空间,让他们按照自己对学习的信念来确定教育目标。在这一方面，泰勒的目标虽然本质上是行为目标，但可能比其他行为目标的倡导者所提出的目标更不精确。

出于某种原因，对泰勒模式的讨论常常在考察了该模式的第一部分（选择教育目标的基本原理）之后就止步了。实际上，泰勒的模式并没有停留在这一步，它描述了课程规划的三个步骤：选择、组织和对学习经验的评估。他将学习经验定义为"学习者与他可以做出反应的环境中的外部条件之间的相互作用"（Tyler, 1949, 第 63 页）。他建议教师关注那些发展思维、信息收集、社会倾向和扩大兴趣的学习经验（Tyler, 1949）。

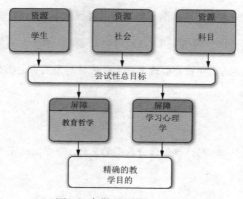

图 5.1 泰勒的课程原理

图 5.1 来自 J. W. Popham & E. L. Baker（1970），*Establishing instructional goals*（p. 87）. Englewood Cliffs, NJ: Prentice Hall. 基于 R. W. Tyler（1949）.*Basic principles of curriculum and instruction*（pp. 3-85）.Chicago, IL: The University of Chicago Press. 复制得到出版方哥伦比亚大学出版社的许可。

虽然泰勒没有专门用一章来描述学习经验的指导（或教学的实施）阶段，但你可以推断，教学的发生，一定是在以下两者之间：一方面是对学习经验的选择和组织，一方面是学生对这些经验获取的评估。

"泰勒课程原理"并非没有批评者。早在 1970 年，赫伯特·M. 克利巴德（Herbert M. Kliebard, 1970）就针对泰勒对需求、哲学筛选、学习经验的选择以及"泰勒课程原理"评估的解释提出了质疑，认为泰勒课程理论"几乎已经上升到了启示性教义的地位"（第 259 页）。克利巴德（1970）总结道："但是课程领域……必须认识到泰勒的基本原理是什么：拉尔夫·泰勒关于课程应该如何开发的版本——而不是课程开发的通用模式。"（Kliebard, 1970, 第 270 页）

人们对"泰勒课程原理"的批评，集中于在他那里，各组件之间的关系明显是线性的且互不依赖。如果课程开发人员认为这些组件是分离的，并且没能认识到资源之间的相互作用，那么课程开发可能就会变成一个过于机械的过程。泰勒本人并不认为这种基本原理是课程开发人员必须严格遵循的一系列规定步骤。这方面的证据，可以从马里奥·雷顿·索托（Mario Leyton Soto）提出的一个不太为人所知但更为复杂的基本原理模式中看到。对这种基本原理的演绎，揭示出了各个组件的整合和相互依赖（Soto & Tyler, 1969）。

还有其他一些人也对泰勒提出了异议。尽管承认"拉尔夫·泰勒对课程开发史的影响不容低估",但帕特里克·斯莱特里(Patrick Slattery, 1995)还是认为"后现代课程开发正在挑战拉尔夫·泰勒的传统课程开发模式"(第47页)。他观察到"后现代课程开发关注传记和叙事"(Slattery, 1995, 第47页)。然而,根据德克尔·F.沃克和乔纳斯·F.索尔蒂斯(Decker F. Walker and Jonas F. Soltis, 2004)的观点,尽管受到严重批评,泰勒的基本原理的重要意义并没有因此减弱(第55页)。

泰勒模式继续影响着课程开发的图景。2007年,丹尼尔和劳雷尔·坦纳(Daniel and Laurel Tanner)分析了"泰勒课程基本原理",并指出了它与约翰·杜威、H·H.贾尔斯、S·P.麦卡琴和A·N.泽切尔的进步思想的关系(第134页)。丹尼尔和劳雷尔·坦纳(2007)观察到,从20世纪中期到21世纪,泰勒的《基本原理》一书,从讨论一开始,就会出现在课程文献中。

扩展模式。图5.2"泰勒课程基本原理(扩展版)"显示了如果将学习经验的选择、组织、指导和评估纳入其中,那么泰勒模式的扩展版将怎样出现。

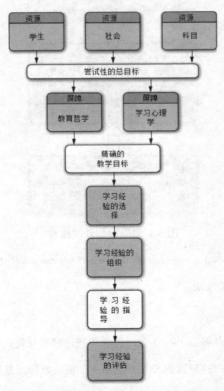

图 5.2 泰勒课程基本原理(扩展版)

塔巴课程开发模式

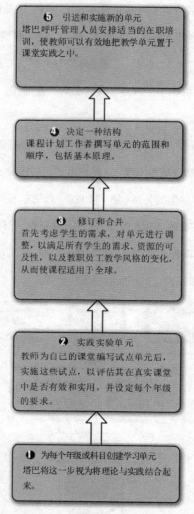

图 5.3 塔巴课程开发模式

基 于：Hilda Taba（1962）, *Curriculum development: Theory and practice*. New York, NY: Harcourt, Brace, Jovanovich. pp. 456－459.

希尔达·塔巴（H:lda Taba，1962）是一位课程理论家和开发人员，她提倡课程开发的归纳方法。希尔达·塔巴推广这种课程开发方法的一个核心原因，是如何在教师（本地）层次促进创造力。在她的著作《课程开发：理论与实践》中，她表明了考虑学习经验成为课程设计的主要策略（Taba，1962，第 13 页）。此外，她建议教师应该通过为学生创建特定的教学和学习单元来参与课程设计的过程，而不是一开始就介入创建一般的课程设计（Taba，1962，第 457 页）。使用这种方法，塔巴提倡一种归纳法，从细小问题开始，逐步走向一般的设计，更传统的演绎法则相反——从一般设计开始，逐步走向细小问题。

塔巴赞同在决策过程中要有次序，通过使用一个考虑到变量的过程，将会产生一门更周密计划和充满活力的课程。在创建教学单元后，教师实施单元教学，进行必要的修订，并确定最佳学习的结构和顺序。最后，应该为教师提供专业学习机会，使他们能够在课堂上有效地实施这些单元。塔巴的课程开发模式如图 5.3 所示。

奥利瓦课程开发模式

奥利瓦课程开发模式是一个演绎模式，由十二个组件构成。该模式（图 5.4）说明了一个全面的循序渐进的过程：经过对教学和课程的评估，课程开发人员从课程的资源出发。对每个组件（按罗马数字 I 到 XII 标明）进行了描述，并做出了解释，以指导课程开发人员。

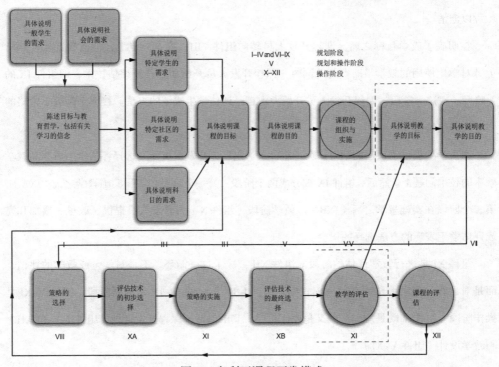

图 5.4 奥利瓦课程开发模式

你将注意到模式中同时使用了正方形和圆圈。正方形用来代表规划阶段，圆圈代表操作阶段。这个过程从第一个组件开始，在这一阶段，课程开发人员陈述教育的目标和他们的哲学原理与心理学原理。这些目标是信念，来源于我们社会的需求和生活在我们社会中的个人的需求。这一组件包含了与泰勒的屏障类似的概念。

第二部分需要对学校所在社区的需求做出分析，这种需求也就是该社区所服务学生的需求，以及该学校将要教授的科目材料的紧迫性。课程资源是通过切割组件 I 和 II 来看到的。组件 I 从更广泛的意义上解决学生和社会的需求，组件 II 则引入了特定地方特定学生需求的概念，因为特定社区学生的需求并不总是与整个社会学生的一般需求相同。

组件 III 和组件 IV 要求根据组件 I 和 II 规定的目标、信念和需求，明确课程的目标和目的。目标和目的之间的区别，将在后面用例子加以澄清。组件 V 的任务是组织和实施课程，并制定和确立课程组织的结构。

在组件 VI 和组件 VII 中开始处理教学。在组件 VI 和组件 VII 中，力求提高具体说明的水平。教学目标和教学目的是针对每个层次和科目而言。同样，目标和目的之间的区别，将在稍后加以澄清。

在明确了教学目标之后，课程开发人员转向组件 VIII，在这一点上，他或她选择在课堂上针对学生使用的教学策略。与此同时，课程开发人员开始初步选择评估技术，即组件 IX 的 A 阶段。在这一阶段，课程开发人员开始考虑自己评估学生成绩的方法。接下来是教学策略的实施，即组件 X。

在为学生提供了适当的学习机会（组件 X）之后，开发人员回到选择评估学生成绩和教学效率的技术问题上。然后，组件 IX 被分成两个阶段：第一个阶段在实际实施教学之前（IXA），第二个阶段在实施教学之后（IXB）。教学阶段（组件 X）为开发人员提供了改进、增加和完成评估学生表现的方法选择的机会。

组件 XI 是进行教学评估的阶段。组件 XII 完成了这一循环，不是对学生或教师的评估，而是对课程计划的评估。在这一模式中，组件 I–IV 和组件 VI–IX 是规划阶段，组件 V–XI 是操作阶段。组件 V 既是规划阶段又是操作阶段。其中包括了课程开发计划（组件 I–V 和 XII）与教学设计（组件 V–XI）。

该模式的重要特征是从课程评估到课程目标、从教学评估到教学目标的循环反馈。这些线条表明了对各自子循环的组件进行持续修订的必要性。

模式的使用。该模式可以以多种方式使用。首先,该模式为学校课程的完整开发提供了一个进程。每个科目领域或年级的教师(例如语言艺术),可以确定该领域的课程计划,并设计通过教学来实施的方法。或者,教学人员也可以开发学校范围内的、跨科目的跨学科项目。

两个子模式。这个由12个阶段组成的模式,整合了课程开发的一般模式和教学的一般模式。组件 I–V 和 XII 构成课程开发的子模式,这一子模式将被称为"课程子模式"。为了区分课程组件和教学组件,教学子模式附上了虚线。

当执行课程子模式时,开发工作者要记住,直到课程目标和目的随后被他们或其他人转化为教学,任务才最终完成。此外,当执行教学子模式时,专注于教学的教师或团队,会意识到学校整体或特定的科目领域的课程目标和目的。

戈登泰勒课程系统开发模式

你可能已经注意到,在这本书中,怀有一个对课程系统、而不仅仅是对课程的期望。戈登泰勒课程系统开发模式,用精确的语言概括了想将所有被确定为课程之一部分或影响课程的所有组件都含括其中的念头。一个课程系统将课程开发的整个过程(包括一个反馈回路)融入一个模式,这作为一种整体方法,比单独的组件更有影响力。一般系统理论(von Bertalanffy,1969)基于这样一种观念,即每个部分仅有独特的影响,但系统的所有部分都相互依存,因此,组合成一个功能系统,会对结果产生指数级的影响。

该模式从州教育机构(SEA)、地方教育机构(LEA)或组织已经采用、开发或需要开发的标准或课程目的开始。这些事项的开发会影响剩下事项的创建和实施。可以制作写作标准或课程目的的技术参数,然后,根据这些技术参数撰写标准或课程目的,还是反其道而行之,这取决于独特的环境、内容、年级和评估。因此,你将看到箭头在这些事项之间是双向的。技术参数是通过对相关数据和证据的审查来制定的,以确定是否应该调整严格度或相关参数。这些技术参数非常重要,因为它们比标准或课程目的本身更精确,可以在日常教学决策中加以使用。

在该系统的这一点上,会出现的课程评估和学生评估都应当经过设计。理想的做法是在此时对两者都进行设计，使它们与标准技术参数保持一致，以便这一系统整齐划一、协调一致。如果随着时间的推移，对给评估提供信息的课程评估和学生评估的设计较晚，那么其他变量干预和影响课程评价、学生评估这两者的机会就更大。

在同一时间框架内，课程目的和标准应该从幼儿园到十二年级（或适用年级）纵向加以组织，并在内容领域横向加以组织。在《共同核心州立标准》中，你已经体验到标准是纵向加以建立的，每个年级的标准都是相同的。然而，它们是建立在期望所有年级都提高思维的严谨性之上的。作为《共同核心州立标准》横向组织的一个例子，写作标准适用于社会研究、数学、科学和其他多个内容领域，为学生提供充足和有针对性的写作经验。

课程指南是根据如何将这些标准捆绑在一起或组织起来而制定的。有些标准是打算一起教授的（阅读和写作），而其他标准则可能是次要的或不重要的，但支持更严格的标准。正如你将在第八章看到的，今天的课程指南有很多标题，最常见的是在组织、学区和州组织的网站上。这些指南有些是公开的，有些则只对学区或学校的员工开放。然而，要制定的指南包括成功实施相关教学所需的支持、时间和资源的差异，但不包括对不同学习者的期望。

在可以实施戈登泰勒的课程系统开发模式之前，应该为受影响的教师、管理人员和利益相关方开发和提供专业学习。专业学习可以采取视频或在线模块、面对面研讨会、学习小组或规划会议的形式。在许多情况下，专业学习将包括教师、管理人员和利益相关方在实施新课程时提高熟练度的几种方法。许多与会者将对如何评估新课程特别感兴趣。最有可能的是，这些技术参数将成为专业学习的一部分，以便随着时间的推移，知识将在课程、如何有效教学和学生在相关评估中的成功方面得到深化。第九章至第十一章更深入地阐述了有效教学和教学评价的概念。

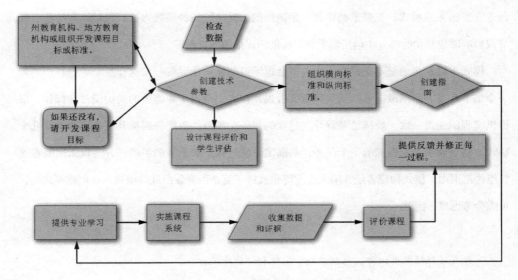

图 5.5 戈登泰勒的课程系统开发模式

2017 William R. Gordon, II and Rosemarye T. Taylor. 版权保留。没有作者的书面允许,不得复制。

在实施课程系统的同时,要收集教学成果的数据和证据。教学成果被认为是教学评价,但这些产出也是课程系统评估的一部分。这些数据和证据为课程、指南、教学和评估的持续改进提供了信息,而不仅限于未来某一指定的时间。通过随时访问有效可靠的数据和始终如一的监测,可以非常迅速地对系统的每个组件做出改进决策。

通过回顾图 5.5 "戈登泰勒的课程系统开发模式",你将能够考虑不同的组件,并反思如何在你的环境中开发和实施这些组件,以及在你的环境中的实施多大程度上是一种系统方法。这种模式是独特的,因为它被概念化为一个系统,并纳入了标准的技术参数,因此在基于标准的课程和基于标准的评估的时代,各评估事项已变得至关重要。

各模式之间的异同

这里所讨论的各种模式揭示了课程开发方法的异同。泰勒、塔巴、奥利瓦、戈登泰勒的模式概述了课程开发中应采取的某些步骤。泰勒的模式是演绎的,资源和屏障的概念在他的模式中十分突出。塔巴的模式是归纳的,她主张从具体开始,然后建立一个总体的设计。奥利瓦的模式是演绎的,他认识到学生社区的需求并不总是与整个社会学生的一般需求相同。

最近开发出来的模式,戈登泰勒模式,是演绎的,反映了一种系统方法,包括课程的所有部分或影响课程开发的部分(包括学生学习成果的评估和问责制)。

模式不可避免地是不完整的,它们不会也不可能显示像课程开发这样复杂的过程中的每一个细节和每一点细微差异。从某种意义上说,作者们指出了要遵循的关键组件和操作,以提供流程的连贯一致。要描绘课程开发过程的每一个细节,需要一幅极其复杂的图画或几个模式。建立课程开发模式的一个任务,是确定开发过程中最重要的组件,并将模式限制在这些组件范围内。模式构建者经常陷入过度简化或过于复杂而导致混乱的境地。在创建模式时,可能会考虑以下因素:

- 开发过程的主要组件,包括规划、实施和评估阶段;
- 习惯性的但并非僵化的"起点"和"终点";
- 课程与教学的关系;
- 课程和教学的目标与目的之间的区别;
- 组件之间的相互关系;
- 循环模式;
- 反馈过程;
- 在循环的任何点进入的可能性;
- 内部的连贯和逻辑;
- 足够简单,易于理解和可行;
- 用可视化形式的组件辅助实施。

任何一种模式,都不会天生优于本书中提到的所有其他模式。例如,一些课程开发人员多年来一直遵循泰勒模式,并取得了相当大的成功。另一方面,这一成功并不意味着泰勒模式代表了课程开发的终极模式,也不意味着任何模式都被普遍接受为课程开发的基础。在选择一种模式或设计一种新模式作为可行的替代方案之前,课程开发人员应该概述他们在课程改进模式中寻找的将导致学生学习成果改善的标准或特征。

总 结

本章提到了四种课程开发模式。模式可以通过展示某些原则和程序来帮助我们将开发过程概念化，同时促进行动的连贯一致。一些模式是以图表的形式出现的，其他的则是推荐给课程开发工作者的步骤清单。有的模式是线性的，采用了循序渐进的方法，有的则允许偏离固定的步骤次序。这里提到了模式的归纳方法和演绎方法。有的是规定性的，另一些则是描述性的。其中一个模式，即"戈登泰勒课程系统开发模式"，提出了一种系统的建模方法，其目的是与单独考虑组件的模式相比，希望对学生的学习成果产生更大的影响。

应用

1. 在你的环境中进行需求评估，并使用本章讨论的演绎模式之一制定教学目的或学习目标。

2. 在你的环境中，创建或分析一个科目领域的一个学习单元，并应用本章所讨论的归纳模式创建课程的总体设计。

3. 基于证据和数据，在你的环境中，制定课程改进模式的标准或特征。

反思与探究

1. 请研究在教育以外的学科中使用的各种模式，以确定如何将建模的新方法整合到课程开发之中。工业和商业（如酒店、科技公司、银行业）采用什么模式来开发员工继续教育的课程？

2. 请研究用于在线学习、特许学校、家庭教育和大学入学预修计划的课程。确定所选领域用于开发课程的模式。

网站

Association for Supervision and Curriculum Development: ascd.org

Learning Forward: Learningforward.org

参考文献

Johnson, M. （1967）. Definitions and models in curriculum theory. *Educational Theory*, 17（2）, 127–140. doi:10.1111/j.1741-5446.1967.tb00295.x

Kliebard, H. M. （1970）. The Tyler rationale. *The School Review*, 78, 259–272.

doi:10.1086/442905

Popham, J. W. & Baker, E. L. (1970). *Instructional goals*. Englewood Cliffs, NJ: Prentice Hall.

Slattery, P. (1995). *Curriculum development in the postmodern era: Teaching and learning in an age of accountability*. New York, NY: Garland Publishing.

Soto, M. L. & Tyler, R. W. (1969). *Planeamiento educacional: Un modelo pedagogico*. Santiago, Chile: Editorial Universitaria.

Taba, H. (1962). *Curriculum development: Theory and practice*. New York, NY: Harcourt Brace.

Tanner, D. & Tanner, L. (2007). *Curriculum development: Theory into practice* (4th ed.). Upper Saddle River, NJ: Merrill/Prentice Hall.

Tyler, R. W. (1949). *Basic principles of curriculum and instruction*. Chicago, IL: University of Chicago Press.

von Bertalanffy, L. (1969). *General systems theory: Foundation, development, application* (revised edition). New York, NY: George Braziller, Inc.

Walker, D. F. & Soltis, J. F. (2004). *Curriculum and aims*. New York, NY: Teachers College Press.

第六章 哲学与教育的目标

> **学习成果**
>
> 学习完本章，你应该能够：
>
> 1. 解释教育目标是如何产生的。
> 2. 写出有关教育目标的声明。
> 3. 概述四大著名教育哲学学派的主要观念。
> 4. 用系统方法为一所学校或一个学区起草一份教育哲学目标。

使用建议的模式

第五章介绍了奥利瓦课程开发模式和戈登泰勒课程系统开发模式，以及其他模式。暂且让我们再看一下图5.4和图5.5，然后对各种模式的特点做出回顾。

检查这些模式，可以发现以下特点：

1. 这些模式从最普遍（奥利瓦模式中的教育目标；戈登泰勒模式中的课程目标和标准）到最具体（奥利瓦模式中的评估；戈登泰勒模式中的评估和反馈）。课程发展委员会或小组可能希望制定自己的时间表来考虑各个组件。与那些范围更大、涉及人员更少、更容易管理、时间和金钱成本更低的组件相比，那些距离教学更近、涉及人员更多、更难管理、成本（时间和资源）更高的组件，可能需要更频繁地进行重估。

2. 这些模式可以被课程规划小组（甚至在某种程度上被个人）全部或部分地遵循。这些模式允许对课程进行全面、整体的研究。考虑到对教师、管理人员和其他人的时间要求很多，很可能只会定期对课程进行一次全面审查。虽然有些武断，但可以考虑按照表6.1所示的时间表重估和修订各个阶段。然而，对那些容易访问反映学生学习成果的数据库的人来说，修订极有可能是一个持续不断的过程。

表 6.1 课程持续改进样本时间表

	重估	修订
教育目标（使命/信念）	10年内	5年内
评估学生的学习需求	3年内	不断
课程目标（大理念）	2年内	不断
教学目标（基本问题）	每年	不断
教学目的（学习目标）	每年	不断
课程的组织与实施	5年内	每年
其他组件	不断	不断

3. 单个课程组，例如单个学校、系或年级的课程组，不会执行模式的所有阶段。不同的小组和个人将承担执行模式不同部分的责任。在任何阶段，与整个学校或整个学区相关的决策，都可以通过市政厅会议、在线研讨会和收集回应的电子调查，提交给广泛的受众进行评论和建议。在整个过程中，任何小群组做出的决定，都将亲自或通过虚拟会议提出，以便清楚地了解各组成部分之间的关系，并形成一个一致的系统。在这一方面，学术领导小组或指定小组将充当协调实体。

4. 通过修订，这些模式可以在课程规划的任何层次或部门中使用。模式的某些部分，也可以在不同层次上由提供课程的机构加以应用。预期在每次收集数据和评价实现课程目标的进展情况时，反馈回路将导致持续改进。考虑到学习成果的问责制、数据收集和分析的数字资源以及维护课程相关文件的网站，可以期望对戈登泰勒模式的每个组件持续做出反馈。

教育的目标：使命或目的

术语的激增

教育文献使用了大量相当松散、经常互换的术语，以显示对教育的最终期望。教育工作者谈论结果、总体目标、终极目标、功能、目标和目的。尽管这些术语可能在日常对话中当作同义词使用，但如果在更精确的教学法和学术语言中加以区分，将会有所帮助。

在本书中，"成果"一词适用于最终期望。总目标等同于终极目标、目的、功能和普遍目标。教育的总体目标是对教育目的的极为宽泛的概括陈述；他们旨在给全国的教育指明总体方向。德克尔·F.瓦尔克和乔纳斯·F.索尔蒂斯（Decker F. Walker and Jonas F. Soltis, 2004）将教育的总目标比作"一般人想要的东西，因为他们学习了一些东西才有可能拥有的愿望"（第12页）。

此外，在本书中，课程目标、课程目的、教学目标和教学目的是与当地学校或学区特别相关的独立实体。"课程目标"被定义为一般的、计划性的期望，不带有成就或熟练度的标准，而"课程目的"或标准是具体的、计划性的靶的，带有成就的标准（规范），因此是可衡量的。课程目的来自课程目标。无论课程目标，还是课程标准或目的，都可以将自己的根源追溯到哲学和教育目标的陈述（例如，使命和信念）。

教学目标是对教学靶的或一般靶的的陈述（没有阐述任何可观察的条款或不带有成就标准）。而教学目的是预期的学习者行为，这些行为是以可测量和可观察的条款表述的，情感领域的行为可能是例外。教学目的来自教学目标，教学目标和教学目的都源于课程目标和课程目的或标准。

可测量的教学目的，往往是教师在课堂上实施并快速形成评估的目的，而课程标准，更有可能是由州或学区评估的，并带有相关的用于监测进展和问责的官方测量指标。

教育目标与整个国家有着特殊关联。地方教育当局、州教育当局和各地区可能都有自己的目标。在21世纪，提倡地区性目标似乎是不合时宜的，谁能说加州教育的广泛目的不同于纽约教育的广泛目的，或者印第安纳州的教育目的不同于密西西比州的教育目的。

全球目标

在全球范围内定义教育目标是可能的，甚至是可取的，有时人们也在尝试这样的定义。"联合国教科文组织"（UNESCO）是试图在世界范围内阐明人类教育目标的最重要实体。教科文组织力求促进的教育目标包括：

·促进世界各国人民之间的国际了解；

·提高各国人民的生活水平；

・解决持续困扰人类的问题，如战争、疾病、饥饿和失业。

参与国际组织的美国公民找到了一些机会来表达可以跨越国界的教育目标。而更常见的，是世界各国对指导本国教育体系发展的教育目标的声明。

且不说课程领域，在任何学科中，专家都力求找到或开发适用于大多数情况的概括或规则。另一方面，专家必须始终意识到大多数规则都有可能找到例外。虽然在本书中，课程开发是作为一个小组过程来呈现的，并且由于这一过程而更有效，但可能仍会存在个人完成课程系统开发模式的任何组件的情况。乍一看，确定整个国家可能认同的教育目标似乎肯定是一项集体工程。然而，多年来，一些著名的个人对教育的目标仍做出了一些重要陈述。当陈述是由个人而不是群体做出时，这些目标所针对的社会结构的成员，实际上就变成了个人思想的消费者和阐释者，这当然是一个站得住脚的程序。

总目标、目标和目的的陈述，可能来自个人而不是团体，但这不能证明其无效。它可以说是"个人提议，集体处置"。小组应以审慎的方式对连贯的声明做出反应。不应当将课程系统开发模式解释为消除自发的、个人的课程开发努力。一些最成功的教育创新，是由独立上进的教学带头人的工作达成的。

宗旨声明

不同的组织提出了不同的教育宗旨，例如：

・灌输家庭价值观；

・为学生在社会上学有所用做准备；

・促进自由创业；

・培养开明的公民；

・促进社会公正。

教育目标有时会以描述性的形式用宣言表述出来，例如：

- 教育就是生活，而不是为生活做准备；
- 教育是传承文化遗产；
- 教育是为个人走向职场和进入大学做准备；
- 教育是博雅教育；
- 教育是认知发展；
- 教育是个人发展；
- 教育是群体和个人的社会化；
- 教育是培养数字素养。

口号，就像下面的这些口号一样，不应该被误认为是目标，而应当认为是非例（nonexamples）。

- 如果你认为教育很费钱，那就试试无知吧。
- 如果你能读懂这个标志，请感谢老师。
- 健全的精神寓于健全的身体。

今天在美国，教育目标通常是提供给学生的目标，旨在让他们按指定的评估来测量成为读者和写作者。期望他们以数学方式进行思考，并能够应用科学、技术和工程的概念。总的来说，我们的目标是让经过学前至十二年级教育的毕业生为上大学和就业做好准备，使他们能自己养活自己。

目标的由来

教育的目标源于对学生需求的考察、对文化的分析、对社会各种需求的研究。考虑到各个国家的历史发展，每个国家都有自己的制度、习俗、价值观和语言，没有两个国家会表现出完全相同的需求。

美国同样存在这种异质性。这使美国在教育目标（特别是在目标的核心价值观）之上极难达成共识。许多年前，"国家教育协会"（National Education Association，1951）试图确定成员们认为应该在公立学校教授的道德和精神价值观。他们列出了十种价值观,其中包括道德责任和追求幸福。

假设这些价值观是当时社会大多数人所持有的共同价值观。你还能在这些价值观中找到多少共识?教化的幽灵像庞然大物一样若隐若现,以至于教育工作者常常不愿确定美国人作为一个整体认可的广泛的、共同的、世俗的价值观。

教育目标陈述的历史透视

为了从历史的角度了解教育目标,请回顾多年来由不同个人和团体提供的较知名的教育目标样本。1916年,约翰·杜威从多个方面描述了教育的功能,包括儿童的社会化和促进个人成长。按照杜威的观点,把这些概念转化为教育目标的形式,那么教育的目标就是:(1)使学生社会化,从而改造学生和社会;(2)全面发展个人的身体、认知、道德和情感能力。

当杜威注意到教育过程的心理学和社会学两个方面,并将学校主要视为一个社会机构时,他明确指出学校是一个使学生社会化的机构。杜威(1929)详细阐述了他的教育即成长的概念,他观察到,"因为在现实中,除了更多的成长,就只有成长是相对的,除了更多的教育,教育不附属于任何事物"(第59—60页)。

1918年,教育协会的"中学教育重组委员会"以这样的方式谈到了教育在我们民主社会中所起的作用:"民主政体中的教育,无论在校内还是在校外,都应该培养每个人的知识、兴趣、理想、习惯和能力,使每个人能够找到自己的位置,并利用这一位置塑造自己和社会,走向更高尚的终极目标。"(第9页)

全国教育协会的"教育政策委员会"在1937年将教育目标与民主联系起来:

因此,在对美国教育的任何现实主义的定义中,都必须出现民主的完整哲学和实践。教育珍视和灌输其道德价值,传播其运作所必需的知识,散播与其机构和经济有关的信息,保持富有创造、持久不衰的精神的生机勃勃、永生不朽。(The Educational Policies Commission, 1937,第89页)

1943年，第二次世界大战期间，哈佛大学校长詹姆斯·B.科南特（James B. Conant）任命了一个由教育、人文和科学领域的教授组成的委员会，来研究通识教育（即必修课、博雅教育）在美国社会中的地位。"哈佛通识教育委员会"（The Harvard Committee on General Education，1945）认为，教育的目标是"使个人成为某一特定职业或技艺方面的专家，以及自由人和公民的一般技艺方面的专家"（第54页）。为了实现这一目标，哈佛通识教育委员会为所有中学生推荐了一套规定的科目，其中包括英语、科学、数学和社会研究。

对教育目标的陈述，反复宣讲民主和哲学立场等重大主题。1961年，"全国教育协会教育政策委员会"详细阐述了教育在解决人类问题中所起的作用：

当今世界正在发生许多深刻变化，但促成这一切变化的根本力量有一个。这一力量就是，在现代生活中，人的理性力量的作用不断在扩大。通过运用这些力量来增加自己的知识，人类正试图解开长久以来吸引着他的有关生命、空间和时间的谜题。（National Education Association，1961，第89页）

1962年，被公认为"核潜艇之父"的海军中将海曼·G.里科弗（Hyman G. Rickover，1962）在美国第八十七届国会众议院拨款委员会上就美国和英国教育的区别作证，并为该委员会阐述教育目标。他指出，学校必须提供大量的学习机会，以便学习者能够增加、应用和验证自己的知识，在日后生活中碰到问题时能做到学以致用。

莫蒂默·J.阿德勒（Mortimer J. Adler）将教育和上学的目标表述为："教育过程的最终目标是帮助人类成为受过教育的人。上学是准备阶段，它形成了学习习惯，并提供了在所有学校完成教育后继续学习的手段。"（Adler，1982，第10页）

约翰·I.古德拉德（John I. Goodlad，1983）讨论了学校服务的社会宗旨、教育目标和目的以及学校目标的主题。他将学校的目标分为四类：学术目标、职业目标、社会和公民目标以及个人目标。他和他的同事们分析了不同来源的大约一百个目标，并将它们提炼成十个大类，他们认为这些类别涵盖了美国普遍接受的学校教育目标：掌握基本技能和基本流程、智力发展、事业教育、职业教育、人际关系认知、公民参与、文化适应、道德和伦理品质、情感和身体健康、创造力和审美表达以及自我实现。

西奥多·R. 赛泽（Theodore R. Sizer，1992）在1984年基础学校联盟（Coalition of Essential Schools）的成立过程中发挥了重要作用，他在虚构的富兰克林高中（Franklin High School）的叙述中融入了学校教育的宗旨，同时指出了美国的一个困境："一些美国人并不认为学校是信息的引擎和思想解放的引擎。事实上，他们发现后者，特别是当如此描述时，是无法忍受的。"（第127页）

关于教育目标的众说纷纭，可以追溯到古代，正如赫伯特·M. 克利巴德（Herbert M. Kliebard，1998）在引用亚里士多德的《政治学》时所指出的那样：

目前，对教育科目的看法有分歧。对于年轻人应该学些什么，无论主张追求朴素的美德，还是坚持追求最好的生活，大家的看法不尽相同；教育应该主要针对理解，还是主要针对道德品质，也没有明确的意见。如果我们看看实际的做法，结果令人遗憾得让人困惑；它根本没有澄清这样的问题：真正的学习，是要追求那些对生活有用的，还是那些对人有益的，抑或是那些能拓展知识范围的。每一种情形都得到一些支持。（Kliebard，1998，第21页）

2000多年前古希腊人的这一惊人的中肯观察，也许正好与21世纪的一位作者不谋而合。

联邦政府的声明

近几十年来，联邦政府以法规的形式发布了几项有影响力的目标声明：《美国2000》（1990年）、《2000年目标：美国教育法案》（1994年）、《不让一个孩子掉队法案》（2001年）、《美国复苏与再投入法案》（2009年）和《每个学生成功法案》（2015年）。

《美国2000》。1989年9月，乔治·H.W. 布什总统和"全国州长协会"在弗吉尼亚大学制定了一份包含六个绩效目标的声明。布什总统在1990年1月的国情咨文中向全国发表了这一声明，并在随后的春天宣布了实施这些目标的建议。被称为《美国2000》的提案包括创建535所实验学校（每个议会选区一所），目的是展示有效的课程和教学技术，四年级、八年级和十二年级的英语、数学、科学、历史和地理全国考试，以及家长对学校的选择。

以下是到2000年要达到的六个绩效目标。

1. 所有美国的孩子都将准备好上学。

2. 高中毕业率将至少提高到 90%。

3. 美国的四年级、八年级和十二年级的学生,要在具有挑战性的科目上表现出能力,包括英语、数学、科学、历史和地理。美国的每一所学校都要确保所有学生学会很好地运用自己的大脑,这样他们就可以为成为负责任的公民、进一步学习且在我们的现代经济中从事生产活动做好准备。

4. 美国学生将在科学和数学成绩上位居世界第一。

5. 美国的每一个成年人都将识字,并拥有在全球经济中竞争和行使公民权利与责任所必需的知识和技能。

6. 美国的每一所学校都将没有毒品和暴力,并将提供一个有利于学习的、纪律严明的环境。

(U.S. Department of Education, 1990)

实施这些目标的提案,符合1990年"美国劳动力技能委员会"(1991年)的建议,该委员会提倡全国标准和全国考试。许多教育工作者对实现这些崇高目标表示欢迎,但对能否在到2000年的短时间内实现这些目标深表怀疑。教育工作者对缺少联邦资金来实施这些提案、家长的选择对公立学校的影响、实验学校超过5亿美元的支出以及新的全国考试的负担表示担忧。由于"国家教育进展评估"(NAEP)已经评估了37个州的学生成绩,一些教育工作者怀疑是否需要新的全国评估。一些教育工作者反对全国评估,担心全国评估可能导致国家标准化课程,他们认为,这在原则上是不可接受的。

国会通过创立"国家教育标准和考试委员会"来实施《美国2000》。它的职责是:(1)监督国家标准的开发,从英语、数学、科学、历史和地理五个学科开始,以后可能还会增加其他学科;(2)基于标准的自愿国家评估体系。

1992年春,在"匹兹堡大学研究与发展中心"和"国家教育与经济中心"组成的"新标准计划"的指导下,新评估在17个州开始试点。皮尤慈善信托基金和约翰·D. 和凯瑟琳·T. 麦克阿瑟基金会为"新标准计划"提供了大量财政支持。从亨利·A. 吉鲁(Henry A. Giroux, 1993)的评论中可以看出,并非所有的课程理论家都赞同《美国2000》:

在试图重振领导力和改革的语言幌子下,这些报告表明了对公共民主生活的一些最基本方面,以及负责任的、批判型的公民的社会、道德和政治义务的危险攻击。(Giroux, 1993,第14页)

《2000年目标:美国教育法案》。继布什政府开始的倡议之后,1994年春,国会通过、比尔·克林顿总统签署了《2000年目标》,授权联邦政府支持各州改善学校的计划,以稍加编辑的形式重申了此前所提出的六个国家目标,并增加了以下两个目标:要求增加针对教师的专业学习和增加家长的参与。

·全国的教师队伍将有机会参加继续提高其专业技能的项目,并有机会获得指导所有美国学生为下个世纪做好准备所需的知识和技能。

·每所学校将促进伙伴关系,这将增加家长的介入和参与,以促进儿童的社会、情感和学术成长。(Earley, 1994)

谈到《2000年目标》,马克辛·格林(Maxine Greene, 1995)看到了这个"新的国家教育议程"的问题,它要求实现科目材料标准并进行全国评估:(1)假设"尽管存在贫穷和不平等,但它是可以实现的";(2)"暗示可以简单地强加标准和测试";(3)"当今美国青年中尚未得到开发的多样性"(第17页)。她建议,需要新的思考方式来服务所有学习者。

该法案的批评者指出,家庭是提高教育水平的关键因素,批评者谴责了数百万美元的支出,认为这并不能保证学校的改善。他们反对联邦政府介入教育,他们认为这会剥夺各州和地方学校的自治权,因此同时也剥夺它们的独特性。

许多教育工作者预测,雄心勃勃的《美国2000》和《2000年目标》到2000年将无法实现。事实上也确实如此,到2000年时没有一个目标完全实现。

2001年《不让一个孩子掉队法案》。认识到对特定人群或学生群组的学生成绩的持续关注,国会再次进入学前至十二年级教育领域,以综合性的"指示灯107—110"(PL 107—110)的形式(2001年的《不让一个孩子掉队法案》),对1965年的《中小学教育法》进行了重新授权。该法案于2002年1月由乔治·W.布什总统签署成为法律,并于同年实施。州教育机构通过拨款获得联邦资金，以解决该法案的十条提出的问题，这反映出了以下意图：确保所有学生群组都能获得优质教育机会，确保各州和学区不仅要对整个学生群体或平均水平负责，而且要对离散的学生群组负责（例如，经济弱势群组、特殊需求群组、英语学习者，等等）。在更深入的层面上，这种衡量成绩的指标变化对各州和学区来说是一个重大变化，因为许多州和学区以前都依赖于表现优异的学生的成绩来提出衡量学校和学区的方法。这十条都有简短的描述：

第一条：提高弱势群组的学业成绩，特别关注阅读和读写能力。

第二条：准备、培训和招聘高素质的教师和校长。

第三条：为英语熟练度有限的学生和移民学生提供语言教学。

第四条：促进21世纪的学校：安全和无毒的学校和社区。

第五条：促进家长知情选择和创新项目。

第六条：通过问责制、灵活性、各州之间的自愿伙伴关系以及各州评估和标准的开发提高学业成绩。

第七条：满足美国印第安人、夏威夷原住民和阿拉斯加原住民学生的教育和文化相关的学业需求。

第八条：与联邦购置不动产有关的支付和学校用于维修、现代化的拨款。

第九条：关于每日会员和出勤的规定以及所使用术语的定义。

第十条：与其他法规的废除、重新设计和修订有关的规定。

国会打算要么重新批准、修订，要么废除《不让一个孩子掉队法案》，但没有采取任何行动，巴拉克·奥巴马总统在2011年9月通过行政命令给各州以选择机会，对《不让一个孩子掉队法案》中的一些选项做出选择。作为回报，各州被要求在提高学生学业成绩方面确实做出努力。

2009年《美国复苏与再投入法案》。2009年2月，奥巴马总统签署了《美国复苏与再投入法案》，该法案通过设立"力争上游"（RTTT）基金，为各州提高学业表现提供财政激励。这个43.5亿美元的"力争上游"基金的设立，是为了奖励那些提高了学生成绩并证明他们有持续增长计划的州。具体来说，联邦政府力图奖励那些在学生成绩方面取得显著进步的州，其中包括在缩小学生群组之间的成绩差距、提高高中毕业率、确保学生为大学和职业生涯的成功做好准备、在四个核心教育改革领域实施雄心勃勃的计划等方面都取得了实质性进展。结果，由于《美国复苏与再投入法案》和"力争上游"的资助，制定了《共同核心州立标准》，并资助了各个联盟（"更聪明的平衡""评估与为大学和职业做准备合作伙伴"〔PARCC〕联盟）来开发问责制评估，尽管各州有权决定是否采用这些标准以及是否归属评估联盟。四个核心领域是：

1. 采用标准和评估，帮助学生在大学和工作场所取得成功，并在全球经济中竞争。
2. 建立衡量学生成长和成功的数据系统，并告知教师和校长如何改进教学。
3. 招聘、培养、奖励和留住有能力的教师和校长，特别是在最需要他们的地方。
4. 扭转成绩最差的学校。

首批获得"力争上游"资助的州是特拉华州和田纳西州，其次是第二轮的九个州（佛罗里达州、佐治亚州、夏威夷州、马里兰州、马萨诸塞州、纽约州、北卡罗来纳州、俄亥俄州、罗德岛）和哥伦比亚特区（U.S. Department of Education，2010）。

2015年《每个学生成功法案》。2015年12月，奥巴马前总统签署了《每个学生成功法案》，这是对1965年《中小学教育法》的重新授权。这项主要由两党通过的法案于2017—2018学年生效。《每个学生成功法案》的主要条款包括：

· 促进公平，同时维护美国弱势和高需求学生的高标准。
· 要求所有美国学生为在大学和职场取得成功做好准备。
· 要求各州重新分配资金，以缩小成绩差距、支持成绩差的学校、支持辍学率高的高中。
· 对家长、教育工作者和公众负责，同时减轻教师和学生的考试负担。
· 增加获得高质量学前教育的机会。（U.S. Department of Education，2015）

联邦政府在确定和促进美国教育目标方面发挥并将继续发挥基本作用。教育目标与国家标准和国家评估有关，我们在整本书中酌情加以讨论。你会注意到，本章所引用的教育目标陈述各不相同，有的只提倡认知能力，有的则关注认知、情感和精神运动能力的培养。

教育哲学

格林尼将哲学定义为"一种构建与预设、感知、直觉、信仰和已知有关的独特问题的方式"（Greene，1973，第7页）。格林尼（Greene，1973）写道，教育目标的陈述是以一套信念、一种教育哲学所采取的立场为基础的。显然，上一节所引用的目标陈述的作者，对教育、社会和人们如何学习有一定的设想。因此，教育的目标是对作者哲学信条的核心信念的陈述，是针对学校或学区的使命而言的。教育机构（学区、学校、专业组织和高等教育机构）通常将他们的哲学正式化为书面的信念声明和使命声明，这些声明可以在他们的出版物和网站上找到。

四种主要的教育哲学引起了教育工作者的注意。其中只有两种哲学在今天似乎有大量追随者。这里所讨论的四种哲学分别是重构主义、进步主义、本质主义和永恒主义。

这四种思想流派，可以从最自由的到最保守的加以追踪，如图6.1"四种教育哲学"所示。最左边的重构主义是这四种哲学中最自由的，而最右边的永恒主义是最保守的。虽然本质主义和进步主义已经被教育工作者广泛接受和实践，但重构主义和永恒主义都没有在学校得到广泛认可。由于重构主义和永恒主义对学校的影响小于其他两种哲学，我们因此首先讨论它们，然后讨论两种更普遍的哲学（本质主义和进步主义）。

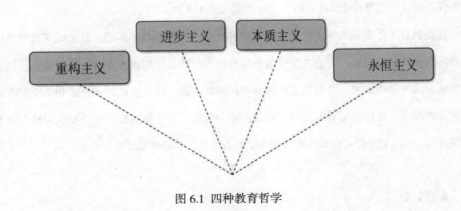

图6.1 四种教育哲学

虽然本书详细阐述了教育哲学，但重要的是要记住，它们源于更普遍的生活哲学。正如 J. 唐纳德·巴特勒（J. Donald Butler, 1968）所评论的那样，"教育的目标不能凭空而来，而必须从对价值、现实和知识的更基本、更普遍的思考中衍生出来"（第 487 页）。艾伦·C. 奥恩斯坦和弗朗西斯·P. 亨金斯（Allan C. Ornstein and Francis P. Hunkins, 2004）将课程专家的哲学归因于"他或她的生活经历、常识、社会和经济背景、教育以及对他或她自己和他人的一般信念"（第 31 页）。对一般哲学的讨论超出了本书的范围。许多书描述了不同的哲学流派。

重构主义

希尔达·塔巴指出，约翰·杜威从心理和社会的角度来看待学校的功能。塔巴（Taba, 1962）认为，杜威和他的弟子们以艺术家看待黏土一样的方式看待教育：教育即文化可以不断被塑造和重塑的媒介，即社会重构的动力，即从维持现状走向点燃变革（第 23 页）。

从杜威的哲学分化出来之后，重构主义者遵循了一条道路，这条道路引导他们提出，利用学校来实现他们认为的社会进步。乔治·S. 康茨（George S. Counts, 1932）在他那本引起广泛讨论的《学校敢建立一种新的社会秩序吗？》书中，促使教育工作者重新思考学校在社会中的角色。在本质上，重构主义认为学校不应该简单地传递文化遗产或简单地研究社会问题，而应该成为解决政治问题和社会问题的机构。所有学生都应该参与的科目材料包括当今未解决的、经常是有争议的问题，如失业、健康、住房和城市化。群体共识是寻求解决问题的方法。

西奥多·布拉梅尔德（Theodore Brameld, 1971）明确了重构主义者的价值观，提到了包括陪伴、健康、营养和住所在内的十二种需求（第 418 页）。

有些教育工作者认为学生应该考虑紧迫的社会、经济和政治问题，甚至试图就可能的解决方案达成共识。然而，当公立学校的教师提出自己的具体解决方案时，他们确实会提出反对意见，因为这些解决方案引发了灌输的潜在问题，是一种大多数哲学流派和学生家庭都无法接受的做法。重构主义着重强调有争议的社会问题，其主要前提是使学校成为社会变革的主要机构，因此它并没有在以中产阶级为主的美国公立学校中取得很大突破。

永恒主义

在柏拉图、亚里士多德的传统和天主教思想家圣托马斯·阿奎那（St. Thomas Aquinas）的经院哲学中，当代的永恒主义者认为教育的目的是训练心灵、发展推理能力和追求真理。与进步主义者认为真理是相对的和变化的不同，永恒主义者认为真理是永恒不变、天长地久的。在追求真理的过程中，世俗的永恒主义者与宗派的永恒主义者携手合作。世俗的永恒主义者提倡高度学术化的课程，强调语法、修辞学、逻辑、古典语言和世界语言、数学，而永恒主义者课程的核心是西方世界的伟大著作。在过去的伟大著作中，人们寻求真理，在永恒主义的思想中，真理今天是这样的，正如其过去，也如其将来。除了这些学术学科，宗派的永恒论者还会增加对圣经和神学著作的研究。

芝加哥大学前校长罗伯特·M.哈钦斯（Robert M. Hutchins）可能是永恒主义哲学最著名的支持者。哈钦斯和其他永恒主义者回避了学习者的直接需求、专业教育和职业教育。哈钦斯（1963）明确指出："理想的教育不是临时性的教育，不是直接满足眼前需求的教育；它不是专业教育，也不是职业前教育；不是一种功利主义的教育。理想的教育是一种旨在发展心灵的教育。"（Hutchins，1963，第18页）

永恒主义者赞同本质主义者认为教育是为生活做准备的观点，但反对进步主义者认为教育就是生活的观点。如果认真对待，永恒主义者将提供适合一小部分有兴趣和天赋追求预期学习的学生的教育。永恒主义者回到过去去寻找社会问题的答案。你想知道卢克莱修的《论自然》在解决环境问题方面对现在和未来的几代人有多大用处吗？在大多数对永恒主义的批评中，有一种批评似乎被忽视了，那就是它的种族优越感。永恒主义者的展览柜突出的是西方世界的伟大著作，他们认为这些巨著是全人类最伟大的作品。东方世界的伟大著作被排除在外。一个杰出的课程项目可能会在联合国教科文组织的赞助下，将一群世界学者聚集在一起，他们将拟定一套整个世界的伟大著作。总之，对于美国的公共教育来说，永恒主义并不是一种有吸引力的哲学。

本质主义

从历史上看，本质主义和进步主义成功地赢得了美国公共教育的拥护。他们过去和现在都是公众和专业人士支持的有力竞争者。沃克和索尔蒂斯（Walker & Soltice，2004）强调了两派思想之间的冲突，他们说：

20世纪上半叶见证了进步教育工作者和传统教育工作者之间的持续斗争，前者从杜威和其他进步教育工作者的思想中看到了思考课程的新方法，后者确信基础课程不需要改变，因为它已经证明了自己对个人教育的重要意义，而个人教育将维持一个智力健全和文明的社会。这些对立的观点引发了许多争论，尤其对小学的实践和一般的课程理论产生了深远的、至今依然可见的影响。（Walker & Soltice，2004，第18页）

从1635年波士顿拉丁学校的建立到1896年芝加哥大学约翰·杜威实验学校的建立，261年的时间里，本质主义的教义（从1635年到1824年"英语高中"的出现，带有宗派永恒主义的色彩），占据了主导地位。从1896年开始，进步主义发展缓慢，在20世纪30年代和40年代势头渐增，直到1957年（苏联人造卫星发射之年），进步主义在很短的时间内成为最受欢迎的教育哲学。然而，它的道路有些坎坷，在散播的过程中，失去了进步教育协会，并受到来自"基础教育委员会"、亚瑟·贝斯特、马克斯·拉弗蒂、约翰·济慈、阿尔伯特·林德和莫蒂默·史密斯等的本质主义的批评。自1957年以来，本质主义重新占据了主导地位。然而，自20世纪90年代末以来，高度重视对学生自尊的培养，当代教育的本质主义批评者会说，这种重视有些过头了。

根据本质主义的原则，教育的目的是传承文化遗产。与积极改变社会的重构主义者不同，本质主义者寻求维持社会。再一次，与力图使社会适应大众的重构主义者不同，本质主义者力图使男人和女人适应社会。

认知目标。本质主义者的目标主要是认知的和智力的。经过组织的课程是传播文化的载体，重点放在科目材料上。3R（阅读、写作和算术）和学术科目构成了本质主义课程的核心。从某种意义上说，本质主义者让学生适应课程，而进步主义者让课程适应学生。

重视科目材料的课程是本质主义者对课程组织的一种计划，"布置作业—学习—背诵—测试"技术是其主要方法。博学、再生产所学知识的能力，受到高度重视，教育被认为是为将来的目的做准备，为大学、职业和生活做准备。

尽管让·雅克·卢梭、约翰·裴斯泰洛齐和弗里德里希·福禄贝尔的影响逐渐减弱，但本质主义几代人以来一直主导着欧洲的教育及其流传的全球所有地区。本质主义思想十分适合以欧洲和大多数殖民地教育部为代表的集权管理结构。遵循本质主义的概念，教育部可以选择、提供和控制学生要学习的内容。他们可以奖励和促进学生对科目材料的掌握。他们可以根据要求重述科目材料要点的严格考试来筛选学生进入大学或继续中学教育。

威廉·C.巴格利（William C. Bagley）是本质主义哲学的主要倡导者之一，他猛烈抨击以学生为中心的教学方法，并敦促教师遵循本质主义的原则。在20世纪50年代末和60年代，詹姆斯·B.科南特在一系列关于初中和高中的报告中提出了主要建议，在其中揭示了一种本质主义的看法。

行为主义原则。本质主义者发现，行为主义心理学学派的原则与他们自己的哲学信念特别吻合。V.T.塞耶（V. T. Thayer, 1960）在解释本质主义者支持行为主义原则的原因时，呼吁关注19世纪末和20世纪初发生的美国城市化和移民：

我们已经提请注意美国社会的各种变化影响到各级教育。但是，在初中阶段，教育方案之间的差异最为明显，一方面是针对年轻人的内在本质，另一方面是针对社会需求。在这里，遗传心理学强调年轻人富有活力、与众不同的潜力，并明确暗示要顺其自然；而学校以外的生活，在家庭和社区、商业和工业中的生活，则强调教育之于适应的重要意义，这种教育将具体地、详细地注意到形成可取的习惯、技能和技术。面对这种选择的必要性，教育工作者转向了一种心理学，即通过继续教育来适应。（Thayer, 1960，第251—252页）

行为主义把学习者置于一个被动的角色，作为许多刺激的接受者，他或她必须对这些刺激做出反应。行为主义的变体有联结主义，行为主义将联想、刺激—反应联结、条件反射引进到了课堂练习、程序化教学、教学机器、标准化测试，当然还有行为目的。在普通教育和师资教育中，对能力进行详述和认证的运动，要归功于行为主义者。成人为尚未成熟的学习者选择内容，并最好是直接和积极地进行强化，是行为主义思想的核心。行为主义者中，著名的有俄罗斯科学家伊万·巴甫洛夫（Ivan Pavlov），他做过一个经典的实验，教狗在铃响时流涎；约翰·B.沃森（John B. Watson），他坚持认为，只要有正确的刺激，他就能把孩子塑造成他想要的样子；爱德华·L.桑代克（Edward L. Thorndike），他被许多人认为是饱受争议的标准化考试之父；B.F.斯金纳（B.F. Skinner），他使教学机器家喻户晓。

行为主义—本质主义学派的教师，将内容分割成逻辑的、序列的片段，并规定了学习者将要学习的片段。一般来说，他们开始教学时，首先给学习者一个规则、概念或模式，例如，求矩形面积的公式，然后提供许多机会来练习（操练）使用这一指南。经过充分的练习，学习者可以在他或她需要的时候使用规则、概念或模式。学习已成为个人行为的习以为常的部分。虽然人类很容易忘记不经常使用的内容，但行为主义者和本质主义者认为，如果已经彻底掌握了内容，可以轻而易举地将其检索出来。

继续强调英语语言、数学和其他学术学科的核心课程，显然源于本质主义者。然而，根据目前的认知研究和对学习如何发生并成为长期记忆之一部分的理解，今天所推荐的教学实践并不是本质主义的。

进步主义

在19世纪末和20世纪初，进步主义席卷了美国的教育结构，挑战了久负盛名的本质主义学说。在约翰·杜威、威廉·H.基尔帕特里克、约翰·蔡尔兹和博伊德·博德的领导下，进步主义者坚持认为，是时候让科目材料隶属于学习者了。进步主义者借鉴了一些欧洲哲学家（如卢梭），他们主张在一个宽松的环境中抚养孩子，而不是强迫学习，进步主义者创造了以孩子为中心的学校，其原型是芝加哥大学实验学校。从芝加哥往东搬到纽约后，约翰·杜威在一系列出版物中阐述了进步主义的信念，其中包括《民主与教育》《经验与教育》《我们如何思考》和《我的教学法信条》。由于进步主义者坚持认为，必须考虑到学生的需要和兴趣，并认识到学生把他们的身体、情感和精神带到学校，也把他们的思想带到了学校，进步主义者受到了教育工作者的关注和拥戴。

杜威（1902）明确指出了本质主义课程和进步主义课程之间的差别：

教育过程的根本因素是还不成熟的、未充分发育的人；某些社会目标、意义和价值体现在成年人成熟的经验中。教育的过程是这些力量的应有的相互作用。……从这些冲突因素中成长起了不同的教育派别。一个学派把注意力集中在课程的科目材料的重要性之上，另一个学派则将注意力放在孩子自身经验的内容之上。……因此，真谛就是：将孩子的个人特点、怪念头和经验忽略不计……作为教育者，我们的工作就是用稳定有序的现实来取代这些表面的、偶然的事物，而这些事物都是在研究和功课中发现的。

将每个题目细化为学业；将每一学业细化为功课；将每一功课细化为具体的事实和公式。让每个孩子循序渐进地掌握这些独立的部分，最后他将尽收眼底。……教学问题是预先让文本井井有条，并在课堂上以类似的、循序渐进的方式呈现文本的各部分。科目材料决定目的，而目的决定方法。孩子只不过是一个有待成熟的、未充分发育的人；他是还有待深化的、稚气未脱的人；他的经验还不宽广，有待扩展。他还有待接收、接受……

另一派则说，不是这样的。孩子是起点，是中心，也是终点。他的发展，他的成长，是理想。孩子本身就构成了标准。对孩子的成长来说，所有的学业都是次要的。科目材料是有价值的工具，因为它们满足成长的需要。个性、性格，比科目材料更重要。目标不是知识或信息，而是自我实现……此外，科目材料永远不能从外部灌输给孩子。学习是积极主动的。它涉及是否用心。它涉及从内部开始的有机同化。……决定学习质量和数量的是孩子，而不是科目材料。

唯一有意义的方法是心灵的方法，因为心灵渴望接受和吸收。科目材料只不过是精神食粮，也可能是营养物质。它不可能自我消化；它不可能自动地化为自己的骨头、肌肉和血液。学校里的一切死气沉沉、机械呆板、中规中矩的东西，其根源恰恰在于让孩子的生活和经验屈从于课程。正因为如此，"学习"成了令人讨厌的东西的同义词，"功课"和任务之间画上了等号。（Dewey，1902，第7—14页）

对于进步主义者来说，教育不是一种有待学习的产品（比如事实和运动技能），而是一个持续一生的过程。按照他们的思维方式，学生学得最好的时候，是在主动体验自己的世界时，而不是被动地吸收预先选择的内容之时。如果学校的经验是为了满足个体学习者的需要和兴趣而设计的，那么没有一种单一的科目材料可以适合所有学习者。布拉梅尔德（Brameld，1971）解释了杜威和哈罗德·鲁格（Dewey and Harold Rugg，1947）等进步主义者所持的观点：

课程的适当科目材料，是任何有教育意义的经验。这意味着好学校关心帮助学生（无论老少）的成长。任何单一的内容主体、任何科目体系、任何通用的教学方法，都是合适的。因为，就像经验本身一样，个人和群体的需求和兴趣是因地而异、因时而异、因文化而异的。（Dewey & Rugg，1947，第133页）

学生应该在此时此地经历教育经验的进步主义立场，带来了进步主义哲学的老生常谈："教育即生活""边做边学"。进步主义者敦促学校考虑到学习者的个体差异——从最广泛的意义上说，包括认知、身体、情感、精神、社会、语言、经济和文化的差异。无论在思想上还是在实践上，进步主义都表现出对学生、社会和科目材料的关注，将学生置于学习过程的中心，因此是以学生为中心或以学习者为中心的。

进步主义思想的核心是对民主的坚定信仰。因此，进步主义者认为，在课堂和学校里，威权主义实践几乎没有立足之地。他们不认同本质主义者，本质主义者认为学习者是成人导师和管理者的欠成熟主体，进步主义者认为学习者是教育过程中的伙伴。受进步主义思想影响的教师，将自己视为学生的顾问和学习的促进者，而不是科目材料的阐释者。在课堂上培养的是合作而不是竞争。同他人的成长相比，与自己的起点相比的个人成长被认为是更重要的。

对民主体制的许多尚未解决的问题的关切，带来了进步主义阵营的分裂，重构主义者主张学校要成为改善社会的工具。前面已经提到，永恒主义论者认为真理是绝对的、持久的，是在过去的智慧中发现的；本质主义者将文化遗产呈现为真理；相反，进步主义者认为真理是相对的、变化的，而且在许多情况下，还是有待发现的。进步主义者拥护实用主义原则，认为教育是一个不断探索真理的过程，在这一过程中，要利用任何必要的资源来发现真理。

科学的方法。科学的方法，也被称为反思性思维、解决问题和实践智慧，已成为进步主义学派的一个目标和一种技术。科学的方法既是一种有待掌握的技能，也是一种解决问题的手段。简单来说，科学的方法包括五个步骤：

· 辨认问题；

· 形成一个或多个假设；

· 收集数据；

· 分析数据；

· 得出结论。

进步主义者提出科学的方法是一种普遍的方法，可以应用于人类活动的任何领域。无论对简单的问题解决还是复杂的研究来说，这一方法都得到了普遍接受。塔巴（1962）提出了一个非常合理的警告：不要将这种解决问题的方法作为完整的思维准备：

试图用科学的方法解决所有问题忽略了其他批判性思维技能,如分析、综合、应用、评估和推理。把所有问题的解决都归结为科学的方法,就会低估抽象的重要性和理论、规律、公理的形成。(Taba,1962,第184页)

实验主义心理学。在行为主义中,本质主义者发现学习理论与他们的哲学是异曲同工的。进步主义者不必费力寻找与他们的教育观相匹配的学习理论。在查尔斯·S.皮尔斯和威廉·詹姆斯的实验主义心理学中,在马科斯·韦特默(Max Wertheimer)、沃尔夫冈·科勒(Wolfgang Köhler)、科特·考夫卡(Kurt Koffka)和科特·勒温(Kurt Lewin)的完形心理学领域中,在厄尔·凯利(Earl Kelley)、唐纳德·斯奈格(Donald Snygg)、阿瑟·库姆斯(Arthur Combs)、亚伯拉罕·马斯洛(Abraham Maslow)和卡尔·罗杰斯(Carl Rogers)的感知心理学中,他们发现了丰富的思想财富。

实验主义者鼓励学习者在教育过程中发挥他或她的全部能力。布拉梅尔德(Brameld,1971)注意到詹姆斯在整个20世纪的影响,认为詹姆斯的《心理学原理》"在各个方面仍然是美国学者和科学家在该领域最重要的单项成就"(第96—97页)。

格式塔心理学。与行为主义者分开呈现科目材料不同,格式塔主义者关注整体,也就是大局。他们建议教师以这样一种方式组织科目材料,即学习者可以看到各个部分之间的关系。这一建议完全符合进步主义者对孩子全面发展的关切。为了研究一个特定的主题或问题,将所有相关领域的内容组织成一个整体计划,这样的单元教学方法已成为一种流行的、持久的教学技术。撰写单元计划是教师的常见做法,并继续将各种学习标准或目的结合在一起。

格式塔主义者指出,当学习者辨别给定情境中各要素之间的关系时,他们就获得了洞察力。格式塔主义者鼓励探究,以提高洞察的技能。实验主义者和格式塔主义者都认为,学习内容越接近真实生活情境,问题越接近学习者以前的经验,学习者就越有可能成功达成学习目标。

感知心理学。在更近一些年份,感知心理学关注学习者自我概念的发展。感知主义者的目标是发展自我实现或完全正常的人格。亚伯拉罕·H.马斯洛(Abraham H. Maslow,1962)将自我实现定义为:

自我实现的定义多种多样,但达成共识的坚固核心是肉眼可见的。所有定义都接受或暗示:

（1）接受和表达自我的内在核心，即实现这些潜在能力和潜力，"充分发挥作用"，弘扬人类和个人的本质；（2）极少出现健康不良、神经官能症、精神病或人类和个人基本能力的丧失。（Maslow, 1962, 第36页）

感知主义者把精力集中在培养自感积极向上的人之上。库姆斯、凯利和罗杰斯（Combs, Kelley, and Rogers, 1962）列出了"感知领域的四个特征，它们似乎总是构成真正称职之人的行为的基础"（第51页）。这四个特征是：（1）对自我的积极看法；（2）对他人的认同；（3）对经验和接受的开放态度；（4）拥有从正规学校教育和非正式资源获得的丰富的感知领域（第51页）。

根据感知心理学家的观点，教师要乐于帮助学生建立积极的自我观念，并处理他们对世界和世界本来面目的看法。感知主义者认为，了解学习者如何感知事实或他们的世界比了解给定情境中的事实更为重要。感知主义者重视应对人们对周围世界的感知。

个人对充足或不足的积极或消极的感觉，通常可以归因于他人的看法。如果一个学生被家长告知他或她是一个弱者，这个学生可能会同意这是事实。如果一个学生被老师告知他或她有艺术天赋，学生可能会寻求发展这种能力。如果一个学生被告知他或她阅读能力差劲，缺乏数学天赋，或者没有音乐天赋，学生可能会接受这些看法并将其内化。这个学生，随后成了文献中所说的自我实现预言的例证。学生可能会相信成人或权威人士所说的，并按照这些信念行事。库姆斯、凯利和罗杰斯（1962）在下面的段落中描述了自我概念是如何习得的。

在成长的过程中，人们从周围的人对待他们的方式中了解他们是谁、他们是什么样的人……人们从自己的生活经历中发现自己的自我概念；这种自我概念不是来自告知，而是来自经验。人们培养被人喜欢、被人需要、被人接受的情感，而且这种情感可能来自正被人喜欢、被人需要、被人接受，来自于正在取得成功。一个人知道他是这样或那样的人，不是从别人嘴里得知的，而是通过他被当作这样的人对待的经历中得知的。关键在于，必须做些什么来培养更合格的人。要创造出积极的自我，必不可少的是要这样的经验，教导个人他们是积极向上的人。（Combs, Kelley, & Rogers, 1962, 第53页）

感知主义者抨击学生必须经历失败的观念。库姆斯、凯利和罗杰斯（Combs, Kelley, and Rogers, 1962）说："事实上，一个人能够有效应对未来的最好保证，是他过去曾经成功过。""人们知道，他们的才干不是来自失败，而是来自成功。"（第53页）

进步主义的哲学家，乐于认同心理学的实验主义学派、格式塔学派和感知主义学派。他们将教育人性化的综合努力，吸引了教育家的想象力（尤其是大学和学院师资教育的教师），在相对短暂的时期内蓬勃发展并达到顶峰，在我们的教育体系中留下了不可磨灭的印记。由于进步主义的出现，本质主义将永远不会是同一副面孔了。

批判性探究。你会在阅读中遇到对批判性探究的讨论。肯尼思·A.西罗特尼克（Kenneth A. Sirotnik, 1998）认为：

批判性探究是一种严谨的、耗时的、协作的、见多识广的、以学校为基础的辩证，围绕着诸如此类的问题：以 X 的名义发生了什么？（X 是教育目标和学校功能之类的占位符；教学实践，如时间运用、跟踪学生和成绩测试；组织实践，如领导、决策和沟通等）。事情是怎么变成这样的？目前的情况下，谁的利益得到了满足，谁的利益没有得到满足？我们有什么信息和知识，并且需要获得哪些与问题有关的信息和知识？……这是我们想要的吗？……我们该怎么对付这一切？（Sirotnik, 1998, 第66—67页）

注意到公立学校的目标声明往往与课堂现实不同，西罗特尼克可能会认为，以下是对正在发生的事情的更准确陈述："发展学生线性思维的能力，依赖权威，打断别人说话，独自工作，懒于社交，被动学习，不总结学习经验，检索信息，遵循指令，固守知识，等等。"（Sirotnik, 1998, 第64页）"因此，批判性探究的核心"，西罗特尼克在1998年说，"是人们介入有效话语和交流的意愿和能力"（第67页）。

考虑到 21 世纪的标准包括高水平的探究和复杂思维，这种探究和思维要求学生检查多种资源以收集证据并得出有文本证据支持的结论，批判性探究有可能会在课堂上更频繁地出现（Coleman & Pimentel, 2011）。

建构主义心理学。像实验主义、格式塔和感知心理学一样，建构主义补充了进步主义哲学。建构主义者认为，教师是学习的促进者；必须教导学生为自己的学习负责；学习是一个主动的过程（请回想一下进步主义的"边做边学"）；学习必须以各种对学生有意义的方式呈现出来；

基本技能将在真实的情境中学习，而不是孤立地专注于技能本身。肯尼思·T. 亨森（Kenneth T. Henson, 2006）将建构主义定义为"相信只有当学习者将新获得的信息与先前获得的认知联系起来时，学习才会发生"（第4—5页）。今天学校里的许多课程和实践，都遵循建构主义学说。内尔·诺丁斯（Nell Noddings, 1995）指出："教育中的建构主义者，将自己的根源追溯到……皮亚杰。"（第115页）

与其他心理学流派一样，建构主义并不规定任何特定的教学大纲或教学方法来实现其目标：培养能够在社会中有效运用知识的有思想的个人。许多教育家接受建构主义，但也有人反对建构主义。作为建构主义实践的例子，可以注意到全语学习、真实评估、数学和科学探究、整体评分和综合课程。凯伦·H. 哈里斯和斯蒂夫·格雷厄姆（Karen H. Harris and Steve Graham, 1994）指出，"回归基础运动"是对建构主义实践的强烈反扑。正如经常发生的那样，教师将建构主义的元素与更传统的方法融合在一起。

"八年研究"。进步论者的事业由"进步教育协会"（Progressive Education Association）在1933年至1941年间进行的"八年研究"推进到一个新高度。许多教育工作者认为这项研究是美国有史以来最重要的教育研究之一。很少有纵向研究跟踪参与者数年。很少有研究如此广泛，涉及如此多的人。学生、高中教师和管理人员、课程顾问、研究人员和大学教授，都在这项研究中发挥了重要作用。

"进步教育协会"不再对典型的高中大学预备课程抱有幻想，因为它规定了大学准入所需的习惯性常数。该协会希望看到中学课程更灵活，但它意识到，只要大学要求一套规定的课程，这种变革就不可能实现。因此，它争取了三百多所学院和大学的合作，这些学院和大学同意在不考虑通常的大学准入要求的情况下接受数量有限的高中毕业生。获得这么多学院和大学的合作，进行这样一项实验，本身就是一项壮举，它可能会打破关于在大学取得成功需要什么的传统看法。在进行这项研究时，威尔福德·M. 艾金、H.H. 吉尔斯、S. P. 麦卡琴、拉尔夫·W. 泰勒和A. N. 泽切尔（Wilford M. Aikin, H. H. Giles, S. P. McCutchen, Ralph W. Tyler, and A. N. Zechiel, 1942）发挥了关键作用。

这些学院和大学同意从1936年到1941年的五年时间里，招收三十所公立学校和私立学校的毕业生，而不管他们的教育纲领是什么。从1933年开始，这三十所实验学校能够以任何他们认为合适的方式修订自己的课程。

一旦被合作院校录取，实验学校的毕业生与来自同一机构的传统高中的毕业生进行配对，并分析他们在大学中的表现。超过一千四百对配对的学生参与了这项研究。这项为期八年的研究的总体发现如下：

除了外语之外，实验学校的毕业生在所有科目上的表现都与大学里的同龄人一样好，甚至更好。在学业荣誉、领导地位、学习习惯、求知欲和课外活动方面，实验学校的毕业生都优于自己的同龄人。这项为期八年的研究相当确凿地表明，单一型的必修课模式并不是在大学能否成功的必要条件。（Aikin, Giles, McCutchen, Tyler & Zechiel, 1942, 第120页）

"八年研究"推动了课程创新（如核心课程和进步主义经验课程）。

进步主义的衰落。尽管进步主义做出了贡献，将学生置于教育过程的中心，培养孩子全面发展，满足学生的需要和兴趣，考虑到个体差异，强调反思性思维，但公众和教育工作者对进步主义的接受程度还是有所下降。认为公众从来没有完全迷恋进步主义，这可能与事实真相相差无几。

并不是1957年苏联人造卫星发射成功，以及随之而来的恐慌性地追求科学、数学和世界语言等实质性科目，导致了对进步主义的背离。早在苏联取得太空成就之前数年，麻烦就已经在酝酿之中。

本质主义课程总是最容易理解，组织和管理起来最简单。它看上去清晰利落，可以轻而易举地被教师和管理人员利用他们对成人世界的了解预先规划好。本质主义课程是大多数美国人接触过的课程，因此也是他们最了解并希望保留的课程。

毫无疑问，一些所谓的进步主义学校在迎合儿童的需求和兴趣方面走了极端。因为不要求掌握手写体书写，高中毕业生便使用雕版印刷体书写，这引起了美国民众的不满。为了迎合学生的眼前需要和兴趣，一些主张进步主义的学校似乎牺牲了年轻学习者并未意识到的长远需要和兴趣。

一种感觉逐渐形成：主张进步主义的学校的毕业生，没有学习基本技能或美国文化遗产的基本要素。公众对教育工作者的一些论断感到不爽，比如"只有在学生表达了自己感到需要阅读之时，才应该教他们阅读"，或者，"根本没有必要熟记数学事实，你可以随时查阅或使用计算器"。

与本质主义课程表面上的有条不紊和相对容易衡量科目材料成绩相比,进步主义课程有时显得杂乱无章、无法评估。在许多家长看来,主张进步主义的学校在试图照顾孩子全面发展方面,似乎是在篡夺家庭的职能,许多烦恼不堪的教师也认同这些家长的看法。

一些更热情高涨的进步主义者甚至导致杜威(1913)警告说:

撇开未来的问题不谈,即使在儿童时期,不断地诉诸兴趣原则,也只会永远使孩子兴奋,也就是说,使他们分心。活动的连续性被破坏了。一切都是为了好玩,为了娱乐。这意味着过度刺激;它意味着能量耗散。从来没有要求将意愿付诸行动。依赖于外部的吸引力和娱乐。对孩子来说,一切都被糖衣包裹着,他很快就学会了面对没有用令人快乐的环境人为包裹着的事物时就掉头不顾(Dewey, 1913, 第4—5页)。

在美国,对所有公民都应该接受教育的期望,导致了进步主义实践的衰落。可能在小班管用的教学方法,在大班却不一定管用。本质主义者、行为主义者和学者们对进步主义教育的批评汇聚到一起,使本质主义恢复到目前的强势地位。然而,关于20世纪70年代和80年代教育改革的大量报告(其中一些将在第九章中讨论),显示出对本质主义课程的不满。一些当代课程理论家把学校的历史角色描述为一种过时的、不合适的工厂或工业模式,是社会强加给学生的,而学生是社会注定要投入劳动力人口的产品。用乔治·H. 伍德(George H. Wood, 1990)的话来说,学校嘉奖循规蹈矩,而不强调培养"致力于公共利益并愿意主动采取行动的独立思想者"(第100页)。

有些私立教育的拥护者给公立学校涂上了负面色彩、打上了官办学校的标签。琳达·达林-哈蒙德(Linda Darling-Hammond, 1997)将目前的学校结构描述为一条传送带,其起源在于自上而下的组织管理原则,其中对学生的非个人化对待和死记硬背的学习占主导地位。根据达林-哈蒙德的说法,基于"制造业"模式的"必修课、教科书、测试仪器和管理系统"等改进举措,被认为是为了引导学生学习,并寻求生产一种标准化产品(第16—17页)。她认为工厂模式的学校为民主教育设置了障碍,她评论道:

相对而言，很少有学校为所有学生提供为了理解而教的丰富而活跃的课程。设法因材施教以进行建设性的社会互动和共同决策的学校，甚至更少……对许多美国人来说，以既能培养能力又能发展社区的方式进行学习的权利，一直是一个神话，而不是一种现实。（Darling-Hammond，1997）

迈克尔·W. 艾普（Michael W. Apple, 1996）批评教育与经济目标挂钩，他评论说："美国和类似国家中最有权势的经济和政治集团已经非常清楚地表明，对他们来说，良好的教育只是与经济需求挂钩的教育（当然，只有当这些需求是由当权者定义的时候）。"（第5页）

在注意到长期以来民主理想一直在学校改革中发挥作用的同时，珍·安荣（Jean Anyon）质疑民主理想在城市学校重组中是否得到了充分表达。安荣（Anyon, 1997）认为，"除非城市所处的经济和政治体系本身发生转变，从而对城市居民来说可能更加民主和富有成效，否则教育改革者几乎没有机会在城市学校中实现持久的教育变革"（第12—13页）。

不满情绪也来自一小群课程理论家，即概念重构主义者。这群理论家，大部分是大学中的课程教授，表达了对隐性课程的关注，其价值观不是直接教授的，而是孩子们在学校里耳濡目染的。这些价值观包括学生的生活规则、他们与同龄人和成年人在学校的关系，以及嵌入在他们学习内容中的价值观。

概念重构主义者主张对课程和教学进行根本性变革。一些人认为课程开发已经过时，取而代之的应当是对课程的理解。他们的立场得到人文学科的支持，尤其是历史、哲学和文学批评学科的支持。威廉·皮纳尔（William Pinar, 1975）解释了概念重构理论家的兴趣：

概念重构主义者倾向于关注公共世界的内部经验和存在经验。他们倾向于研究的不是"行为的改变"或"课堂上的决策"，而是暂时性、超越性、意识和政治等问题。简而言之，概念重构主义者试图了解教育经验的本质。（Pinar, 1975, 第12—13页）

皮纳尔在1975年指出，概念重构主义者占所有课程理论家的3%到5%。另外60%到80%的课程理论家是皮纳尔所称的传统主义者，他们的主要任务是指导学校的从业者。其他人则是概念经验主义者，他们的兴趣在于行为科学，课程就是行为科学之一种。虽然在每一种观察那里，这三个群体所占的百分比可能有所不同，但对当前课程场景的观察得出的结论是，"传统主义者"仍然构成最大的群体，其次是"概念经验主义者"，"概念重构主义者"构成其中最小的群体。皮纳尔、雷诺兹、斯塔特和陶布曼（Pinar, Reynolds, Stattery, and Taubman, 1995）认为，在传统的课程教科书中，对重新概念化的重视，仍然不够（第17页）。

批判理论。在讨论课程领域的重新概念化时，彼得·S.莱布威茨（Peter S. Hlebowitsh, 1993）观察到，"课程研究中的许多当代挑战，都受到了教育批判理论的启发"（第4页）。受德国法兰克福社会研究所的影响，批判理论家关注社会中的不公正以及学校在维持这些不公正方面所起的作用，例如，在跟踪"职业教育、特殊教育、师资教育"后。内尔·诺丁斯（Nell Noddings, 1995）解释说，"从批判理论家的角度来看，哲学必须参与其时代的伟大斗争和社会运动"（第67页）。

批判理论家没有提供规定的纲领或教学过程，而是强调需要以改善学校和社会为目标赋予个人以权力。诺丁斯（1995）观察到"教育哲学家受到批判理论的极大影响"（第67页）。例如，一些批判理论家可能会将自己的哲学描述为主张社会正义的教育哲学；教育要对所有学习者开放，为每个人提供应有的优质学习机会。尽管存在许多相互冲突的哲学观点和过度概括的风险，但仍然可以得出这样的结论：公众和大多数当今的教育工作者支持学校的教育纲领和实践，这些教育纲领和实践代表了本质主义和进步主义哲学的明智混合。

阐明一种哲学

在课程开发的系统方法中（整体方法，所有部分相互影响，系统的影响大于每一部分的影响），指定的课程委员会负责领导这一过程：检查教育目标的陈述，选择那些在其背景下显得最重要的陈述，然后创建能反映背景独特性的陈述。

课程团队应该认识到主要哲学流派（特别是本质主义和进步主义）的主要原则。他们应该知道自己作为个人和群体身处哲学谱系中的何种位置。也许，他们会发现自己对哲学采取了一种折衷的方法，选择了几种哲学中最好的。他们可能会发现，没有纯粹的本质主义者或纯粹的进步主义者，更常见的是，一个人是倾向于进步主义思想的本质主义者（进步主义的本质主义者），或者反过来，一个倾向于本质主义思想的进步主义者（本质主义的进步主义者）。

课程专家应该花时间全面思考自己的哲学，并将其连贯一致地阐述出来，在参与课程决策时与他人分享。大多数美国人，尽管他们是实用主义者，却并不热衷于或频繁地进行哲学表述。教育工作者应该定期审视自己的信念，能够意识到自己是否与教育环境、社会、研究的诸多变化保持了同步。在学校和学区层次，领导团队应该与学校社区合作，制定以学校为基础的决策。这些实践通常需要地区认可和独立学校认可。学校团队应该制定一种哲学，这种哲学可能会被表达为使命和信念宣言，为学校的实践确立起一个框架。

为了指导专业实践，一个学校或学区的哲学、使命和信念，应该从所有利益相关方都参与的合作过程中产生。通过围绕哲学发展建立共识，众说纷纭的思考者将讨论他们与学校和学生学习相关的目标和价值观。在一种非常真实的意义上，哲学陈述变成了一个表明迄今为止"这就是我们所相信的"或"这就是我们的立场"的宣言。

书写一种哲学的价值

学校或学区的哲学提供了对组织内部工作意图的陈述，以便那些渴望被雇用的人清楚地了解要完成的工作。为了富有意义，这些陈述要真实可信，并有来自组织高层的决策承诺，决策承诺反映出了所要表达的信念和使命。如果管理者和教师认为学校的主要目的是发展认知技能，维护社会现状，或指导天才和学术天才的成长与发展，那么就应当这样说出来。对哲学信仰的坦率陈述，比一种伪善的充满陈词滥调的陈述更有说服力，许多组织成员可能不会支持伪善的陈述，因此这种陈述不会反映在学校和学区的日常实践中。学区或学校哲学的阐述，可以是一种宝贵的专业学习经验，能给教师和管理人员一个交换意见的机会，并找到一个共同的交汇之地。

一所学校的哲学，应该包括对教育、社会、学习者的目标和教育者的角色的信念的陈述。下面是哲学陈述的例子。这些陈述具有整个美国哲学的典型特征。它们反映了有关民主、个人和学习过程的价值观。一些学校的陈述相当简短，另一些学校的陈述则相当详尽。一些教育哲学被写成使命宣言和信念，另一些教育哲学则纳入了课程目标和目的。本章主要讨论的是学校或学区的办学哲学。这些哲学陈述揭示了开发人员所认同的思想流派。尽管美国教育界出现了本质主义的转向，但进步主义的信念仍然强大。尽管目前强调智力的开发，但这些例子表明了对学生全面发展的关注。尽管越来越强调认知能力的发展，但所提供的例子关注的是情感。

奥恩斯坦和亨金斯（2004）强调了哲学对教育工作者的重要性，因为它"帮助他们回答学校是为了什么目的、什么科目有价值、学生如何学习以及使用何种方法和材料。它为他们提供了一个广泛的问题和任务的框架，例如确定教育目标、内容及其组织、教与学的过程，以及一般来说他们希望在学校和课堂上强调哪些经验和活动"（Ornstein & Hunkins，2004，第31页）。

开发和实施一种哲学中存在的问题

在研究教育哲学的例子之前，应该提到课程专家在开发和实施一种哲学时可能会遇到两组问题。首先，那些负责起草陈述的人，通常带着对学习过程、社会需求和个人在该社会中的角色的不同假设（有时是未明言的假设）进入陈述过程。不同的参与者很可能信奉不同的、相互冲突的人生哲学，这些人生哲学给他们对教育的信念涂上了色彩。每个人都应该发出声音，所有声音都应该得到尊重，让参与者感到受到了重视，并真正参与到这一过程中来。

第二组问题，来自用相当笼统的、模糊的、允许不同解释的术语表述出来的哲学陈述。为了有用，这些陈述需要足够具体，以便为那些将根据这些陈述做出决策的人提供指导。当一种哲学陈述已经完成，并且可能就"措辞"达成共识时，课程领导者将经历一个持续的问题，即努力在对措辞的"解释"上达成共识（有时甚至是在那些起草声明的人之间）。一个提供解释和意图的附录，可能有助于与意图吻合的广泛实施。

教育哲学的例子

请看三个教育哲学的例子。一个是基于艾奥瓦州的一个大型城市学区，得梅因公立学校的教育哲学（表6.2和图6.2），另一个是佐治亚州斯泰茨伯勒一个较小社区的公立学校的使命和信念陈述（表6.3），第三个是佛罗里达州虚拟学校（FLVS）的一所在线学校的教育哲学（表6.4）。除了哲学陈述之外，越来越常见的是使命陈述和对目标或目的、子目标的具体说明。

在这些例子中，你会注意到对民主概念的引用、对个人的尊重，并提到提供项目以发展学生全部能力的必要性。尽管有些人可能会对特定哲学的风格或文笔吹毛求疵，但请记住，教育哲学陈述的目的，是向专业人士和公众传达一个学校或学校系统全体人员所持的信念。当重要的信念被成功地传达出来时，哲学就有助于它的目的。

从对教育、学校教育、学习和社会的看法出发，专家可以进入课程开发过程的后续步骤。

第六章 哲学与教育的目标

奥利瓦课程开发模式的组件1要求对教育目标和哲学做出陈述。就教育目标而言,课程专家应当:

- 意识到教育目标来自教育哲学,并且是教育哲学的一部分。
- 认识到由著名个人和团体所作的关于教育目标的国家声明。
- 评估国家声明,并从这些声明中做出选择,在他们认为必要时校正他们认为可以接受的教育目标。
- 起草一份有关他们赞同的教育目标的声明(与业已宣布的全州目标保持一致),或者,将他们自己选择的教育目标整合到一份哲学声明之中。

关于奥利瓦模式中组件1的哲学维度,课程专家应该:

- 确定教育哲学的主要流派的主要信念。
- 分析哲学陈述并确定其所属的学派。
- 分析和澄清自己的教育哲学。

表6.2 得梅因公立学校

使命宣言

> 得梅因公立学校通过挑战每个人在学术、艺术和职业准备方面达到严格的标准,使学生为人生做好准备。

信念宣言

公共教育是支持和维护多元化民主社会的必要条件。为此目的,我们相信:

- 所有学生都可以而且必须学习。
- 学校必须满足每个学生独特的学习需求。
- 家庭、学校和社区必须相互服务和支持。
- 教和学需要健康、安全和有序的环境。
- 资源和服务是有效教学的必要条件。
- 所有员工都必须继续学习,所有的学校都必须继续改进。

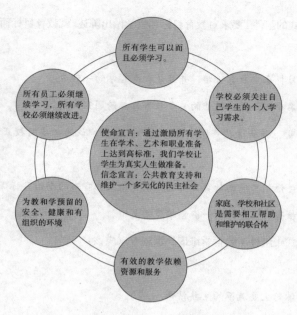

图 6.2 得梅因公立学校

资料来源：基于得梅因公立学校"教育哲学"，网址：old.dmps.k12.ia.us/ schoolboard/6philosophy. htm，访问日期：2011 年 11 月 5 日。公共域。

表 6.3 斯泰茨伯勒公立学校

使命宣言

在萨利泽特劳尔（Sallie Zetterower），我们的使命是激励每一个学生去思考、去学习、去实现、去关心。

我们的信念

我们的信念是，每个人：

· 应该在一个安全的环境中工作和学习。

· 可以学习和体验成功。

· 对自己的言行负责。

· 应该得到有尊严的对待。

· 教师、学生和家长的态度和习惯影响到学习质量。

资料来源：Sallie Zetterower Elementary School, Statesboro, Georgia, *Mission Statement and Our Beliefs*, website: szes-bcss-ga.schooll-toop.com/cms/page_view？ d=x8pid=8vpid=1283580802403，访问日期：2011年2月7日。重印得到允许。

表6.4 佛罗里达虚拟学校

目标

> 佛罗里达虚拟学校的目标是由法律规定的。根据佛罗里达州法令（1002.37 F.S.）：
>
> 佛罗里达虚拟学校是为开发和提供在线和远程学习教育而建立的……学校应为该州任何符合这种成功教育条件的学生提供服务，并应优先考虑：
>
> 1.需要扩大学生群体，使他们获得课程教学的机会，以实现其教育目标，例如，居家教育的学生以及无法获得更高水平课程的内城和农村高中学生。
>
> 2.力图至少提前一个学期加快学生获得高中文凭。

区的使命

> 提供高质量、以科技为基础的教育，为学生提供获得成功所需的技能和知识。
>
> 佛罗里达虚拟学校全日制 K-8 的使命：
>
> 通过独特的个性化的学习方案，帮助每个学生最大限度地发挥自己的潜力，并达到最高的学业标准。

愿景

> 改变全世界的教育———时是学生，终身是学生。

佛罗里达虚拟学校全日制 K-8 的愿景

> 我们的愿景是授权教师、学生和家长创造一个安全、有吸引力、积极向上和支持性的以学生为中心的环境。在这种协作的环境中，他们通过相关和严格的课程中所嵌入的真实学习，受到尊重、激励和挑战。将运用积极的沟通来培养终身学习的效率和兴趣。

价值观

> ·以学生为中心；
>
> ·创新；

- 质量;
- 诚信。

承诺:

我们所做的每一个决定,都是以学生中心。

资料来源:Florida Virtual School, Orlando, Florida, 从 2014–2015 年的"法律报告"获取,网址: retrieved from 2014–2015 Legislative Report at https://www.flvs.net/docs/default-source/district/legislative-report-2014-15.pdf？sfvrsn=0

总 结

在本章中,你考察了四种教育哲学:重构主义、进步主义、本质主义和永恒主义,其中两种(本质主义和进步主义),被认为对学校具有特殊意义。

课程开发的系统方法始于对社会的教育目标的考察。目标被认为是教育的广泛目的,是全国性的,有时是国际性的。

多年来,许多杰出的个人和团体对美国教育的适当目标表达了自己的立场。课程专家不仅应该能够制定他或她自己的目标陈述,还应该了解历史上的、意义重大的目标陈述。

强调科目材料的本质主义在美国历史上一直是盛行的教育哲学。进步主义强调学生的需求和兴趣,对教育方案和实践产生了深远影响。人们激励课程专家澄清自己的哲学,并起草一份声明,阐明他们学区的办学哲学,以便与其他专业人士和公众交流。本章中包含的哲学样本不是内容的模板(也就是要借鉴的陈述),而是发展过程中所产生的示例。课程开发人员应该将自己的信念用自己的语言表达出来。他们的陈述本质上很可能是兼收并蓄的,既借鉴了本质主义,也借鉴了进步主义。

对教育目标的陈述和教育哲学的开发,被视为课程体系开发模式的第一阶段或第一组件。

应用

1. 为你将要领导的学校或学区创造一种哲学。务必说明作为课程基础的使命和信念。

2. 检查教育机构的使命、信念和战略目标，并考虑它们是否保持了系统性的一致。为了与哪一思想流派保持一致，并且基于学生的学习成果数据，你打算如何重写使命和战略目标以提高学生的学习成果？

反思与探究

1. 你认可哪一思想流派？请从日常实践中引用证据来支持你的主张，以及你的思想流派对你的实践所产生的系统影响。

2. 调查几个学区的愿景、使命和信念宣言，并比较它们对系统课程和其他相关决策的效用。在你看来，每个学区的愿景、使命和信念宣言与学生的学习成果之间存在何种关系？

3. 作为学区领导，你可以选择要求学校的使命和/或信念陈述与学区的使命和信念宣言相同。与允许每个学校社区创建一套独特的陈述/宣言相比，这一要求的利弊是什么？从本书和本书之外的阅读中，寻找对你的陈述立场的支援。

网站

National Center for Improvement of Educational Assessment: Nciea.org

建议阅读

Broudy, H. S.（1961）. *Building a philosophy of education*（2nd ed.）. Englewood Cliffs, NJ: Prentice Hall.

Tanner, D. & Tanner, L. N.（2007）. *Curriculum development: Theory into practice*（4th ed.）. Upper Saddle River, NJ: Merrill/Prentice Hall.

Walker, D. F.（2003）. *Fundamentals of curriculum: Passion and professionalism*（2nd ed.）. Mahwah, N.J.: Lawrence Erlbaum Associates.

Wiles, J. & Bondi, J. C.（2011）. *Curriculum development: A guide to practice*（8th ed.）. Upper Saddle River, NJ: Pearson Education.

参考文献

Adler, M. J.（1982）. *The paideia proposal: An educational manifesto*. New York, NY: Macmillan.

Aikin, W. M., Giles, H. H., McCutchen, S. P., Tyler, R. W., & Zechiel, A. N.（1942）. *The story* of the eight-year study. New York, NY: Harper & Row.

Anyon, J. (1997). *Ghetto schooling: A political economy of urban educational reform*. New York, NY: Teachers College Press.

Apple, M. W. (1996). *Cultural politics and education*. New York, NY: Teachers College Press.

Brameld, T. (1971). *Patterns of educational philosophy: Divergence and convergence in culturological perspective*. New York, NY: Holt, Rinehart & Winston.

Butler, J. D. (1968). *Four philosophies and their practice in education and religion* (3rd ed.). New York, NY: Harper & Row.

Colman, D. & Pimentel, S. (2011). *Publishers' criteria for the common core state standards in English language arts and literacy, grades 3 – 12*. www.sde.ct.gov/sde/ cwp/view.asp？a=322592

Combs, A. (1962). A perceptual view of the adequate personality. In Combs, A. W, Kelley, W. C. & C. R. Rogers (Eds.), (1962). *Perceiving, behaving, becoming*. Alexandria, VA: Association for Supervision and Curriculum Development.

Commission on the Skills of the American Workforce. (1991). *America's choice: High skills or low wages*. Washington DC: Commission on the Skills of the American Workforce.

Counts, G. S. (1932). *Dare the school build a new social order？* New York, NY: John Day.

Darling-Hammond, L. (1997). *The right to learn: A blueprint for creating schools that work*. San Francisco, CA: Jossey-Bass.

Des Moines Public Schools. (n.d.). Retrieved from www.dmps.k12+.ia.us/AboutDMPS/ Educational+ Philosophy.aspx

Dewey, J. (1902). *The child and the curriculum*. Chicago, IL: University of Chicago Press.

Dewey, J. (1913). *Interest and effort in education*. Boston, MA: Houghton Mifflin.

Dewey, J. (1916). *Democracy and education: An introduction to the philosophy of education*. New York, NY: Free Press.

Dewey, J. (1929). *My pedagogic creed*. Washington, DC: Progressive Education Association.

Earley, P. M. (1994). *Goals 2000: Educate America act: Implications for teacher educators* (ERIC document ED367661).

Educational Policies Commission. (1937). *The unique function of education in American *democracy*. Washington, DC: National Education Association.

Educational Policies Commission. (1961). *The central purpose of American education*. Washington, DC: Educational Policies Commission.

Giroux, H. A. (1993). Living dangerously: *Multiculturalism and the politics of difference*. New York, NY: Peter Lang.

Goodlad, J. I. (1983). *A place called school: Prospects for the future*. New York, NY: McGraw-Hill.

Greene, M. (1973). *Teacher as stranger: Educational philosophy for the modern age*. Belmont, CA: Wadsworth.

Greene, M. (1995). *Releasing the imagination: Essays on education, the arts, and social change*. San Francisco, CA: Jossey-Bass.

Harris, K. R., & Graham, S. (1994). Constructivism: Principles, paradigms, and integration. *The Journal of Special Education*, 28(3), 233–247.

Harvard Committee on General Education. (1945). *General education in a free society*. Cambridge, MA: Harvard University Press.

Henson, K. T. (2006). *Curriculum planning: Integrating multiculturalism, constructivism, and education reform*. Long Grove, IL: Waveland Press.

Hlebowitsh, P. S. (1993). *Radical curriculum theory: A historical approach*. New York, NY: Teachers College Press.

Hutchins, R. M. (1963). On education. Santa Barbara, CA: Center for the Study of Democratic Institutions.

Kliebard, H. (1998). The effort to reconstruct the modern American curriculum. In L. Beyer & M. Apple (Eds.), *The curriculum: Problems, politics, and possibilities* (2nd ed.). (p. 21). Albany, NY: State University of New York Press.

Maslow, A. (1962). Some basic propositions of a growth and self-actualization psychology. In A. Combs (1962). *Perceiving, behaving, becoming* (p. 36). Alexandria, VA: Association for Supervision and Curriculum Development.

National Education Association. (1951). *Moral and spiritual values in the public schools*. Washington, DC: National Education Association.

Noddings, N. (1995). *Philosophy of education*. Boulder, CO: Westview Press.

Ornstein, A. C., & Hunkins, F. P. (2004). *Curriculum: Foundations, principles, and issues* (4th ed.). Boston, MA: Allyn & Bacon.

Pinar, W. F. (1975). *Curriculum theorizing: The reconceptualists*. Berkeley, CA: McCutchan.

Pinar, W. F. (1995). *Understanding curriculum*. New York, NY: P. Lang.

Pinar, W. F., Reynolds, W. M., Slattery, P., & Taubman. P. M. (1995). *Understanding curriculum* (17th ed.), New York, NY: P. Lang.

Rickover, H. G. (1962). *Education for all children: What we can learn from England*. Washington, DC: U.S. Government Print Office.

Rugg, H. (1947). *Foundations for American education*. Yonkers, NY: World Book Company.

Sirotnik, K. (1998). What goes on in classrooms? Is this the way we want it? In L. Beyer & M. Apple (Eds.), *The Curriculum: Problems, politics, and possibilities* (2nd ed.). (pp. 66–67). Albany, NY: State University of New York Press.

Sizer, T. R. (1992). *Horace's school: Redesigning the American high school*. Boston, MA: Houghton Mifflin.

Taba, H. (1962). *Curriculum development: Theory and practice*. New York, NY: Harcourt, Brace & World.

Thayer, V. T. (1960). *The role of the school in American society*. New York, NY: Dodd, Mead.

U.S. Department of Education. (1990). *National goals for education*. Washington, DC: U.S. Department of Education.

U.S. Department of Education. (2010). *Nine states and the District of Columbia Win Second Round Race to the Top Grants*. Retrieved from http://www.ed.gov/news/press-releases/nine-states-and-district-columbia-win-second-round-race-top-grants

U.S. Department of Education (2015). *Every Student Succeeds Act*. Retrieved from https://www.ed.gov/ESSA.

Walker, D. F., & Soltis, J. F. (2004). *Curriculum and aims* (4th ed.). New York, NY: Teachers College Press.

Wood, G. (1990). Teachers as curriculum workers. In J. Sears & J. Marshall (Eds.), *Teaching and thinking about curriculum: Critical inquiries* (p. 100). New York, NY: Teachers College Press.

第七章 有数据和证据支撑的决策

> **学习成果**
>
> 学习完本章，你应该能够：
>
> 1. 识别和描述能为课程需求和内容提供支撑的主要数据来源。
> 2. 概述课程开发模式中的需求层次和类型。
> 3. 概述有数据和证据支撑的与课程系统开发相关的需求。
> 4. 说明需求是如何从学科结构中衍生出来的。
> 5. 制定评估课程需求的计划。

不断变化的期望

一个国家努力在全球经济中竞争并不新鲜，并继续影响着关于公共教育有效性以及课程如何促进感知有效性的辩论。随着许多国家从农业国发展到工业国再到信息国，城市中心得到了发展，并出现了不同的课程和学校组织结构。美国也不例外，它已经从制造业社会过渡到信息和思维社会，因此一直在快速调整课程、组织结构和交付模式。

在美国，生活的许多方面都在加快节奏，这正在改变学生们如何为事业或大学的成功做好准备。在快速变化的速率影响日常生活的同时，各种变化也影响到课程专家和开发人员如何看待在评估课程需求时要考虑的资源。其中一些数据来源包括学生成绩数据、人口统计数据、毕业生的成功度、教师的有效性和社区就业数据。来自学校和学区的教师、教学督导和管理人员的其他一些证据，也有助于我们的思考。

课程开发人员根据各种数据和证据来源确定学生课程需求的能力，将影响到所生成的课程是否有效，甚至可能影响到课程的实施是否精准。诸如此类的变化，表明弄清如何开发面向未来的课程以应对学生在不断变化的全球环境中所面临的挑战，十分重要。

请思考这类追问。如何确定重点领域？开发人员如何根据社会需求和预测的需求来塑造课程，使毕业生在其选择的和可能变化不定的职业生涯中具有竞争力？课程开发人员应该考虑哪些数据和证据来源来开发有效的课程？带头人如何知道课程是否满足了学习需求，以及在什么条件下适合哪些学生？

课程开发人员对所期望的透明度的认知〔（1）为确定课程需求选择何种来源，（2）开发过程，（3）如何衡量课程的有效性〕，可能会影响到实施结果是否成功。

在设计对学习有积极影响的内容时，课程开发人员要做出大量决定。通过了解社会的需求，通过使用数据和证据来制定明智的课程和教学决策，教育工作者可以系统地处理这些机遇和挑战。

哈佛大学教授和变革领导小组的创始人托尼·瓦格纳（Tony Wagner，2010）指出，由于工作场所性质的不断变化，学生需要掌握沟通和思维技能，才能成为21世纪的新公民，特别是那些身处城市环境中的人，更是如此。批判性思维、解决问题的能力、企业家精神和有效的沟通能力，仅仅是学生们需要精通并取得成功的少数技能。

促进21世纪技能的学习环境，将会是灵活多样、充满探究、激发学生思考的，并且将融合数字工具。表7.1展示了瓦格纳（21stcenturyschools.com）对课堂的设想。

表7.1 20世纪的课堂与21世纪的课堂

20世纪的课堂	21世纪的课堂
基于时间	基于结果
低级思维	更高级、更复杂的思维
教科书驱动的	标准驱动的
被动学习	主动学习
学习者和教师孤立工作	协同工作
以教师为中心	以学习者为中心
碎片化课程	整合性课程和跨学科课程
教师评估	自我和同侪反馈

与课程无关的	课程与学生的兴趣、经验、才能相关
印刷品是学习和评估的主要模式	表演、项目以及在线学习的学习和评估
忽视学生的多样性	反映学生的多样性
识字即独自阅读和写作	识字包括：所有科目中的读、写、说、听、看和思
基于工业时代需求的工厂模式	适合快速发展的全球经济和技术经济的灵活模式

资料来源：21st Century Schools, *20th century classroom vs. the 21st century classroom*. 请检索：21stcenturyschools.com

需求的类别

在这一节中，将和读者分享学生和社会的需求（按层次和类型分类），以及来自科目材料的需求。以下是对课程需求评估过程的描述。当通过数据和证据的收集与分析来执行这一过程时，课程规划工作者研究学习者、社会和科目材料的需求。在利益相关方的帮助下，教师和管理人员确定并按优先顺序排列课程开发系统需要解决的方案的需求。

在前一章中，教育目标和办学哲学的陈述是以学生和社会的一般需求为基础的。学生和社会的需求，在以下目标和哲学陈述的例子中是显而易见的：

- 培养语言、技术和文化素养；
- 培养沟通技巧；
- 培养思维能力；
- 促进对环境保护的关注；
- 培养成为全面发展的个人；
- 培养在全球经济中竞争的技能；
- 培养对他人的尊重。

目标和哲学的陈述，指出了学生和社会的共同需求，并设定了学校或学区将在其中运作的总体框架。在为特定学校或学区制定课程目标时，课程开发人员会关注五个来源，如第五章图 5.4 中奥利瓦课程开发模式的组件 I 和 II 所示：（1）学生的一般需求；（2）社会的需求；（3）特定学生的需求；（4）特定社区的需求；（5）来自科目材料的需求。通过将学生和社会的需求分为两个大类、层次和类型，从而强调课程规划工作者应牢记的要点，你可以在比课程开发模式所显示的更详细的层次上扩展学生和社会的需求。

在戈登泰勒课程系统开发模式中，课程标准或课程目的是根据州教育机构、地方教育机构或组织确定的数据和证据来开发的。对课程标准和目的做出了详细说明。确定了所生成的课程的组织，并建立了反馈环，以确保必要时不断进行修订。

一种分类方案

为了进一步了解学生和社会的需求，可以考虑以下由四部分需求构成的分类方案：

- 不同层次的学生需求；
- 不同类型的学生需求；
- 不同层次的社会需求；
- 不同类型的社会需求。

在分析每一类别之前，想一想学生的需求如何不能完全脱离社会的需求，反之亦然。一个人的需求与另一个人的需求密切相关。的确，这两组需求有时会发生冲突。例如，当一个人在一个拥挤的剧院里喊"着火了"以引起注意而实际上并没有起火时，这个人的需求可能与社会的需求截然相反。另一方面，个人的需求和社会的需求往往是吻合的。个人积累财富的愿望，如果合法和公平地实现，是与一个民主的、富有成效的社会兼容的。这些财富可能以投资或税收的形式使社会受益。因此，有时很难将某一特定需求归类为个人需求或社会需求。分类过于精细是不必要的。如果课程策划工作者认识到了这类需求，对需求的分类倒是次要的。

为了避免误解，特定学生的需求可以与其他一般学生的需求相似或不同。同样，一个特定社区的需求与一般社会的需求并非完全不同，但在某些方面，它们与具有相同一般社会需求的其他社区的需求确实有所不同。尽管当地的需求、资源和文化特质各不相同，但美国成千上万的社区，都是由交通工具和包括互联网在内的媒介联系在一起的整体文化的一部分。

兴趣和欲求

在继续讨论学生的需求之前，要将课程开发中学生的"兴趣"和"欲求"与由数据和证据所产生的需求区分开来。兴趣指的是对某物的态度或倾向，例如对汽车、机械、历史、戏剧或篮球的兴趣。欲求包括对某物的愿望、欲望或渴望，比如想要一辆汽车、想花钱或想要时髦的衣服等。

第五章的课程开发模式没有考虑到学生的兴趣或欲求。为什么学生的兴趣和欲求没有在所建议的开发模式中显示出来，原因如下：

· 兴趣和欲求可以是当下的，也可以是长期的；可以是严肃的，也可以是短暂的。直接的、短暂的兴趣和欲求不如长期的、严肃的兴趣和欲求重要。

· 兴趣和欲求都可能是需求的基础。例如，一种欲求可能就是一种需求。例如，想要被人接受的欲求，实际上是想要被人接受的心理需求。另外，想要一条昂贵的名牌牛仔裤并不是一种需求，尽管有些人可能不这么认为。那么，如果兴趣和欲求可以成为需求的基础，而且有时本身就是需求，那么，在课程改进的模式中将它们区分开来加以显示，就是多余的。

· 对兴趣来说，它将是过于复杂、累赘和费解的，并且希望在课程开发模式中被单独显示出来。当然，就兴趣而言，文献中充满了对教育工作者的告诫，要求他们关注学生的需求和兴趣，以至于需求和兴趣这两个概念构成一个混合的概念"需求加兴趣"（needs-and-interests）。在课程开发和教学过程中，必须不断考虑和筛选学生的兴趣和欲求，因为兴趣和欲求可以成为强大的推动力。

学生的需求：层次

课程规划人员所关注的学生需求的层次，可以确定为：（1）人类的需求；（2）国家的需求；（3）州或地区的需求；（4）社区的需求；（5）学校的需求；（6）个人的需求。

人类的需求

课程应反映学生的共同需求，如食物、衣服、住所和健康。1941年，富兰克林·D. 罗斯福（Franklin D. Roosevelt）在向美国国会发表国情咨文时，重申了人类的四项普遍需求，即众所周知的四大自由：免于匮乏的自由；免于恐惧的自由；以自己的方式信仰的自由；言论和表达的自由（Roosevelt，1941）。美国学生与来自世界各地的其他学生一样，具有共同的兴趣以及课程应该解决的人类的基本需求。

国家的需求

在国家层次，已做出许多努力，通过对教育目标的陈述，评估美国社会学生的一般需求。整个美国的学生都需要：思考、英语读写、为大学和职业做好准备，并拥有广泛的常识。一些可以确认的国家需求，是所有国家都共有的。例如，很少有人会说，掌握一个国家的官方语言对任何国家的发展和成长都不是必不可少的。从这个意义上说，识字是一种全世界范围的需求，而不是人类的需求，因为男人和女人不需要读或写也可以生存。然而，人类不能没有食物和水，也不能过度暴露在自然环境中。

为了了解全国学生的需求，课程规划者应该了解最新的相关研究和文献，并且，与其他课程开发人员在全国范围内建立起网络连接。课程规划者应该认识到学生不断变化的需求。例如，学生使用数字工具和资源来获取信息、组织信息、共享信息和接收反馈。一般来说，随着家庭的流动，学生应该在与美国各地的课程标准一致的水平上达标。然而，在过去的几十年里，仍然存在一些州和地区的需求，特别是对那些成年后仍然在同一个社区上从幼儿园到十二年级的课的人来说，更是如此。

有了现成的国家成绩数据，比如来自"国家教育进展评估"（NAEP）结果的数据，就可以确定美国的一些课程需求。例如，学生群体之间仍然存在种族、民族和经济地位的差异。根据2012年"国家教育进展评估"的数学评估，黑人和白人之间与西班牙裔和白人之间，仍然存在类似的成绩差距（National Center for Education Statistics，2013）。虽然这些数据指向学生的需求，但它也可以提供某些洞见，进一步促进对科目层次需求的分析。

州或地区的需求

课程规划工作者应该确定学生是否仅有相对于特定的某个州或地区的需求。在美国，为职业生涯做准备是所有学生的共同需求，而在特定的社区、州或地区，为特定的职业做准备可能更合适。在某些领域，如医疗保健、汽车机械、数字设计和数据分析，一般的知识和专业准备，可能在全国范围内都适用。然而，各州或地区可能会要求学生具备特定地理专业的特定知识和技能。由于旅游业的发展，酒店业的工作在阳光地带可能更为普及。同样，由于存在国家农业综合企业，中西部地区可能拥有高度集中的农业科学职位。像佛罗里达这种对环境敏感的州，可能非常需要环境工程师、水管理专家和各种类型的生物学家，包括研究和保护海龟筑巢的海洋生物学家。

社区的需求

课程开发人员研究学校或学区所服务的社区，并调查该特定社区的学生需求。在西弗吉尼亚州一个矿业小镇长大的学生与生活在密歇根州樱桃园里的学生，有各自不同的要求。高中毕业并选择留在社区的学生，将需要为适合其独特环境的职业或大学做准备，此外，还要准备好应对更全球化和更多技术的需求。

学校的需求

学校层次的课程规划人员，通常会调查并擅长分析特定学校、年级和科目领域学生的需求。这些需求，要求课程专家注意：有时个别学生的需求可能会被遮蔽。通过对学生水平数据的检查，有必要对阅读和数学未达标的学生进行干预。英语学习者为了成功需要课程。如果一所学校有一个对其他学校的学生有吸引力的项目（或者一个学校的某个专业，比如艺术），那么这些得到认定的专业领域将成为课程开发的原因。其他应该为课程开发提供信息的学生水平数据，将是那些解决所有学生潜力的数据，并且不应当以牺牲任何个人或学生群体为代价，包括牺牲那些在各个方面都精通或有天赋的学生。

个人的需求

最后，要考察某所学校个别学生的需求。当关注大多数学生的需求时，个别学生的需求会不会被忽视？学校是否满足了一般人、有天赋的人、学业出众的人、有挑战性的人、糖尿病患者、活动过度的人、孤僻者、好斗者和有创造性的人的需求？个人的需求在多大程度上得到了满足？

学生的每一层次的需求都建立在前一层次的基础之上，形成一个累积集（a cumulative set）。因此，每个学生表现出来自他或她的需求主要有：(1) 个性的需求；(2) 学校成员的需求；(3) 社区居民的需求；(4) 州或地区居民的需求；(5) 美国居民的需求；(6) 人类之一员的需求。

学生的需求：类型

当课程规划人员按需求类型分析学生的需求时，就增加了另一个维度。可以确立四大类需求：生理/生物需求、社会心理需求、教育需求和发展需求。

在研究这四种类型之前，请考虑一下"通用学习设计"（Universal Design for Learning, UDL）(www.udlcenter.org)。虽然"通用学习设计"框架是从有特殊需要的学习者的需求中产生的，但其概念适用于所有课程的开发和实施。为了确保所有学生都有机会在学校学习并取得成功，"通用学习设计"要解决课程组织和交付方式的灵活性、学生如何证明他们知道或能够达到熟练水平，以及学生如何得到激励或参与学习。此外，"通用学习设计"确保消除学习障碍，提供支持、住宿或支架，同时保持高期望。"通用学习设计"被认为是思考如何确保所有人都能获得高品质学习体验的标准。

生理/生物需求

由生物性因素所决定，学生的生理需求在同一文化中是共同的，在不同文化中通常是不变的。学生需要运动、锻炼、休息、营养和适当的医疗照顾。例如，在青春期之前，他们将了解酒精、毒品和烟草的有害影响，以及该如何做出决定。一门健全的课程要帮助学生了解和满足他们的生理需求，不仅在上学期间是这样，而且在成年后也是如此。

社会心理需求

一些课程开发人员可能会将这一类别分为社会需求和心理需求，但通常很难将两者区分开来。例如，个人对情感的需求当然是一种心理需求，然而，情感是从其他个体那里寻求的，在这种情况下，情感就变成了一种社会需求。乍一看，自尊似乎是一种纯粹的心理需求（Kelley, 1962）。

常见的社会心理需求包括情感、接受和认可、归属感、成功和安全。此外，每个人都需要从事有意义的工作——这一工作反映出他们的想法是有价值的，而这可能会导致目标明确、积极有为的学生，他们认为期望是值得努力达成的（Pink，2011）。能提供希望（学生有望投入思考、创造和惊奇活动）的课程设计者，将帮助教师满足学生的励志需求，因为动机是自然的，除非学习体验无聊乏味，学生才会失去动力（Jensen，1998）。

情感异常学生的需求显然属于心理范畴。要关注范围广泛的例外状况，包括但不限于：有天赋的、有创造力的、有情感障碍的、有学习障碍的、有自闭症的。课程专家要利用适当的资源来识别学生的社会心理需求，并将满足这些需求的方法纳入课程之中。对于有个人教育计划的学生，课程必须灵活多变，以满足这一类的要求。

教育需求

课程规划人员通常把满足学生的教育需求作为自己的首要任务。随着社会的变化，随着人们对成长和发育的生理和社会心理方面的了解越来越多，学生的教育需求也发生了变化。从历史上看，学校已经从强调古典和神权教育转向了职业和世俗教育。它们设法通过通识教育满足学生的教育需求，有时将其作为对学生和（或）社会的当代问题加以研究。职业教育和技术教育因时间的推移和地理位置的差异而呈现出不同特征。重视阅读、写作、思维过程，与此同时，学术学科在当下受到青睐，并受到课程标准的驱动（如果存在课程标准的话）。课程专家应该记住，教育需求不存在于学生的其他需求和社会需求的背景之外。

发展需求

罗伯特·J.哈维格斯特（Robert J. Haighurst）普及了发展性任务的概念，他认为发展性任务是指个体在其发展的特定时间必须完成的任务，如果个体想要在以后的任务中获得成功的话（1948）。他追溯了个人从婴儿期到后来成熟期的发展任务，并描述了每项任务的生物、心理和文化基础，以及教育意义。

介于个人需求和社会需求之间的发展性任务，并不完全属于本章为区分学生需求和社会需求而制定的方案。根据哈维格斯特（1948）的说法，这些任务实际上是在生命的特定阶段产生的个人社会需求，必须在该阶段得到满足。例如，在童年中期，学生学会与他人和谐地生活、工作和社交。以以下方式，哈维格斯特（1948）解决了发展性任务概念的用途问题：

在青春期，学生学会独立自主，为自己承担责任。

发展性任务的概念之所以对教育工作者有用，有两个原因。首先，它有助于发现和说明学校教育的目的。教育可以被视为社会通过学校帮助个人实现……自己的某些发展性任务所做的努力。

这个概念的第二个用途是在教育工作的时间安排上。当身体成熟、社会又需要、自我准备完成某项任务时，受教的时刻就来临了。教学上的努力，如果来得更早，很大程度上就会竹篮打水一场空，但如果正好处在可以施教的时刻，应当完成学习任务的时刻，就会产生令人满意的结果。（Havighurst, 1948, 第 8 页）

课程规划人员塑造了所谓的教学范围和顺序，或范围和顺序图表。这个图表根据学习者的学业成长和培养，分配了每个年级相对应的标准或要学习的内容。今天，人们认识到培养是否适当相当重要——课程提供的学习经历恰好适合学习者的年龄和学业背景。与范围和顺序文件的初衷相反，它们不只是反映培养是否适当，而且旨在帮助教师根据学年日历和评估日历调整合理的教学时间框架。最有可能的是，它们包括重新教授或复习关键内容和技能的特定时间与机会。

为了解决课程与学习者需求是否契合的问题，乔治·S. 莫里森（George S. Morrison）将学习者的需求扩展到了多元文化和性别问题。莫里森认为适当性有四种类型：培养的适当性，就成长和发展而言；个体的适当性，就学习者的特殊需要而言；多元文化的适当性，就文化多样性而言；性别的适当性，就避免歧视性的内容或做法而言（Morrison, 1993）。读者要意识到，莫里森的四种适当性，都涉及如果处理不当，就可能被视为歧视性实践乃至非法行为。

社会的需求：层次

课程开发人员不仅要考察学生对社会的需求，还要考察社会对学生的需求。这两种层次的需求有时会汇合、分离或互为镜像。当以学生的需求为焦点时，其视角可能与研究社会需求时所设定的视角不同。在分析社会需求的过程中，课程开发人员将带来一套完成任务的特定技能。以行为科学为基础，对分析个人需求尤为重要，而社会科学的背景，对分析社会需求至关重要。

就像评估学生需求的情况一样，已经建立了社会需求的两种简单分类：第一，有关层次；第二，有关类型。社会需求的层次从最广到最窄分为：人类层次、国际层次、国家层次、州层次、社区层次、邻里层次。

人类层次

作为人类的一员，全世界的人有什么需要？作为一个物种的人类与人类个体具有相同的需求：食物、衣服和住所。全人类都需要有免于匮乏、疾病和恐惧的自由。作为一个文明社会，大概从石器时代已经过去了几千年，人类需要生活在和平状态中，尽管人们常常没有意识到这一点。人类社会由于处于进化发展的顶峰，一直需要保持对动物王国的从属物种的控制。当地震、火山、飓风、洪水、龙卷风和干旱造成破坏时，每个人都会想到需要了解和控制自然力量。社会的一些需求——或者要求，如果你愿意这样说的话——是全人类共有的。

国际层次

课程开发人员应该考虑超越国界的需求，这些需求的存在并不是因为它们是人类的基本需求，而是因为它们产生于一个松散的国家联盟。研究世界语言是对人们相互交流需求的一种回应。商业是国际化的，银行、教育、医疗保健和社会的许多方面都是如此。为了所有国家的利益，有必要发展更有效的手段来分享专门知识和发现。尊重和持续地理解、拥抱、重视国内外的多元文化，是一种全球需求。

国家层次

美国的政体形式建立在存在受过良好教育和见多识广的公民的基础之上。因此，课程规划人员必须能够确定国家的需求。公民教育在很大程度上是学校的职责。确定国家需求的一种方法，是观察国家的社会和经济问题。美国经济迫切需要为那些看起来正在增长而不是减少的职业做好准备。课程规划人员必须认识到，教育、科学、技术、工程和数学等职业会受到兴衰规律的支配。就业机会各不相同，例如纳米科学和纳米医学领域，需求还会有所增长。但另一方面，对半熟练职位的需求有所减少。

就 2008 年至 2018 年的就业机会，美国劳工统计局（Bureau of Labor Statistics）报告称，以专业及相关职业论，计算机和数学行业、医疗保健从业人员和技术行业、教育和图书馆行业的就业机会增长较快，增长速度将超过任何其他主要职业群体。服务行业的增长率位居其次，医疗保健服务行业预计将在服务行业中增加最多的工作岗位，而农业、渔业和林业工作岗位预计将减少。管理、商业、金融和建筑行业的就业也预计会增加（U.S. Department of Labor, Bureau of Labor Statistics）。

学校通过综合高中、职业技术学校或深受欢迎学校的职业和技术教育来满足职业需求。自第一次世界大战以来，对职业教育和技术教育的重视时高时低。1917 年的"史密斯—休斯法案"、1929 年的"乔治—里德法案"、1936 年的"乔治—迪恩法案"、1963 年的"职业教育法"、查尔斯·普罗塞（Charles Prosser）呼吁"生活适应教育"的决议以及二战后"生活适应教育委员会"的成立、1984 年的"卡尔·D. 珀金斯法案"和 1994 年的"从学校到工作机会法案"，都针对青年的职业和生活需求。卡尔·D. 珀金斯法案（公法第 98—524 号，1984 年《职业教育法》）提供了一个有趣的例子，说明了改变课程重点对美国国会产生的影响。该法案于 1990 年修订，成为《卡尔·D. 珀金斯职业与应用技术教育法》；1998 年，它又以《卡尔·D. 珀金斯职业技术教育法》的面貌出现；2006 年，该法案重新获得授权，去掉了"职业"这个古老的、现在不那么受欢迎的标签，成为 2006 年《卡尔·D. 珀金斯事业和技术教育法》。追踪这一项目来源的变化，可以提供一个说明课程语言是如何变化的佳例，课程语言的变化也反映了课程重点领域内的期望。

经过更新的职业教育项目，继续关注劳动力市场中需要更新的领域，并寻求帮助学生获得成功就业所需的技能。加强职业教育的方法包括：分析社区的商业和工业需要；详述毕业生所需的成果；学术教育与职业教育相结合；从学校到工作的过渡项目；与工商界建立伙伴关系；在校期间的工作经历；指导学生考察一系列选定的职业，如商业、卫生、通信，这种实践被称为"职业集群"（career clustering）。

作为解决方案之一部分的职业需求和伙伴关系的一个例子，读者可能会将其与近年来在佛罗里达州所经历的教师短缺联系到一起。学区开始与州立学院和大学合作，培养具有高中经验的潜在教师，同时向州立大学开放，并进入大学教师预备项目。在这些教育经历中，合作伙伴关系为大学进修、实习和大学为教师培训提供资金等灵活多样的方式铺平了道路。合作伙伴关系的意图,是为那些想在完成教师培训项目后留在社区的教师提供长期解决方案。

除了对技术教育重新产生兴趣之外,推崇进步主义的学校也通过增加课程作为一种手段,为学生提供上大学的机会。对于从事教育的人来说,美国劳工部劳工统计局的发现并不太令人惊讶,"在二十个增长最快的职业中,学士或副学士学位是其中十二个职业中高等教育或培训的最重要来源"(2003 年),这增加了学生获得大学学位的全国趋势。随着消费者需求、人口迁移、全球竞争和外包强度的变化,就业需求将发生变化,技术将继续发展,所有这些都将影响课程开发的需求。成功的课程开发人员,将保持对美国和全球经济与政治趋势的最新了解,以准确地感知到国家的需求。

州的层次

各州也有特殊需求,并有责任在各个层次上为其公民提供服务。因此,各州在影响地方层次的课程设置方面发挥了重要作用。为了吸引企业在复杂多变的全球市场中创造就业机会,制定课程与各州利害攸关。在 21 世纪初,经济衰退影响了一些州的人口。例如,当美国制造的汽车销量下降时,密歇根州经历了经济困难。当蓬勃发展的房地产市场遇到金融挑战时,由于房主无力支付抵押贷款,也不缴纳财产税(在一些州,财产税占教育收入的很大一部分),收入因此下降。当美国整个工业从东北部转移到天气更晴朗的地区或劳动力和其他成本更低的墨西哥时,被遗弃的州感到了经济损失。随着各州经历经济繁荣和衰退,领导人有责任为其人民提供稳定和经济机会。

随着数据和证据变得更加透明,学生在州要求的考试中的表现可以由利益相关方进行比较和衡量。2001 年的《不让一个孩子掉队法案》是联邦政府为影响课程设置所做的努力,该法案要求各州在 2013 年之前,让所有学生按州标准、基准和表现衡量标准达到年级水平。为了遵守 2001 年《不让一个孩子掉队法案》的要求,各州按照规定的年级水平对阅读、数学和科学进行了测试,并公开了测试结果(U.S. Department of Education, 2001)。

正如你在阅读"力争上游基金"(RTTT)时所记得的那样,它为各州提供财政激励,以支持学生提高成绩。"力争上游基金"侧重于:(1)改进数据收集,以促进基于数据的决策;(2)改进学生的大学准备工作;(3)协助高素质教师和管理人员的招聘;(4)扭转低绩效学校表现不佳的势头(U.S. Department of Education)。

大量资金带来的期望可能会让人不知所措。课程规划人员应该考虑到为满足这些高要求而缩小课程设置所产生的影响。就业机会、对专门雇员的准备需求以及所需的学校教育类型因州而异，这些都是课程开发人员所关注的领域。因此，课程规划者在制定课程时，应考虑到来自不同影响的州的需求。

社区层次

课程开发人员能更经常地识别社区的需求，因为他们通常知道社区的主要业务和行业的变化。他们知道社区的经济是处于停滞、萧条还是繁荣状态。另一方面，变化有时是如此缓慢，以至于带头人忽视了使学术项目适应不断变化的社区需求。例如，是否有可能找到提供传统农业的学校，尽管社区很久以前就转向了小企业和轻工业，或者以前的田地和树林现在是细分的？另一方面，在联邦和私人支持的"科学、技术、工程和数学"教育资金的支持下，许多学区和州已经获得资源来更新期望，包括入门工程和生物医学项目课程，如"引路工程"（Project Lead the Way，www.pltw.org），甚至初中和高中也是如此。

一个州之内人口的变化，给社区带来了问题。美国人口普查局（United States Census Bureau）的数据证明，在20世纪70年代，许多不再抱有幻想的都市人搬到乡村地区，以寻求更好的生活质量，但仅仅到了80年代，他们又搬回到大都市地区。许多社区见证了相当高比例的房屋丧失了抵押品赎回权，结果导致家庭搬家，有时，社区的人口变量迅速变化。在气候温暖的季节，无家可归的住在汽车、帐篷、汽车旅馆的学生日益增多，无家可归现象影响到社区的课程。

人口变化给学校领导带来了挑战，就像学校部分资金所依赖的税基可能会影响社区的教育质量一样。比如1971年加州最高法院的塞拉诺诉普里斯特案和1989年得克萨斯州最高法院的埃奇伍德诉卡比案的判决，清楚地表明了有能力通过财产税筹集资金的富裕社区比税基较差的社区能提供更高质量的教育。在这方面，社区的需求变成了一个州的需求，因为根据美国宪法第十修正案，教育是保留给各州的权力。顺便说一句，当社区受到自然灾害的袭击时（比如2017年的哈维和厄玛飓风），包括学校在内的社区需求就会成为州和联邦的需求。

学校领导自己解决社会问题。社区主要向州立法机构寻求帮助，以在全州范围内平衡对教育机会的财政支持。另一方面，学校领导可以通过让当地政治家和他们所服务的社区意识到这些挑战，从而对他们所教育的社区公民产生影响，进而解决这些挑战。

邻里的层次

城市居民的需求与郊区居民不同。人口密度造成的需求与人口分散的地区不同。在某些邻里街区，犯罪现象可能比其他邻里街区更常见。移民劳工社区的需求与高管、医生和律师群体社区的需求大不相同。经济上处于不利地位的儿童，往往有健康和营养的需求（粮食不安全），这应该会影响到课程以及识字能力需求的提高（Gallagher, Goodyear, Brewer, & Rueda, 2012）。

虽然住房位置偏好（城市、农村或郊区）随着时间的推移而变化，但有一种趋势是开发新的社区，其目的是在郊区类型的环境中创造一种适宜的小镇氛围。总体规划的社区通常采用社区中心的概念，社区中心周围混杂着单户和多户住宅与公寓。学校、商业和娱乐设施都被规划在住宅的步行距离之内。公共交通甚至可以将城市中心与规划好的社区连接起来，在那里，学校、商店、工作和服务都可以在步行距离内找到。甚至这种趋势也可能影响到课程开发人员，因为他们观察和收集与这类变化相关的证据。

社会的需求：类型

课程规划者要从类型的角度观察社会需求。例如，以下每一种类型的社会需求都对课程有影响：

- 政治需求；
- 社交需求；
- 经济需求；
- 教育需求；
- 环境需求；
- 国防需求；
- 健康需求；
- 文化规范需求。

研究社会需求的课程小组最好明智地尝试生成自己的社会需求分类系统。然后，研究小组可能会将其分类系统与文献中发现的一些分类系统加以比较。例如，在第三章和第八章分别提到的"七项基本原则"和"青年的十项必需"，就是在过去尝试把学生的需求确定为社会需求的一个函数；然而，这些历史上的分类系统可能与今天无关。研究和比较，是课程团队创建自己的体系的明智做法。

社会过程

多年以来，在社会过程、社会功能、生活活动和社会制度的评量指标下，已经进行了许多尝试来确定社会需求或要求。需求在本质上可能是双重的，比如理解经济学与个人需求和社交需求有关。那些试图描述社会过程或社会功能的课程专家之所以这样做，是为了确定具有社会根源的个人需求。也许有人会说，除了纯粹的生理需求外，所有的个人需求都是源于社会的需求。很久以前，罗伯特·S.扎伊斯（Robert S. Zais，1976）认为赫伯特·斯宾塞（Herbert Spencer）开创了实证研究社会的实践（第301页）。

1934年的弗吉尼亚州立大学课程计划，被认为是围绕生命过程组织课程的较为著名的尝试之一（Taba，1962）。O. I. 费雷德里克和露西尔·J. 法奎尔（O. I. Frederick and Lucille J. Farquear）报告了弗吉尼亚州将以下九个人类活动领域纳入学校的课程之中：

- 保护生命和健康；

- 谋生；

- 成家；

- 表达宗教冲动；

- 满足对美的渴望；

- 确保教育；

- 在社会和公民行动中合作；

- 参与娱乐；

- 改善物质条件。（Frederick & Farquear，1937，第672—679页）

威斯康星州公共教学部（1950年）的《课程建设指南》因其社会功能方法而受到高度重视。威斯康星州公共教育部在初中核心课程指南中列出了以下社会功能：

·保持人口健康；

·提供身体保护和战争保障；

·节约和合理利用自然资源；

·为人们提供谋生机会；

·培养和教育年轻人；

·提供健康和充足的娱乐；

·使人们能够满足审美和精神的价值观。（Wisconsin State Department of Public Instruction，1950，第74页）

弗洛伦斯·B.斯特拉特迈耶、哈姆登·L.富克纳、玛格利特·G.麦金和A.哈里·帕索（Florence B. Stratemeyer, Hamden L. Forkner, Margaret G. McKim, and A. Harry Passow, 1957）提出了围绕人类活动组织课程体验的计划，如下所示：

要求增强个人能力的情境

健康：

满足生理需求；

满足情感需求和社交需求；

避免并关注疾病和伤害。

智力：

思路清晰；

理解别人的想法；

处理定量关系；

使用有效的工作方法。

道德选择：

决定个人自由的性质和范围；

决定对自己和他人负责。

审美表达与欣赏：

从自身寻找审美满足的源泉；

通过环境获得审美满足。

要求增加社会参与的情境

人与人之间的关系：

与他人建立有效的社会关系；

与他人建立有效的工作关系。

小组成员资格：

决定何时加入一个小组；

以一个小组成员的身份参与；

承担领导责任。

组与组之间的关系：

与种族、宗教和国家团体合作；

与社会经济团体合作；

与为特定行动而组织的团体打交道。

要求增强应对环境因素和力量的能力的情境

自然现象：

处理物理现象；

处理植物、动物和昆虫的生命；

利用物理和化学力量。

技术资源：

利用技术资源；

促进技术进步；

经济、社会、政治结构和力量：

谋生；

保障商品和服务；

提供社会福利；

塑造舆论；

参与地方和国家治理。（Stratemeyer, et al., 1957, 第146—172页）

塔巴（1962）指出，斯特拉特迈耶、富克纳、麦金和帕索的计划的优势在于，通过将实际关切与理论上的社会目标结合到一起，将学习者的需求和社会的需求统一了起来（第399页）。

总之，课程开发人员应该分析学习者的需求和社会的需求。对这两种资源的研究，正如拉尔夫·泰勒所说的，为课程的实施和组织提供了线索。

来自科目材料的需求

课程目的的一个主要来源，仍然需要考虑：来自科目材料的需求，或者如杰罗姆·S. 布鲁纳（Jerome S. Bruner）和其他人所说的，来自"科目结构"的需求。布鲁纳把一个科目的结构称为"基本理念"或"基本原则"。布鲁纳（1960）说："掌握科目的结构，就是以这样一种方式来理解它：允许许多其他事物与它建立起有意义的联系。简言之，学习结构，就是学习事物是如何相互联系的。"（第6页）

作为科目、内容或学科结构要素的例子，布鲁纳（1960）提到了生物学领域的向性（tropism），数学中的交换、分布与关联，以及语言领域的语言模式。每个科目都包含一定的基本领域或主题，这是确定一门课的基础，如果学习者要掌握该领域，就必须在一定的时间按一定的规定次序（顺序）接受这些领域或主题的教学。顺序可以通过增加复杂度来确定，如在数学、世界语言、语法、科学中；可以通过逻辑来确定，如在社会研究项目中，从学生的当下环境（家庭和学校）开始，扩展到社区、州、全国和世界；也可以通过心理方法来确定，如在职业教育项目中，从学习者的直接兴趣开始，然后拓展到更遥远的兴趣。虽然这些范围和顺序是过去历史上的描述，但在今天许多仍然如故，被认为是合乎逻辑的。

学科的变化

主要学科的变化并不新鲜。在"国防基金"的推动下，20世纪50年代的学术骚动改变了科目的教学内容。新数学、新科学和听说语言的广泛发展（使用口头录音进行练习、外语教学方法，现在被称为世界语言），创造了这些学科的定义和结构。

要理解一门学科是如何变化的，请想一想过去世界语言课程的开发工作人员是如何打破几代人以来主导外语学习的阅读－翻译目标的模式的。下面的段落，提醒人们注意外语学习目标的变化：

外语教师的目标，按优先顺序排列为：（1）听力理解；（2）说；（3）读；（4）写……上述四个语言目标，是与一般文化目标（了解外国风俗和外国人民）结合在一起的（Oliva, 1969, 第11页）。

世界语言研究提供了一个很好的例子，来说明循序渐进地进行语法结构的教学：单数名词和代词的概念出现在复数、复数名词和代词等概念之前，从简单到更高级。如前所述，今天公认的学术术语，是对世界语言和文化的研究。重点是一门目标语的说、读、写方面的经验，而不是英语阅读和翻译。

课程目标或标准

州教育机构和地方教育机构发布由特定领域的教师或课程管理专家开发的学习样板研究课、单元教学计划、教案和课程指南。这些出版物概述了要教授的标准，即特定年级或科目的学科结构。还可能包括标准的说明书和如何在评估中衡量标准熟练度的示例。也包括一些基本问题或大观念、学习目标或日常目的，以及对教学策略的建议。

标准运动对政治家和利益相关方都有吸引力的一个方面是，各州能够整合大规模评估，以确定个别学生、学生分组（如经济上处于不利地位的学生或英语学习者）、教师、学校和学区的学习成果或学生学习的年度变化。根据罗伯特·E. 布鲁姆（Robert E. Blum）的说法，制定更严格的内容标准和建立基于标准的评估，可以为各州创立一个系统，为学生的成就设定基准和期望值。基于标准的课程和教学的潜在主题，是以所有学生对学习抱有相同期望为前提的（Blum，2000，第90—113页）。尽管有人指责基于标准的课程缩小了课程范围，但它仍在继续推进相关的评估、结果分析、政策制定者的制裁和奖励。

基于标准的课程可以如何开发的一个例子，是从单元开始：从幼儿园即开始实施，随着年级的渐进而变得越来越复杂。在《共同核心州立标准》的"英语语言艺术"标准中，有四个阅读单元和三个写作单元，共同构成"英语语言艺术"的七个单元。"英语语言艺术"的各单元是：

第一单元：阅读和写作：习惯和性格（HD）；

第二单元：阅读／在单词层面创造意义（RWL）；

第三单元：阅读文学／在文本层面创造意义（RL）；

第四单元：阅读信息测试／在文本层面上创造意义（RI）；

第五单元：写作文学文本／交流思想和经验（WL）；

第六单元：通过信息文本写作来报告／传达观念（WI）；

第七单元：有说服力的写作／交流观点、批评和论据（WP）（Hess，2011，第5页）。

六年级第三单元的一个例子是：引用文本证据来支持对文本明确表达的内容、从文本中得出的推论的分析（NGA & CCSSO，2010，第36页）。从九年级和十年级的第三单元中，你可以看到复杂度已经增加到：引用有力而彻底的文本证据来支持对文本明确表达的内容、从文本中得出的推论的分析（NGA & CCSSO，2010，第38页）。六年级和九年级／十年级的同类单元的比较，显示出了复杂度是如何随着年级的增加而增加的。

到目前为止，讨论需求的目的是指导课程开发人员考虑需求的三个主要来源：学习者、社会和科目材料。虽然拉尔夫·泰勒讨论了这三组需求，将它们当作初步的总体目标的来源，当作一个健全的程序，但这里对它们进行考察和阐述，是将它们作为研究需求和识别学区或学校课程未满足的需求的系统程序的一个序幕。这种程序通常在文献中被称为"课程需求评估"。

需求评估的目标是双重的：（1）确定现有课程还没有满足的学习者的需求；（2）为修订课程奠定基础，以满足尽可能多的未被满足的需求。进行需求评估不是一种单一的、一次性的操作，而是一种持续的、定期的活动。一些课程开发人员认为需求评估是在课程广泛研究开始时要完成的任务，例如在申请认证时可能就是这样。由于学生、社会和科目材料的需求随着时间的推移而变化，由于没有一门课程能够达到满足所有学生教育需求的完美状态，因此应定期进行全面的需求评估，并每年进行调整。

在数据库或大规模数据集可用之前，定期进行修订，并从这样的需求评估开始。在21世纪，有了监测数据、"结课考试"（EOC）和州教育机构或当地教育机构要求的年度评估，考试应该不断地根据确定需求的数据和证据加以修正。

在数据容易获得之前数年，英格利希和考夫曼（English and Kaufman，1975）指出，大多数学区需要六个月到两年的时间来完成全面的需求评估。相比之下，今天的需求评估没有具体的时间，因此它只在课程全面研究起步时进行。相反，需求评估是一项持续的活动，发生在：（1）详述课程目标和标准之前；（2）课程目标和标准确定之后；（3）教学评估之后；（4）课程评估之后（Wiles & Bondi，2011）。并非所有学区都进行全方位的需求评估。

需求评估的范围各不相同，从对感知需求的简单研究到使用广泛数据进行彻底分析，不一而足。

感知需求的数据和分析

一些学校将评估需求过程限制在：（1）教师；（2）学生；（3）家长对学习者需求的在线或纸质调查之上。在这种情况下，课程规划人员不是求助于客观数据，而是提出定性的、开放式的问题，从一个或多个群体中寻求意见。或者，调查可以用李克特类型条目来构建，对具有一系列值的陈述进行评级，通常为1—4或5级，例如从"从不""1"到"总是""5"，或者，从"强烈同意""1"到"强烈不同意""5"。定性和定量两种类型的条目的组合，可能会提供最有用的数据。

对定量李克特类型条目的反馈可以用软件分析，比对定性条目的反馈做出分析更容易。定性分析需要时间来检查，细察对各主题和类别出现的反应，最终导致研究者得出结论（Fereday & Muir-Cochrane，2006）。当对不同人群（如学生、教师、家长）进行类似调查时，可以比较三组之间的看法，以确定看法的同异。如上所述，数据还可以按每个人群中的子群体进行分析，以提供对不同社区、年级和人口变量的看法的深入了解。这种调查可能最常用于学校层次，但也可以在更大的层次上有所帮助。

父母可能被问到这一类的问题：

李克特类型条目的例子：

你认为你学生的学校多长时间能满足他的学业需求？（选项：所有时间，大部分时间，部分时间，从不）

开放式条目的例子：

请举例说明什么时候老师的期望对学生而言"太简单""太有挑战性""正好合适"。
你认为学校应该提供哪些现在没有提供的内容或项目？
你对改善学校的学术项目有什么建议？
在你的学生在这所学校的学习经历中，哪两种经历是最好的？为什么？

教师和学生可能会被要求回答类似的问题，以获得他们对学校课程和需要改进的看法。感知需求方法是这一过程的第一个阶段。通过这样的调查，可以在不同的家长、学生和教师群体之间进行比较，从而有机会听到利益相关方的各种声音。感知需求方法成为一种有效的沟通手段，特别是当进行变革时，会参考他们所输入的信息。作为第一步，感知需求方法是有益的。

另一方面，感知需求方法是受限的，因为任何一个人的意见的范围都是窄小的，因此意见的回收率对于确定各种人群的趋势十分重要。虽然课程规划人员会了解不同群体的看法，但他或她也必须了解数据和证据。不同群体所感知到的学习者的需求，可能与更客观的数据所显示的需求大不相同。乔恩·W. 怀尔斯和约瑟夫·C. 邦迪（Jon W. Wiles and Joseph C. Bondi, 2011）评论说，"在许多学区，未能评估学习者的真正需求导致了功能失调的课程"（第82页）。因此，需求评估必须不限于收集看法。

数据收集与分析

那些负责进行需求评估的人应该从当地、州和全国各级现有的数据来源中收集有关课程实施结果的数据和证据。必要的数据包括社区、学生团体和工作人员的背景信息。课程规划者需要了解所提供的课程、学生在这些课程中的表现以及可用的设施。他们需要按学生分组、学校和年级利用所有评估数据。代数 I 可以在不同的年级讲授，比如六年级到十年级。除了评估数据之外，还有其他数据来源，包括教师和学生的出勤情况、违纪行为和由此导致的缺课或离校时间、教师给出的成绩的分布，以及重修某门课或留级的学生人数。

数据可以从学校、学区、州和／或国家一级的网站获得。国家资源站点，如"国家教育统计中心"（nce.ed.gov）有大量关于不同主题的数据，例如，成绩、设施、学生分组，这些数据可以为地方和州的数据提供一个全国背景。

仅靠量化数据是不够的。当管理人员观察教师并使用他们的数字设备对观察到的行为和评分进行编码时，这些数据点被编译，并可以提供跨年级、学科、学校的课程有效性的图片。这些趋势数据和证据还可以洞察教师对日常标准或学习目标的理解情况。教师的教学是否达到了标准的严格程度？同一班级或不同班级的学生是否被要求学习较低层次的思维或复杂性？哪些学生在学习、哪些没有，又是在什么条件下？在缩小学生分组之间的成绩差距时，谁在学习并达到熟练水平、谁没有达到熟练水平的问题，最为重要。

请记住，其他重要的证据在于教学资源、教师所做的评估和问责性评估是否与课程保持了一致，从而形成了课程体系（Taylor, 2010; 2007; 2002; 1999）。检查一致性将提供证据，证明有一个一致的课程系统，或者没有一个需要注意的一致的系统。同样，英格利希描述了一个通过检查适当的政策、文件和实践来收集学校数据的过程，他称之为课程审计（1988，第33页）。

充分的数据和证据，对于被确定为课程开发的优先事项的科目、主题和年级的选择的决策来说必不可少。所有这些数据和证据，应该以一种连贯的方式放在一起，最有可能以数字和可搜索的格式出现，以便可以对它们进行分析，并做出有关优先事项的决定（National Study of School Evaluation, 2006）。

此外，需求评估通常是在寻求认证的学校进行的，无论是公立学校还是独立／私立学校。希望获得认证的学校通常会进行全面的自学，并由外部委员会定期访问。也可能进行临时研究。申请认证的学校遵循其认证协会制定的标准，通常结合其州教育部门和"国家学校评估研究"（2006）所制作的材料。

需求评估过程的步骤

需求评估过程包括以下步骤:

- 根据数据和证据设定和验证课程目标;
- 优先考虑课程目标;
- 将优先课程目标转换为课程目的或标准;
- 优先考虑课程目的或标准;
- 收集成绩数据、非成绩数据和证据;
- 确定未满足的课程需求;
- 优先考虑课程开发需求;
- 通过重新开发课程实现优先需求;
- 评估优先课程的目的和标准是否成功。(English & Kaufman, 1975, 第 12—48 页)

　　这些步骤看起来十分简单,但实际上相当复杂。他们涉及很多人:学校董事会、管理人员、教师、学生、家长和其他利益相关方。对学校、学区、社区甚至州和国家的深入了解,是获得成功的需求评估结果所必不可少的。虽然将确定领导人并负责领导这一过程,但需求评估主要是一项需要许多团体参与的活动。那些被分配了领导角色的人应该在课程、社会学、心理学、数据分析技能和预测分析知识方面打下坚实的基础,以实现推进需求评估过程。

　　进行需求评估的人,必须收集有关学校和社区的大量数据,并利用多种评估手段,包括感知、观察、预测工具和评估。在整个过程中,他们应该采用建设性的技术,使个人和团体参与其中并加以管理,并且必须采用有效的方法分享信息,使参与者和社区了解整个过程。他们可以寻求课程开发、教学、员工培养、预算、数据和证据收集、数据分析、预测分析、测量和评估等方面经验丰富的人的帮助。

　　需求评估过程旨在告知那些受这一过程影响的人,哪些课程特征应该保持原样,哪些应该加以修订、删除、添加,以及针对哪些学生。因此,你可以看到,彻底的需求评估不仅仅是对感知到的需求或一年的评估结果的调查。如果做得恰当,这是一个旷日持久的、再三重复的过程，需要投入足够的人力和物力资源来完成这一工作。发现学习者未被满足的需求的系统过程，是课程改进的一个必不可少的阶段。

总 结

课程规划人员必须顾及学生和社会的需求。这些需求可按层次和类型加以分类。人们已经进行了各种尝试，以确定对课程产生影响的社会过程、功能和机构。

每个学科都有自己独特的一套影响有关范围和顺序决策的元素或结构。一个科目的结构，是通过对基本思想、基本原则、广泛的可概括的主题、能力、绩效目标和/或标准的阐述显示出来的。

除了根据经验研究学生、学生群体、社会和学科的需求外，课程规划工作者还应该进行系统的需求评估，以确定期望值和实际的学生表现之间的差距和差异。已确认为未得到满足的需求，应在课程修订中发挥主要作用。

课程需求评估允许学区领导发现他们课程是否一致的问题。此外，它还为学校和社区合作创造了一种工具，建立了社区对学区项目的理解，并为学区缩小成绩差距的努力提供支持。

应用

1. 设计一个工具，使你能够收集和分析一个科目领域和年级范围的课程开发需求。解释你将如何分析结果数据。你会让谁来确保过程的公平和透明？

2. 设计一个包含有收集来的调查数据以及其他重要数据和证据的模板。

3. 分析社会需求和个人需求与选定课程主题文件是否一致。使用证据和其他数据来支持你的分析。

反思与探究

1. 想一想"通用数据连接"的概念，以及它如何与你的环境中不同学生的学习经验保持一致。如果有任何地方与"通用数据连接"不一致，你将采取什么步骤来确保积极的调整？

2. 哪些数据来源通常不被引用，但在你的课程开发中应该考虑到。你将如何着手弥补这

—漏洞？

3. 反思自己的课程需求评估技能和知识。在本书中得到确认的，你想更多了解的是哪些技能和知识？你会找谁学习更多关于预测分析的知识，或者学习如何构建一种具有高回收率的有效可靠的在线调查？

网站

Center on Education Policy: cep-dc.org/

Advanced Ed: advanc-ed.org/National Center for Educational   Statistics: nces.ed.gov

National Center on Education and the Economy: ncee.org

Project Lead the Way（STEM K-12）: www.pltw.org

建议阅读

Bondi, J. & Wiles, M. T.（2006）. *The essential middle school*（4th ed.）. Upper Saddle River, NJ: Merrill/Pren-tice Hall.

Goodlad, J. I.（1979）. *Curriculum inquiry: The study of curriculum practice*. New York, NY: McGraw-Hill.

Helmer, O.(1968). Analysis of the future: The Delphi method. In James R. Bright(Ed.),(1968). *Technological forecasting for industry and government: Methods and applications*（pp. 116-122）. Englewood Cliffs, NJ: Prentice-Hall.

House, E. R.（1998）. *Schools for sale: Why free market policies won't improve America's schools and what will*. New York, NY: Teachers College Press.

Kaplan, B. A.（1974）. *Needs assessment for education: A planning handbook for school districts*. Trenton, NJ: New Jersey Department of Education, Bureau of Planning, ERIC: ED 089 405.

Morrison, H. C.（1940）. *The curriculum of the common school*. Chicago, IL: University of Chicago Press.

National Study of School Evaluation.（1997）. *Improvement: Focusing on student performance*. Schaumburg, IL: National Study of School Evaluation.

Rose, D. H., & Meyer, A.（2002）. *Teaching every student in the digital age: Universal design for learning*. Alexandria, VA: Association for Supervision and Curriculum Development.

Rose, D. H. & Meyer, A. (Eds). (2006). *A practical reader in universal design for learning*. Boston, MA: Harvard Education Press.

参考文献

Blum, R. E. (2000). Standards-Based reform: Can it make a difference for students? *Peabody Journal of Education*, 75(4), 90–113. doi:10.1207/ s15327930pje7504_5

Bruner, J. S. (1960). *The process of education*. Cambridge, MA: Harvard University Press.

Edgewood Independent School District et al., v. William Kirby et al., 777 S.S. 2d 391 (Texas, 1981)

English, F. W., & Kaufman, R. A. (1975). *Needs assessment: A focus on curriculum development*. Alexandria, VA: Association for Supervision and Curriculum Development.

English, F. W. (1988). *Curriculum auditing*. Lancaster, PA: Technomic Publishing Company.

Fereday, J. & Muir-Cochrane, E. (2006). Demonstrating rigor using thematic analysis: A hybrid approach of inductive and deductive coding and theme development. *International Journal of Qualitative Methods*, 5(1), 80–92.

Frederick, O. I., & Farquear, L. J. (1937). Areas of human activity. *The Journal of Educational Research*, 30(9), 672–679. doi:10.1080/00220671.1937.10880709

Gallagher, K. S., Goodyear, R., Brewer, D. J., & Rueda, R. (2012). *Urban education: A model for leadership and policy*. New York, NY: Routledge.

Havighurst, R. J. (1948). *Developmental tasks and education*. Chicago, IL: University of Chicago Press.

Hess, K. K. (2011 December). *Learning progressions frameworks designed for use with the common core state standards in English language arts & literacy K-12*. Dover, NH: National Center for the Improvement of Educational Assessment (NCIEA.org)

Jensen, E. (1998). *Teaching with the brain in mind*. Alexandria, VA: Association for Supervision and Curriculum Development.

Kelley, E. C. (1962). The fully functioning self. In A. W. Combs, W. C. Kelley, & C. R. Rogers (Eds.), (1962). *Perceiving, behaving, becoming*. Alexandria, VA: Association for

Supervision and Curriculum Development.

Morrison, G. S. (1993). *Contemporary curriculum K - 8*. Boston, MA: Allyn & Bacon.

National Center for Education Statistics. (2013). *The nation's report card: Trends in academic progress 2012*. Washington, DC: Institute of Education Sciences, U.S. Department of Education.

National Governor's Association (NGA) Center for Best Practices & Council of Chief State School Officers (CCSSO) (2010). *Common core state standards for English language arts & literacy in history/social studies, science, and technical subjects: Appendix A*. Washington, DC: Authors.

National Study of School Evaluation. (2006). *Breakthrough school improvement: An action guide for greater and faster results*. Schaumburg, IL: National Study of School Evaluation.

Oliva, P. F. (1969). *The teaching of foreign languages*. Englewood Cliffs, NJ: Prentice Hall.

Pink, D. H. (2011). *Drive: The surprising truth about what motivates us*. New York, NY: Riverhead Books.

Roosevelt, F. (1941). *Annual Message to Congress, Four Freedoms*. Retrieved from https://fdrlibrary.org/ four-freedoms.

Serrano v. Priest, 487 P. 2nd 1241 5 Cal. (1971).

Stratemeyer, F. B., Forkner, H. L., McKim, M. G., & Passow, A. H. (1957). *Developing a curriculum for modern living* (2nd ed.). New York, NY: Bureau of Publications, Teachers College Press, Columbia University.

Taba, H. (1962). *Curriculum development: Theory and practice*. New York, NY: Harcourt, Brace, & Jovanovich.

Taylor, R. T. (2010). *Leading learning: Change student achievement today*! Thousand Oaks, CA: Corwin Press.

Taylor, R. T. (2007). *Improving reading, writing, and content learning for students in grades 4 - 12*. Thousand Oaks, CA: Corwin Press.

Taylor, R. (2002, September). Creating a system that gets results for the older, reluctant reader. *Phi Delta Kappan*, 84 (1), 85 - 87.

Taylor, R. (1999, December). Missing pieces, aligned curriculum, instruction and assessment. *Schools in the Middle*, 9 (4), 14–16

Tyler, R. W. (1949). *Basic principles of curriculum and instruction*. Chicago, IL: University of Chicago Press.

United States Department of Education. (2001). *Executive summary of the No Child Left Behind Act of 2001*. Retrieved from http://www.ed.gov./print/nclb/over- view/intro/execsumm.html

United States Department of Education. (n.d.). *Race to the top program, executive summary. Developing a comprehensive security program*. doi:10.1016/ b978-0-12-800930-7.00007-6

Universal Design for Learning. (n.d.). *The concept of UDL*. Retrieved from http://www.udlcenter.org/aboutudl/ whatisudl/conceptofudl.

U.S. Department of Labor, Bureau of Labor Statistics. (2003). *Occupational outlook handbook*. Retrieved from www.bls.gov/oco/oco2003.html

Wagner, T. (2010). *The global achievement gap*. New York, NY: Basic Books.

Wiles, M. J., & Bondi, J. (2011). *Curriculum development: A guide to practice* (8th ed.). Upper Saddle River, NJ: Pearson Education.

Wisconsin State Department of Public Instruction. (1950). *Guide to curriculum building, Bulletin No. 8*. (1950). Madison, WI: State Department of Instruction.

Zais, R. S. (1976). *Curriculum: Principles and foundations*. New York, NY: Harper & Row.

第八章 课程目标或宗旨与课程目的或标准

学习成果

学习完本章，你应该能够：

1. 区分课程目标和课程目的。
2. 区分教育目标、课程目标和课程目的。
3. 区分课程目标和课程目的、教学目标和教学目的。
4. 撰写课程目标和课程目的。

课程体系组件的层级

在第六章中，你遇到了本书中使用的术语"教育目标""课程目标""课程目的""教学目标"和"教学目的"。如果你还记得的话，第一章中的表1.1给课程开发人员提供了一个从传统的学术语言到基于标准的学术语言的术语对照表，它表明由于美国掀起了趋向标准的运动，学术术语随之也发生了变化。此外，还讨论了从最广泛到最狭隘的教育意图的等级体系。对于本章的课程目标和课程目的，以及第十章的教学目标和教学目的，这种等级体系都是必不可少的。图8.1是课程开发人员在概念化课程系统开发时所使用的等级体系和术语对照表的可视化图。

宗旨、目标和目的

按照专家所确立的原则进行课程开发的实践者，应该了解这些原则出现的背景。成功的课程开发人员，选择在自己的环境中使用的术语，清楚地定义这些术语，并一以贯之地使用它们。

课程开发人员应该理解教育宗旨、课程目标和课程目的之间的差异。教育宗旨是广泛的意图，例如，所有的学生都将为上大学和就业做好准备。教育宗旨和课程目标之间的区别，是一种通用性的区别。上面提到的例子，所有的学生都将为上大学和就业做好准备，这是通用的，没有任何一个项目或学校可以完成这些极其广泛的意图。学校可以帮助学生在学前至十二年级阶段为大学和职业做好准备，因为这些广泛的领域的开发要历经多年的学习。一所特定的学校，无论是小学、初中还是高中，也可以把让所有学生为上大学和就业做好准备作为使命。接下来，学区或学校的任务陈述可能是包罗万象的课程目标，比如，学生要阅读、写作，并在数学和语言方面进行交流。这种包罗万象的任务陈述，通往让学生为大学和职业做好准备的宗旨或使命。

图 8.1 成果的等级体系

在本书中，区分了课程目标和课程目的以及教学目标和教学目的，以帮助实践者促进课程开发从一般教育宗旨到精确教学目的的自然流动。因此，详述课程目标和课程目的，被视为这两个端点之间的中间规划步骤。第一步是定义术语，接下来是示例和撰写指南。

定义课程目标和目的

课程目标

"课程目标"是用一般术语所陈述的意图或结局，不带判断成绩的标准。课程目标来源于哲学的陈述、已界定的教育宗旨、学生需求（需求评估）及其成绩的数据。在他们的语境中，课程开发人员希望学生能够实现目标，然而，他们把教学决策留给了他人。

想一想一个州旨在确立目标而做出的战略努力：各地可以让自己的课程与其目标保持一致。例子来自密歇根州。2015 年，密歇根州教育厅（MDE）制定了七个目标，重点关注儿童的学习。第一个目标是，"通过与商业和工业、劳工、高等教育的多方利益相关方合作，为每个孩子提供从幼儿到中学后获得一致的、高质量的 P-20 系统的机会，最大限度地提高终身学习和成功"，这一目标赋予利益相关方以自主权，同时为课程调整提供方向（Michigan Department of Education，2015）。

为了进一步说明这一例子，东兰辛公立学校（ELPS）"战略计划的愿景声明"宣称："东兰辛公立学校努力在公平的学习环境中为每个学生提供示范教学，旨在教育孩子全面发展。在与社区的合作中，东兰辛公立学校努力肯定文化差异，培养求知好奇心、合作、创造力、批判性思维和有效沟通，使每个学生毕业后成为社会富有成效的一员。"（East Lansing Public Schools，2017）根据这份愿景声明，学校董事会制定了与密歇根教育厅一致的五个目标。"东兰辛战略计划"的第一个目标指出：

第一个目标。具有挑战性和吸引力的课程，提供非凡的学习体验（交叉性内容、深思熟虑的探究、学生尽其所能的操作、概念深度）。（East Lansing Public School，2017）

正如你从上面两个例子中看到的，"课程目标"是一个宽泛的术语，它是战略性地建立起来的，用于指导利益相关方为他们所服务的学生开发课程、教学和相关措施。

课程目的或标准

课程目标一旦确立，就会衍生出课程目的或标准。"课程目的或标准"是用具体的、可测量的术语表述的意图或结局。课程开发人员的意图是让学生通过学习经验来熟练达到课程目的或标准。各州和学区可能将"标准"和"课程目的"当作同义词来使用。标准可以被命名为官方所抱的期望，课程目的可以用于没有标准的内容领域，也可以不受州一级问责制的目的正式测量。因此，根据不同的上下文，这些词是可以互换的。

表 8.1 列出了密歇根教育厅于 2010 年制定并于 2017 年修订的八年级数学标准的两个例子。密歇根教育厅提出了这两个标准，作为地方教育机构课程开发人员设定学习目标（教学

目的）的手段，它们将使学生达到课程目的或标准。因此，教师必须创立教学实践，以达成与标准相关的理想的学生学习成果。重要的是要注意，标准没有规定教学方法（探究还是直接教学）或模式（面对面还是在线）。标准不同于没有成绩评判标准的一般课程目标，它是可测量的，其详细说明是评估条目的基础。第十二章提供了与标准及其详细说明如何导致对学生学习的问责性评估有关的更多细节。

表 8.1 定义域：数字系统。八年级数字系统。密歇根大学教育系

聚类：知道有一些数字不是有理数，并且知道用有理数来近似它们。

标准：

1. 要知道非有理数的数字被称为无理数。要简略地理解每个数字都有十进制的展开；对于有理数，要表明十进制的展开最终重复，并将最终重复的十进制展开转换为有理数。

2. 使用无理数的有理数近似值来比较无理数的大小，在数轴图上近似地定位它们，并估算表达式的值（例如，p2）。例如，通过截断 U2 的十进制展开，显示 U2 在 1 和 2 之间，然后在 1.4 和 1.5 之间，并解释如何继续获得更好的近似值。

资料来源：Michigan Department of Education，2017

"学习目标"是短期的、可测量的教学目的。它们为教学规划和形成性评估提供指导，通常由教师确定，但也可以在学区一级进行开发。多个学习目标将从同一标准中产生，并自然地按教学顺序进行组织，从而使学生能够达到核心标准。

"达标度"或表明达标进展的水平，是由州为州标准化评估和州结课（EOC）考试设定的。还可以为学区制定总结性评估和形成性评估设定达标度。衡量学习通向达标的目标进展的形成性评估，应该为干预和教学差异化提供合理措施。这些形成性评估也可以用于预测分析、数据挖掘、预测建模和机器学习。人工智能允许机器学习无需编程就可以预测学生的学习成果，或者对学生在国家问责评估中的表现提出假说。学习目标可以由学区和教师在学校层次设定。

课程目标和标准与教学目标和教学目的的一致，提供了一个支持在州和其他问责评估中取得成功的系统的课程框架。如果你回顾图5.5，课程系统开发的戈登泰勒模式，你会注意到在系统中没有明确指出教学，因为建议包括在课程指南中，课程的实施代表了教学目标、教学目的和教学方法。在后面的章节中，将更深入地讨论这些观点。这一系统框架，体现了教学与课程在实施过程中相遇，进而使学生受益。

实施需求评估

在第七章中，我们描述了需求评估和课程目标的必要性：需求评估是一种持续的活动，发生在以下时间段：（1）确定课程目标和目的之前；（2）确定课程目标和目的之后；（3）评估教学之后；（4）评估课程之后。

一旦课程目标和目的被写下来，需求评估（数据和证据收集和分析）过程就会发现其他未得到满足的需求。它还将有助于澄清需要做的工作。一旦得到确定，表明需求的这些数据将导致创建更多的课程目标和课程目的，或修订那些详细说明。请记住，标准可能由州教育机构或本地教育机构指定，而对于没有标准的内容领域，课程目标可能由学校层次或州教育机构指定。

一个州可以为该州的所有学校和所有学生制定广泛的目标和课程目标，在某些情况下，也可以制定课程目的、教学目标和教学目的。在实践中，学区和个别学校可以逐字接受该州制定的课程目标和课程目的，也可以独立制定自己的陈述。不仅州和学区建立了课程目标和课程目的，而且各个学校也通过详细说明自己的哲学、目标和目的而进入这一过程。一般来说，学区和个别学校的陈述，与州教育机构和政策的陈述保持一致。

构建课程目标陈述

在学区，对课程目标的表述，可能会强调学校或学区课程的作用。以下课程目标的例子，彰显出了各种形式的表达。

· 教学生用书面和口头英语或官方语言清晰、正确地表达自己。

· 培养学生明智购买商品和服务的能力。

· 帮助学生培养对其他文化的尊重。

虽然强调学校或学区作用的表达相当常见，但关注学生的学习更为可取，原因如下：

- 哲学上，它将学生置于学习的中心。
- 它符合教学设计，注重学生的学习成果，而不是教师或学校的表现。
- 学生成果陈述与撰写教学目标和教学目的或学习目标同时进行。这样才能更好地理解课程目标，更好地协调课程开发过程。
- 评估设计可以与系统的课程和教学保持一致，并充当反馈。

以学生为中心的课程目标的撰写，将导致采用以下方式对前面的示例做出修订：

- 学生将用书面和口头英语或官方语言清晰、正确地表达自己。
- 学生具有明智地购买商品和服务的能力。
- 学生将展现出对其他文化的理解。

课程目标的特点

本书所构想的课程目标的特点，可以概括为以下几点：

- 与目标、使命或教育哲学联系在一起。
- 虽然它们诉诸课程的一个或多个领域，但它们并不描述具体的科目或具体的内容条目。
- 参考是指参考所有学生的成绩，而不是个别学生的成绩。
- 它们足够广泛，可以引导具体的课程目的或标准。

构建课程目的或标准

与课程目标一样，与学区的教育目标和哲学相关的课程目的或标准是程序化的，并涉及群体的成就。与课程目标不同，课程目的或标准是用具体的术语表述的，是可测量的。

随着大多数州采用《共同核心州立标准》，剩下的几个州制订了自己的变通了的标准，教师们获得了对将要教授内容的期望。拉里·安思沃斯（Larry Ainsworth，2010）将标准描述为达成预期目标的手段。这些手段包括标准的筛选和优化、个性化指导、形成性评估和数据分析。课程目的或标准，包含应加以考虑的特征。

课程目的或标准的特点

"课程目的"是课程目标的细化。它们对课程所针对的学生的表现做了详细说明。可以通过添加以下三个要素，将课程目标修订为课程目的：

1. 表现或行为方面的条文，即期望学生显示出的那些熟能生巧的技能和知识。
2. 掌握的精确度或熟练度。
3. 表现将在何种条件下出现。

为了完成从课程目标到课程目的的过渡，你可能会发现，建立一些学生表现的指标或说明是有益的，这些指标或说明将作为编写课程目的的指南。科学课程的目标可以是：学生对科学方法有基本的了解。课程目的或标准可以是：学生将运用科学方法，包括使用学术语言、研究的基本要素，以及使用文本和其他证据得出结论。对成文标准的熟练度的显示，将按预期的教学顺序进行，这对教师来说是容易理解的。你可能期望学习的显示是由教学目的或学习目标来指导的，例如：

- 学生将在调查中应用、研究和发现相关的术语。
- 当解决问题时，学生将表现出合理研究的基本要素。
- 学生将从文本和其他证据中生成假设。
- 学生将在文本和其他证据和研究的支持下得出合理的结论。

标准的指标或说明导向教学目的或短期学习目标。在《共同核心州立标准》和州教育机构开发的标准中，你将找到导致其开发的详细说明。这些相同的详细说明与问责评估条款相匹配。通过了解标准和评估条款的详细说明，教师得到引导，在设计教学时缩小选择的范围，让学生为成功做好准备。

阐明和确定课程目标、课程目的或标准的优先级

如前所述，课程需求的评估是一个持续的过程，这一过程从阐明哲学和澄清教育目标后开始。已确认的需求引起对课程目标和课程目的的初步陈述。在确认了这些课程目标和课程目的之后，需求评估过程将继续进行，以确定是否有任何数据和证据表明需求还没有得到满足。当未满足的需求暴露出来时，要准备一份经过修订的课程目标和课程目的清单。这些课程目标和目的需要验证并按顺序排列。例如，有了州教育机构开发的标准，学区和学校合作课程团队可以根据自己在问责性评估中的表述或学生在类似此前条目中的成功度来优先考虑这些标准。想想协作课程团队如何使用数据分析，以这种方式为正在进行的课程开发提供信息。在过去的几十年里，课程需求对课程目标、标准和目的的影响可能发生在相当长的一段时间内，与目前从各种来源获得的可用的散乱数据形成鲜明对比。

"确认"是确定课程目标和课程目的是否被提出的学校（或学区，如果在一个学区范围内进行的话）认为适当的过程。"确定优先级"是按照有数据可查的学生需求的相对重要性对课程目标和目的进行排序。应该召集与这一过程有关的小组在阐明和确定优先次序的过程中进行协作。

课程开发人员力图确认课程目标和课程目的，而其他人可能会选择将确认课程目标的过程限制在假设一旦课程目标得到确定，如果需要，那么一个协作团队就会开发课程目的或标准。

课程协作团队的功能

课程目标和课程目的或标准的制定，是一项高度分析性的工作。鼓励课程开发人员与其他在课程内容、年级和课程系统设计（包括评估）方面的专家合作，确定课程目标和课程目的。课程协作团队需要确保所有的观点和声音都是为所有学生服务。课程系统组织应与这些课程目标和课程目的相匹配，并且应作为跨州或跨学区的资源。

在本书中对哲学、宗旨、标准、目标和目的的讨论中，你已经看到了各种风格和方法的变异。从全国各个学区的例子中，你可以得出以下结论：

·大量的思想加上与学生和社区相关的亲密知识和数据，已经进入陈述之中。

·随着《共同核心州立标准》或一个州制订的标准的实施，各种陈述之间的差异比标准和问责制运动之前要小。

确认过程，无论是由州教育机构、本地教育机构还是学校执行，都假定会组建一个课程协作团队负责这项任务。课程协作团队将与关心学生进步的各个小组分享。州教育机构和本地教育机构可能会有特定的时间征询公众意见，在此期间，利益相关方可以到网站查阅政策和实施指导方针的建议性文件，然后参与回应。一般来说，还会在公布的各种地点举行面对面会谈，以推进官方集思广益。

向利益相关方提交课程目标和任何已经确定的课程目的或标准，是很好的做法。应努力了解是否普遍接受课程开发人员所制定的目标，并确定各小组的优先级。在广泛采集意见之后制定的，并且要么可以提交给同一群体进行更有限抽样，要么可以提交给课程团队进行确认和排序的课程目的或标准，是明智的。

一般来说，在《共同核心州立标准》的开发中，这一过程得到了"各州教育长官委员会"（CCSSO）和"全国州长协会"（NGA）（http://www.corestandards.org/about-the-standards/development-process/）的运用和支持。你可能还记得，对《共同核心州立标准》的开发有不同的意见，对这些标准的实施争议不断。课程体系开发的资源和支持工具，包括问责制评估，可以在我们引用的网站上找到。

在开发过程中，应以多种方式收集、分析数据和证据，按学生、学生分组、教师、学校等进行分类，并最好由代表各利益相关方的课程协作团队进行解释。要求这样的团队做出考验他们集体智慧的判断。他们不能像过去的做法那样，以简单的方式处理数据，只使用总平均值或大多数人的反应。应对数据进行分解，确保所有的声音都能得到表达，并考虑到各种意见。请记住，我们的期望是让所有的学生都为上大学和就业做好准备，而不仅仅是为了百分比或特定的学生群体，这在21世纪的课程开发中是势在必行的。

权衡数据和证据。一个州、学区或学校的目标，应该通过教育者和利益相关方的数量来验证和排名。如果课程目的是为学校的各年级或各部门制定的，而不是由学校以外的实体制定的，那么除了学校的教师和教学带头人之外，就没有任何进行验证的实际需要。

阐明和确定优先级的过程,教师和课程协作团队应当经常重复,并在可以访问学生表现数据时进行修订和重复排序。在课程目标和课程目的得到确认和排序之后,开发人员转向课程开发过程的下一个阶段:将课程目标和课程目的付诸实施,这是戈登泰勒课程系统开发模式(图5.5)的教学规划和教学阶段,我们将在第十一章中讨论。

历史视角

在标准运动之前,课程目的可能被写为"科学方法的过程包括基于合理研究原则的策略"。掌握度将被添加到课程目的中,并用于创建一个带有时间元素和测量维度的评估条目,例如:到四月底,80%的学生将呈现出与科学方法相关的研究组成部分的知识,熟练度为95%,由州提供的结课考试确定。你可以十分容易地看到,今天不需要时间限制,因为评估的日程安排设置了时间限制。成功度,95%的熟练度,没有被采用,因为有熟练度的设定,所有的学生都希望达到标准的熟练度,而不是80%的熟练度。

1992年,西奥多·R.赛泽(Theodore R. Sizer)提出了一种不同的方法来详细说明课程目的。在虚构的富兰克林高中,赛泽称之为"贺拉斯学校",委员会的报告将课程目的(委员会称之为具体目标)纳入了一个真实的评估框架。委员会说:"我们认为学校应该以展览的形式,以特定的目标来驱动,让学生展示他们对重要思想和技能的掌握和运用。学校的方案将在最大程度上为这些展览做准备。"(Sizer, 1992, 第143页)

解释美国最高法院的判决、为学校的自助餐厅准备营养菜单、准备一份关于人类情感的作品集、填写国税局1040表格、绘制美国地图并在地图上标注十几个州,以及运行一个社区服务项目,这些都是贺拉斯学校可能加以展示的例子(Sizer, 1992)。在这一语境中,课程目的等同于"展览",学生通过绩效来完成任务。今天,它们可能被称为绩效目的或绩效考核。

以结果为基础的教育的追随者,以学习者要达到的预期结果的形式详述课程目的(Spady, 1994)。出于政治原因,基于结果的教育受到冷落,尽管对学生学习结果负责的概念(而不是教学或内容覆盖范围)有可能是现在已经到位的基于标准的问责制的先驱。你可能需要回顾第六章中提到的20世纪90年代的国家标准运动活动。

建立在学生感知需求基础上的一套国家课程目标的早期例子,是"七项基本原则":健康、基本程序的掌握、有价值的家庭成员、职业、公民身份、有价值地利用闲暇时间、道德品质

(Commission on the Reorganization of Secondary Education, Seven Cardinal Principles, 1918)。1944年,教育政策委员会(Educational Policies Commission)列出了"青少年的十项迫切需要"(The Ten Imperative Needs of Youth)建立了一套课程目标,其中包括学习有用的技能、保持身体健康、认识到情感健康的重要意义、实践公民和社会责任、重视家庭和消费者科学、提供放松时间、优先重视教育和核心学术知识(如艺术、文学、音乐、语言艺术技能和物理科学)等(Education Policies Commission, Education for All American Youth, 1944)。

考虑一下《2000年目标:美国教育法案》中符合最近国家课程目标定义的陈述:"到2000年,美国的所有儿童都将开始入学准备学习"(United States Department of Education, 1994a)。1994年是联邦政府开始在州和地方层次推动基于标准的学校改革运动的一年。国会制定了《2000年目标》,重点是重新对当时的教育政策进行授权,瞄准促进国家教育目标。其基本主题是,所有学生都应该沉浸在高期望的课程中,而不是教育工作者依赖补救方案,将补救方案作为教育学生的一种手段(U.S. Department of Education, 1994b)。《2000年目标》的核心内容,包括入学准备、完成学业、学生成绩和公民身份、师资教育和专业发展、数学和科学、成人扫盲和终身学习、安全、守规矩、无酒精和毒品的学校、家长参与(U.S. Department of Education, 1994c)。

国家目标可能不再与通过支持"各州教育长官委员会"和"全国州长协会"开发的《共同核心州立标准》开发有相关性或必然性。在本书出版时,42个州、哥伦比亚特区、四个大区和"国防教育活动部"(DoDEA)已经采用了《共同核心州立标准》(National Governors Association Center for Best Practices & Council of Chief State School Officers, 2016)。

对于课程开发人员来说,敏锐地意识到一个州是否参与了《共同核心州立标准》是明智的。当没有采用《共同核心州立标准》时,各州可以开发自己的标准,并为学区提供灵活性来引领课程开发。此外,对于课程开发人员来说,理解国家目标和联邦法规或法案之间的区别也十分重要。确立了国家目标,通过推销概念来影响景观;但是,没有附加成绩评判标准。联邦法规或法案是立法过程的结果,通常有评判标准、资金,在某些情况下还附带处罚,比如2001年《不让一个孩子掉队法案》和《每个学生成功法案》。在致力于课程动议时,应考虑两者的关键细微差别。

课程文件和工件

课程开发人员创建文档和工件，用作实施（教学）和评估的资源或指南。它们本应该付诸实践，并根据需求进行。资源应该被视为具有功能价值的活文件，是实施或评估课程的计划或工具的产物。读者可能已经使用了大量的课程文件去支持教学计划的实施和开发。由于课程资源是临时的、非标准化的，而且主要是供当地使用的，因此在各州、学区甚至学校之间，课程资源之间的差异相当大。今天，这些资源最好保存在学区或组织的内网上，以便在必要时方便访问和编辑。

为了对课程文件的创建有一个正确的认识，让我们想象一下，全美数千个学区的课程协作团队和个人，正在构建他们认为对自己的老师、教学教练和教学带头人最有帮助的材料。这些资源的术语可能极为不同，听上去像课程指南、学区课程资源或教学规划工具。本章所指的课程文件，是课程指南和其他资源，如标准及其详细说明，以及科目或年级之间的示例关联。

在其他章节中讨论的课程资源将不会在本章中讨论，例如教学单元计划、教案和测试。它们都有一个共同的目的，那就是帮助教师和专家组织、实施和评估课程。虽然州和国家标准影响了课程指南和其他课程工件的创建，但有些科目没有州标准，学区开发自己的课程目标、课程目的和课程指南，或者将责任留给学校的教师个人。

课程指南

"课程指南"可能涉及特定年级的单一课程或科目领域（例如，九年级英语）、某一年级的所有科目（如九年级）、一门学科（如数学）中的顺序，或者一个适用于两个或两个以上课程或年级水平的兴趣领域（例如，说标准英语）。当课程指南与单一课程相关时，它也可以称为学习课程。然而，大多数情况下，课程指南是一种教学辅助工具，对教学策略和学习经验提出建议，而不是一门完整的课程。在图 5.5 戈登泰勒课程系统开发模式中，你会看到，指南是在课程标准和课程目的确定之后创建的，并且创建了学生总结性评估，以便可以将支持教学实施的资源包括在内。

课程指南格式

课程指南至少有两种用途。在结构较松散的情况下，教师在规划上有很大的灵活性，课程指南为希望使用它的教师提供了许多建议。在这一情况下，课程指南是教师可以从中获得开发自己的教学单元和教案的想法的一个来源。在更结构化的情况下，课程指南详述了在年级或科目领域内要掌握的标准或课程目的。它可以为一段时间提供一系列标准或课程目的的指导，也可以为将这些标准和目的集中在一起提供指导。该指南可以确定教学资源和学生的学习经验，也可以将形成性评估纳入其中。根据州、学区、学校和课程话题的不同，各种各样的印刷和非印刷资源可能是可用的，并被称为课程指南，即使指南已经转换为数字资源，也是如此。

课程指南可以由小组或个人撰写。在后一种情况下，指南在学区内分发之前，通常由其他专家和预期的最终用户评议和编辑。对于那些编写课程指南的人来说，这一过程几乎和最终的文件与资源一样重要。构建指南的任务，迫使作者通过分析数据和证据、所需的教师和学生资源来澄清预期的学习成果，并假定哪些资源对教师和教学带头人最有帮助。

对各个学区的课程指南进行检查，会看到各种各样的格式。各种格式的示例，可以在当地教育机构的内网、州教育机构的网站、出版商的网站、教育组织的网站和各种专业组织网站上找到。举个例子，佛罗里达州教育部门的 CPALMS 网站（www.cpalms.org）上有一个可称为官方的全州课程指南。这一交互式资源可以搜索标准、科目、年级水平和其他要素。一旦用户找到标准或科目和年级水平，也就可以使用其他可用的资源。它们包括主题、部分、集群、内容复杂性、等级、相关课程（如针对说其他语言的学习者的英语课）、相关资源（学生学习中心）、教案和形成性评估。其他教师资源（包括专业学习的教程和视频），都可以在这个网站上找到。供个人使用的学生资源、指导教师进行差异化教学的资源，或供家庭使用的资源，同样可以找到。从 CPALMS 网站上提供的各种资源的简要描述中，你可以看到，今天可用的课程指南，与过去资源少得可怜的纸质印刷指南相比，有天壤之别。

表 8.2（cpalms.org）提供了一年级语言艺术佛罗里达标准的节选（LAFS.1.L.1.2）。当你细究这段摘录时，请想象一下，如果你单击其中任何一行或任何短语，就会出现其他资源。根据作者与校长和学区领导合作的经验，像这样的资源很容易获得，且被用于审查各标准之间的关系，并澄清误解。在这一例子中，集群揭示了句子中第一个单词或单词 I 大写的链接，以及其他用于一年级的相关标准。原来的教程图标提供了一个教程，以帮助教师加深对标准

和如何讲授的理解。学生资源是用于实践标准内学习目标的交互式工具（表 8.2，a–e）。

表 8.2 佛罗里达标准（LAFS.1.L.1.2）

在写作时，证明能熟练掌握英文大写、标点和拼写。

1. 日期和人名大写。

2. 在句子中使用结尾标点符号。

3. 在日期中使用逗号和分隔一系列单词中的单个单词。

4. 对于常见拼写模式的单词和经常出现的不规则单词，使用常规拼写。

5. 利用听音识字和拼写习惯，按语音拼写未教过的单词。

科目领域：英语语言艺术

年级：1

部分（Strand）：语言标准

簇："标准英语惯例"

通过或修订日期：12/10

内容复杂性评级：1级：召回

上次评级日期：02/14

状态：州委员会批准

相关课程：针对说其他语言的人的英语课、一年级语言艺术

教案

文本资源

学生中心活动（12）

原创教程

学生资源

资料来源：cpalms.org

可以为课程指南的目的服务的类似资源或文件,最有可能在每个州或地区获得。事实上,任何州的任何人都可以访问这一网站及其资源。

进一步考察课程指南,将引领你进入学区级"教学管理系统"(IMS)。佛罗里达州奥兰治县公立学校(OCPS)在2016—2017学年的课程指南中包含了比州一级更具体的表明了学区期望的详细数字资源。主要课程文件"测量主题计划"(MTP)是数字化和交互式的。它一开始,就提供了针对这个特定的教学单元的理想的特定时间框架(日期)。进度指南为各单元提供了具体的推荐时间框架,以确保所有学生在评估之前都有机会熟悉所有测量标准。按时间框架循序渐进是基本标准和学习目标。要熟练达到一个标准可能需要熟练掌握先前的或先决的标准,奥兰治县公立学校将其标记为嵌入式标准。

在"测量主题计划"中,有一个供教师用(不是供学生用)的学习量表文件,该文件确定了用于评估学生按基本标准是否达标之上的学生作业证据(Marzano,2007;Taylor & Watson,2013;Taylor,Watson,& Nutta,2014)。确定能证明举手投足是否达到期望的证据,目的在于帮助教师形成对怎样才算达标这一问题的共同理解。

此外还提供了"附加资源"(AR)文档,并链接到"测量主题计划"。"附加资源"提供了相关的词汇、针对教学和共同使用资源的教程、用于培养学生思维的探究、其他商业书籍、文本、不一样的段落或文本、数字资源。也有一个示范教学计划,这一计划可以用作辅助教学计划,但不要求必须使用。

课程指南的独特性是十分重要的,早在1996年,小E.D.赫希(E.D.Hirsch, Jr.)就警告说,课程指南可能缺乏独特性。他说:"可能令人感到奇怪的是,各州和地方如何可能制定冗长的课程指南,尽管连篇累牍,这类指南却未能为特定的年级水平定义特定的知识。"(Hirsch,1996,第28页)一个好办法是让其有足够的独特性,教师因此获得指导,以支持学生在问责制评估中获得成功。遵循综合性格式的课程开发人员,将在一门学科的特定级别的课程指南中纳入以下组件,以提供足够多的独特性:

1. "标准或课程目的"。导言包括标准或课程目的,指定指南的科目和年级水平,以及可能对用户有帮助的任何建议。应该包括一些关于课程指南如何与预先设定的哲学和目标陈述相关的陈述。

2. "教学目标"。在本节中，教学目标或基本问题是以不涉及行为的术语陈述的。教学目标应与学校的课程目标和课程目的联系起来。

3. "教学目的"。特定年级科目的教学目的或学习目标。

4. "学习经验"。学习经验和教学策略，教师和学生一起可能采用的策略通常也包括在内。

5. "评估技术"。应向教师提出建议，说明如何在预期的严格度上评估学生对标准或课程目的的达成进度。

6. "资源"。文本和非印刷资源。

课程指南倾向于为教师提供最大的灵活性，当学生的学习证据支持教师的决定时，教师可以选择或拒绝任何指南所建议的学习经验、评估技术或资源。当然，在大多数学区，标准和批准的课程目标是无法选择的。课程指南的范围比单元计划更广，提供了更多的选择。教学规划将在第十一章讨论。

排序格式。一些课程开发人员更喜欢用排序格式来编撰综合指南。一种特定的教学顺序或日程表的目的，是为了让讲授同一年级和同一科目的教师在一起，以确保所有学生都有机会在相同的标准上达标。在学校或学区，如果学生在问责制评估中表现不尽如人意，学校领导或学区团队可能会根据日程指南对教学进度进行监督。这种性质的指南包括：

· 按期望的教学顺序详述内容和年级水平标准或课程目标。

· 将标准与详细说明联系起来，或者与评估和结果联系起来。

在某些情况下，教师可能保留决定何时以及如何在每个年级教授标准的机会，而在其他情况下，教师可能没有这样做的权限。

测试编码格式。一般来说，学校和学区一级的课程指南应该明确地与所需的任何评估联系起来，无论是州问责制评估还是当地教育机构/学校的监测或基准评估。编码将确保教师在指导特定标准或课程目标时考虑到评估，甚至可能将条目格式纳入评估之内。基本上，这样的编码或标记包括：

- 在给定学科的每个年级水平的每个评分期，学习者需要掌握的标准或课程目的。
- 学区、州和国家标准参照测试和/或常模参照测试所需的编码或标记。

虽然教师可以选择学习活动和辅助资源，但他们至少要对学生的成绩负责。当地开发的测试或共同评估，旨在评估学生对标准或课程目的的达成度，可在所要求的每个单元或时间段结束时进行。

当然，这三种格式（综合、排序和测试编码）可以按照推荐的方式组合和扩展。无论一个学区采用哪种格式，课程指南都应该定期使用并修订，最可能的是采用数字格式。在过去，课程指南可能是为了满足认证或州的要求而开发的，但现在，它们对于支持教师指导学生达到标准和课程目的是必不可少的。请记住，即使是那些由教师而不是课程顾问撰写的指南，也只有当教师认为该任务对他们有用而不是在应付上司的指令时，才会被接受（Fenwick, 1986）。

总 结

课程目标或宗旨来自哲学的陈述、明确界定的教育目标、学生需求的数据（需求评估）和他们的成绩。课程目标是对预期结果的广泛的纲领性陈述，不附带成绩标准。它们适用于作为一个群体的学生，通常是跨学科或多学科的。

课程目的或标准是对结果的具体陈述，包括掌握程度和条件，既可以是推断的，也可以是规定的，要由学校或学区作为一个群体的学生来达成。

课程目标和课程目的对以下方面至关重要：

- 进行完整的需求评估，以确定未得到满足的需求。
- 开展后续阶段的课程改进。
- 生成教学目标和教学目的。

- 为评估课程提供基础。

- 对项目进行指导。

课程目标和课程目的应由学校或学区的协作团队在接受不同选区代表的评议后进行确认，并按优先级加以排列。

课程开发人员和教师应该投入开发课程文件和工件，这些文件和工件将对他们学区的教师、教学教练和教学带头人有用。本章讨论了课程指南和格式的用途。课程指南应包括教学目标、教学目的、学习经验、评估技术和资源。

在课程文件的创建中，无论过程还是文件都相当重要。课程材料的例子，可以从各种来源，特别是从互动网站获得。

应用

1. 在你的背景下，研究一个熟悉的学区，确定一个学校可以保持一致的课程目标或标准。使用本章建议的格式，将课程目标转化为课程目的。

2. 在你的背景下，通过评议拟议的政策文件实施指南，参与州教育机构或本地教育机构关于课程的公众意见电子会议，然后进入回应过程。

3. 在你的背景下，分析你所选择的学校的学生表现数据。根据你的分析，从学区目标过渡到课程目的或标准，以解决学生表现上的差距。

反思与探究

找一份你熟悉的学校或学区的课程指南，以及一份不在你所在地区的学校或学区的课程指南。对指南进行平行比较，以确定相似之处并在必要时提出改进意见。哪一份指南对教师帮助学生达标最有帮助？

网站

Association for Supervision and Curriculum Development: www.ascd.org.

The Nation's Report Card: https://nces.ed.gov/nationsreportcard/

National Center for Education Statistics（NCES）: https:// nces.ed.gov/

多媒体

Wiggins, G., & McTighe, J.（2007）. *Moving forward with understanding by design: Examples of ways to implement understanding by design*. Alexandria, VA: Association for Supervision and Curriculum Development.

参考文献

http://elps.k12.mi.us/our-district/board-of-education/strategic-plan/Commission on the Reorganization of Secondary Education. （1918）. *Cardinal Principles of Secondary Education, Bulletin 35*. Washington, DC: U.S. Office of Education.

East Grand Rapids Public Schools. （2012）. *K‑12 Mathematics with common core state standards*. Retrieved from http://www.egrps.org/documents/Curriculum/ K12MathCurriculum2015.pdf

East Lansing Public Schools. （2017）. *Strategic plan*. Retrieved from http://elps.k12.mi.us/our-district/board- of-education/strategic-plan/

Educational Policies Commission. （1944）. *Education for all American youth*. Washington, DC: National Education Association.

Hirsch, E. D. Jr. （1996）. *The schools we need: And why we don't have them*. New York, NY: Doubleday, 28.

Marzano, R. J. （2007）. *The art and science of teaching*. Alexandria, VA: Association of Supervision and Curriculum Development.

Michigan Department of Education. （2015）. *State board adopts strategic goals to make Michigan a top 10 education state in 10 years*. Retrieved from www.michigan. gov/mde/0, 4615, 7-140-5373_5379-370853—, 00.html.

Michigan Department of Education. （2017）. *Michigan K‑12 standards mathematics, revised*. Retrieved from www.michigan.gov/documents/mde/K-12_MI_Math_ Standards_REV_470033_7.pdf

National Governors Association Center for Best Practices & Council of Chief State School Officers. （2016）. *Common core state standards initiative: About the standards*. Retrieved from www. corestandards.org/ about-the-standards/.

National Governors Association Center for Best Practices & Council of Chief State School Officers. （2016）. *Standards in your state. Common core state standards initiative*. Retrieved from www. corestandards.org/ standards-in-your-state.

Sizer, T. R. (1992). *Horace's school: Redesigning the American high school*. Boston, MA: Houghton Mifflin.

Spady, W. G. (1994). *Outcome-based education: Critical issues and answers*. Arlington, VA: American Association of School Administrators.

Taylor, R. T., & Watson, R. (2013). Raising rigor for struggling students. *Principal Leadership*, 14(2), 56-59.

Taylor, R. T., Watson, R., & Nutta, J. (2014). *Leading, teaching, learning the common core standards: Rigorous expectations for all students*. Lanham, MD: Rowman & Littlefield.

United States Department of Education. (1994a). *National Education Goals*, Sec. 102. Retrieved from www2.ed.gov/legislation/GOALS2000/TheAct/sec102.html

U.S. Department of Education. (1994b). *Goals 2000: Educate America Act*. Retrieved from www.ed.gov/legislation/GOALS2000/TheACT/intro.html.

U.S. Department of Education. (1994c). *Goals 2000: Educate America Act*. Retrieved from www.ed.gov/legislation/GOALS2000/TheACT/intro.html.

第九章 教学目标或基本问题与教学目的或学习目标

> **学习成果**
>
> 学习完本章，你应该能够：
>
> 1. 解释课程目标或宗旨与课程目的或标准之间的关系，以及教学目标或基本问题与教学目的或学习目标之间的关系。
>
> 2. 区分教学目标或基本问题与教学目的或学习目标。
>
> 3. 为标准撰写教学目标或基本问题、教学目的或学习目标。

教学规划

有了课程决定，领导者就可以准备好应对教学了。历史上，教学决策一直是教师个人的责任。然而，由于对教学的期望已经成为一种标准和基于对学生学习成果问责的证据，规划已经更多地成为一种共同责任。它可以在学区课程和教学专家、学校教学带头人和管理人员，以及包括教学教练和课堂教师在内的学校教学人员之间共享。

根据学区的规模和资源，课程指南可能包括教学计划、要学习的标准顺序、进度指南以及第八章所述的推荐的或必需的资源。具有教学计划的课程指南，可以包括标准、教学目标或基本问题、教学目的或学习目标，以及基于证据的教师教学实践（旨在促进学生达到目标标准）。有了这些扩展的支持，由教师组成的协作团队与教学教练和管理人员一起工作，使教学计划得到明确理解、商定，并以相同的方式在具有相同责任的人员中实施，始终是一个好主意。

在独立学校、特许学校和教育组织中，教学可能继续是教师个人的责任，教师可能与教授同一课程或年级的教师合作制定计划，正如在其他情况下所希望的那样。这里的挑战在于，即使在支持较少的时候，也需要为基于证据的教学做出共同决定（例如基本问题、学习目标）。

教学规划始于确定教学目标和教学目的。你可能听说过教学目标被称为基本问题，教学目的被称为学习目标。如果要参照标准，那标准是已经被认定的，无论是《共同核心州立标准》还是你所在州的标准版本。关键的问题是这样一些大问题："怎样才能成为好朋友？""生物体是如何生长的？""我们如何测量地球？"这些基本问题或想法是从目标标准和学生的生活经历中浮现出来的，存在于他们的长期记忆中，以致他们可以轻易地参与并连接到这样的主题。有时，基本问题是用来培养学生的兴趣或提醒他们的背景知识的，这种兴趣和知识是推进学习目标所需要的。学习目标或教学目的是可测量的短期目的。

它们对可观察或可测量的学习成果有明确的期望。例如，可能有一个标准说：学生加减20。这意味着学生将能够加减以20为上限的各种次序的数字：$10 + 10 = 20$；$15 + 5 = 20$；$20-8 = 12$；$20-2 = 18$；$20-0 = 20$；$20-5 = 15$。

一天的学习目标或短期可测量的教学目的是：（1）学生用5加到20，（2）学生用5加、减数字直到20。由于这些学习目标是可测量的，老师希望学生首先口头计算用5加到20，然后从20用5递减到0。在口头计算之后，学生将使用代表5的数学教具，加、减到20。许多老师会用代表5的教具来教学，这样学生在口头练习计算和减法之前就能养成这一概念。教师可以观察口头计算和减法，并留意学生排列带有5的教具。因为到20可以使用不同数字，老师会制定另一天的学习目标（包括除5之外的数字）。

规划教学包括详述教学目标或基本问题、教学目的或学习目标（本章）、选择基于证据的方法（第十一章）和确定教学评估（第十二章）。

为了合理观察下一项任务，请回顾一下到目前为止为教学规划铺平道路的课程开发步骤：

· 检查学生的总体需求。

· 考察社会需求。

· 阐明教育哲学。

- 确认课程目标（大观念可能是目标、使命或愿景）。

- 确认课程目的或标准。

- 确定学生在不同科目背景下的需求。

- 计划组织或重组课程。

教学目标或基本问题与教学目的或学习目标的定义

教学目标处于第八章中介绍的等级体系的顶端，并包含在表 9.1"结果等级体系说明"中。学区的课程目标或宗旨与课程目的或标准来自于教学目标。反过来，课程目的或标准，充当教学目标或基本问题与教学目的或学习目标的来源。目标是由杰出的个人和团体提出的，考虑到全国，有时甚至是全世界。课程目标或宗旨与课程目的或标准由州教育机构、本地教育机构和各教育组织制定。教学目标或基本问题、教学目的或学习目标由教师团队、课程领导团队或个别教师根据具体情况具体制定。它们出现在州教育机构和本地教育机构的课程文档和在线资源中，例如进度指南、课程指南、基于教学单元的示例标准，以及其他类似资源中。

为了把这些不同的总目标、目标和目的放在正确的角度来看，且我们来考察一个简单的例子，这个例子涉及在信息和技术社会中发展知识和技能的结果等级体系，见表 9.1。

表 9.1 结果等级体系说明

- 总目标。学生将发展在信息和技术社会中生存所必需的知识和技能。

- 课程目标或宗旨。学生将使用各种印刷和非印刷资源来收集信息、分析和生成解决方案。

- 课程目的或标准。学生将从各种印刷和非印刷资源中进行选择，调查并制定解决给定问题的策略。

- 教学目标或基本问题。学生将演示如何使用各种印刷和非印刷资源。如何有效地利用印刷和非印刷资源并使之互补？

- 教学目的或学习目标。学生将优先研究非印刷资源，以解决一个当地问题。

历史视角

从历史上看，教学目标是对班上每个学生的期望表现的陈述，用一般术语表述，不附带成绩标准。教学目标一词的使用，与诺尔曼·E. 朗伦德（Norman E. Gronlund, 2004）的术语"一般教学目的"和拉尔夫·W. 泰勒（Ralph W. Tyler, 1949）的术语"总目的"相似。学生将表现出对证券市场的理解，这是一个例子。学生的成绩，没有用一种可以轻易衡量其是否达标的方式来表明。正如课程目标为课程目的指明方向一样，教学目标为实现教学目的指明了道路。

一个"教学目的"指的是要由班上每个学生来展示的表现，是从教学目标中派生出来的，并可以用可测量和可观察的术语来转译。朗伦德（Gronlund, 2004）认为应该有一个具体的学习结果，而泰勒（Tyler, 1949）认为应该有一个"行为目标"。下面的陈述是一个例子，说明在标准运动之前，在期望所有学生都达到每一标准之前，是如何编写教学目的的。学生将以80%的准确率将下列分数转换成百分比：1/4, 1/3, 1/2, 2/3 和 3/4。教学目的也被称为绩效目的或能力。

泰勒（1949）讨论了四种表述教学目的的方式。当你回顾这些例子时，你会发现它们可能反映了教师的行为，而不是学生的行为。这种衡量标准的差异（从教师行为到学生学习），是泰勒时代的一个重要变化。

1. 导师会做的事情。泰勒举例说："演示进化论""证明归纳的本质""展现浪漫主义诗人""介绍四部和声"。

2. 课程中所涉及的主题、概念、概括或其他内容元素。泰勒的例子有"殖民时期"和"物质既不能创造也不能毁灭"。

3. 广义的行为模式不能更具体地指出行为所适用的内容。泰勒列举了这类目的的例子："培养批判性思维""培养鉴赏力"和"培养社会态度"。

4. 这些术语既确定了学生要养成的行为类型，也确定了这种行为将要发生的生活内容或领域。泰勒举的例子是："撰写清晰有序的社会研究项目报告"和"培养对现代小说的鉴赏能力"。（Tyler, 1949, 第 44-47 页）

行为目的

是否要使用行为目的是多年来教育工作者之间争论不休的问题。行为目的的支持者认为这种教学方法：

- 迫使教师精确地说明要完成的任务。
- 使教师能够与学生沟通他们必须达到的目标。
- 简化评估。
- 使问责成为可能。
- 使测序更为容易。

W.詹姆斯·波帕姆（W. James Popham，1971）支持行为目的，他写道：

可衡量的教学目的的设计，旨在抵消我认为的当今美国教育的最严重缺陷，即只关注过程而不评估结果……至少在三个领域，可衡量的目的具有可观的潜在红利：在课程方面（选择什么目标）；在教学方面（如何实现这些目标）；在评估方面（确定教学顺序的目的是否已经实现）……也许是因为我已转变为这一立场，我发自内心地感到，也理性地相信，可衡量的目的是过去十年里最重要的进步。（Popham，1971，第76页）

行为目的的反对者认为，撰写行为目的：

- 是浪费时间。
- 使丧失人格。
- 限制创造力。
- 导致小题大做。

詹姆斯·D.拉斯（James D. Raths，1971）对行为目的的反对如下：

一旦决定所有学生都要获得一个特定的教学目的，请考虑一下教师及其学生必须接受的长期暗示。教师的任务立即变得困难重重、索然无味。他必须告诉自己的学生期望他们达到何种目的；他必须使他们相信这一目的与他们的生活休戚相关；他必须给学生机会去实践所教的行为;他必须诊断出他的小组成员所遇到的个体差异;他必须基于自己的诊断开出处方,并一次又一次地重复这样的循环。然而,即使所有的方案都可以建立在行为目的的基础上,即使可以建立严格的培训范式来实现这些目的,谁能说这样的方案除了索然乏味和呆板至极之外,还能有别的什么呢?(Raths, 1971,第715页)

在那些反对使用行为目的的人中,有概念重构主义者,他们认为行为目的过于机械,因为它们关注可观察的行为,而忽略主观行为(McNeil, 2006)。一些权威人士挑剔说,教学目的的具体说明过于狭隘、过于循序渐进,过于注重具体和不适当的内容。他们注意到行为主义心理学对教学目的的影响,并转而关注建构主义学习理论引发的变革。约翰·D.麦克尼尔(John D. McNeil)总结了这些变革:

(1)是向更高层次思维迈进的运动,而不是对分散任务或技能的掌握;(2)关注思想之间的一致性和关系;(3)学生主动发起的活动和解决方案,而不是背诵和预先规定的正确应答;(4)学生,而不是老师或课文,是认知的权威。(McNeil, 2006,第132页)

麦克尼尔的这段话,听起来像是为《共同核心州立标准》的基础埋下了伏笔,支持在学生学习任务中提高思维水平和增加复杂性。麦克尼尔(2006)指出,对教学目的的研究尚无定论。然而,麦克尼尔观察到,"目的有时是有益的,几乎从来没有害处"(第207页)。就像教育中的其他问题一样,决策可能更多地基于哲学或偏好,而不是基于研究结果。

与行为目的相关的问题

当支持者和反对者争论不休时,行为目的阵营本身增加了说服教师使用行为目的的难度。有些人,也许是对行为目的运动过于热情,这让老师们感到厌烦。

·假设一种相当教条的方法似乎排除了所有其他方法。

很少有实验研究支持行为目的方法比其他方法带来更高的学生成绩。

据了解,行为目的在教学前策略中是有用的(Hartley & Davies, 1976)。如果目的与特定的教学任务相关，那么目的就会更有效。目的在某些类型的教学中比在其他教学中更有效，并且在完成更高层次的认知领域的学习中是有用的。哈特利和戴维斯（1976）也发现，能力一般的学生、社会经济背景优越的男性学生，以及更独立和更不尽责的学生，都受益于行为目的。

· 求助于公式使行为目标的撰写公式化。

例如，下面的句型通常是教师在为学生和他们所教的内容填空时使用的。鉴于XX，学生将XX在XX分钟内获得XX分。

· 淡化情感目的是一个主要关注点。

凭借暗示在情感领域和在认知和精神运动领域一样容易写出行为目的，反对者感到受到了挑战。

波帕姆修改了他的观点，提倡更广泛但仍可测量的行为目的。波帕姆（2002）指出了鼓励教师编写过于具体、范围狭小的行为目的的危险，因为"由此产生的一堆过于具体的教学目的会使教师应接不暇，以致他们最终会根本不关注任何目的"（Popham, 2002, 第97—98页）。

当特殊教育开始实践可测量的教学目的时，这些目的被落实到每个经过认定的学生身上。对于那些为每个有特殊需要的学生编写个性化教育计划（IEP）的人来说，在实践中识别和撰写教学目标和教学目的的合理方法，具有相当大的价值。这些计划陈述了目标和行为目的，旨在完成学生在年底要达成的目标。

准备教学目标或基本问题、教学目的或学习目标的指南

为了选择和撰写教学目标和教学目的，确立一些要遵循的指导方针将会有所帮助。想一想教学目标和教学目的：

· 与已详述的课程目标和课程目的或标准关联起来。

· 识别学习领域，如果适用，识别认知、情感和精神运动领域。

· 与标准或课程目的所指示的思维水平和认知复杂性保持一致。

· 遵循几条简单的写作规则。

教育工作者应该考虑所有学生在学业上取得成功的使命和愿景，并为他们实现教学目标和教学目的而制定计划。对所有学生的学习成功进行问责，而不是对他们成功的百分比问责，这与过去使用教学目标和教学目的大为不同。

　　智力能力的概念通常局限于认知语言和数学技能，通常被解释为单一的智力。另一方面，测试结果在语言使用、口头推理、计算能力、空间关系、抽象推理和记忆等方面生成有差别的资质（Checkley，1997）。霍华德·加德纳（Howard Gardner）对七种智力的存在进行了概念化：身体动觉智力、人际智力、内省智力、语言智力、逻辑数学智力、音乐智力和空间智力（Gardner，2006）。加德纳在20世纪80年代提出了七种智力，后来他又增加了自然智力的概念，即对自然进行分类的能力，加德纳将其描述为"识别和区分植物、矿物和动物的能力"（Checkley，1997，第8—9页）。

　　除了加德纳对多元智力的描述之外，还有爱德华·L.桑代克（Edward L.Thorndike，1920）定义的社会智力概念，以及彼得·萨洛维（Peter Salovey）和约翰·D.梅尔（John D. Mayer）所感知到的情商概念。基于桑代克的观点，萨洛维和梅尔（1989—1990）将情商（现在被一些人称为EQ）视为"社会智力的一个子集，涉及监督自己和他人的情感和情绪、区分它们并使用这些信息来指导自己的思考和行动的能力"（1989—1990，第189页）。在一些关于多元智力的讨论中，你还会发现第九种智力，即存在智力的概念，一种对人类存在的精神和哲学问题的敏感性（Wilson）。

　　复数形态的智力概念，引导教师设计使所有的学习者都能成功地教学。这种精心设计的教学，不仅涉及或吸引那些在口头、语言或数学方面有优势的人，而且支持每个学生的成功。

将教学目标和教学目的与课程目标和课程目的或标准关联起来

　　教学目标或基本问题、教学目的或学习目标应与课程目标和课程目的或标准关联起来。除非教学规划人员参与了课程目标和课程目的的起草，否则他或她会想要花时间去了解它们。教学目标和教学目的是由课程目标和课程目的衍生而来的。在标准运动之前，五年级的课程目标可能是这样的：在这一年里，学生将明显提高他们的阅读技能。今天，同样的课程目标很可能会被改写为：所有五年级学生的阅读将得到提高。

　　在采用标准之前，从这个总体目标出发，过去可能会出现以下课程目的：到第八个月结束时，75% 的学生对选定的英语单词的理解能力将提高 25%。现在，期望的目标是，五年级的阅读标准将取代行为所表明的课程目的。五年级的标准可能类似于：学生知道文本特征如何能帮助理解信息文本。与标准运动之前不同的是，现在没有任何达标率，也没有期望百分之多少的学生获得成功。课程目的是可以测量的，标准也是可以测量的。据了解，所有学生都会独立地证明是否达到熟练程度。

教学目标或基本问题的制定，与课程目标和课程目的或标准有直接关系。教学目标可能是：学生使用文本特征来理解新的年级水平的信息文本。作为一个基本问题，它可以写成：文本特征如何帮助理解新的信息文本？

教学目的的撰写，是从教学目标或基本问题出发的。为了促进对默读的期望，教师可以联系前一段的基本问题和教学目标，设计以下目的或学习目标：学生默读一篇新的年级水平的信息文本段落，然后写下三句话的总结，说明两个文本特征如何可以帮助理解。

在《不让一个孩子掉队法案》出现之前，目的可能被写成最低能力要求，并且预期所有学生都不会达到熟练程度。在 21 世纪，这种低期望值已不复存在，因为对所有学习者来说，标准都是一样的，期望他们独立地展示出来。所提供的示例，展现出了措辞如何随着时间的推移而变化，并重点关注对学生学习成果的期望。对学生学习期望的特异性是关键，而不是学生达到熟练程度的百分比的特异性，也不是他们将展示的内容的百分比的特异性。百分之百的学生独立学习并达到熟练程度，才是这类标准的意图。

学习领域

一种看待学习的方式，存在于三个领域的概念中：认知、情感和精神运动领域。在每一领域中都有分类系统，按照从最低到最高的等级体系对教学目的进行排序。如果适用的话，可以为学习的三个领域（认知、情感和精神运动领域）具体指定教学目标和教学目的。

认知领域。代表学院和大学考官委员会发言的本杰明·S. 布鲁姆等人（Bloom, et al., 1956）将认知域定义为包括"处理知识的回忆或识别以及开发智力和技能"的目标（第 7 页）。涉及心理过程的认知学习，其范围从记忆到思考和解决问题。

情感领域。戴维·R. 克拉斯沃尔、本雅明·S. 布鲁姆和伯特伦·B. 马西亚（David R. Krathwohl, Benjamin S. Bloom, and Bertram B. Masia, 1964）将情感领域定义为包括"强调感觉语气、

情绪及接受或拒绝度"的目的（第7页）。

精神运动领域。罗伯特·J. 阿姆斯特朗（Robert J. Armstong）及其同事将精神运动领域定义为包括"主要强调神经肌肉或身体技能并涉及不同程度的身体灵巧度"的行为（Armstong, et al., 1970, 第22页）。有时被称为感知运动技能，精神运动学习包括身体运动和肌肉协调能力。

通常情况下，学区对学生在这三大领域的成绩负责。然而，以官方方式测量的是认知能力。除了卢梭、福禄贝尔、裴斯泰洛齐、尼尔（英国夏山学校）等人的研究外，世界上大多数研究都集中在认知领域。

尽管强调认知学习的同行业内外都存在强烈偏好，但你可以鼓励每位教师在考虑科目材料性质的情况下，确认并写下所有三个领域的教学目标和目的。例如，使用知觉运动体验（如运动、角色扮演），可以帮助学习者达到认知标准和学习目标。同样的例子也适用于情感领域，因为学生的自我效能感与成绩有关（Multon, Brown, & Lent, 1991）。那些鼓励教师通过自我调节和元认知来培养学生对自己成功的信念的教学带头人，将以积极的方式应对这一领域。总之，我们需要考虑社会认知方法，考虑情感、认知和环境因素的相互作用（Valentine, Du Bois, & Cooper, 2004）。

通常，各领域相互重叠，每一领域都拥有另一领域的元素，即使是在一个领域明显占主导地位的时候，也是如此。因此，通常很难将学习精确地归入单个领域。许多学习显然可以归为单一的类别。如果你不重视一个学生在知道正确答案时可能感觉到的情感上的愉悦，计算三角形面积的公式（面积 =1/2 底边长度 × 对边长度）基本上就是一种认知体验。做仰卧起坐是一种精神运动，几乎不需要认知，可以唤起积极或消极的情感反应。在其他人类活动中，信仰主要是一种情感目标，其次是一种认知目标，通常不是精神运动目标，除非通过观察到的行动提供了论证的详细说明。

将目的分为三个领域的广泛实践，可能有助于支持教师创建教学计划。应确定教学目标和教学目的，使之与目标标准或课程目的保持一致。很明显，有些学习比其他学习更实质、更复杂、更重要。例如，请注意以下学习目标（都属于认知领域），以回顾一下思维和复杂性的差异。

- 学生说出美国第一任总统的名字。

- 学生比较和对比华盛顿和21世纪美国总统的第一次就职演说的言论和暗藏的目标。
- 分析华盛顿的哪些目标和想法在今天还适用，哪些不适用。
- 学生将基于显示承诺和领导力的标准对华盛顿在"大陆会议"上的角色做出评估。

说出美国第一任总统的名字所需要的知识和技能，显然比其后的任何一个目标所需要的知识和技能明显要低。其后的每一项都需要更高层次和更复杂的思维。这是一个在学习成果从最低到最高的等级体系中开发学习目标的例子。

请想一想以下来自情感领域的具体例子：

- 当别人表达自己的观点时，学生会认真聆听。
- 学生将响应号召，充当志愿者到公园植树。
- 学生将对自己以外的族群对美国发展所做的贡献表达欣赏。
- 学生将遵守一套法律和道德标准。

与认知领域的例子一样，每个目的都比前一个目的更为实质。

最后，让我们考察一组来自精神运动领域的目的：

- 学生将根据触感来识别毛织品。
- 学生将演示如何抓住一匹正慢跑的马的缰绳。
- 学生将模仿向后转的动作。
- 学生将搅拌砂浆和水。
- 学生将使用 Excel 程序。
- 学生将创建一个需要身体动作的原创游戏。

分类系统

认知分类系统

教育的教学目标有几种分类系统。分类系统的使用，使教师能够区分思维和认知复杂性的层次。区分不同的层次，并了解与这些层次相一致的学生作业证据，对于教学计划与标准或课程目标保持一致至关重要。在接下来的段落中，我们将简要考察其中的四个系统。

布鲁姆分类法。布鲁姆等人（Bloom, et al., 1956）及其合作者在20世纪中期开发了一种广泛的分类法，用于对认知领域的教育目的进行分类。在所有分类系统中，认知领域的布鲁姆分类法可能是最著名的，也是历史上最广泛遵循的。

布鲁姆等人将认知学习分为六大类：知识、理解、应用、分析、综合和评估。你可以看到简单的例子和思维层次：

- "知识层次"。学生能说出美国第一个首都的名字。
- "理解层次"。学生能阅读华盛顿的第一次就职演说并总结其要点。
- "应用层次"。学生能展示华盛顿的至少三个观点在今天如何适用或不适用。
- "分析层次"。学生能分析华盛顿在约克镇战役中的军事战术。
- "综合层次"。学生能从各种印刷和非印刷资料中确定三个要点。
- "评估层次"。学生能根据成功的军事战略、士兵的忠诚度以及士兵的目标与华盛顿的目标是否一致来评估华盛顿的军事领导能力。

这种分类法，显示了按等级方法分类而来的从最低的（知识）到最高的（评估）目的。专业教育工作者的一个核心前提，是应该强调更高层次的学习。例如，思考能力的培养不仅仅是通过低水平的知识回忆，而是通过应用、分析、综合和评估。

安德森—克拉斯沃分类法。2001年，编辑洛林·W.安德森（Lorin W. Anderson）和戴维·R.克拉斯沃尔（David R. Krathwohl）与六名撰稿人出版了布鲁姆分类法的修订版。他们认为，社会变化带来的教育变化创造了对布鲁姆分类法进行修订的需要（Anderson & Krathwohl, 2001, 第xxii页）。安德森和克拉斯沃尔提出了一个分类法表，其中知识维度由四种类型的知识组成，认知过程维度由六个类别组成。修订删除了"综合"，并在"评估"之上增加了"创造"。"创造"被认为是一种"综合"，是经过新的组织而成的一种信息体。对于许多教育工作者来说，正如布鲁姆最初所写的那样，这种综合在增加新的知识创造的同时，仍然有助于思考。

马扎诺—肯德尔分类法。2007年，在对罗伯特·J.马扎诺2001年的《设计教育目的的新分类法》的修订中，罗伯特·J. 马扎诺和约翰·S. 肯德尔（Robert J. Marzano and John S. Kendall）提出了一种新的分类方法，该分类法结合了由三个思维系统和三个知识领域组成的六个处理层次（第 xi 页，第 35—36 页）。在他们对三种思维系统的讨论中，他们描述了三种类型的记忆（2007，第 35—36 页）。马扎诺和肯德尔在创建分类法时，避免使用困难程度来区分不同层次（2007 年，第 10 页）。

韦伯的知识深度（DOK）。在研究协调评估、课程和标准的方法时，诺曼·L. 韦伯（Norman L. Webb）于 1997 年提出了一个分类系统，该系统后来被称为"韦伯的知识深度"（Webb, 2009）。韦伯在数学领域创立了一个体系，并于 1999 年推出，具体说明了四个层次的过程，其中任何一个层次都不依赖于是否达成了其他层次。自出现以来，在其他场域的内容领域专家和"各州教育长官委员会"（CCSSO）的帮助下，"韦伯的知识深度"已拓展到其他学科。

所有的分类法都基于布鲁姆等人的原创工作或对其修订。诸如此类的思维系统，比如阿特·科斯塔的，都纳入了许多课程资源中。例如，"通过个人决定达到进步"（AVID），一种鼓励高水平思维和成就的教学方法，使用了科斯塔的方法（www.artcostacentre.com/）。熟悉这些系统和其他系统，有助于加深理解，并创建与目标标准保持一致的清晰明了的教学。在这三个领域中，认知领域的目的是最容易识别和最容易评估的。它们主要是从科目材料中提取的，一旦理解了学术语言，就容易测量。

情感分类系统

认知分类法出现后不久，克拉斯沃尔、布鲁姆和马西亚（1964）开发了情感领域的目的分类法，其中包括五个主要类别。所给出的情感例子被标记为以下五类：

- 接收（伴随）。当别人表达自己的观点时，学生会聆听。
- 回应。学生将响应号召志愿到公园植树。
- 评估。学生将对其他族裔对国家发展的贡献表示欣赏。
- 组织。学生会选择营养食品而不是垃圾食品。
- 价值或价值观综合体的鉴定。学生将习惯性地遵守一套法律和道德标准。（Krathwohl, Bloom, & Masia, 1964）

情感领域是教育工作者面临的一个难题。从历史上看，家长和教育工作者认为学校的主要任务是认知学习。情感学习通常无足轻重。正如本书其他地方提到的，情感领域仍然没有被一些教育工作者和家长接受为学校的合法焦点。另一方面，有些教育工作者认为情感结果对个人和社会比其他结果更重要。

感知心理学家阿瑟·W.库姆斯（Arthur W. Combs, 1962）阐述了情感教育的案例，将其与适当人格的培养联系起来：

几代人以来，教育在传授信息方面做得很好……我们的最大失败，是那些与帮助人们按我们提供给他们的信息改变行为相关的问题。……适当的人，除其他因素之外，是强势价值观的产物。其含义似乎相当清楚，教育工作者必须对价值观感兴趣，关心价值观。不幸的是，在今天的许多学校和教室里，情况并非如此。强调的往往是狭隘的、科学的和非个人的目的……教育必须关注价值观、信仰、信念和学生的疑虑。个人所感知到的这些现实，与所谓的客观事实一样重要，甚至更为重要。（Combs, 1962, 第 200 页）

本雅明·布鲁姆、托马斯·哈斯丁和乔治·F.马道斯（Benjamin Bloom, Thomas Hastings and George F. Madaus, 1971）证实了人们对情感学习教学的忽视，他们说：

多年来，美国教育界一直认为，其最重要的理想是培养兴趣、令人向往的态度、欣赏、价值观、承诺和意志等品质……此类成果实际上在我们的学校被视为当务之急，这不利于这类情感目标，这类成果本质上是语言概念的成果。（Bloom, Hastings, & Madaus, 1971, 第 225 页）

布鲁姆、哈斯丁和马道斯（1971）指出了忽视情感学习的几个原因。"我们的教育体系旨在培养能够处理词汇、概念和数学或科学符号的人，这些对在我们的技术社会中取得成功必不可少。"（Bloom, Hastings, & Madaus, 1971, 第 225 页）"学校使用的标准化考试……强调智力任务。"（Bloom, Hastings, & Madaus, 1971, 第 226 页）与成绩要求不同，这类特征是私人的，而不是公共的（Bloom, Hastings, & Madaus, 1971, 第 227 页）。

如果要教授情感学习，那么对课程规划人员来说，确定共同同意的情感课程目的和教学目的是一项基本任务。情感课程和教学目的既难以识别，又极难测量。这类困难，构成了教师倾向于回避情感领域的另一个原因。

精神运动分类系统

在精神运动领域，分类系统的开发和使用并没有像在认知领域和情感领域那样得到重视。精神运动领域的分类系统的确存在，但它们似乎不像其他两个领域那样广为人知。前面给出的精神运动领域的例子，遵循伊丽莎白·简·辛普森（Elizabeth Jane Simpson, 1972, 第43—56页）开发的分类系统。以下是她的分类法示例及其类别：

- 感知。学生将根据毛织品的触感来辨别毛织品。
- 定型。学生将演示马在慢跑时如何拉住缰绳。
- 引导性反应。学生将模仿向后转的动作。
- 机制。学生将搅拌沙浆和水。
- 复杂的外显反应。学生将操作一台DVR记录仪。
- 适应。学生将布置一个吸引人的布告栏。
- 创意。学生将创造一个需要身体动作的原创游戏。（Simpson, 1972, 第43—56页）

对辛普森分类法的每一个类别，安尼塔·J.哈洛（Anita J. Harrow, 1972）都提供了明晰化的描述。她将感知定义为阐释，将定型定义为准备，将引导性反应定义为学习，将机制定义为适应，将复杂的外显反应定义为表演，将适应定义为修订，将创意定义为创造（Harrow, 1972, 第27页）。哈洛提出了她自己的分类方法来对学习者的动作行为进行分类，包括以下六个分类层次：

1.00 反射动作

    1.10 节段反射

    1.20 节间反射

1.30 超节段反射

2.00 基本动作

    2.10 运动动作

    2.20 非运动动作

    2.30 操作性动作

3.00 感知能力

    3.10 动觉辨别

    3.20 视觉辨别

    3.30 听觉辨别

    3.40 触觉辨别

    3.50 协调能力

4.00 体能

    4.10 耐力

    4.20 力量

    4.30 灵活性

    4.40 敏捷性

5.00 熟练动作

    5.10 简单适应技能

    5.20 估算适应技能

    5.30 复杂适应技能

6.00 非话语交际

    6.10 表达性动作

    6.20 解释性动作。（Harrow，1972，第1-2页）

这三个领域的分类系统，可以作为指导方针，使教学更加有效。它们将注意力集中在学习的三个主要领域和每一领域的细分上。

撰写教学目标和目的

撰写教学目标和教学目的十分简单，应该用基本的期望来处理。教学目标是大的想法，通常被称为不可测量的基本问题。一个教学目标，可以起到指出通往教学目的的方向的作用。例如，教学目标"学生将了解世界各地的能源需求"，或基本问题"了解世界的能源需求和资源如何帮助我们对它们进行规划"，可能会导致多种教学目的。教学目的的例子可以是，"学生将识别三种可替代化石燃料的能源"和"学生将提出美国人节约能源的三种方法，并且用文字证据来支持"。

教学目标可以用相当宽泛、欠精确的术语来描述。另一方面，在一些学区，教学目标可能不像本书所建议的那样来表述，而可能只是作为一个话题来表述。一个话题的例子可能是"有组织的劳工运动"。教学目标就隐含在这一话题之中："学生将了解有组织的劳工运动。"

虽然阐述教学目标和教学目的的风格的确有所不同，但你可能会看到它们被写成"学生"（用单数），以（1）表示"每个学生"的意思，（2）有助于区分教学目标和教学目的与课程目标和课程目的。课程目标和课程目的可以以"学生"（用复数）开头，以传达"一般学生"或"学生群体"的意思。虽然最好是将所有的计划都写下来，但也可以把教学目的记在心里，直接撰写教学目的或学习目标。有些校长或学区领导要求将课程目的或标准、教学目标或基本问题、教学目的或学习目标写在教学计划中，并张贴在教室里，以帮助学生达标。因此，了解如何编撰它们是一个好主意。

教学目的或学习目标的三个要素

马杰（Mager, 1975）建议在教学目标中纳入三个要素或组件：

- 所期望的学生行为；
- 展示该行为的条件；
- 所要求的掌握程度。

自马杰以来，教学目的和学习目标的开发已经发展到关注熟练度，而不是掌握或熟练度的百分比。因此，你可能只被要求写下可观察到的预期行为和学生的学习成果。以下是与开发教学目的有关的简要说明。

详述行为和学习成果。当详述行为时，尽可能多地选择可测量和观察的动词，以及期望学生取得的学习成果。"理解"这个词虽然是动词，但在教学目的中通常是模糊的，因为它既不可测量也不可观察。

请想一想，"学生将理解他或她在美国宪法前十条修正案之下的权利"。如果这个教学目的仍然是书面的，教师将需要明晰期望如何证明"理解"或是否成功达到这一标准。通过将动词"理解"改为以表现为导向的动词，你可以创建一个可测量的教学目的，例如"学生将写下两句话的总结，概述美国宪法前十条修正案中的每一条"。请注意，学生渐趋掌握的学习成果或证据，是每次都对这两句总结做出修订。

这个教学目的或学习目标，可以通过修改语句从理解水平提升到评估水平，"学生将写下一篇分为五段的文章，阐述美国宪法前十条修正案中的权利，并根据基本、可取或不相关的标准评估每项权利在今天的重要性"。因此，教学目的或学习目标纳入了学生的学习成果。

如果成果是学生作业的证据，并且可以给追踪特定学习任务的教学决策提供信息，那么这是有帮助的。如果成果不是学生作业的证据，那么教师就必须清楚地告诉学生，判断是否掌握的可接受的证据是什么。成功达到这一教学目的/学习目标的标准是什么？

详述条件。如果有必要，可以详述学习者显示行为的条件。在教学目的中，"给定一个社区需求的列表，学生将按照优先次序对它们进行排序"。"给定该社区的需求列表"是执行该行为的条件。它是目的的一部分。条件也可能表明课程目的的重点，例如在这一例子中理解信息文本与文学文本：学生将描述文本特征如何帮助理解信息文本。教学目的在段落中可能表述为：选择三个有助于你理解的文本特征，并描述它们是如何帮助你理解的。

详述标准。教学目的或学习目标应包括可接受的判断是否掌握的标准。哈蒂（Hattie，2009）将这一标准称为成功标准，如果教师传达成功标准，它可以帮助教师明确预期的具体学习成果，并为学生提供特异性（Taylor, Watson, & Nutta, 2014）。例如，一位法语教师可能会这样表述："学生将翻译以下句子。"这一说法过于宽泛，不能具体地帮助教师和学生。更好的说法是，"将至少五个句子由法语段落译为英语"。

1974年，罗伯特·H.戴维斯、劳伦斯·T.亚历山大和斯蒂芬·L.耶伦（Robert H.

Davis, Lawrence T. Alexander, and Stephen L. Yelon）列出了六个条件，并给出了每个条件的例子，这在今天可能仍有帮助。

1. 当行为仅仅"发生"就足够时，请描述该行为。示例：像照片中那样松散地打结。
2. 当"准确度"很重要时，请提供可接受范围或偏差的说明。示例：答案必须正确到最接近的整数。
3. 如果"差错"的数量十分重要，请说明差错的数量。示例：最多一个错误。
4. 如果"时间"或"速度"十分重要，请说明最低水平。示例：在5秒内；每分钟5个单位。
5. 如果"已知参考文献"提供了标准，请说明参考文献。示例：按照文本中给出的同样次序，执行一系列步骤。
6. 如果行为的"后果"十分重要，请描述它们或提供一个模式。示例：上课时引导所有学生都参与讨论。（Davis, etal., 1974，第39—40页）

表9.2　学习领域行为取向的动词

认知领域（Bloom, etal., 1956）	
思维水平	动词
认知	识别、指定、陈述
理解	解释、重述、翻译、追溯
应用	应用、解决、使用、联系、关联
分析	分析、比较、对比、说明
综合（可能在创造）	设计、开发、计划、撰写、汇编
评估	评估、评价、判断、区分
创造（包括合成）	撰写、汇编、设计
情感领域（Krathwohl et al., 1964）	
水平	动词
接收	接受、展示意识、倾听
回应	遵守、参与、志愿
重视	喜欢、欣赏、关心
组织	坚持、捍卫
以价值或复杂的价值为特征	移情，有道德，修正行为

精神运动领域（Simpson，1972）	
水平	动词
感知	区分，识别，选择
定型	定位，演示，展示
引导反应	打算，模仿，尝试
机制	熏陶，练习，重复
复杂的外显反应	执行，操作，履行
适应	适应，改变，修正
原创	创造，设计，原创

Gronlund，N.（2000）. *How to write and use instructional objectives*（Appendices B and C）. Upper Saddle River, NJ: Merrill.

新手教练有时会问如何确定标准。如果课程目的是一种标准，那么就会有具体说明来指导撰写学习目标和成功标准。如果没有具体说明，请查阅课程指南。如果两者都不存在，那么教师就会考虑由州、学区、学校或教育组织（如国际文凭组织等）给出对结果的文本和预期。对于成功标准的组件，戴维斯、亚历山大和耶伦（Davis，Alexander，and Yelon，1974）增加了一个具有稳定性的组件，即给予学生机会的次数以及他或她必须成功展示行为的次数（第41页）。这一点相当重要，学生应该多次显示自己的熟练度，以确保在根据标准进行测试之前，他们的成功不是偶然为之。

一般而言，教学目的或学习目标应至少由三个部分组成：（1）行为，（2）条件，（3）标准。学生的学习成果或学生的工作证据符合成功标准。

阐明和确定教学目标和目的的优先级

教学目标和教学目的应得到确认，并按优先顺序排列。教师应该知道教学目标和教学目的是否合适，哪个更为重要。

在实践中，教学目标和教学目的的确认和排序比课程目标和课程目的要简单得多。在这一过程中，教学目标和教学目的通常不会定期提交给外部团体，但可能会由教授同一科目或同一年级的教师和行政人员优先处理。优先级的确认，将取决于学生在掌握标准和教学目的方面的进度。要对有效性做出判断，并决定哪些是必要的，需要在科目材料方面、学生趋向

第九章 课程目标或基本问题与课程目的或学习目标

掌握方面,以及在教授该科目材料的方法方面有一定基础。

与课程目标和目的相比,需要参与确认和创建教学目标和教学目的的优先级的人要少得多。教学目标和目的的确认和排序,通常是通过参考反映学区或学校学生数据的课程指南以及学生进步的数据和证据来完成的。这些课程资源和指南的作者,充当确认和设置优先级的人。这种对教学目标和教学目的进行确认和排序的方法,是最常见的。然而,如果教师和带头人退后一步,思考并询问教学的逻辑顺序,教学目的的顺序就会出现,正像在高效率的教师那里一样。

教师也可以从他们的教学团队、年级或部门的成员以及其他知识渊博的教师、课程顾问和主管那里寻求帮助,对教学目标和教学目的进行确认和排序。在特殊领域有经验的顾问和主管,也应该能够帮助决定哪些教学目标和教学目的是适合学习者的,哪些是应该强调的,因为它们是以后学习的先决条件,或者它们需要更多的测试。最后,教师可以向学区以外科目领域公认的专家以及其他学区或高等教育机构的专家寻求建议。

总 结

教学目标可以写成宣言或基本问题。教学目的可称为学习目标,与基本问题和教学目标一样,与先前详述的课程目标和课程目的或标准直接相关。教学目标为详述教学目的或学习目标提供方向。今天的表述方式与历史上的预期有了变化。以预期所有学生达到熟练来实施标准需要一种不同的方法。

学习成果可以分为三个主要领域:认知、情感和精神运动领域。认知领域是智力的世界,情感领域是情感、信仰、价值观和态度的场所,精神运动领域是感知运动技能的领地。

分类系统有助于揭示每个领域所包含的学习类型。系统可以为设计教学计划提供指导,以达到收获预期的学习成果。

教学目标是用非行为术语撰写的陈述,不附带判断是否达到掌握的标准。除了情感领域的成果外,教学目的或学习目标应该以附带有成功标准的可测量和可观察的术语写下来。

教学目的应由三个组件组成:学习者将显示的行为、显示行为所需的条件,以及判断是否达到熟练的标准。

应用

1. 检查同事或你监督的人的教学计划。教学目标或基本问题在多大程度上与相关标准明确一致？同样，撰写下的教学目的或学习目标在多大程度上与所提供的例子相似？你将如何重写这些工件？

2. 在你的环境中调查对特异性的预期。学习目标是为校长、老师还是学生撰写？它们是否足够具体，以致学生所预期的作业证据是明确的，这样学生就可以朝着这个方向努力。

反思与探究

1. 想一想在你的环境中指导教学目标、基本问题、教学目的和/或学习目标撰写的分类系统。那些创建教学计划的人对这些系统的理解和准确实施到底有多深？请作为一个教学带头人，制定一个策略来加强理解和忠实使用。

2. 评估哪种分类系统最有利于提高学生的学习成果。你将如何促进使用分类系统来指导教学规划，以提高学生学习成果所需的严格程度？

网站

The Art Costa Centre For Thinking: www.artcostacentre.com/

Visible Learning: www.visible-learning.org/

参考文献

Anderson, L. W., & Krathwohl, D. R.（Eds.），et al.,（2001）. *A taxonomy for learning, teaching, and assessing: A revision of Bloom's taxonomy of educational objectives*. White Plains, NY: Longman.

Armstrong, R. J., Cornell, T. D., Kraner, R. E., & Roberson, E. W.（1970）. *The development and evaluation of behavioral objectives*. Worthington, OH: Charles A. Jones.

Bloom, B. S.（Ed.）et al.,（1956）. *Taxonomy of educational objectives: The classification of educational goals: Handbook I: Cognitive domain*. White Plains, NY: Longman.

Bloom, B. S., Hastings, J. T., & Madaus, G. F.（1971）. *Handbook on formative and summative evaluation of student learning*. New York, NY: McGraw-Hill.

Briggs, L. J.（1970）. *Handbook of procedures for the design of instruction*. Washington, DC:

American Institute for Research.

Checkley, K. (1997). The first seven ... and the eighth: A conversation with Howard Gardner. *Educational Leadership*, 55(1).

Combs, A. W., Kelley, W. C., & Rogers, C. R. (Eds.). (1962). *Perceiving, behaving, becoming: A new focus on education*. Alexandria, VA: Association for Supervision and Curriculum Development.

Davis, R. H., Alexander, L. T., & Yelon, S. L. (1974). *Learning system design: An approach to the improvement of instruction*. New York, NY: McGraw-Hill.

Gardner, H. (2006). *Multiple intelligences: New horizons*. New York, NY: Basic Books.

Gronlund, N. E. (2004). *Writing instructional objectives for teaching and assessment*. Upper Saddle River, NJ: Prentice Hall.

Harrow, A. J. (1972). *A taxonomy of the psychomotor domain: A guide for developing behavioral objectives*. White Plains, NY: Longman.

Hartley, J. and Davies, I. K. (1976). Preinstructional strategies: The role of pretests, behavioral objectives, overviews, and advance organizers. *Review of Educational Research*, 46(2), pp. 239-265.

Hattie, J. (2009). *Visible learning: A synthesis of over 800 meta-analysis relating to achievement*. New York, NY: Routledge.

Krathwohl, D. R., Bloom, B. S., & Masia, B. B. (1964). *Taxonomy of educational objectives: The classification of educational goals: Handbook II: Affective domain*. White Plains, NY: Longman.

Krathwohl, Bloom, & Masia Mager, R. (1975). *Preparing instructional objectives* (2nd ed.). Belmont, CA: Fearon.

Marzano, R. J. (2001). *Designing a new taxonomy of educational objectives*. Thousand Oaks, CA: Corwin Press.

Marzano, R. J., & Kendall, J. S. (2007). *The new taxonomy of educational objectives* (2nd ed.). Thousand Oaks, CA: Corwin Press.

McNeil, J. D. (2006). *Contemporary curriculum in thought and action* (6th ed.). Hoboken, NJ: Wiley.

Multon, K. D., Brown, S. D., & Lent, R. W. (1991). Relation of self-efficacy beliefs to academic outcomes; A meta-analytic investigation. *Journal of Counseling Psychology*, 38(1), 30-38.

Popham, W. J. (1971). Practical ways of improving curriculum via measurable objectives. *Bulletin of the National Association of Secondary School Principals*, 55(355).

Popham, W. J. (2002). *Classroom assessment: What teachers need to know* (3rd ed.). Boston, MA: Allyn & Bacon.

Raths, J. D. (1971). Teaching without specific objectives. *Educational Leadership*, 28(7).

Salovey, P., & Mayer, J. D. (1989-90). Emotional intelligence. *Imagination, Cognition, and Personality*, 9(3).

Simpson, E. J. (1972). The classification of educational objectives in the psychomotor domain. *The Psychomotor Domain*, 3.

Taylor, R. T., Watson, R., & Nutta, J. (2014). *Leading, teaching, and learning the common core standards: Rigorous expectations for all students*. Lanham, MD: Rowman & Littlefield.

Thorndike, E. L. (1920). Intelligence and its uses. *Harper's Magazine*, 140.

Tyler, R. W. (1949). *Basic principles of curriculum and instruction*. Chicago, IL: University of Chicago Press.

Valentine, J. C., Du Bois, D. L., & Cooper, H. M. (2004). The relation between self-beliefs and academic achievement: A meta-analytic review. *Educational Psychologist*, 39(2), 111-133.

Webb, N. L. (2009). *Webb's depth of knowledge guide: Career and technical education definitions*. Retrieved from www.rda.aps.edu/RDA/Documents/Resources/ Webbs_DOK_Guide.pdf

Wilson, L. O. (n.d.). *The second principle*. Retrieved from https://thesecondprinciple.com/

第十章 循证教学

> **学习成果**
>
> 学习完本章,你应该能够:
>
> 1. 评估与脚手架型教学模式相关的教学计划。
>
> 2. 解释学习科学与教学科学之间的关系,以及为什么擅长这两种科学对课程带头人和其他教学带头人有利。
>
> 3. 评估在教学计划中在何种程度上包含了循证教学。
>
> 4. 分析教学(设计和实施)与预期的课程成果、标准或学习目标是否一致。

在第九章中,你思考了标准或课程目的如何导致教学目标和教学目的。教学目标是大观念或基本问题,教学目的是短期的甚至是日常的学习目标。当你阅读本章并思考你的教学规划或回顾你的班级规划时,请记住,在本书中,教学是由标准驱动的,或者可以称为基于标准的教学。标准可以指《共同核心州立标准》,个别州标准,课程或科目领域、学区或学校组织或学校的公认标准或基准。"教学"被定义为操控学生的学习环境,提供经验,使学生学习(Mayer, 2008)。"学习"是学生态度的改变,或学生因经历而知道、实践或思考的事情(Intentional Futures, 2015)。在本教材中,教学以学生的学习成果为重点,而不在乎用什么术语(例如,标准、课程目标、基准、学习目标)来表示预期的成果。因此,所有的教学都是根据学生的学习任务和学生的作业证据来设计的,以便与心中所预期的学习成果(例如,标准、基准、学习目标)保持一致。

教学模式

在开发教学计划之前，教师要确定他们将要使用的教学顺序或模式。布鲁斯·乔伊斯和玛莎·韦伊（Bruce Joyce and Marsha Weil, 1980）将"教学模式"定义为"一种计划或模式，可以用来塑造课程（长期学习科目），设计教学材料，并在课堂和其他环境中指导教学"（第1页）。多年后，乔伊斯和韦伊与艾米莉·卡尔霍恩（2004）将他们的表述修改为："教学模式实际上就是学习模式。"（第7页）所采用的模式或教学顺序，在学生学习的特定阶段引导策略的选择。例如，在教学序列中，教师可以选择更多指导或少加指导，利用探究来引导学生思考，或基于学生的个人学习需求进行差异化教学。苏珊·S. 艾利斯（Susan S. Ellis, 1979）阐明了教学模式的含义，她写道：

教学模式指各种策略，以教育家、心理学家、哲学家和其他追问个人如何学习的人的理论（通常是研究）为基础。每个模式都包含一个基本原理、教师和学习者要采取的一系列步骤（行动、行为），对必不可少的支持系统的描述，以及评估学习者进步的方法。有些模式旨在帮助学生提高自我意识或创造力；有些模式培养学生自律或负责任地参与团体活动，有些模式刺激归纳推理或理论构建，而另一些模式则针对是否掌握科目材料。（Ellis, 1979, 第275页）

随着时间的推移，受人尊敬的研究人员和作者开发了许多教学模式或建议性教学顺序。事实上，布鲁斯·乔伊斯（Bruce Joyce, 1978）确定了二十五种教学模式。玛丽·爱丽斯·甘特、托马斯·H. 埃斯蒂斯和简·施瓦布（Mary Alice Gunter, Thomas H. Estes, and Jan Schwab, 1999）在描述十九个模式（第65-315页）时解释了一种模式教学方法。乔伊斯、韦伊和卡尔霍恩（2004）描述了十四个模式，并将它们归为四类：（1）信息处理模式；（2）社会模式；（3）个人模式；（4）行为模式。

乔伊斯和韦伊（Joyce and Weil, 1980）认为寻找最佳教学模式是一种谬论，并指出此种研究并没有支持一种模式优于另一种模式（第1页）。一些专家反对让教师扮演科目材料权威和信息提供者角色的模式。欧内斯特·R. 豪斯（Ernest R. House, 1998）将用教师作为导师的模式取代教师作为信息提供者的模式（第3页）。凯恩夫妇（Caine and Caine, 2001）根据对大脑的研究，表达了这样一种观点：21世纪的教育工作者"需要掌握促进学生和他人进行自我组织的艺术。他们需要有足够广泛的认知视野,以便能够整合新思想和新信息,并促进它们进入持续的、动态的学生体验"(Caine & Caine,2001,第226页)。

教学是复杂的,正如伊丽莎白·埃尔斯沃思(Elizabeth Ellsworth,1997)所断言,"教学法是一种比我们绝大多数教育理论和实践所表明的更混乱、更不确定的事务"。"教学法提出了一些永远无法解决或一劳永逸地解决的问题和困境。"(Ellsworth,1997,第8页)熟练掌握各种模式,或至少熟练掌握所选用的各种策略,可能更富有成效。在数字资源的常规整合之前,格利克曼(Glickman,1998)忠告:

学校教育的一些传统元素是有价值的。例如,重新考虑用铅笔取代文字处理机或依靠袖珍计算器取代心算是否改善了教育,是有好处的。直接教学生特定的内容、坚持字迹清晰、让学生背诵某些材料,都有明显的好处。在纳入时间、空间、方法、工具和技术的不同配置的同时,还要保留传统。(Glickman,1998,第39页)

然而,后来格利克曼(2002)明确指出,如果教师反复"以同样的方式教授同样的课程",他们就无法成为更好的教师(第5页)。大多数人都同意,如果学生不能在一个学习目标上达标,那么在重新教学时,就需要采用不同的策略,或许还需要不同的资源和额外的时间。

脚手架型教学模式

为了描绘高效教师的特征,人们已经写了很多。詹姆斯·H.斯特朗(James H. Stronge,2002)在思考高效教师的素质时观察到,"当我们考虑复杂的教学任务时,有效性是一个难以理解的概念"(第7页)。罗森辛(Rosenshine,1978,第38—66页)提供了关于教师有效性的研究,该研究支持至少是出于某些目的对整个群体进行直接教学,而不是个性化教学。然而,随着更容易获得的研究和对学生学习问责的到来,"教师的效果"或"教师的有效性"被定义为教学和其他专业行为之间的稳定关系及学生学习的积极变化(Konstantopoulous,2014,第17290页)。事实上,存在基于特定教学模式的教师评估系统,要求教师执行这种系统,同时期望学生的成绩发生变化。

伴随对教师有效性的定义和当前的教师评估体系,一个为学生在评估中取得个人成功奠定基础的教学模式在文献中得到了支持，并被当作一个例子（Taylor, Watson, & Nutta, 2014; Fisher & Frey, 2008; Marzano, 2007; Hunter, 1984）。脚手架型教学模式根据需要结合了全班教学、小组教学和学生个人教学。基于亨特（1984）的早期工作，其他作者所指出的模式的目的，是通过谨慎地促使学生经历一个从高度支持到较少支持到独立自主的学习过程，支持学生独立地展示是否熟练地达到了预期学习目标或标准。脚手架型教学模式，在教学序列中提供了适合内容和学习者的各种策略。

脚手架教学模式首先由教师介绍内容和概念，通过探究或直接教学来吸引学生，以创建一个有意学习的心理模式。心理模式通常是通过同时使用学术语言和可视教具来开发的，无论是使用数字工具还是更为传统的工具（Taylor, Watson, & Nutta, 2014; Taylor, 2010）。探究在一开始就能有效地吸引学生的思维，并得到元分析研究的支持，元分析研究表明，当使用指导性探究而不是其他替代方法时，理科生有更大的学习收获（Furtak, Seidel, Iverson, & Briggs, 2012）。除了其他内容领域，探究也有助于培养数学概念。

在介绍之后，是师生分享活动：教师建模，学生则与教师分享阅读或写作或解决问题的实践活动。共享实践活动是指导性实践活动的前奏，在教师检查理解情况、提供反馈并相信大多数学生已经准备好与一个或两个伙伴合作时，指导性实践活动开始（Taylor, Watson, & Nutta, 2014; Taylor, 2010）。

在指导性实践活动中，学生使用教师确定的策略进行合作，这类材料包括例如"思考—配对—分享"或"互惠教学"，等等。读者可能并不熟悉这两种策略。在"思考—配对—分享"策略中，两位学生一起阅读或思考，然后在老师要求两人一组与全班同学分享之前相互分享。"互惠教学"结合了几种基于研究的策略（预测、提问、澄清和总结），结果是，双人组或三人组从中促进了学习。教师们发现，与小组学习不同，指导性实践的价值在于学生合作拓展认知、理解，每个学生都担负特定的责任（例如，解决问题的步骤、测量、总结、澄清）（Taylor, Watson, & Nutta, 2014; Taylor, 2010; Taylor, 2007）。相比之下，在小组作业中，经常有一些学生不参与，或者一两个学生做了大部分作业。又一次，教师监督学生的作业，检查学生的理解，提供反馈意见，并记录学生的成败。

当学生在指导性实践中取得成功时，学生就可以独立作业，以证明是否达到了学习目标。除了学生不合作之外，独立实践的例子与指导性实践类似。这里的例子包括：学生阅读一段文字，并在两个文本中识别文学元素或比较比喻语言，学生评估使用哪种方法来解决特定类型的方程，或者学生根据文本证据提出当地环境或社会危机的潜在解决方案。

当学生独立学习时，老师监督他们的成败，提供反馈并纠正错误观念。当学生独立成功时，就该进行评估了（Taylor, Watson, & Nutta, 2014；Taylor, 2010；Taylor, 2007）。独立实践的成败是相当重要的，因为学生在满足预期学习方面是否达标将是就单个人而言的，而不是就成对的、三人组的或其他配置的学生而言的。

在支持学生走向独立的整个过程中，教师可能会对个人或小组进行差异化教学。根据学生的学习需求，细分教学可能只需要几分钟时间，也可能需要大部分的指导性实践和自主实践时间。科丁格、科比特和佩尔费蒂（Koedinger, Corbett, and Perfetti, 2012）提供的证据表明，与已经达标的学生相比，未达标的学生需要更多的实例来帮助他们在心理模式中扎根，并且需要更深入地钻研目标。这种差异化指导可以在指导期间实施，如果需要的话，还可以独立实践。简单地说，教学差异要么是不同的资源、时间，要么是不同的师生比（Taylor, Watson, & Nutta, 2014；Taylor, 2010；Taylor 2007）。图 10.1 是一幅可视化图，有助于开发脚手架型教学模式的心智模式。

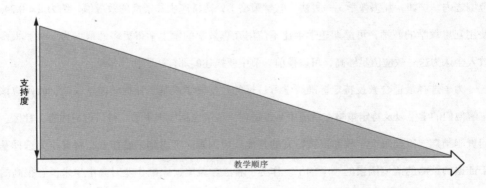

图 10.1 脚手架教学模式

* 支持度（Level of Support）取决于文本/概念的难度以及学习者独立理解文本/概念的能力。

图 10.1 改编自：Figure 2.1 Scaffold Instruction Model in Taylor, R. T., Watson, R., & Nutta, J. (2014). *Leading, teaching, and learning the common core standards: Rigorous expectations for all students*. Lanham, MD: Rowman & Littlefield, p. 12.

没有任何一种教学模式能保证教师会怀着对学生成功的期望对待所有学生,也不能解释教师应该做或带头人应该期待的每一件事。对教学环境所抱的信念和态度,会影响学习,并且有人在和文化有关联的教学法文献中有所提及(Ladson-Billings, 1995; Paris, 2012)。学生需要相信,他们带到课堂上的资产是学习的增强剂,而不会被认为是负资产,无论这些资产是种族、背景、语言还是才能(Paris, 2012)。

教学科学(SOI)

"教学科学"一词表明,教学计划包括已经证明在特定环境中有效的知识体系。一般来说,教学科学是基于证据的教学策略,这些策略有证据和/或研究支持使用特定的教学策略来改善学生的学习。正如马扎诺(Marzano, 2007)和哈蒂(Hattie, 2009)所发现的那样,可能会有新兴的研究、观察或证据来自你自己的经验,或来自多年来的元分析研究(meta-analysis research)。这些基于证据的策略可以包括在教学模式中,就像在这一例子中提到的那样。

元分析研究不同于个别研究,因为它包括随时间的推移而进行的缜密研究,并在所纳入的研究中产生效应值。当效应值小到 d = 0.40,而大到 d = 0.60 时,通常认为效应值在可接受范围之内。例如,互惠教学(一种协作教学策略),通常产生非常高的效应值,约为 d = 0.74。使用互惠教学的教师,可能期望学生比不使用互惠教学的学生学得更多的概率为 74%。大多数人会认为这一效应值足够高,可以像前一节中所描述的那样执行协作策略。

为了选择最适合教授特定标准或学习目标的教学科学或基于证据的教学策略,教师应该了解他们的学生以及特定策略在语境中是否适当。语境包括年级水平、科目材料内容、社区、问责制预期,以及每个学校和班级特有的其他环境因素。考虑到家庭作业,将其作为选择基于证据的策略的语境因素的一个例子。作为一种教学策略,家庭作业对高中生来说有很高的效应值,但对小学生来说效应值则相当低,因为他们没有学习的独立性,也没有在需要时获得帮助的能力(Hattie, 2009; Taylor, Watson, Nutta, 2014)。当家庭作业作为一种教学策略在小学年级使用时,需要考虑语境来抵消低效应值,因此,学生应该能够在没有他人支持的情况下完成家庭作业。

一般来说,教师应该选择适合于脚手架型教学顺序中有最大机会提高学生学习的节点的教学策略。在分享脚手架教学模式时,我们提供了一些教学科学的例子:探究、心智模式的创建、

"思考—配对—分享"和"互惠教学"。

学习科学（SOL）

学习科学已经被认知科学家很好地研究和接受（Bransford, Brown, & Cocking, 2000）。然而，迈耶（Mayer, 2008）发现，学习科学，或学生如何最有效地学习，经常与教师可能考虑的教学科学或教学策略处于分离状态。如果只考虑教学科学而不考虑学习科学，结果可能是会有更多的学生达不到预期的学习效果。在本书中，在制定教学计划和为学生学习提供信息时，主张同时考虑学习科学和教学科学。通过将学习科学和教学科学两个概念结合起来，学生的学习结果应该比只考虑学习科学要好，这是司空见惯的事。脚手架型学习模式整合了学习科学和教学科学。

当教师让学生参与学习过程时，他们的目的是让学生在下次上课时能够分享或应用所学内容。这样做将表明有意的学习从短期记忆（秒到分钟）转移到了长期记忆，以便准确快速地检索，这是学习科学的一个主要关注点。在学习时，学生使用他们的工作记忆来选择接踵而来的信息（声音、单词、可视教具），然后对传入的信息进行组织。为了将新信息转移到长期记忆中，它必须与以前的学习或经验结合起来（Mayer, 2008; Bransford, Brown, & Cocking, 2000）。学习科学提供了增加从工作记忆转移到长期记忆的信息量的方法，以便在独立实践、评估、与其他学习单元和学科整合，或在新环境中的应用中检索（Bransford, Brown, & Cocking, 2000）。当教师认为他们在课堂上看到了学生的成功，而没能在评估中看到学生的成功时，可能是学生没有养成真正的独立，这意味着教师提供了太多的支持，或者可能给了学生一些线索，而没有让他们在思考和学习方面进行富有成效的认知斗争。因此，在评估中所测量的预期学习，没有转移到长期记忆中以备快速而准确地检索。

根据认知科学家的不同，你会发现多达二十六种不同的学习原理科学，尽管有八或九种更经常被注意到。下面列出了带头人应该了解并协助教师实施的常见的学习科学原理，以支持改善学生的学习成果。

锚定型学习：学生在团队中解决问题，或拓展导致解决问题方案的专门知识，所有这些都基于已经证明的背景知识（Bransford, et al., 2000）。锚定型教学适用于基于项目的学习或所有学生参与的指导性实践。

深度问题：与给学生"谁、什么、在哪里、如何、何时"这些需要简单的语言或单词来回答的问题相反，给学生一些发人深省的问题，这些问题需要他们花时间去思考、处理、应用、综合、分析和/或评估，以获得更多的深度学习和吸收（Craig, Sullins, Witherspoon, & Gholson, 2006）。

双重模式和多媒体效应：最有效的学习信息的初始呈现，是同时吸引学生的眼睛和耳朵（双重模式）。两种模式同时存在，既不是三种也不是一种是最佳的，因此，在创建数字或非数字教学时，与可视教具、印刷文本、口头语言或讲座单独相比，同时包含可视教具和口头语言解释是最佳的（Mayer, 2008）。在脚手架型学习模式中，双重模式和多媒体效应应用于介绍或直接教学和指导性探究，目的在于创建预期学习的心理模式。

反馈效应：当学生得到反馈、帮助他们理解自己做对了什么、为什么他们的工作是正确的以及如何纠正错误的工作时，学习就会得到改善（Pahler, Cepeda, Wixted, & Rohrer, 2005）。换句话说，分数、勾号，或者只知道什么是正确的，什么是错误的，而不知道为什么是正确的或错误的，并不能提高学习，因为学生可能会碰巧正确一次，知其然而不知其所以然。

生成效应：当学生生成或创造反应时，他们比选择一个反应（如选择题、匹配题、对错题或提示题）获得的成果要大（Roediger & karpick, 2006）。生成反应需要思考，然后表达一个反应，因此学生使用了更高的认知过程，而不是有机会选择一个反应或得到提示做出一个反应。

金发姑娘原则（Goldilocks principle）：学习目标不应该太简单或太具有挑战性，而应该刚好适合学习者。这一原则可以被称为最近开发区（ZPD）原则（Metcalfe & Kornell, 2005）。这一原则，有助于减少可能导致学生学习努力降低的认知超载。

可管理的认知负荷：在设计教学时，重点关注预期的学习目标，不要添加其他有趣或无关的信息。在将可管理的认知负荷应用于数字演示时，专注于目标内容，不要添加多余的文本或图形，因为它们会增加工作记忆的认知负荷（Pass & Kester, 2006）。一种误解是教学需要娱乐，这种误解可能会削弱对预期学习的掌控。

组织效应：当学生积极地、反省地参与内容，如组织、综合、评估或总结材料时，预期的学习比学生重读更有可能转移到长期记忆中（Bransford, et al, 2000）。

分割原则：在规划教学中，将预期的学习分成几个片断，并按次序依次介绍它们，这有利于将新的学习整合到以往的学习中（Mayer & Moreno，2003）。

《有意的未来》（2015，第18页）注意到，除了前面列出的例子之外，还有提高读写能力的学习科学的原则。正如教学带头人所知，读写能力对所有学科都至关重要。

1. 工作实例——提供学习预期的例子，以创建一个心理模式。
2. 邻近原则——保持文字与相关可视教具一致。
3. 形态原则——先口头呈现单词，而不是先呈现印刷文本。
4. 冗余原则——提供口头或书面对可视教具的解释，但不能同时提供这两种解释。
5. 连贯原则——省略与学习目标无关的内容，以减少认知负荷。

就教学科学而言，如果你回顾关于脚手架型学习模式的部分，你可以很容易地注意到图10.1中包含的或可能包含的教学科学原则。我们在引言部分介绍了双重模式和多媒体效应，旨在创建预期学习的心理模式。经《有意的未来》确认的大多数原则，也旨在创建一个心理模式，以支持长期记忆的整合性学习，并减少认知负荷。分割原则和反馈原则是显而易见的，因为培养学生一步一个脚印地走向独立。深层问题和生成效应，则表现为学生协作时进行探究和指导性实践。也期望在独立的实践和评估中纳入深度问题和生成效应，并与目标标准保持一致，介绍和差异化教学中含有工作实例。

这对采用学习科学原理、利用数字工具和资源提高教学效率有诸多潜在影响。在规划或设计教学的时候，都可能不只是利用一次讲座或口头语言。当教师创建数字增强型教学或使用可用的数字资源时，与学习科学原理保持适当的协调一致，将使学习更为有效。

随着"电子安全系统评估"（ESSA）的实施，对软件和数字资源设计师与供应商提供有效性证据产生了潜在影响。某些证据可能存在于设计的学习科学基础和实施的结果数据之中。

教学策略的来源

策略的选择，在开始时可能受到标准和学习目标的限制。内容本身将决定某些教学策略是否适当。在数学中，探究和可视化是非常有用的策略，但同样的策略在学习世界语言时可能就不那么管用。另一方面，当学生使用探究并提出问题和假设时，他们的学习可能会在几乎任何内容领域和年级水平上取得进展。大多数课程指南，无论是在当地教育机构、州教育机构还是教育组织层面（例如，"先修课程""国际学士学位"），都建议采用课程带头人认为适合学生、内容、年级水平和学习环境的教学策略。

教科书和相关的教师指南或在线资源，仍然是教学策略的主要资源，即使存在基于标准的教学。在接受博客或其他在线资源中找到的策略时，应该谨慎对待，而不是首先认定它们是基于证据或研究的、认识到了对学生在每一独特环境中所期望的严谨性。值得信赖的专业网站、组织、出版物或其他经过审查的可靠资源，将有助于学生的学习。

迈克尔·W. 阿普尔（Michael W. Apple，1998）呼吁人们注意"教科书无处不在的特性"，他写道：

不管我们喜欢与否，大多数美国学校的课程都不是由研究科目或建议项目来定义的，而是由一种特定的人工制品来定义的，即由标准化的、针对年级水平的文本来定义的。虽然教科书在小学、中学甚至大学的课程中占据主导地位，但很少有人关注其生产、发行和接受的意识形态、政治和经济根源。（Apple，1998，第159页）

弗莱雷（Freire，1998）对教科书的使用方式提出了一些可能被称为建构主义的看法：

不幸的是，总的来说，最近学校所做的是引导学生在课本之前变得被动……运用他们的想象力几乎是被禁止的，成为一种原罪……他们既不需要发挥想象力重温书中讲述的故事，也不需要逐渐适应课本的意义。（Freire，1998，第31页）

潜在的教学策略的另一种资源是学生自己。当教师邀请学生描述他们如何学得最好时，他们会透露出有关教师何时最有效的信息。这种来自学生的元认知意见，可以为教学提供信息。学生可以创造有待追问和回答的问题，创建潜在的相关研究焦点，并创建用于查看内容、事件和概念的新框架。当他们将自己的背景和经验与基于标准的内容和学习目标联系起来时，教师和学生都将获得意外收获。此外，以前的学习和预期学习的活动，与长期记忆也存在关联。

总而言之，教学策略可以从各种各样的科目材料资源中出现，但对于那些高效的教师来说，

第十章 循证教学

他们将采用基于证据或基于研究的教学策略，这些策略来自受人尊重和经过审查的资源。

基于大脑的教学

对大脑的研究重申了大脑功能的复杂性，同时也强化了学习者学习方式的差异。谈到大脑的复杂本质，梅瑞莉·斯普伦格（Merilee Sprenger，1999）观察到，如果学习要成为终生学习，就必须遵循某些路径，她称之为"记忆通道"，即访问记忆的门户。她将这些通道划分为语义通道、情景通道、程序通道、自动通道和情感通道（第45—56页）。戴维·苏萨（David Sousa，2001）补充说，情感（边缘）系统在大脑长时间存储信息的能力中起着至关重要的作用（第19页）。

一个关于大脑功能的有趣构想，假设大脑的左半球或右半球占主导地位，尽管左、右脑相互作用。根据这一构想，左脑的优势似乎有利于逻辑过程，右脑有利于创造过程。学校课程传统上迎合了左脑的特点（Farmer，2004）。雷纳特·努梅拉·凯恩和杰弗里·凯恩（Renate Nummela Caine and Geoffrey Caine，1997）指出，左脑和右脑的区别并不是单独存在的，因为"在一个健康的人身上，两个大脑半球在每一项活动中都相互作用……'双脑'学说的最大用处在于提醒我们，大脑将信息分解成各部分，同时又整体地感知信息"（第106页）。

埃里克·詹森（Eric Jensen，1998）认为，大脑研究的应用，将我们置于"一场革命的边缘"，这场革命"将改变学校开始上课的时间、纪律政策、评估方法、教学策略、预算优先级、课堂环境、技术的使用，乃至我们对艺术和体育的看法"（第1页）。然而，帕特里夏·沃尔夫（Patricia Wolfe，2001）警告说，"在过去的三十年里，我们对大脑的了解比历史上任何时候都要多。但我们还有很多东西需要学习"（第191页）。

随着时间的推移，对基于研究或基于证据的教学的关注，已经整合了人们对作为一个概念的基于大脑的教学的认知。教学科学和学习科学考虑了正在进行的研究，并反映出了研究的结果。

基于学习风格的教学

人们普遍认为，在任何一组学习者中，对教学都会有不同的偏好。有些人喜欢自己阅读和理解，有些人喜欢老师告诉他们该做什么。有些学生的强项是艺术，有些则是语言或数学。

考虑到每个学习者都是带着不同的优势进入教学过程的，有些人主张根据这些优势进行教学，而不是为有不同学习偏好的整个群体制定教学计划。在20世纪70年代后期，产生了关于将学生的学习风格与教师的教学风格匹配起来以促进学习并减少师生的挫败感的讨论。丽塔·S.邓恩和肯尼思·J.邓恩（Rita S. Dunn and Kenneth J. Dunn, 1979）评论了教师对教学风格的态度和信念：

教师对各种教学方案、方法和资源的态度，以及他们喜欢和什么样的年轻人一起工作，构成了他们"教学风格"的一部分。然而，确实有些教师相信他们没有实践过的特定教学形式（行政限制、经验不足、资源匮乏或不安全感），而另一些教师则实践他们不相信的方法（行政或社区命令、无法改变或承受压力）。教师可能更喜欢与他们实际教的学生不同的学生，这也是事实。（Dunn & Dunn, 1979, 第241页）

在文献中，风格和方法使用得相当宽泛，然而方法是策略，风格是呈现自己的首选方式。费舍尔夫妇（Fischer and Fischer, 1979）告诫说："风格不能等同于方法，因为人们会给不同的方法注入自己的风格。"例如，在我们的概念中，讲课不是一种风格，因为具有独特风格的人会在各自的讲课中注入自己独特的品质（第245页）。

今天，基于标准的教学和学生学习问责制的实用性，已经取代了学校内教学风格和学习风格的耗时和不精确匹配。虽然大家都承认学生和老师都有自己喜欢的风格，但实用主义的方法是基于学习科学和教学科学来设计教学的，有证据表明，大多数学习者都能接受这样做，不管他们喜欢何种学习风格。当教师主动对尚未达到熟练掌握某一学习目标的个体进行新差异化教学时，就更容易考虑到学习风格。

组织与标准相一致的教学

第九章重点讨论了教学目标或基本问题的选择以及教学规划的教学目的或学习目标。在本章中，与标准一致的教学计划和设计包括：课程目的或标准、教学目标或基本问题、日常教学目的或学习目标、教学和学生作业证据。本节讨论单元计划和教案的设计。

许多年前，威廉·H.伯顿（William H. Burton, 1962）给出了教学单元计划的定义："单元是将科目材料、成果和思维过程组合成适合学习者成熟度和需求（个人的和社会的）的学习经验的任何组合，所有这些都被组合成一个整体，具有由直接目标和最终目标决定的内部完整性。"（第329页）伯顿提出了一个单元计划的大纲，如下所示：

- 标题。有吸引力、简单、明确。
- 概览。对单元的性质和范围的简要说明。
- 教师的目的。理解（概括）、态度、欣赏、特殊能力、技能、行为模式和事实。
- 方法。对最可能的导言的简述。
- 学生的目标或目的。学习者将拓展或接受的主要目标。
- 规划和工作期限。每个学习任务具有预期成果的学习活动。
- 评估技术。如何收集证据表明目标已经实现。
- 书目。对老师有用的书籍，对学习者有用的书籍。
- 视听材料和其他教学辅助资源。（Burton，1962，第372—374页）

与伯顿（1962）的教学规划概念相反，一个更系统的基于标准的过程，更好地为师生提供了对学生学习的问责制责任。一旦教师或教师协作团队知道要使用的教学模式和要学习的标准或学习目标，那么就可以展开基于标准的教学计划或设计。当那些教同一年级或相同内容的人合作计划，以获得每个教师最好的思考和知识时，就有可能设计出更有效的教学。

任何反映出对学生学习的问责制责任的基于标准的教学计划，通常都会包括这些组件，并附有简短的解释。请记住可以将一个或多个标准纳入一个教学计划中。

- 标准或课程目的：《共同核心州立标准》、州教育机构、当地教育机构、学校或课程（例如，大学先修课程）。
- 基本问题或教学目标：大观念。
- 教学目的或学习目标：短期可测量的目的（结果，可观察的）。
- 成功标准：衡量达到标准或学习目标的进度的标准或可接受的证据。
- 形成性评估：非正式评估或正式评估，检查理解情况，为教学提供信息。

- 总结性评估：测量达成标准或学习目标的进度。
- 基于证据的教学策略：学习科学和教学科学。
- 学生的学习任务：产生结果的行动——思考、行动、阅读和写作。
- 学习资源：印刷资源、非印刷资源、数字资源和在线资源。
- 差异化：针对达标和未达标的人的资源、学习任务、策略、时间。

设计基于标准的教学，依赖于教师对目标标准的语言和目标标准的严格程度有深刻的理解。在第九章中，我们分享了不同层级的目标和相关的语言。这些学术语言术语出现在标准中，对它们的理解，对于设计一致的教学、学生学习任务、成功标准和特定标准预期严格程度的评估至关重要（Taylor, Watson, & Nutta, 2014）。《共同核心州立标准》和《下一代科学标准》（NGSS）中对学术语言的强调，应归于它们之中和学科之间的分析推理和写作期望：构建逻辑证据支持的论点，生成数学和科学的解释和分析，以及对跨文本概念和想法的综合（DiCerbo, Anstrom, Baker, & Rivera, 2014）。此外，对学术语言教学的研究表明，教师提到学术语言，但通常不直接教授学术语言，这使得学生在遇到这种语言做不到有备无患（DiCerbo, et al., 2014）。如果在教学计划组件的标准水平上没有严格性和学术语言的协调一致，那么，当学生根据标准进行问责性评估时，他们可能不会像从一个能拓展他们的学术语言的、协调一致的系统计划中学习那样成功。

如果你考虑一下最近数学教学的变化，你会想起学生们要善于使用准确和精确的数学语言，建立起各个教学单元之间的联系（Faulkner, 2013）。福克纳继续提供了一些例子，比如用数码、数字和数字符号等术语来建模和使用精确的语言。此外，学生需要熟练使用标准中的学术语言，因为在评估方向和项目中都会出现相同的学术语言（Taylor, Watson, & Nutta, 2014）。

读者可能会注意到，在基于标准的教学所列出的组件中使用了"成功标准"一语。"成功标准"是教师接受是否达到熟练程度的证据，并在认定学习目标和标准的时间节点确定。师生知道什么时候达到了熟练程度？当教师清楚知道他们的学习意图，并向学生明确阐明了这些学习意图时，也就是创造出了一个期望的心理模式时，与期望不明确时相比，学生能够达成学习意图的概率为56%（$d=0.56$）（Hattie, 2009）。通过在教学开始前明确确定成功标准和可接受的标准，并与学生进行可视化和口头（双模式）分享，同时提供可接受的熟练度证据的工作示例或模式，学生可以更容易地朝着结果努力，并在此过程中自我监管（d=0.64）（Hattie，2009；Taylor，et al.，2014）。

在确定了学习目标和成功标准之后，教师就可以进行形成性评估和总结性评估。在这一节点上开发与标准和学习目标配套的评估，将有助于教师减少无关的信息并增加一致性。在教学设计过程中的这一节点上，教师选择基于证据的教学策略和资源并将它们整合进来。

最后，为那些需要修改时间、资源和师生比的学生起草教学细分草案（Tomlinson & Moon，2013）。请注意，标准或学习目标中不存在差异，因为所有学生都有相同的预期。一些学生将比其他学生更快地证明他们对作业的熟练度。对于达标的学生，应该给予他们更深入、更高层次思考的机会，让他们在表现出熟练度后完成更复杂的学习任务（Koedinger，et al.，2012）。重要的是，达标的学生不会得到更多的学习任务，而是得到挑战他们思维的不同的任务。

"教育评估改进中心"网站（nciea.com）提供了一些有用的工具，用于支持教学设计、学习任务和评估的精准协调配套。卡琳·赫斯（Karin Hess）是开发《共同核心州立标准》和相关评估详细说明的领导者和贡献者，因此，她的网站也有有用的资源（karin-hess.com）。在她的网站上有许多配套资源，包括阅读、英语语言艺术、社会研究、数学和其他科目的认知严谨性矩阵，这些资源有助于创建学生学习任务，按目标标准的严格度对学术语言进行整合。

你可能已经注意到教学计划没有明确的时间框架。如果课程专家没有提供进度指南，或者在课程指南中没有进度指南，那么就需要在学年中为所有要学习的标准制定进度指南，以确保有足够的时间达到每一标准，特别是那些在问责评估中测量的标准。即使有了进度指南，关键词还是"指南"，有些群体的学生需要花或多或少的时间来达标。

《共同核心州立标准》示例教学计划大纲

在第七章中，你了解到《共同核心州立标准》链的组织带来标准，以及如何按年级水平增加认知复杂性。在这一示例中，一个基于标准和证据的教学计划大纲使用了六年级的"阅读水平第三部分""阅读文献/在文本层面上创造意义"（Hess，2011，第5页）。大纲的样本标准是：引用文本证据来支持对文本明确表达的内容以及从文本中得出的推论的分析（NGA & CCSSO，2010，第36页）。

- 标准：引用文本证据来支持对文本明确表达的内容以及从文本中得出的推论的分析。

- 基本问题或教学目标：如何从一篇文章中的引用和其他信息的分析中得出推论？

- 教学目的或学习目标：（1）确定文本中所述的文学元素。（2）以文本为依据，写出情节推理。（请注意，首先列出供学习和演示的标准的较低层次思维[明确的]，然后列出更高层次的思维[暗指的]）。

- 成功标准或可接受的证据：（1）完成明确陈述的文学元素的序列图表。（2）将推测的情节添加到序列图表中。在情节下面写两段引语和另外两段文字证据，以引出这一推论。注意，其他标准也包括在内，例如识别文学元素，因为标准是环环相扣的。

- 形成性评估：检查对文学元素介绍的理解，以及证据如何为未采用KWL教学法陈述出来的推理和思考提供线索（图表：你知道什么？你想知道什么？你学到了什么？）在共享型和指导型练习中，使用示例文本来练习推导并突出支持性证据。在独立练习中，学生阅读新文本，写出推测出的情节，并在支持性证据下面画线。

- 总结性评估：在一个新文本中，学生将根据推断出的情节写一个由五句话组成的段落，并从新文本中引用至少两句话和两个其他证据来支持自己的推理。请注意，老师必须知道学生可以写一个段落，否则评估将衡量段落写作，而不是目标标准。

- 基于证据的教学策略：可管控的认知负荷是通过减少无关的加工、简化视觉效果和细分教学来实现的。在介绍中，提供了附有成功标准的学习意图。教师用工作实例来模拟成功标准（共享型和指导型练习，突出文学元素和证据推理，五句段落模式）。KWL的教学策略和互惠教学，为学生走向独立提供了支持。

- 学生学习任务：协作阅读并明确突出读写能力元素；全序列图表；合作撰写推测情节，并注明引用或其他证据；阅读新的文本和完整的序列图表与支持证据；从图表写一个五句话的带有支持证据的段落。

- 学习资源：用于阅读和写作的印刷文本或数字文本，用于划线的纸张或设备，纸张或数字图表。

- 区分：熟练的学生在两个新文本中比较应用推理来完成更复杂的认知学习任务。不熟练的学生在指导型练习过程中拥有有老师在场的小组时间，在独立练习过程中能得到个人支持。英语学习者也会获得自己母语中的同源词，以帮助他们理解文本。

通过回顾和分析这一样本标准和基于证据的教学计划大纲样本，你可能已经得出结论，教学顺序的开发，要在进入标准的高阶部分之前，先学习标准的低阶思考部分。这个结论是正确的，并且适用于同时教授有几个标准的单元（这是很常见的）。从逻辑上讲，写作标准是和阅读标准一起教授的。虽然这个基本大纲并没有包括教师会采取的每一个行动，但它确实提供了一个基于标准的教学规划如何发生的框架。

差异化教学

在达到熟练程度方面提供个体差异的挑战，可能会压倒根据学区或学校进度指南引导学生完成学年课程的责任。个性化的预期可能十分诱人，所以要谨慎小心，让所有学生的预期保持稳定状态。个体化或个性化是教学的个体化或个性化，但预期是期望达到相同的标准或学习目标，除非学生接受的是一个得到认可的项目，附有"个人教育计划"（IEP），该计划表明了需要提供的便利。"教育研究服务"（2009）为学生提供了差异化或个性化教学方法，旨在达到以下标准：满足不同学习者的需求；满足法律要求；道德教育；有效性（Bratten，2009，第3页）。几十年来，教师一直试图确定满足学生需求和兴趣的最有效手段。专业文献提供了个性化教学方法的讨论和例子（Ferguson, Ralph, & Meyer, 2001; Keefe & Jenkins, 2005）。几乎每一种对有效教学的描述，都涉及认识和关心学生的背景、能力、个性、兴趣和需求的差异。

技术增强型个性化学习有望取得成功，在每个学生需要的时候提供精准的支持。这些数字工具可以根据个别学习者的进步进行调整，协助个性化学习任务，并为每个学生实现持续改进提供适当的支持和反馈。自20世纪90年代末以来，已经有许多技术资源被推销为个性化，特别是用于干预在阅读和数学方面未达标的学生。许多资源是按带有音频和视觉支持（对偶码）的游戏、模拟或虚拟环境形式来设计的。精心设计的数字资源，具有学习科学、对偶码、分割、金发姑娘原则、反馈、可管控的认知负荷等概念基础，并通过收集学生的进步数据来帮助教师调整教学，从而增加附加值。在2014年2月的"个性化学习峰会"上（Bobst, 2014），演讲者指出了利用技术实现个性化学习的优势，包括：数据的数字化评估和分析，便携、灵活的特点，以及基于表现的熟练度显示。

没有数字资源的使用，学习体验的完全个性化对任何教师来说都是极具挑战性的。然而，在一些虚拟学校或学习环境中，学生可以在教师和现成资源的帮助下，按照自己的节奏单独学习。技术和数字工具的进步，正在鼓励开发新颖和潜在的开拓性个性化学习体验，以帮助学习者采用高效的方式达到可能的最高水平。虚拟教育环境中的个性化教学，具有不同的含义，我们将在第十三章进行讨论。

认识到在课堂上处理差异的困难，教师们继续寻找和尝试新的技术或对方法做出修正。当讨论个性化或差异化教学的兴起时，除了学习科学之外，还包括三种一般的教学方法。这三种方法是相互关联的，它们借鉴了教学历史上的原则，受惠于进步主义哲学，并相信历史悠久的有效教学原则。这三种通用技术被部分地纳入到了脚手架型教学模式中。这里有几种包括服务个人学习者需求理念的实践，并总结了三种最常见的实践。

- 差异化教育。又称差异化教室和差异化教学。创造差异化课堂环境的教师，为学生提供了多种途径来理解材料、促进思考和学习，并催生显示知识和理解的学生作业（Tomlinson, 2001）。

- 建构主义。从事建构主义教学技术的教师，从学习者带入课堂的知识入手，引导学生建构新知识。与基于项目的学习类似，建构主义采用发人深省的问题和学习任务，通过拓展学生的自我效能感、自我调节和对学习的控制来激励学生。建构主义教师为学生提供了许多机会来处理自己的学习，以拓展元认知和对长期记忆的深刻理解（Brooks & Brooks, 1999）。

- 脚手架。教师通过指导、安排学习进度和顺序，并在必要时提供协助，帮助学生逐步达成目的（Hogan & Pressley, 1997）。这种方法不应与本书中的脚手架型教学模式相混淆。

这些方法代表了使用各种方式使学习者达到熟练标准和学习目标的实践活动与倾向。个性化教学、智力参与、教师作为设计者和促进者、师生之间的互动，是这三种方法的根本和共同之处。

协作学习

20世纪80年代出现了大量关于合作学习（亦称协作学习）的研究和实验。罗伯特·E.斯莱文（Robert E. Slavin，1989）承认合作学习的概念是一个古老概念，并以以下方式对其进行了定义："合作学习是一种课堂组织形式，学生在小组中相互帮助学习学业材料。"（第129页）

威廉·格拉瑟（Glasser，1992）在课堂上提出了他的非强制性领导管理控制理论，他支持合作学习，并观察到"很难想象任何一所高质量学校没有深入参与这种教学方法"（第163页）。斯莱文（Slavin，1980）指出了他的合作学习概念的一个关键要素——小组表现，他说："这一术语指的是课堂技巧，学生在小组中进行学习活动，并基于小组的表现获得奖励。"（第315页）。弗兰·莱尔（Fran Lehr，1984）评论了小组的构成，将合作学习定义为"一种允许所有成绩水平和背景的学生在团队中工作以实现共同目标的教学系统"（第458页）。

相关研究将有关课堂上竞争、合作和个性化的相对优点的争论带到了前台。个人之间为获得老师的认可、表扬和等级而进行竞争，其他形式的认可在学校已经成为一种惯例。学生之间的竞争会产生负面影响，比如扼杀积极性，尤其是当学生不能在平等的基础上竞争时更是如此。戴维·W.约翰逊和罗杰·T.约翰逊（David W. Johnson and Roger T. Johnson，1999）呼吁关注375项以上关于合作、竞争和个性化教学对学生成绩的影响的研究，并且得出结论说，合作学习导致更高水平的推理，更频繁地产生新想法和解决方案（即过程增益），以及同竞争学习或个人学习相比，在一种情境下学到的知识更多地转移到另一种情境（即群体到个体的迁移）（第203页）。

对一些合作学习文献的批评之一是，研究人员也可能是一种特定方法的开发者。由不是主要研究者或策略所有者的人进行客观研究是可取的。因此，当报告实践与产品的结果和结论时，读者会想把研究人员记下来。

读者会注意到，并非所有学生协作的概念都包括小组等级，但确实会有个人问责制。在不超过五人的学习小组中，学生负责学习任务的特定部分，每个人都有责任以小组成员能够理解的方式与自己的小组分享所学的知识。小组将根据要完成的任务不时地进行重组。罗伯特·J.马扎诺、黛布拉·J.皮克林和简·E.波洛克（Robert J. Marzano, Debra J. Pickering, and Jane E. Pollock，2001）观察到，"合作学习应该持续和系统地应用，但不能过度使用"（第88页），他们提醒教师"事实上，任何策略都可能被过度使用而失去效果"。然而，他们得出结论："在所有课堂分组策略中，合作学习可能是最灵活和最有效的。"（Marzano, Pickering, &

Pollock, 2001, 第91页）

当你反思脚手架型教学模式和基于证据的教学时，请想一想如何实施合作或协作学习。指导型实践是实施的明确组件。合作需要时间，并且可能不允许教师单独检查理解情况。这样的分析将引导教学设计师将协作学习作为教学模式的一部分，而不是作为教学模式。最好是所有学生在一个小组中承担学习任务中的每个角色，这样每个人都有机会提高熟练度并承担责任。在脚手架型教学模式中，应该取消他人的支架或支持，学生应该按照标准所期待的那样单独练习和显示熟练度（Anderson, 2005; Rohrer & Taylor, 2007）。

教学：艺术还是科学？

自20世纪80年代初出现对教学效果的研究以来，教学是一门艺术还是一门科学的问题就一直存在争论。在那些把教学视为一门艺术的人中，首当其冲的是艾略特·W.艾斯纳（Elliot W. Eisner, 1985），其广为人知的作品《教育想象力：关于学校规划的设计和评估》，将教师视为适应课堂生活质量并展示了"鉴赏力"的艺术家（第219页）。

戴维·莱文（David Levine, 1995）提出用"教师即艺术家"来代替"教师即技术员"，用"学校即民主实验"来代替"学校即工厂"（第53页）。莱文主张为民主的教育"是一项复杂的工作，超出了作为技术人员的教师的能力"（第54页）。亨利·A.吉鲁（Henry A. Giroux, 1997）为教师描绘了一个更大的角色，他说："课堂教师能够而且必须做的是在各自的角色中发展教学科学和方法，将自我反思和认知与承诺改变更大社会的性质联系起来。"（第28页）

20世纪70年代和80年代对有效教学的研究，支持了常识性原则，即如果教师期望学生学习，关注学习目标，让学生专注于任务，提供足够的练习，监督学生的表现，并关心学生是否成功，学生就会学得更多。在教师所扮演的角色中，教学的复杂性显而易见。布里茨兹曼（Britzman, 1991）评论说："教学从根本上说是一种对话关系，其特征是相互依赖、社会互动和参与，以及对未知和不可知的多重紧急状态的关注。"（第237页）例如，D.约翰·麦金泰尔和玛丽·约翰·奥海尔（D. John McIntyre and Mary John O'Hair, 1996）将教师视为组织者、沟通者、激励者、管理者、创新者、咨询师和伦理学家，同时也是专业人士、政治家和法律人士。

最近，马扎诺（Marzano, 2007）和迪恩、罗丝–哈贝尔、皮特勒、斯通（Dean, Ross-

Hubbell, Pitler, and Stone, 2012）分别在《教学的艺术与科学》和《有效的课堂教学》的出版物中让这两个概念的合并流行开来。正如本章所提到的，现在有多种基于证据和基于研究的方法和策略，教师应该在教学中适当地实施。当教师使教学看起来自然而然、毫不费力时，教学是艺术，因为她或他能根据学生对经验的当下反应来调整教学。亨特（Hunter，1984）认为教学是一系列决策。在反思之后或在教学过程中知道何时决定改变或调整教学，既是科学也是艺术，是教师专业技能的一个指标。

总　结

设计标准和基于证据的教学，对课程的实施至关重要。在设计教学之前，必须确定教学模式或如何进行教学的系统。在本书中，脚手架型教学模式被用作一个例子，因为它整合了逻辑步骤，导致了从教师的高度支持，到指导型协作练习，再到个人评估之前所需要的独立练习。它的目的是关注个人能力的拓展，减少用心良好的教师的越俎代庖。

教学计划的设计，是为了达到教师认为可以接受的成功标准或证据，以证明对目标标准的熟练掌握。这种学生作业证据模式，有助于向教师和学生阐明教师的学习意图。师生的清晰了解，提高了学生真正击中期望的心理模式所提出的目标的可能性。

一旦教学组件与标准的严谨性保持一致，学生就有一个极好的机会来展示所需的熟练度。为了确保教学设计的每个组件的严谨性一致，教师需要熟练掌握标准所用的学术语言，以及学生的作业证据如何反映出了特定的学术语言。

选择有证据和研究支持的策略（学习科学、教学科学）很重要，因为对课堂上常见的一些教学实践的有效性还存在误解。由于学校的教学领导、课程专家、行政管理人员和教师，对学生的成功负有不可推卸的责任，我们鼓励你有能力进行研究，以支持提供有效和高效学习的教学设计。

应用

1. 参观几位教师的教室，观察他们对学习科学和教学科学的使用。你将如何指导教师在这两个研究领域改进基于证据的实践？

2. 从下面的列表中选择几个教学概念，在括号中加上相关作者的姓氏，并调查每个概念对提高学生学习的有效性。

    a. 精通学习（亨特）

    b. 师生关系（海蒂）

    c. 差别化教学（汤姆林森）

    d. 脚手架型教学（泰勒等）

    e. 小组调查（沙朗）

    f. 拼图（埃利奥特·阿伦森等人）

    g. 拼图 II（斯莱文）

    h. 异同（马扎诺、迪恩等）

    i. 共同学习或学习圈子（约翰逊夫妇）

    j. 学生团队成就部（罗伯特·E. 斯莱文）

    k. 团队辅助型个体化（斯莱文等）

    l. 团队—游戏—锦标赛（德弗里斯和斯莱文）

反思与探究

1. 检查教学计划，以确定其是否以标准为基础，以及所有组件是否符合标准的严格程度。你发现了什么证据表明它们是一致的或是缺乏一致的？使用本书和其他文本中的证据，你将如何修改教学计划以反映所有组件的一致性？

2. 引起误解，即教师、课程专家和教学带头人的声音和实践与基于标准和基于证据的教学有关联。你将如何通过纠正这些误解来提供生成性反馈以改善学习？

网站

Association for Supervision and Curriculum Development: ascd.org

Community Learning Network（on integrating technology）: cln.org

Digital Promise: Digitalpromise.org

Educational Research Service: ers.org

Education World（on scaffolding）: educationworld.com/a_curr/curr218.shtml

Educator's Reference Desk: eduref.org

Funderstanding: funderstanding.com/content/constructivism

International Literacy Association (ILA [formerly International Reading Association, IRA]): literacyworldwide.org

International Society for Technology in Education: iste.org Karen Hess' website with resources aligned to the rigor of CCSS: Karin-hess.com

National Council of Teachers or Mathematics: NCTM.org

Open Educational Resources Commons (shared materials for teaching and learning K-12 through college): oercommons.org

Phi Delta Kappa: pdkintl.org

播客

Leading and managing a differentiated classroom, with authors Carol Ann Tomlinson and Marcia Imbeau. Produced by Association of Supervision and Curriculum Development: edge.ascd.org_Leading-and-Managing-a-Differentiated-Classroom/ audio/824837/127586.html

建议阅读

Armstrong, T. (2000). *Multiple intelligences in the classroom* (2nd ed.). Alexandria, VA.: Association for Supervision and Curriculum Development.

Burden, P. R., & Byrd, D. M. (2003). *Methods for effective teaching* (3rd ed.). Boston, MA: Allyn & Bacon.

Cooper, J. M., (Ed.) (2003). *Classroom teaching skills* (7th ed.). Boston, MA: Houghton Mifflin.

Johnson, D. W., & Johnson, R. T. (1999). *Learning together and alone: Cooperative, competitive, and individualistic learning* (5th ed.). Boston, MA: Allyn & Bacon.

Moore, K. D. (2007). *Classroom teaching skills* (6th ed.). Boston, MA: McGraw-Hill.

Richardson, V. (2001). *Handbook of research on teaching* (4th ed.). Washington, DC: American Educational Research Association

Simkins, M., Cole, K., Tavalin, F., & Means, B. (2002). *Increasing student *learning through multimedia projects*. Alexandria, VA: Association for Supervision and Curriculum Development.

Tomlinson, C. A., & McTighe, J. (2006). *Integrating differentiated instruction and understanding by design: Connecting content and kids*. Alexandria, VA: Association for Supervision and Curriculum Development.

Wiggins, G., & McTighe, J. (2005). *Understanding by design* (expanded, 2nd ed.). Alexandria, VA: Association for Supervision and Curriculum Development

参考文献

Apple, M. W. (1998). The culture and commerce of the textbook. In L. E. Beyer & M. W. Apple (Eds.), *Problems, politics and possibilities* (2nd ed.). p. 159. Albany, NY: State University of New York Press.

Anderson, W. L. (2005). Comparison of student performance in cooperative learning and traditional lecture-based biochemistry classes. *Biochemistry and Molecular Biology Education*, 33(6), 387–393.

Bobst, L. (Ed.) (2014). *Technology enabled personalized learning summit: Findings and recommendations to accelerate implementation*. Raleigh, NC: Institute for Educational Innovation at North Carolina State University.

Bransford, J. D., Brown, A. L., & Cocking, R. R. (Eds.). (2000). *How people learn* (Expanded ed.). Washington, DC: National Academy Press.

Bratten, C. (Ed.). (2009). *Differentiating instruction to help all students meet standards* (2nd ed.). Alexandria, VA: Educational Research Service.

Britzman, D. P. (1991). *Practice makes practice: A critical study of learning to teach*. Albany, NY: State University of New York Press.

Brooks, J. G., & Brooks, M. (1999). *In search of understanding: The case for constructivist classrooms*. Alexandria, VA: Association for Supervision and Curriculum Development.

Burton, W. H. (1962). *The guidance of learning activities: A summary of the principles of teaching based on the growth of the learner* (3rd ed.). Englewood Cliffs, NJ: Prentice Hall.

Caine, R. N., & Caine, G. (1997). *Education on the edge of possibility*. Alexandria, VA: Association for Supervision and Curriculum Development.

Caine, G., & Caine R. (2001). *The brain, education and the competitive edge*. Lanham, MD: Scarecrow Press.

Craig, S. D., Sullins, J., Witherspoon, A., & Gholson, B. (2006). The deep-level reasoning effect: The role of dialogue and deep-level-reasoning questions during vicarious learning. *Cognition and Instruction*, 24, 565–591.

Dean, C. B., Hubbell, E. R., Pitler, H., & Stone, B. J. (2012). *Classroom instruction that works* (2nd ed.). Alexandria, VA: Association for Supervision and Curriculum Development.

DiCerbo, P. A., Anstrom, K. A., Baker, L. L., & Rivera, C. (2014). A review of the literature on teaching academic English to English Language Learners. *Review of Educational Research*, 84(3), 446–482.

Dunn, R. S., & Dunn, K. J. (1979). Learning styles/teaching styles should they...can they...be matched? *Educational Leadership*, 36(4), 274.

Eisner, E. W. (1985). *The educational imagination: On the design and evaluation of school programs* (2nd ed). New York, NY: Macmillan.

Ellis, S. S. (1979). Models of teaching: A solution to the teaching style/learning style dilemma. *Educational Leadership*, 36(4), 275.

Ellsworth, E. A. (1997). *Teaching positions: Difference, pedagogy, and the power of address*. New York, NY: Teachers College Press.

Farmer, L. S. J. (2004). Left brain, right brain, whole brain. *School Library Media Activities Monthly*, 21(2), 27–28.

Faulkner, V. N. (2013). Why the common core changes math instruction. *Phi Delta Kappan*, 95(2), 59–63.

Ferguson, D., Ralph, G., & Meyer, G. et al. (2001). *Designing personalized learning for every student*. Alexandria, VA: Association for Supervision and Curriculum Development.

Fischer, B. B., & Fischer, L. (1979). Styles in teaching and learning. *Educational*

Leadership, 36(4), 245.

Fisher, D., & Frey, N. (2008). *Better learning through structured teaching: A framework for the gradual release of responsibility*. Alexandria, VA: Association for Supervision and Curriculum Development.

Freire, P. (1998). *Teachers as cultural workers: Letters to those who dare teach*. Boulder, CO: Westview Press.

Furtak, E. M., Seidel, T., Iverson, H., & Briggs, D. C. (2012). Experimental and quasi-experimental studies of inquiry-based science teaching: A meta-analysis. *Review of Educational Research*, 82(3), 300–329.

Giroux, H. A. (1997). *Pedagogy and the politics of hope: Theory, culture, and schooling: A critical reader*. Boulder, CO: Westview Press.

Glasser, W. (1992). *The quality school: Managing students without coercion*. New York, NY: Harper Perennial.

Glickman, C. (2002). *Leadership for learning: How to help teachers succeed*. Alexandria, VA: Association for Supervision and Curriculum Development.

Glickman, C. D. (1998). *Revolutionizing America's schools*. San Francisco, CA: Jossey-Bass.

Gunter, M. A., Estes, T. H., & Schwab, J. H. (1999). *Instruction: A model's approach*. Boston, MA: Allyn & Bacon.

Hattie, J. (2009). *Visible learning: A synthesis of over 800 meta-analyses relating to achievement*. London, UK: Routledge.

Hogan, K., & Pressley, M. (1997). *Scaffolding student learning: Instructional approaches and issues*. Cambridge, MA: Brookline Books.

House, E. R. (1998). *Schools for sale: Why free market policies won't improve America's schools, and what will*. New York, NY: Teachers College Press.

Hunter, M. (1984). Knowing, teaching, and supervising. In P. Hosford (Ed.), *Using what we know about teaching* (pp. 169–192). Alexandria, VA: Association for Super- vision and

Curriculum Development.

Intentional Futures. (2015). *Learning science & literacy: Useful background for learning designers*. Bill & Melinda Gates Foundation.

Jensen, E. (1998). *Teaching with the brain in mind*. Alexandria, VA: Association for Supervision and Curriculum Development.

Johnson, D. W., & Johnson, R. T. (1999). *Learning together and alone: Cooperation, competition, and individualization* (5th ed.). Boston, MA: Allyn & Bacon.

Joyce, B. R. (1978). *Selecting learning experiences: Linking theory and practice*. Alexandria, VA: Association for Supervision and Curriculum Development.

Joyce, B. & Weil, M. (1980). *Models of teaching*. Englewood Cliffs, NJ: Prentice Hall.

Joyce, B., Weil, M., & Calhoun E. (2004). *Models of teaching* (7th ed.). Boston, MA: Allyn & Bacon.

Keefe, J. M., & Jenkins, J. M. (2005). *Personalized instruction*. Bloomington, IN: Phi Delta Kappa Educational Foundation.

Koedinger, K. R., Corbett, A. T., & Perfetti, C. (2012). The knowledge-instruction-framework: Bridging the science-practice chasm to enhance robust student learning. *Cognitive Science: A Multidisciplinary Journal*. 36, 757–798.

Konstantopoulous, S. (2014). *Value-added models and accountability*. Teachers College Record. 116 (1), p. 17290.

Ladson-Billings, G. (1995). Toward a theory of culturally relevant pedagogy. *American Educational Research Journal*, 32, 465–491.

Lehr, F. (1984). Cooperative learning. *Journal of Reading*, 27 (5), 458.

Levine, D. (1995). Building a vision of curriculum reform. In D. Levine, R. Lowe, B. Peterson, & R. Tenorio. *Rethinking skills: An agenda for change*, p. 53. New York, NY: The New Press.

Marzano, R. J. (2007). *The art and science of teaching*. Alexandria, VA: Association for Supervision and Curriculum Development.

Marzano, R. J., Pickering, D. J., & Pollock, J. E. (2001). *Classroom instruction that works: Research-based strategies for increasing student achievement*. Alexandria, VA: Association for Supervision and Curriculum Development.

Mayer, R. E. (November 2008). Applying the science of learning: Evidence-based principles for the design of multi-media instruction. *American Psychologist*, 760 - 769.

Mayer, R. E., & Moreno, R. (2003). Nine ways to reduce cognitive load in multimedia learning. *Educational Psychologist*, 38, 43 - 52.

McIntyre, D. J., & O'Hair, M. J. (1996). *The reflective roles of the classroom teacher*. Belmont, CA: Wadsworth.

Metcalfe, J., & Kornell, N. (2005). A region or proximal of learning model of study time allocation. *Journal of Memory and Language*, 52, 463 - 477.

National Governor's Association Center for Best Practices & Council of Chief State School Officers. (2010). *Common core state standards for English, language arts and literacy in history/social studies, science and technical subjects: Appendix A*. Washington, DC: Authors.

Pahler, H., Cepeda, J. T., Wixted, J. T., & Rohrer, D. (2005). When does feedback facilitate learning of words? *Journal of Experimental Psychology: Learning, Memory, & Cognition*, 31, 3 - 8.

Paris, D. (2012). Culturally sustaining pedagogy: A needed change in stance, terminology, and practice. *Educational Researcher*, 41 (3), 93 - 97.

Pass, F., & Kester, L. (2006). Learner and information characteristics in the design of powerful environments. *Applied Cognitive Psychology*, 20, 281 - 285.

Roediger, H. L. III, & Karpicke, J. D. (2006). The power of testing memory: Basic research and implications for education practice. *Psychological Science*, 1, 181 - 210.

Rohrer, D., & Taylor, K. (2007). The shuffling of mathematics practice problems boosts learning. *Instructional Science*, 35, 481 - 498.

Rosenshine, B. V. (1978). Academic engaged time, content covered, and direct instruction. *Journal of Education*, 160 (3), 38 - 66.

Slavin, R. E. (1980). Cooperative learning. *Review of Educational Research*, 50(2), 315–342. doi: 10.2307/1170149

Slavin, R. E. (1989). Cooperative learning and student achievement. In R. E. Slavin. *School and classroom organization*, p. 129. Hillsdale, NJ: Lawrence Erlbaum.

Sousa, D. A. (2001). *How the brain learns: A classroom teacher's guide* (2nd ed.). Thousand Oaks, CA: Corwin Press

Sprenger, M. (1999). *Learning & memory: The brain in action.* Alexandria, VA: Association for Supervision and Curriculum Development.

Stronge, J. H. (2002). *Qualities of effective teachers.* Alexandria, VA: Association for Supervision and Curriculum Development.

Taylor, R. T. (2007). *Improving reading, writing, and content learning for students in grades 4–12.* Thousand Oaks, CA: Corwin Press.

Taylor, R. T. (2010). *Leading learning: Change student achievement today*! Thousand Oaks, CA: Corwin Press.

Taylor, R. T., Watson, R., & Nutta, J. (2014). *Leading, teaching, and learning the common core standards: Rigorous expectations for all students.* Lanham, MD: Rowman & Littlefield.

Tomlinson, C. A., & Moon, T. R. (2013). *Assessment and student success in a differentiated classroom.* Thousand Oaks, CA: Association for Supervision and Curriculum Development.

Tomlinson, C. A. (2001). *How to differentiate instruction in mixed-ability classrooms* (2nd ed.). Alexandria, VA: Association for Supervision and Curriculum Development.

Wolfe, P. (2001). *Brain matters: Translating research into classroom practice.* Alexandria, VA: Association for Supervision and Curriculum Development.

第十一章 教学评估

学习成果：

学习完本章，你应该能够：

1. 为开发预评估、形成性评估和总结性评估提供领导力。

2. 分析形成性评估、总结性评估、问责性评估与标准或教学目的及其详细说明（包括方向和条目）是否一致。

3. 设计三个学习领域的测试和评估条目。

4. 比较传统评估与基于绩效的评估。

评估教学

协作性评估规划

就像教师可能会相互合作计划教学一样，如果他们也相互合作，对他们共同的成绩或课程进行评估规划，是有益的。期望是相同的，官方问责结果应该反映正在进行的教师评估结果。

教学评估可以扩展到阅读，通过对学生学习的评估来评价教学。从某种意义上说，教学评估是对教师有效性的评估，但这不是本书的目的。从课程开发（包括教学实施）的角度来看，教学有效性问题是关于教学和评估的组件是否一致的问题。如果所有人在使用标准或教学目的的详细说明上保持同一严格程度，并且如果在这些组件之间教师的学术语言是一致的，那么预期将是学生在标准和目的上朝着达标的方向迈进（Taylor, Watson, & Nutta, 2014）。标准详述与测试条目详述、学习任务和评估条目如所描述的那样保持一致，将导致有效评估，就教学决策而言，学生取得了进步（Chappuis & Stiggins, 2008; Fives & Barnes, 2017）。在开发一致和有效的评估方面，教师所做的准备可能有限，然而，专业知识可以通过专业学习、反馈和实践得到拓展（Fives & Barnes, 2017）。

从另一重意义上说，如同项目评估和对课程实施是否达到预期结果的评估一样，教学评估是课程评估的一个组成部分。由此产生的评估能揭示在一个方面的成败，能揭示学生在所评估的领域学习的好坏。评估还可以表明是否有足够的时间、适当的资源和教学的差异化来应对这些标准。我们将在下一章探讨课程评估；然而，一目了然的是，对教学、教师绩效和课程的评估是相互交织在一起的。

第十章讨论了教学规划，随后讨论了实施、数据收集和使用数据为教学调整提供信息。在本章中，重点是使用数据来评估教学目标和教学目的是否促使学生达标。

评估

"评价""评估""测量""测试""问责制"，在公众和专业圈子里经常可以听到这些词。由于使用数字工具和数据收集，需要大批测量、评估和数据分析方面的专家。虽然这一时代早就开始，但它的节奏在20世纪70年代中期开始大大加快。在过去的几年里，运动的重点和动力来源有所变化。自从爱德华·L.桑代克（Edward L.Thorndike）提出第一个标准化测试的概念以来，测试就推动了评估。《共同核心州立标准》评估、"学术能力水平考试"（SAT）和其他评估在美国是家喻户晓的词，就像法国的非标准化学士学位考试一样。

早在20世纪50年代末和60年代初，小威廉·H.怀特（William H. Whyte Jr., 1956）、马丁·格罗斯（Martin Gross, 1962）和巴内什·霍夫曼（Banesh Hoffman, 1962）都指出了大规模测试的危险。怀特和格罗斯特别关注人格测试，霍夫曼对典型的标准化多项选择格式化测试持批评态度。

目前，各州忙于让学生参加高风险的测试或问责制评估，这可能导致学生留级，甚至无法从高中毕业。在一些州和学区，考试是高风险的，因为考试结果是教师和行政人员年度评估的一部分，甚至可能威胁到他们的职业生涯。在谴责考试驱动的学校改革时，"国家公平和公开考试中心"的执行主任蒙蒂·尼尔（Monty Neill, 2003）观察到，"高风险的测试……破坏好学校，阻碍真正的改善"（第45页）。然而，"威彻斯特人类服务研究所"（the Westchester Institute for Human Services Research, 2003）发现，高风险的问责制改革可以提高学生的成绩，并有助于缩小成绩差距，而与目前的运动（如缩小班级规模）相比，其经济影响相对较小。

评价、评估、测量、测试和问责制等术语可能会激起强烈的情感，有人赞成，有人反对。有些教育工作者和家长会拒绝使用标准化和非标准化的评估，因为他们认为这些评估设定了一种强加的、预定的课程。一些人认为评估是衡量无关紧要的学习，是对学生自我概念的破坏。另一方面，如果州和国家代表制定的立法反映了公众意见，则可以得出结论，公众支持与评价和问责制相关的持续努力。无论从哪一角度看，很明显，标准化评估将继续存在。

术语的定义

在这里，要厘清本章所用的主要术语的含义。这些术语是：评价、评估、测量和测试。评价和评估在本书中可以互换使用，指的是评价的一般过程。测量和测试归属于评价和评估的一般分类。

测量是确定某一特定能力的实现程度的手段。测试是使用各种工具来测量成绩。因此，测量和测试是收集评估和评估数据的方法。然而，除了测试，还有其他方法来评估学生的表现。在评估学生某项能力的表现时，也许并不测量表现。测量意味着一定程度的精确度和可观察的行为。在本章中，我们的意图是形成对教学评估的基本理解，而不是对测量、评估、测试技术以及评估教学、评分和报告的副产品的全面探索。

评估规划的步骤

参考奥利瓦的课程开发模式，你会注意到，关于评估技术选择的第九个部件分为两部分：A部分，"评估技术的初步选择"；B部分，"评估技术的最终选择"。这种区分是为了传达这样一种理解：在教学之前和教学之后都要进行评估技术的规划。然而，这种二元分离是一种过度简化，因为教师应该始终评估教学并做出调整。更准确地说，评估决策应该穿插在任何教学模式之中。相比之下，用于标准和基于证据的教学计划开发的戈登泰勒课程系统开发模式，显示了在确定成功标准时的形成性评估和总结性评估的开发。这是各模式在提供学习意图的一致性、达到学习目标或标准的方法中的一个重要区别。这种决策顺序，也有助于在教学策略和学生学习任务的选择上保持一致。

教师发展性评估的三阶段

无论教师是否与同事协作制定教学计划，对协作和过程的鼓励都同样适用于评估的开发。如果评估是合作开发的，它们将被称为共同评估，因为学习相同标准或学习目标的学生使用相同的评估来测量是否达标。如果应用了这一概念，那么就可以在学生群体之间进行比较，检查学生的作业样本，教师可以在提高教学效率方面相互帮助。

大多数教师以一种或另一种方式将评估分为三个阶段：

- 预评估；
- 形成性评估；
- 总结性评估。

这些术语是指在教学前（预评估）、教学中（形成性评估）和教学后（总结性评估）所进行的评估。汤姆林森和穆恩（Tomlinson and Moon，2013）明确指出，教学评估是为教师的教学决策提供证据和数据，以改善学生的学习成果，教学评估是总结性的，展示学生在达成预期学习成果方面的进展。

预评估。预评估具有双重性。沃尔特·迪克和卢·凯里（Walter Dick and Lou Carey，1985）描述了教学前的两种测试（第109页）。这两种类型是入门行为测试和学前考试。入门行为测试是"一种标准参照测试，旨在测量对开始教学至关重要的技能"（Dick & Carey，1985，第109页）。进行这种类型的预评估是为了确定学生是否掌握了使他们能够继续进行新学习的预备知识。学前考试"参照规划师打算教授的目标的标准"（Dick & Carey，1985，第109页）。本章后面将讨论标准参照测试，它衡量学生的成绩，不是看他们与同学相比有多好，而是看他们在多大程度上达成了预定的教学目的或学习目标。

入门行为（或入门技能）测试涵盖了选修课程学习，而预测试涵盖了要学习的科目材料。单靠学前考试是不够的，因为如果学生在学前考试中表现不佳，教师无法判断学生之所以表现不佳是因为他们不知道即将到来的材料（可接受），还是因为没有预备的知识或技能（不可接受）。一些判断是否拥有预备技能的方法是必不可少的。缺乏必备技能或知识，就要求在继续学习新内容之前加以指导。

一些教师使用学前考试和学后考试的技巧，比较学生在教学前和教学后的分数。然而，W.詹姆斯·波帕姆（W. James Popham，2006）警告了学前考试和学后考试策略的陷阱（第129页）。

预评估不可能仅仅是一次测试。它可以像协作生成的 K–W–L 图表一样简单（你知道什么，想知道什么，还需要学习什么？）（Snow & O'Conner，2013；Ogle，1986）。在基于标准的教学中，教师可能有一系列的教学标准，这些标准提供了以前教学单元的总结性数据，这些数据可以充当判断学生是否准备好继续学习新标准的数据。这一基于标准的教学的优势，节省了可以用于教学差异化的时间，使更多的学生达标，使另一些学生达到高于标准的水平。

形成性评估。形成性评估包括在教学期间所使用的正式和非正式的技术（包括测试）。进度监控评估是形成性评估的具体例证。形成性评估和监测评估可以由学校或学区以商业方式获得，也可以由学校或学区的课程和评估专家团队开发。本杰明·S.布鲁姆、J.托马斯·黑斯廷斯和乔治·F.马道斯（Benjamin S. Broom, J. Thomas Hastings and George F. Madaus，1971）建议教师"将一门课或一个科目分成更小的学习单元"，并进行"简单的诊断进度测试"（第53页）。

请记住，这些假设基于与目标标准或教学目的一致的形成性评估（包括使用的学术语言）。教导学生独立阅读的书面指导和评估事项，都将具有来自学习目标的学术语言，就像正式的问责评估一样。如果是共同的形成性评估，参与的教师应该同意用于管理评估的程序，以确保结果与学生的学习之间存在有意义的联系，而与形成性评估的程序无关。

想想这个三年级的教学目的和确定是否达标的评估。教学目的是：传达插图是怎样促进对故事人物、背景或信息的理解的。教师协作小组做了一次没有书面指令的评估，因为指令是口头发布的。与这一学习目的相关的评估事项是：讲述第六页图片中的人物。想想五个月后三年级学生参加的问责性评估。当时，教师无法提供指导，三年级学生必须像在脚手架型学习模式所提到的那样独自或独立地阅读指南和事项。指南和事项使用了标准之中的学术语言："哪一个选项最能表达插图中人物的行为？"学生们从几个选项中选择。你如何假设学生们在这一事项上的表现？除非学生们很早就被教导如何阅读指南、被期望独立阅读指南，并学习衡量他们的目的或标准的学术语言，否则他们可能表现不佳。在这种情况下，教师没有模仿或使用标准的学术语言，但学生是根据他们对同一种学术语言的知识来测量的。学术语言将存在于问责性评估中，因此也应当存在于教师所做的形成性评估和总结性评估（包括指南）之中。

通过形成性评估和进度监控，教师按需要进行干预，使更多的学生在终端（总结性）评估上达到标准和高于标准。形成性评估，无论是正式的还是非正式的，都使教师能够用证据或数据监测学生的学习成果，并做出教学调整。学生接受测试的频率越高，如果他们得到有关准确和不准确的反馈，然后纠正自己的错误观念，他们就很有可能学得更多，在相关的总结性评估中表现得更好。这种学习科学的原理，被称为测试效应（Roediger & Karpicke, 2006）。如果学生接受测试，并没有得到如上所述的反馈，那么就不可能希望学习将得到改善（Wiliam, 2011）。能提高学习成果的是反馈而不是测试。

总结性评估。总结性评估或学前考试是在课程或单元结束时进行的评估。虽然总结性评估可以是知识和技能的一种操演、产品或应用，但它也可以是一项测试。其主要目的，是了解学生是否达到或达成了前面教学的标准或学习目的。关于形成性评估的开发，要与标准或学习目标保持一致并融合学术语言，这样的原则同样是正确的。通过分析学生成绩产生的数据，教师可以准确地确定学生在争取达标的哪一步需要重新学习，哪些学生已准备好超越标准。

读者可能想知道如何区分对学习者的评估。汤姆林森和穆恩（Tomlinson and Moon, 2013）主张区分教学和随之而来的评估，目的是让学生深入学习，使用适合个人和团体的最佳方法。因此，学生应该能够以他们能做到最好的方式展示自己所知道的东西，这是有道理的。虽然这种想法是合乎逻辑的，但它可能最适用于非问责制评估目的，或最适用于不采用基于特定标准的书面标准化评估或问责制评估的学校（如特许学校和私立学校）。例如，如果一个学生创造了一种阐释性的舞蹈来传达对世界上某个特定地区动荡的理解，这可能是非常激动人心的，也是一个利用学生优势的额外机会。另一方面，如果结课考试或问责性评估中包含与世界动荡地区有关的事项，而学生没有机会对阐释性舞蹈进行跟进，并提供符合标准或目的及其详细说明的书面分析，则学生可能不会获得积极的问责制评估结果。一般来说，教学差异化是指时间、教学策略、资源和师生比，而不是期望、标准或学习目标。在提出这一限制性条款的同时，如果时间允许学生利用他们的优势生成自己的认知理解，然后像在问责制评估中所发现的那样，将优势转化为书面形式的语言，就有可能出现最好的学习和学习的范例。

常模参照测量与标准参照测量

常模参照测量

两种不同的测量概念争夺着教师的注意力。"常模参照测量"是一种经典的评估方法：

将一个学生在考试中的表现与其他参加考试的学生的表现进行比较。遵循这一原则,对成绩进行标准化测试,并为参加考试的不同群体计算"基准—成绩标准"。随后,比较参加测试的学生取得的分数和测试标准化或基准化了的人群取得的分数。

例如,教师在衡量一个学生的成绩时,也遵循同样的原则,或者将其与班级或课程中其他学生的成绩加以比较。作为这种测量方法的一般示例,教师将进行测试,计算分数,将分数从最高到最低排列,找到中间分数(中位数,即 C 级),然后根据与中间分数的关系对所有其他测试进行评分。在这种非标准化的情境中,学生的排名与特定组在特定测试中的表现有关。标准化的规范考试对学生进行分类,而不是根据要达到的标准来衡量每个学生的表现。读者不应将这种按班级或课程的中位数对学生进行排名的做法理解为一种推荐做法。

标准参照测量

由于常模参照测量方法是常见的,并且被普遍付诸实践,因此有人可能会问,"还有什么其他方法?""标准参照测量"是常模参照测量的替代方法。按这种方法,学生的表现,与标准或教学目的/学习目标中建立的标准或规范进行比较。一个学生在标准参照测试中是否成功,取决于他/她的能力,而不是他/她在班级、科目、年级、学校、学区或州之中的表现。

《共同核心州立标准》评估是标准参照评估,因为它们是以标准为基础的。标准具有详细说明,引导评估事项的开发,也应指导相关教学的开发。如果你将教学与评估联系起来,那么建议教师的课堂评估采用标准参照评估。

在标准参照测量的实践者中,有教学设计专家和学区、州和国家评估专家。这些人想知道学生按特定标准是否达到了标准。高风险问责制评估是标准参照考试的经典例子。"国家教育评估改进中心"(nciea.org)为对这一专业领域(包括 SEAs)感兴趣的人员提供支持和资源。这个知识库和技能集,代表学校、学区和各组织中不断增长的专业需求。

两种测量方法的比较

波帕姆(Popham,2002)认为,教育测量中常模参照测量和标准参照测量方法之间的"最根本区别",是用于理解学生考试成绩的阐释的性质有差异(第 110—111 页)。凭借常模参照测量,教育工作者将学生的表现与以前参加过同一考试的学生的表现联系起来加以解释。

相反，参照标准的阐释是一种绝对解释，因为它取决于考试、考试部分和学生达到的事项在多大程度上代表标准评估领域。

从表面上看，常模参照测试与标准参照测试没有任何不同。波帕姆（1973）将两种类型的测试事项的构建上的差异视为一组问题：

在常模参照框架中的事项构建和在标准参照框架中的事项构建之间的基本区别，在于事项编写者的"设置"问题。当个人为常模参照测试构建事项时，他试图制定不同的分数，使个人的表现可以形成对比。他鄙视那些"太容易"或"太难"的事项。他避免很少有可供选择答案的多项选择题。他试图增加错误答案选项的吸引力。他所做的一切，都是为了开发一个将为不同的人制定不同的分数的测试……

标准参照事项的设计人员受到不同原则的引导。他的主要目的是确保各事项准确地反映标准行为。无论困难的还是容易的、有差别的还是无差别的，测试项必须代表由标准所限定的行为类别。（Popham，1973，第30页）

詹姆斯·H.麦克米伦（James H. McMillan）对这两种方法进行了有益的比较，如表11.1所示。表格中的一个比较是题目的难度，麦克米伦指出，参照标准的评估项更容易显示出更多学生获得成功。在与《共同核心州立标准》有关的评估中，则不是这样。这些评估项是对标准的详述，因此挑战取决于标准的严格程度，无意使评估项变得容易。本书中的课程、教学和评估模式，是为了在系统的所有组件中保持学习意图/严谨性和学术语言的协调一致。

在本书中，对教学目的的具体说明处于核心位置，因此，倾向于以标准参照方法进行课堂测试。然而，这一观点，并没有消除在学校使用标准化考试或使用参照基准的教师自编考试，以达到其能够达到的目的。它确实排除了使用以基准为中心的课堂测试方法，这种方法允许教师采用错误的正态曲线哲学，并生成反映每次测试从A等到F等的正态分布的分数。这种做法违反了正态曲线哲学，正态曲线哲学认为，特征在一般人群中是随机分布的，没有一个班级是一般人群的随机样本。因此，让A等分数控制在少数人手里，自动给一些学生F等分数，给一定比例的学生B等和D等分数，并把一个班级的大约三分之二判定为所谓的平均分或C等分，这种做法是站不住脚的。

表 11.1 常模参照评估与标准参照（基于标准）评估的特点

	常模参照评估	标准参照（基于标准）评估
解释	与其他同学的表现比较得分	与预先确定的标准和尺度比较得分
分数的性质	百分位排名；标准分数；分级曲线	百分比矫正；描述性绩效标准
测试项难度	使用难度平均的测试项来获得分数的分散；不使用非常容易和非常困难的测试项	使用简单度平均的测试项来获得较高的正确率
分数的用途	对学生进行排名和挑选	描述学生的表现水平
对激励的影响	取决于对照组；争强好胜的	挑战学生达成指定的学习目标
长处	导致更难的、考验学生的评估	将学生的表现与明确的学习目标匹配起来；减少竞争力
短处	通过与其他学生的比较来确定成绩；有些学生总是垫底	建立明确的学习目标；设定表明达标的标准

资料来源： From J. H. McMillan, *Classroom assessment: Principles practices for effective standards-based instruction* （2007）. Boston, MA: Allyn & Bacon

由于其使用的历史悠久，常模参照方法得到管理人员、教师、学生和家长的顺利理解。此外，在竞争意识的耳濡目染之下，许多父母喜欢在常模体系下进行各种比较。

常模参照测试的支持者包括标准化考试的制定者、推崇争强好胜区分等级的人、需要筛选或挑选人员的人（例如大学招生官员）、草拟荣誉名单的人、荣誉社团的录取委员会以及裁定奖学金的人。当从超过名额的申请人中填补有限数量的名额时，以及只有有限数量的奖学金而要在一群有抱负的人中分配时，就需要进行常模参照测试。其目的就是要细分个体的考试结果。

如果你想一想微笑或皱眉的类比，那么，当所有学生都通过考试时，主张参照基准的人会皱眉头，因为它没有区分优等生和低等生。当所有学生都通过考试或表现出熟练水平时，主张参照标准的人会露出灿烂的笑容，因为学生达到了期望，教师也表现出了教学有方。

三个领域的评估

正如第十章所讨论的,教学目的被分为三个领域——认知目的、情感目的和精神运动目的。虽然一个教学目的可能具有多个领域的要素,但通常它会表现出三个领域之一的主要特征。鉴于教学目的可能不会整齐地落实在单一领域,因此不应该阻止教师评估学生在各个领域的表现。

每个领域都有自己独特的评估问题。下面是对每个领域的主要类别的一些测试项的具体说明。

精神运动领域

精神运动领域的目的,最好通过所教技能的实际表现加以评估。例如,如果你想让学生能够不间断地游一百码,他们就必须展示出该项专业技能。可能需要更多的判定标准或详细说明,例如在 X 分钟内游一百码。学生要通过考试,就必须满足这一判定标准。

当要求学生展示知觉运动技能时,教师会发出某些评判性的叫喊。在一百码游泳中,游泳的形式和优雅,以及是否完成和完成的速度,都可能被考虑在内。当要求学生在美术课上展示制作手机的能力,在网页设计课上展示设计网站的能力,在营养课上展示制作营养均衡菜肴的能力,在排球训练体育课上展示头顶发球的能力,或者在急救课上展示施行人工呼吸的能力时,通常就会用基于标准的评估准则,做出评估性判断。

除了简单的二分法,技能评估的表现的好坏(及格或不及格、满意或不满意),取决于速度、独创性和质量等因素。教师可以选择纳入这些标准,将其作为评估过程的一部分。在使用判断标准时,应事先与学生沟通,以创立明确的学习目标和成功的心理模式。教师会发现,尽可能多地确定标准的各项指标是有益的。例如,在美术课上制作手机,其质量指标可能是耐用、结构精度、整洁和细节。

有时,教师会满足于对学生如何展示感知运动技能的认知叙述,但这不是测量学生表现的正确方法。理想地说,精神运动技能应该通过实际表现来测试。由于时间和设施的缺乏,并非每个学生都能展示每一项技能。例如,家政艺术课的学生正在携手合作,可能已经烤出了一个苹果派。期末考试的题目可能是:"列出制作苹果派的步骤。"虽然从教学的角度来看,叙述步骤并不令人满意,但它展示了制作苹果派的知识,而不是应用和表现。

精神运动领域的测试项。以下是辛普森(1972)精神运动领域分类学的七个主要类别的测试项示例:

1. 感知。区分 s 音和 z 音。
2. 定型。演示如何握鱼竿。
3. 引导性反应。按照老师的讲解,制作电脑生成的邮件标签。
4. 装置。把一块高六英尺、长两英尺、宽四英尺的木头锯成大小相等的三块。
5. 复杂的显性反应。执行自动调整。
6. 适应。画一幅客厅家具的新布置草图。
7. 创意。用水彩画一幅原创的风景画。(Simpson,1972,第 43—56 页)

这些测试项需要实际的表现。请观察所有这七个测试项都可以同样是教学目的,并且教学目的和测试项之间存在高度一致。另一方面,以下的精神运动目的为例:"高中体育教育的目的:学生将展示游泳技能。"这个目的同时也是一个测试项吗?这个目的是宽泛的、复杂的,并且没有约定是否掌握的程度。虽然这是体育教师所期望的目的,但就目前而言,还难以将其转化为测试项。建立一系列我们可以从中得出测试项的子目的,将会有所帮助。例如,学生将演示如何:

- 潜入泳池;
- 踩水;
- 脸朝下飘浮;
- 脸朝上飘浮;
- 蛙泳;
- 自由泳;
- 以潜泳姿势横游泳池。

教师可能会以满意或不满意来限定对学生在这些技能之上的表现。

认知领域

在学校里，认知领域的成绩通常是通过学生在集体笔试中的表现来证明的。定期进行个人笔试或口试将需要大量时间。过去，可能会引导教师使用各种各样的评估项，在认知领域的布鲁姆分类法的六个层次上对学生进行评估。现在，根据是否存在得到认定的标准或教学目的，期望在标准或教学目的所预期的水平上对学生进行评估，而不是在所有六个层次上进行评估。例如，如果标准说要识别文本的主要观点，那么标准和评估将落实在知识层次。另一方面，如果标准说要分析文本，判定作者的目的，那么教学和评估就应该落实在分析的认知层次。

认知领域的测试项。鉴于客观评估项对范围广泛的内容知识进行抽样调查，书面表现评估或文章有不同的目标。根据评估项本身，书面表现评估可能会对有限的内容进行抽样调查，也可能会要求考生对几种资源进行应用或综合。这样的书面表现评估，也提供了学生组织自己的思想、条分缕析地写作和使用语法惯例的能力方面的信息。标准或目的的详述或准则，决定了书面成绩评估项和客观评估项的深广度。

请回想一下学习科学的生成效应，当学生生成或创建反应时，他们比选择一个反应（例如选择题）收获更多（Roediger & karpick, 2006）。在《共同核心州立标准》的相关评估中，期望学生在韦伯的"知识深度"（DOK）第三级和第四级生成反应并展示思索，这需要分析、综合和复杂性思维（Herman & Linn, 2014）。第一级评估项需要回忆和理解，第二级评估项需要应用和分析（比如推断）。

以下示例测试项，显示了可以对认知领域的几个目的进行评估的方法（Bloom, et al., 1956）。你可能会注意到，即使示例处于布鲁姆的分类法中的一个级别之内，也可能需要预备的知识、技能或熟练度，比如写作就是如此。

1. 知识（回忆）

列出人体的三个系统。

你们州的首府是哪里？

完成故事序列图表整理。

选择题，4 除以 1/2 =（ ）

  a. 2

  b. 4

  c. 6

  d. 8

2. 概括（理解）

总结作者的观点。

根据第二页的第一段，当一个人说"现在你打开了潘多拉的盒子"时是什么意思？

选择题：双体船是（ ）

  a. 猞猁

  b. 船

  c. 鱼

  d. 工具

3. 应用

从你自己的经历中，举三个例子来说明供求规律。

创建一个文字题，代表这个班级学生的变量。

将美国宪法中"更大的善"的概念应用到学生行为准则中。

4. 分析

在五到七句话的段落中，分析丁尼生对比喻语言的使用，并从诗歌中找到证据。

生成三种解决这一文字题的方法，并区分每种方法的属性。

5. 综述

在分析文章中的人物特征和事件后，写一段两句话的主题综述。

自 20 世纪 80 年代以来，对数字通信工具的使用得到快速发展。请用三句话综述数字通信工具的发展史。

6. 评估

根据提高理解能力和培养兴趣的标准，评估作者对比喻语言的运用。

根据决策的效率和质量，评估达成小组决策的方法。

根据准确性和效率的标准，判断你生成的三种解方程的方法是否有效。

当你浏览示例项时，请务必注意各评估项中的学术语言并与标准保持一致。你很可能会反映，你观察到的教师最常见的综合认知水平停留在最低的两级之上，尽管评估已经进步到将应用层面的更多评估项纳入到了所有评估层次。教师制定的评估项与标准的预期不匹配，能够解释问责制评估的表现为什么不尽如人意。

请注意，在评估层次中有给定的评估标准（Taylor, Watson, & Nutta, 2014）。此外，要求书面回答的评估项是具体的，这样学生就可以满足期待，而不是猜测要写多少，这可能相当有趣。

所选择的测试项的类型取决于标准，因为详细说明通常为如何测量是否达标提供了清晰说明。评估项的类型也可能取决于教师的目的和花在考试上的时间。如果要求写作是单独的，或与客观评估项相结合，那就应提供足够的时间给学生组织自己的答案并对评估项做出充分反应。来自教师命题的考试的证据表明，需要更多思考和书面回答的评估项是在考试的结尾阶段，并且学生可能已经精疲力竭。如果最需要思考和写作的评估项是在评估的开头阶段，那么学生可能会表现出更高的达标率，为教学和课程决策留下更有效的数据。

教师可以选择众多类型的测试中的任何一种：实际表现、书面测试，或一个或多个更为客观的测试，如多项选择、应答、填空、搭配或重新排列。表 11.2 显示了七种课堂评估形式，按对各种类型的学习评估的有用度分为高、中、低三等（Marzano, 2000）。举例来说，请想一想现在所期望的学生们的推理和理性论证的创造。哪些评估类型会具有高、中、低的有用性？对于哪种类型的学习，强制选择项具有高、中、低的有用性？

情感领域

通常，评估项的测试和测量不用于与情感领域有关的领域。如前所述，学生在情感领域的成就很难评估，有时甚至不可能加以评估。态度、价值观和情感可以被刻意隐藏，学习者有权隐藏个人的感情和信仰——如果他们做出这种选择的话。在学校环境中，情感学习可能压根不可见。

表 11.2 评估项的类型以及与有用度相关的幅度

评估项的类型

方面	强迫性选择	文章	简短的书面回应	口头报告	执行任务	教师观察	学生自我评估
信息话题	M	H	H	H	H	M	H
过程话题	L	M	L	M	H	H	H
思维与推理	M	H	M	H	H	L	H
交流	L	H	L	H	H	L	H
未达标因素	L	L	L	L	M	H	H

字母代表有用度：H=高，M=中，L=低

资料来源：Robert J. Marzano, *Transforming classroom grading* （2000）. Alexandria, VA: McRel & Association for Supervision and Curriculum Development.

因此，情感领域的目的是否实现，尽管在教育中十分重要，但不能像认知领域和精神运动领域的目的那样被测量或观察。为了评估态度、倾向和行为的情感领域，学生被观察、被倾听并参与对话。因此，某些情感行为是显而易见的。教师可以注意到这些情感行为，如果需要，可以用经过谋划的策略实现情感目的。学生经常在校外表现出积极和消极的情感行为，教师永远没有机会在那里观察他们。学生在家里愿意帮忙吗？他们保护环境吗？他们尊重他人吗？谁能在不观察行为的情况下确定无疑地说出来呢？学生可能会声称自己的某些行为方式是为了取悦老师或其他人，但在课堂外，他们仿佛变了一个人，行为截然不同。

根据克拉斯沃尔、布鲁姆和马西亚（Krathwohl, Bloom, and Masia, 1964）的情感领域分类法，让我们回顾一下一些包含评估成就之方法的情感目的。

- 接收。学生表示意识到学校中不同学生群体之间存在摩擦。
- 回应。学生自愿在学校的"学校文化委员会"任职。
- 评估。学生表达了建立积极的学校文化的愿望。
- 组织。学生在课堂上控制自己的脾气。
- 示范。学生在自己的行为中表达并显示积极的人生观。（Krathwohl, Bloom, &

Masia，1964）

情感领域的评估项。同意或不同意态度量表模式，是一种经常用于确定情感目的是否实现的手段。这类问题揭示了情感学习教学中的一个基本问题。如果教师或命题人对正确的回答有先入为主的观念，他或她就是在实现情感结果和灌输之间的一个模糊区域操作。此外，请记住，面对带有主观倾向性的问题，学生可以而且有时确实会采用他们认为老师或命题人希望他们回答的那样回答，而不是根据自己的感觉或感知来作答。

情感目的的达成，可以通过诸如民意调查或态度问卷之类的工具，通过观察学生的行为，以及通过问题或艺术品（要求学生陈述他们对相关的给定主题的信念、态度和感受）来辨别。也许，与其考虑使用工具，通过层出不穷的试题来发现学生的态度和价值观，不如多问一些有价值的问题，听听学生如何回答。老师们可以用这样的问题来代替连珠炮似的事实性问题，比如："有关……你觉得怎么样？""你对……有什么看法？""你对……感兴趣吗？""请采取一种赞成或反对的立场"。

基于表现的评估

学生可以通过典型的考试或测验以外的方式在教学期间和教学结束时显示自己的成绩。例如，认知领域的综合可以通过书写段落、完成图形组织或许多其他方法来测试，这取决于对标准或学习目标的详细说明。综合能力也可以在教学期间通过书面报告或在教学结束时通过论文进行测试。一个教学有方的教师，可以通过观察学生在课堂上的表现来全盘了解学生的成败。个人和小组的口头报告可能会被分配用于各种目的，包括测试口头表达能力、科目知识，以及在小组活动的情况下的团队合作能力。考试以外的替代性评估方法包括：学生日志、报告、文章、笔记本、模拟、演示、建造活动、自我评估和文件夹。

许多教师采用统称为表现、基于表现或真实评估的实践，基本上是以一种个性化的方法来显示预先设定的结果。在讨论表现评估时，波帕姆（Popham，2006，第243页）区分了"真实评估"（真实生活任务）和"替代性评估"（对当时传统的纸笔测试的替代性方案）。

一些倡导基于表现的评估的人，将用真实的措施代替典型的教师制定的考试和标准化考试。其他人则会用替代技术补充传统考试。西奥多·R. 赛泽（Sizer，1992）所设想的"贺拉斯学校"

会要求通过"展览"业绩以获得高中文凭。

替代性评估

琳达·达林–哈蒙德（Linda Darling-Hammond，1995）将"大多数传统的标准化考试"描述为"对学生在其他环境中的表现的糟糕预测""无法提供学生为什么会取得这般成绩的信息"，批评标准化考试没有提供"关于儿童如何处理不同的任务或他们在解决问题时所依赖的能力的信息"（第7页）。

另一种获得广泛实践的评估形式的一个例子，是使用文件夹，通过收集他们的作业样本来展示学生成绩的证据。文件夹可以包含创意写作、测验、艺术作品、反思性札记、主题笔记，以及任何其他描述学生成绩的材料。包含大量学生作业样本的文件夹可以减轻测试的压力。与标准化考试不同，文件夹是通过定性手段而非定量手段来判断的。文件夹的优势在于，能够包括所有三个领域的证据，并经常用于非核心科目，如艺术、音乐和舞蹈。

积极的一面是，文件夹与课堂上学习的内容直接相关。它们提供了一种让家长和监护人知晓学生成就的方法。他们为学生提供了一个评估自己表现的机会。此外，他们可以唤起一种感觉，为学生的文件夹做得出色而感到骄傲。

消极的一面是评分缺乏可靠性。教师评估个人文件夹需要大量时间、主观和客观因素，例如完整性、物品数量、质量、整洁度、吸引力、努力程度、相关性、个性和创造力可能会进入评估。像其他反映学生成绩的产品一样，标准或判断尺度应该以学生容易理解和应用的标题或评分系统来设定。

定性评估，通常被称为整体性评估或主观评估，近年来吸引了许多教师。评估学生创造性努力（如札记和文件夹）的教师，从整体上看产品，进而获得质量印象，同时避免对语法、风格、拼写、句法和句子结构进行分析。进行整体性评估的教师认为，对学生作业的分析性处理会阻碍学生的进一步努力。基于表现的评估原则，不仅会影响学生的作业和评分，还会影响评分制度本身。格拉瑟（Glasser，1992）不会在学生的永久成绩单上加上C、D或F，实际上消除了失败的标志。A+、A和B将证明表现优秀。那些作业质量欠佳的学生，被临时定为C，他们将有机会提高作业质量，从而提高等级（第104—111页）。

马扎诺（Marzano，2000）采取的立场是，"等级分或百分制分数不是报告任何科目领域成绩的好方法，因为它根本无法提供有效学习所必需的详细反馈水平"（第106页）。马扎诺在描述另一种替代性的没有总分数的成绩单时承认，"总成绩或百分制分数在我们的社会中根深蒂固，因此最好不要在这个时候废除"（第109页）。相反，他建议"采取一个过渡步骤：一张包括标准分数和总体成绩的成绩单"（Marzano，2000，第109页）。

其他评估措施的存在，证明了相互矛盾的评估概念，事实上，学校教育本身也是如此。关于考试的激烈争论，加上对标准设置的争论，都围绕着是否要继续使用可量化学生成绩的方法这一问题展开。

反馈

评估产生的数据，提供了有关学生成绩和教学计划的反馈。仅用评估数据来衡量学生的成绩是不够的。利用评估数据来引导教学决策，是课堂教师的目的。教师需要根据数据和证据了解谁在什么条件下学习，以及学习要花多长时间。数据和证据，充当每个人对所测量的标准或目的的个人专业有效性的反馈。

即使学生总体上做得非常好，教师也应该用这些数据来重新审视自己的教学，也许应该提高与希望证明是否达标的证据相关的预期。在某些情况下，监测或形成性评估的平均值或平均结果会增加，但方差保持不变。换句话说，更多的学生更成功，但在成绩上仍然存在很大差异，有些学生没有达到预期的熟练度。课堂层面的数据分析应该关注每个人的进步，而不仅仅是关注平均或普遍的增长。如果成绩实际上是增加和缩小任何现存的成绩差距，那么，目标就是要提高平均值、减少方差。

也许教学目标和目的太低，学生可能已经能够达到更高层次的思维（Bloom, et al., 1956），或更复杂的思维（Webb, 2007）。如果进行了考试，考试本身可能是无效的——可能没有依照书面所写的那样测量标准或目的。这些测量项可能水平太低或太高，或者它们可能没有衡量基本目的。在实施阶段，导师可能忽略了一些关键点，从而使一些目的没有达成。如果对评估结果进行分析，评估结果将为改进教学过程提供依据。

当教师收集学生进步的反馈时，它就有利于用来让学生反馈自己的进步。在将个别学生的表现和进步的反馈当作一种教学策略时，汤姆林森和穆恩（2013）将评估称为教学。此外，不断有科学证据表明，当教师或软件在测试后立即向学生提供纠正性反馈或正确的工作示例，并将测试视为一种教学策略时，测试对后来的学习和从长期记忆中检索就具有积极影响（McDaniel, Anderson, Derbish, & Morrisette, 2007）。在这种通过反馈使用评估作为教学的过程中，学生根据数据和证据拓展了他们如何学习和如何进步的元认知（d=0.56）（自我监控[d=0.64]）；他们可以成为更加独立自主的学习者。具有高效应量（d=0.72）的有用反馈，接近学生的学习任务，具体说明什么做得正确的、为什么作业是正确的、什么是不正确的，以及如何纠正（Pahler, Cepeda, Wixted, & Rohrer, 2005; Taylor, Watson, & Nutta, 2014）。根据威廉（William, 2011）的说法，所描述的反馈比任何分数或评论都更有激励作用，更有助于提高学习。随着越来越多的学生通过虚拟和远程技术学习，通过反馈培养学习者的自我调节能力，建立他们对自己学习决策的信心，将变得越来越重要。

教学带头人明智地提供数据会议，讨论所有学生在每一课堂上的熟练度，并支持每位教师持续改善有效性（Taylor, 2010）。课堂层面的数据和证据分析，是年级或科目层次、学校层次和学区层次累积性数据分析的先导。根据课堂层次的数据和证据进行调整，可以改善更大的累积性数据的结果。一旦有了总结性数据，再对一群学生的学习进行调整就为时太晚了。

苏珊·布鲁克哈特（Susan Brookhart, 2008）总结了关于反馈的思考，指出它在服务学生的认知和动机需求方面发挥着重要作用。如果做得好，"好的反馈会给学生提供他们所需要的信息，这样他们就能了解自己在学习中处于何种位置、下一步该做什么——这是认知元素。一旦他们觉得自己明白该做什么、为什么要做，大多数学生就会产生一种感觉，即他们可以把控自己的学习——这是动机元素"（Brookhart, 2008, 第2页）。

校外评估举措

学术能力水平考试（SAT）。学术能力水平考试有助于预测学生在大学的成败。美国教育考试服务中心于1947年设立了"学术能力水平考试"，2017年有超过170万名学生参加了"学术能力水平考试"（College Board, 2017）。由于广受欢迎，目前全球有6000多所成员学院和大学在招生过程中使用"学术能力水平考试"。

从2017年开始，作文是选修的，分数已经恢复到1600分。根据学校制定的录取标准，可能会考虑将作文纳入测试范围。

美国大学考试计划（ACT）。今天，"美国大学考试计划"测试学生的五个领域：英语、数学、科学、阅读和写作（ACT，2016）。作为"学术能力水平考试"的替代品，"美国大学考试计划"在20世纪50年代发展起来，被四年制学院和大学广泛接受，并在全球范围内对想要进入美国学院和大学的学生进行测试。"美国大学考试计划"的核心理念，与"美国大学考试计划"的大学和职业准备标准相一致，并支持学生为大学和职业做好准备。参加"美国大学考试计划"考试的高中毕业生人数稳步增加，2016年接近210万，占美国毕业班的64%（ACT，2016）。此外，"美国大学考试计划"通过帮助学生确定学习计划，为他们提供一种决定上哪所大学的方法来为学生服务（ACT，2016）。

国家教育进展评估（NAEP）。1964年，"评估教育进展委员会"开始为全国性评估开发标准参照测试。"国家教育进展评估"是唯一由美国教育部直接资助的全国性评估，是根据年级、内容和学生人口统计变量对全国学生成绩的测量。由于这一发展，联邦政府与各州教育委员会签订了合同，并于1969年创建了"国家教育进展评估"。建立"国家教育进展评估"的目标，是监测十个学习领域的成绩，并评估多年来成绩的变化。政策制定者随后评议和使用从"国家教育进展评估"收集到的信息，以推动公共教育的变革（Resnick，1980，第3—29页）。被称为"国家成绩单"的报告是定期发布的，可能侧重于所测量的特定的年级水平或科目。例如，2016年发布的一份报告侧重于技术和工程素养。美国教育部国家教育统计中心（NCES）负责人、教育统计专员（Commissioner of Education Statistics）担任评估项目的管理者。

接受测试学生人数的多少，取决于"国家教育进展评估"是仅作为全国样本进行的，还是作为州和国家的联合样本进行的。在全国性的考试中，"国家教育进展评估"使用大约一万到两万名学生样本。在国家和州的联合样本中，大约从45到55个司法管辖区选择三千名学生参加测试。每个辖区大约有一百所学校（National Center for Education Statistics，2011）。定期进行重新评估，并在每次评估后向公众发布显示全国和州结果的"国家成绩单"。"国家教育进展评估"报告了四年级、八年级和十二年级学生的全国成绩。报告的数据包括：性别、种族/民族、所在地区、家长的最高教育程度、学校类型、所在地类型以及学校免费/减价午餐计划的资格。除了在全国范围内报告数据外，"国家教育进展评估"还执行和报告参与该项目的各州评估数据。

全国性评估的支持者认为，国家测试将要求全国各地的学校检查自己的教学技巧和课程，特别是检查基础学科，并采取行动纠正结果所暴露出的缺陷。这种观点，是联邦政府资助在"力争上游"倡议中开发两项《共同核心州立标准》评估的原因。虽然一些州的问责制评估基于这两种模式，但目前还没有一种全国范围内所有学生都参加的评估。那些反对全国性评估的人认为，国家测试将导致一种全国性的共同课程，这种课程不能充分考虑学校之间和不同社区学生之间存在的差异。课程开发人员和数据分析师可以从中获得的一个好处是，他们可以将地方和州的评估数据与国家标准进行比较。目前，学区内比较和州内比较在州问责制评估中是可行的，但是在"国家教育进展评估"或学生可能参加的其他测试中却未必可行。

国际评估

自1959年至1962年进行"十二国试点研究"以来，美国一直参与对学生成绩的国际评估。"十二国试点研究"的目的，是确定进行一次规模大得多的考试的可行性，以产生可用于在多国基础上改进教学的结果。由"国际教育成绩评估协会"（IEA）进行的初步研究，已促使人们积极努力收集各个教学领域的数据，以便在跨文化的基础上改进教与学。

在众多国际评估中，"第三届国际数学与科学趋势研究"（TIMSS）的信息是共享的，这归功于它的全面性、数据收集的广度和长达四年的实施周期。此外，还提供了"国际阅读素养研究进展"（PIRLS）的信息，这归功于它的周期性、世界各国的大量参与和它对阅读的高度重视。

"国际数学与科学趋势研究"（TIMSS）。自1995年以来，"国际数学与科学趋势研究"一直是同类研究中最全面的，当时41个国家的50多万名学生接受了测试，其中包括美国公立和私立学校的大约33，000名四年级、八年级和十二年级的学生。这项研究比较了学生在数学和科学方面的成绩（Department of Education，1997，第11页）。以下是1995年"国际数学与科学趋势研究"的一些发现，这些发现将充当与后来的测试数据进行比较的基础。

· 美国四年级学生的科学成绩高于国际平均水平，仅次于韩国学生。美国四年级学生的数学成绩高于国际平均水平（Department of Education，1997，第56页）。

· 美国八年级学生的科学成绩高于国际平均水平，数学成绩低于国际平均水平。美国八年级学生在这两门科目上的表现都不及奥地利、保加利亚、捷克、匈牙利、日本、韩国、荷兰、新加坡和斯洛文尼亚（Department of Education，1997，第52页）。

· 在中学最后一年的数学和科学常识方面，美国十二年级学生的得分低于国际平均水平，在参加"国际数学与科学趋势研究"的21个国家中排名最低（Takahira et al.，1997，第28页）。

2015年的"国际数学与科学趋势研究"，参与数学测试的国家和地区有49个，其中东亚国家和地区（新加坡、中国香港、韩国、中国台北和日本）表现最佳。从1995年到2015年，美国四年级和八年级学生的成绩一直位居较高的成绩组。东亚国家和地区的平均成绩与下一个高绩效国家之间的差距，随着执行该考试的次数增加，下一次比上一次都有所扩大（TIMSS and PIRLS Study Center，2016a）。

在47个有四年级科学成绩的国家和地区中，美国学生排名第九。新加坡、韩国、日本、中国香港、芬兰、波兰、中国台北、俄罗斯联邦和哈萨克斯坦的表现超过了美国。就像数学一样，世界各地的成绩都在提高；然而，美国学生的表现却原地踏步。值得注意的是，随着时间的推移，男女之间在科学成就方面的差距正在缩小（TIMSS and PIRLS Study Center，2016b）。

"国际阅读素养研究进展"（PIRLS）。 "国际阅读素养研究进展"提供了四年级学生阅读表现的趋势数据。1991年和十年之后的2001年的两项研究，揭示了以下有关美国学生阅读素养能力的数据。

· 1991年，在"国际教育成就评估协会"1991—1992学年的阅读素养研究中，九岁儿童在32个大国的名单中名列前茅。14岁学生排名第二，仅次于法国（U.S. Department of Education，1994）。

· 2001年，对34个参与国的四年级学生进行了评估，"2001年国际阅读素养进展研究"是1991年研究的后续研究，也是预计五年周期中的首次研究，报告称美国四年级学生排名第九，在综合读写能力方面的表现明显高于国际平均水平，优于34个国家中的23个国家的同龄人。在表现最好的国家中，瑞典、荷兰和英国依次名列前茅，得分明显高于美国的同龄人（U.S. Department of Education，2003）。

2011年，再次执行"国际阅读素养研究进展"，新加坡是唯一一个在阅读、科学和数学方面达到国际基准的国家。其他在数学和科学方面取得高分并在阅读方面取得高分的国家和地区包括：芬兰、俄罗斯联邦、中国台北和中国香港（Mullis，2012）。在阅读方面，美国四年级学生达到的高基准仅落后于刚提到的国家和地区（Mullis，2012）。

美国参与了几项国际研究，帮助决策者制定目标、资助研究，并为高等教育和学区提供有针对性的拨款申请机会。虽然参加国际测试的美国学生表现得富有竞争力，但许多人在美国学校教育的背景和理念下解释这些数据。也就是说，在美国，寄希望于所有学生都达到目标，并期望那些被评估的学生具有代表性，而不是在执行评估之前挑选出来的。这种支持所有学生达到高水平的办学哲学，可能既不是一种哲学，也不是其他表现良好的国家的实践。接下来的历史讨论，可能会为理解国际测试的意义提供其他视角。

历史视角和语境视角。那些解释数据的人，可能会对其哲学、过程和结果吹毛求疵。他们可以挑出积极方面或消极方面并将其放大。尽管解释数据有诸多困难，但美国的利益相关方对学生在国际评估中的表现十分感兴趣，特别是考虑到之前宣布的"美国2000"目标，即让美国的学生在数学和科学方面排名世界第一。

杰拉尔德·W. 布雷西（Gerald W. Bracey，2002）告诫说，要警觉将学生所获得的一个组织的评估结果与另一个组织的评估结果进行比较。他特别挑出"国家教育进展评估"，坚持认为其考试结果是无效的，与其他机构的考试结果不一致。他举例说：

在"全世界学生的阅读表现如何？"的调查中 [IEA study，1991]，美国九岁学生的阅读能力在27个国家中排名第二。然而，在2000年"国家教育进展评估"阅读评估中，只有32%的四年级学生被评为达标或更好。同样，美国四年级学生在"国际数学与科学趋势研究"中，科学排名世界第三 [1995]，但在1996年"国家教育进展评估"的科学评估中，只有13%的学生被评为达标或更好。（Bracey，2002，第143页）

布雷西（2006）后来指出，1995年至2003年间，"国际数学与科学趋势研究"显示美国八年级学生取得了进步。他指出，在22个国家和地区中有13个国家的学生数学成绩下降的同时，只有3个国家和地区（拉脱维亚、立陶宛和中国香港）的进步，超过了规模大得多、为更多的学生提供服务的美国。此外，当12个国家和地区的学生在科学方面的得分下降时，美国八年级学生的分数却上升了（Bracey，2006，第156页）。

在他关于公共教育状况的第一份报告中，布雷西（1991）在谈到"关于公共教育的大谎言"时评论道，"[国际]比较产生了很多热，但很少产生光"（第113页）。布雷西后来坚持认为，进行比较困难重重。例如，2006年，在"经合组织"（OECD）的30个成员国中，美国学生在数学方面排名第24，在科学方面排名第17。在确定排名时，布雷西指出，我们的分数是基于全国平均水平。平均分数并不能反映整体状况，因为在美国，所有学生都上学并接受考试，因此，他们都被纳入数据，如果美国只报告科学测试中得分最高的学生，他们将占世界最高得分学生的25%，紧随其后的是日本，占13%（Bracey，2009）。

国际评估表明，对不同文化背景的学生成绩进行比较并对差异做出解释是多么困难。各国与地区之间可能影响分数的差异包括课程、教学策略、政治和社会条件、学年长度、分配给在校和在家学习的时间、在校年轻人的比例、师生比、学生的动机、家长对教育的奉献精神以及传统。

无论是国际评估还是其他评估，考试成绩都能显示出学生的优势和劣势。将它们所提供的数据与其他证据进行三角测量，可以对课程开发的下一步和优先项做出假设。

总　结

在过去，对教学的评估通常被认为发生在教学过程的最后。基于标准的课程，标准及其详述提供了对内容、严谨性、思维的复杂性以及项目类型、期望学生显示出的熟练度的清晰说明。教师应在确定标准或学习目标的成功标准时开发自己的评估。由于拥有渐进的不同年级和不同课程的标准或教学目标，教师在学年开始时对学生的熟练度会有一定了解。这一假设基于学校内学生、教师和管理人员相对稳定，但在这些人口流动性较高的情况下，这样的假设可能就不成立。预评估可以很容易地确定学生的预备知识，有助于为教学决策提供信息。

在教学过程中进行的评估被称为形成性评估或监测评估，它为重新教学、加快教学或通过各种模式提供额外的学习经验提供重要的证据和数据。总结性评估是在教学结束时进行的评估，如期末考试、单元测验或结课考试。形成性评估和总结性评估，可以由个人或教师团队开发，也可以由教育机构（如出版商）开发。

将一个学生的考试成绩与其他学生的成绩进行比较的常模参照测量，与将一个学生的成绩与预先确定的掌握或熟练度标准进行比较的标准参照测量是有区别的。当必须从一组人中进行选择时，使用常模参照测试。标准参照测试，用于确定学生是否达到了事先规定的目的。

评估教学的主要目标，是确定学生是否达成了教学目的。教师应该记住，除了测试之外，还有许多方法可以评估学生的表现。良好的教学法需要酌情采用多样化的评估技术。

反馈是脚手架型教学模式的一个重要特征。在证据和数据的基础上，教师对教学、资源、时间和教学法做出修正。评估被认为是一个连续的过程。

应用

1. 收集几个形成性评估。检查书面说明的清晰度、评估项与目标标准或教学目的是否一致。作为一名教学带头人，你将如何确保标准或教学目的与评估指导、严格论证、评估中使用的语言保持一致？你如何保证教师知道怎样分析数据，以确定个别学生在哪个学习要点上出现了误解和离题？

2. 采访几位老师，让他们展示自己的课堂数据，以及他们是如何基于数据和证据调整教学决策或差异化教学的。作为后来经过调整的教学之结果的这类数据，是如何变化或没有变化的？在第一次评估中达到熟练程度的学生，为学习任务做了些什么？

反思与探究

1.区分定量评估和定性评估，并区分每一种评估是如何可以被用来促进学习的。在你所在的州、学区或学校的学生学习问责制中，有哪些是混合型的，并在多大程度上是混合型的？

2.作为一名教学带头人，你如何影响评估的适当开发和实施，然后使用评估数据给教学决策提供信息？

补充资料

Invest Videos of Model Classrooms and Coaching: www.lipscomb.edu/ayers/invest/ These resources are excellent models of teaching, leading, and of coaching in various classrooms, grade levels, and content areas.

Ciofalo, J.（2005）. *Balanced assessment: Enhancing learning evidence centered teaching.* Alexandria, VA: Asso– ciation for Supervision and Curriculum Development.

Brookhart, S. (2010). *Formative assessment strategies for every classroom: An ASCD action tool* (2nd ed.). Alexandria, VA: Association for Supervision and Curriculum Development. More than 60 tools with tips and implementation steps on formative assessments for every grade level and every subject area.

网站

American College Testing Homepage: www.act.org American Educational Research Association: www.aera.net

American Institutes for Research: www.air.org

The Collegeboard Homepage: www.collegeboard.org

Educational Testing Service (ETS): www.ets.org

Intel Foundation: www.intel.com/content/www/us/en/corporate-responsibility/intel-foundation.html

The Nations Report Card—National Assessment of Educational Progress: http://nationsreportcard.gov

National Center for Education Statistics: http://nces.ed.gov

National Center for the Improvement of Educational Assessment: www.nciea.org

National Education Association: www.nea.org

Progress in International Reading Literacy Study: www.pirls.org

Third International Mathematics and Science Study: timss.bc.edu/index.html

建议阅读

Anderson, L., Krathwohl, D. (Eds.), Airasian, P., Cruikshank, K., Mayer, R., Pintrich, P., Raths, J., & Wittrock, M. (2001). *A taxonomy for learning, teaching, and assessing: A revision of Bloom's taxonomy of educational objectives*. New York, NY: Addison Wesley Longman, Inc.

Ausubel, D. P. (2000). *The acquisition and retention of knowledge: A cognitive view*. Boston, MA: Kluwer Academic Publishers.

Bloom, B. S. (Ed.), Englehard, M. D., Furst, E. J., Hill, W. H., & Krathwohl, D. R. (1956). *Taxonomy of educational objectives: Handbook I: The cognitive domain*. New York, NY: David McKay.

Bookhart, S. M. (2008). *How to give effective feedback to your students*. Alexandria, VA:

Association for Supervision and Curriculum Development.

Kubiszyn, T., & Borich, G.（2009）. *Educational testing and measurement: Classroom application and practice*（9th ed.）. Hoboken NJ: John Wiley & Sons.

McMillan, J. H.（2004）. *Classroom assessment: Principles and practices for effective instruction*（3rd ed.）. Boston, MA: Allyn & Bacon.

Petit, M., & Hess, K.（2006）. *Applying Webb's depth of knowledge and NAEP levels of complexity in mathematics*. Retrieved from www.nciea.org/publications/ DOKmath_KH08.pdf

Reynolds, C. R., Livingston, R. B., & Willson, V.（2006）. *Measurement and assessment in education*. Boston, MA: Allyn & Bacon.

Webb, N. L.（2006）. Identifying content for assessing student achievement. In S. M. Downing & T. M. Haladyna（Eds.）, *Handbook of test development*（Chapter 8）. Mahwah, NJ: Lawrence Erlbaum Associates.

参考文献

ACT（2016）. *The condition of college and career readiness 2016*. Retrieved from act.org

Bloom, B. S.（Ed.）et al.（1956）. *Taxonomy of educational objectives: The classification of educational goals: Hand-book* I: Cognitive Domain. White Plains, NY: Longman.

Bloom, B. S. Hastings, J. T., & Madaus, G. F.（1971）. *Handbook on formative and summative evaluation of student learning*. New York, NY: McGraw-Hill.

Bracey, G. W.（1991）. Why can't we be like we were？*Phi Delta Kappan*, 73（2）, 104–117.

Bracey, G. W.（2002）. The 12th Bracey report on the condition of public education. *Phi Delta Kappan*, 84（2）, 135–140. doi:10.1177/003172170208400209

Bracey, G. W.（2006）. The 16th Bracey report on the condition of public education. Phi Delta Kappan, 88（2）, 151–166. doi:10.1177/003172170608800213

Bracey, G. W.（2009）. *The 19th Bracey report on the condition of public education*. doi:10.1177/003172170208400209

Brookhart, S. M.（2008）. *How to give effective feedback to your students*. Alexandria, VA:

Association for Supervision and Curriculum Development.

Chappuis, S., & Stiggins, R. (2008). Finding balance: Assessment in the middle school classroom. *Middle Ground*, 12(2), 12–15.

College Board. (2017). *SAT summer administration in 40 years is just days away*. Retrieved from www.collegeboard.org

Darling-Hammond, L., Ancess, J., & Falk, B. (1995). *Authentic assessment in action: Studies of schools and students at work*. New York, NY: Teachers College Press.

Department of Education. (1997). *Attaining excellence: A TIMSS resource kit*. Washington, D.C.: Office of Reform and Dissemination, Office of Educational Research and Improvement.

Dick, W., & Carey, L. (1985). *The systematic design of instruction*. Glenview, IL: Scott, Foresman.

Fives, H., & Barnes, N. (2017). Informed and uninformed naïve assessment constructors' strategies for item selection. *Journal of Teacher Education*, 68(1), 85–101.

Glasser, W. (1992). *The quality school: Managing students without coercion* (2nd ed.). New York, NY: Harper Perennial.

Gross, M. L. (1962). *The brain watchers*. New York, NY: Random House.

Herman, J., & Linn, R. (2014). New assessments, new rigor. *Educational Leadership*, 71(6), 34–37.

Hoffmann, B. (1962). *The tyranny of testing*. New York, NY: Crowell-Collier.

Krathwohl, D. R., Bloom, B. S., & Maasia, B. B. (1964). *Taxonomy of educational objectives, the classification of educational goals: Handbook II, affective domain*. White Plains, NY: Longmans.

Marzano, R. J. (2000). *Transforming classroom grading*. Alexandria, VA: Association for Supervision and Curriculum Development.

McDaniel, M. A., Anderson, J. L., Derbish, M. H., & Morrisette, N. (2007). Testing the testing effect in the classroom. *European Journal of Cognitive Psychology*, 19(4–5), 494–513.

Mullis, I. V. S. (2012). *Profiles of achievement across reading, mathematics and science at*

4th grade. Boston, MA: Boston College. Retrieved 1.11.17 from timssan.d.pirls.bc.edu

National Center for Education Statistics. (2011). *What is NAEP*? Washington, DC: U.S. Department of Education.

Neill, M. (2003). The dangers of testing. *Educational Leadership*, 60(5), 45.

Ogle, D. (February, 1986). K-W-L: A teaching model that develops active reading in expository text. *The Reading Teacher*, 39(6), 564–570.

Pahler, H., Cepeda, J. T., Wixted, J. T., & Rohrer, D. (2005). When does feedback facilitate learning of words? *Journal of Experimental Psychology: Learning, Memory, & Cognition*, 31, 3–8.

Popham, W. J. (1973). *Evaluating instruction*. Englewood Cliffs, NJ: Prentice Hall.

Popham, W. J. (2002). *Classroom assessment: What teachers need to know*. Boston, MA: Allyn & Bacon.

Popham, W. J. (2006). *Assessment for educational leaders*. Boston, MA: Pearson/Allyn & Bacon.

Resnick, D. P. (1980). Minimum competency testing historically considered. *Review of Research in Education*, 8, 3–29. doi:10.2307/1167122

Roediger, H. L. III, & Karpicke, J. D. (2006). The power of testing memory: Basic research and implications for education practice. *Psychological Science*, 1, 181–210.

Simpson, E. J. (1972). *The classification of educational objectives in the psychomotor domain*. Washington, DC: Gryphon House.

Sizer, T. R. (1992). *Horace's school: Redesigning the American high school*. Boston, MA: Houghton Mifflin.

Snow, C., & O'Conner, C. (2013). *Close reading and far reaching classroom discussion: Fostering vital connection. A policy brief from the literacy research panel of the international reading association*. Retrieved from www.literacyworldwide.org/docs/default-source/where-we-stand/close-reading-policy-brief.pdf

Takahira, S., Salganik, L. H., Frase, M., & Gonzales, P. (1997). *Pursuing excellence:*

A study of U.S. twelfth- grade mathematics and science achievement in international context. Initial findings from the third international mathematics and science study. Washington DC: National Center for Education Statistics.

Taylor, R. T. (2010). *Leading learning: Change student achievement today*! Thousand Oaks, CA: Corwin Press.

Taylor, R. T., Watson, R., & Nutta, J. (2014). *Leading, teaching, and learning the common core standards: Rigorous expectations for all students*. Lanham, MD: Rowman & Littlefield.

TIMMS and PIRLS Study Center (2016a). *TIMSS 2015 results in mathematics*. Boston, MA: Boston College and International Association for the Evaluation in Educational Achievement. Retrieved from http:/timss2015. Org

TIMMS and PIRLS Study Center (2016b). *TIMSS 2015 results in science*. Boston, MA: Boston College and International Association for the Evaluation in Educational Achievement. Retrieved from http:/timss2015.org

Tomlinson, C. A., & Moon, T. R. (2013). *Assessment and student success in a differentiated classroom*. Alexandria, VA: Association for Supervision and Curriculum Development.

U.S. Department of Education. (2003). *The condition of education 2003*. National Center for Education Statistics. Retrieved from nces.ed.gov/pubs2003/2003073.pdf.

U.S. Department of Education. (1994). *How in the world do students read*? Washington, DC: National Center for Education Statistics.

Webb, N. L. (2007). Issues related to judging the alignment of curriculum standards and assessments. *Measurement in Education*, 20(1), 7-5.

Wiliam, D. (2011). *Embedded formative assessment*. Indianapolis, IN: Solution Tree.

Westchester Institute for Human Research. (2003). High stakes testing. *The Balanced View*, 7(1). Retrieved from www.sharingsuccess.org/code/bv/testing.pdf.

Whyte, W. H. (1956). *The organization man*. New York, NY: Simon and Schuster.

第十二章 课程评估

学习成果

学习完本章，你应该能够：

1. 描述评估课程的几个过程。
2. 评估至少两种课程评估模式的利弊。
3. 使用公共的可用资源，选择并应用一种课程评估模式。

课程评估的目的与问题

课程评估的目的，是确定课程与学区、学校或教育机构的宗旨、使命、愿景、目标、目的和政策是否保持一致。此外，有时个别学校可能会像学区或学校组织那样投资于课程评估。根据评估的目标，数据和证据收集可能包括教师、管理人员、学生、利益相关方、学校人员和/或各个领域（包括课程）的专家。

在第十一章中讨论的教学评估，是对（1）学生的成绩，（2）教师的表现，（3）方法或方法论的有效性的评估。课程评估包括教学评估，并超出了教学评估的目的，进入了对课程计划及相关领域的评估。多年前，艾伯特·I. 奥利弗（Albert I. Oliver, 1965）列出了需要评估的五个关注领域。他称之为"5P"，即计划、规定、程序、产品和过程（第306页）。应该添加的另一个P是政策，因为政策代表了组织的官方声明，是做出决策的基础。结果或学生的学习成果，也可以作为第七个P（表现）添加到列表中，因为学生的学习是课程的最终意图。评估是确定改进需要、确认成绩和为实现改进提供基础的手段。

评估所面临的挑战

由于缺乏一致的高质量评估和客观评估，教育容易因为决策无效或决策基于错误的数据而受到批评。应评估课程的实施情况，包括纳入问责制的基于标准的课程，以确定课程实施在多大程度上改善了学生学习。

追问"谁在学习？在什么情况下？学习到了何种程度？"这样的问题，使得对总体人口的评估比对单一结果的评估更为深入。平均值和方差增加有限吗？更深入挖掘的例子，可能包括分解数据，以确定在你的学区或学校实施的创新具有成效和投资回报（ROI），例如：

- 跨学科教师合作；
- 学科间的综合课程；
- 不分级的学生进度；
- 基于标准的教学和评估；
- 归纳或演绎推理；
- 个性化学习；
- 普通教师进行评估；
- 学生合作；
- 一比一（1∶1）倡议（每个学生和教学人员一个数字设备）。

关于教育创新成败的结论是基于非常有限或无效的证据、数据收集或分析得出的，这并不罕见。缺乏系统的评估，可以归结为若干原因。仔细的评估可能非常复杂。它需要评估人员的专门知识，因此需要在评估和研究方面做好准备。此外，评估是费时耗力的，而且可能相当昂贵。

丹尼尔·L.斯塔弗尔比姆等人（Stufflebeam, et al., 1971，第4—9页）观察到评估工作者通常会遭遇以下症状：

1. 回避症状——因为评估似乎是一个痛苦的过程，除非绝对必要，每个人都唯恐不及地回避。
2. 焦虑症状——焦虑主要源于评估过程的暧昧不明。

3. 雷打不动症状——学校没有以任何有意义的方式回应评估。

4. 怀疑主义症状——许多人似乎认为规划评估意义甚微，因为"无论如何都做不到"。

5. 缺乏指南症状——明显缺乏有意义的、可操作的指南。

6. 馊主意症状——评估顾问（其中许多是教育研究的方法论专家），继续给从业者提供差劲的建议。

7. 千篇一律症状——评估往往无法发现任何重要信息。

8. 缺少要素症状——缺乏评估要取得重大进展所需的某些关键要素。最明显的要素是缺乏足够的理论。（Stufflebeam, et al., 1971, 第4—9页）

第五章的奥利瓦课程开发模式，被概念化为由图12.1所示的四个组件构成，"带有反馈回路的奥利瓦课程开发模式"的组件，包括课程目标、课程目的、课程的组织和实施、课程评估。一条反馈线将评估组件与目标组件连接起来，使模式在本质上循环。

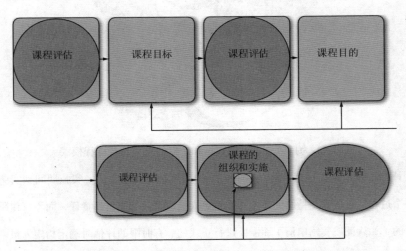

图 12.1 "带有反馈回路的奥利瓦课程开发模式"的各个组件

然而，对评估的期望是最大限度地发挥影响，希望反馈是持续的，为修订课程和教学的宗旨、目标和目的以及专业学习和教学实施提供信息，正如戈登泰勒课程系统开发模式中所发现的那样。戈登泰勒模式中与评估相关的组件，见图12.2"为持续改进提供数据和证据的戈登泰勒课程模式"。

这种模式与其他模式的区别在于强调课程的实施，包括教学、学生学习任务、反馈、课堂和监测评估等组件，然后是知情的差异化教学和干预。如图12.2所示，持续的数据和证据概念，给所有课程系统组件的改进提供了信息，为教师效率和学生灵活学习的积极变化提供了支持。在提高学生学习成绩的问责制时代，必须以数据和证据的形式迅速提供可用和准确的反馈，以便为课程开发和实施（教学）组件中的课程和教学决策提供信息。等待总结性评估或几年的数据收集，对学生的提高来说已经太晚，对教育工作者的人事评估（包括学生学习成果在内）来说也太晚。

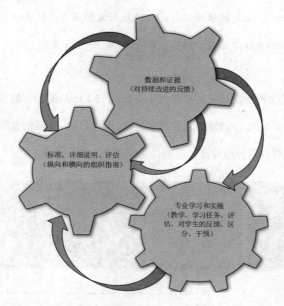

图 12.2 为持续改进提供数据和证据的戈登泰勒课程模式

课程评估不仅仅是在项目实施结束时完成的，而是在实施之前、实施期间和实施结束时进行的一个过程。它应该是持续的，意味着指定人员应该负起监督的责任，而不仅仅限于在出于特定目的（如认证或奖励申请）而需要进行正式的、有时限的评估时确定指定人员。课程评估从政策开始，应该始终告知课程目标与课程目的，以及教学目标、教学目的、实施的忠实度、资源、专业学习和其他相关组件。

评估

教学评估与课程评估的比较

教师和课程规划人员可能认为，评估是否达到教学目的，构成了课程评估。因此，如果学生达到了认知、情感和精神运动的学习目标,课程就被认为是有效的。这种立场错误地将课程等同于教学。

然而,教学和课程并不相同。教学过程可能非常有效,但课程的组件并非齐头并进。对教学评估来说,对课程进行评估是明智的,可以揭示学生是否达到了教学目的,因此,除非你评估课程、标准或课程目的,否则你可能会发现自己正在有效地讲授鸡毛蒜皮或多有误解的主题。

课程评估的主要目的,是确定课程目标和课程目的是否被忠实地执行或按预期执行。然而,你也想知道课程是否正确,教学实施是否与实现特定学生的预期结果保持一致。你可能想要调查所使用的资源对预期的学习者来说是否最有效,也就是说,它们是否支持个人和团体在合理的时间段内达到自己成就的最大化?毕业生在毕业后是否获得了成功,他们是否为上大学和就业做好了准备?在毕业后的前五年或十年里,你会在多大程度上跟踪毕业生?虽然你可能有大学录取率,但你可能想在自己的课程评估中加上大学出勤率。课程计划是否物有所值,或者是否有其他方法可以提供更大的投资回报?在多大程度上,为教师和教学带头人准备课程和教学倡议的专业学习达到了预期,付出了什么代价?作为负责提高学生学习和最大限度地利用稀缺资源、人力、财力和时间的教学带头人,这些问题可以产生有用的数据和证据。

评估与研究的比较

"评估"是做出判断的过程,"研究"是收集数据以做出判断的过程。每当收集数据来回答问题时,你就在从事研究。然而,研究的复杂性和品质,因问题的不同而有所不同。例如,一位校长可能希望知道学校媒体中心每个学生有多少本书、每个学生登记的借出率是多少。作为一个更复杂的研究的例子,可以追问有学习障碍的学生,是在独立自主的课堂上表现得更有效,还是在一个有归属感的课堂上表现得更有效?其中最雄心勃勃的是纵向研究,如"国家教育纵向研究",该研究对一组具有全国代表性的十年级学生,在其完成高中和专科学校进入劳动力市场时的情况进行了监测(National Center for Education Statistics)。

评估领域经常需要评估和研究方面的专家的服务。一些大的学区雇用人员来指导、实施和监督他们学区的课程评估。这些研究人员和评估人员为这项任务带来了许多教育工作者和课程规划者所没有的专业知识。没有聘请自己的评估人员的学区,会邀请外部顾问,他们可能来自当地大学或 McREL International 等专门从事研究和为学区提供服务的组织,包括提供课程评估和对课程问题的帮助。事实上,美国政府为此目的资助了 15 个地区研究实验室和 7 个国家研究中心,目的是确保提高学习者的学习效果(www.mcrel.org/)。

然而,大多数评估性研究是由当地课程专家、教学领导和教师进行的。即使在雇用课程评估员的大型学区,许多课程评估任务也是与教师、教学领导和课程规划人员合作完成的。如果在你的环境中出于评估目的使用本地资源,请考虑访问和使用国家和地区中心以及其他联邦资助网站如"有效教育策略网"(What Works Clearinghouse, http://ies.ed.gov/ncee/wwc/)提供的公开可用的研究和评估文档、报告和工具。这些资源有客观、科学的个别实施的研究报告,也有广泛传播和实施的商业产品。这类报告的例子,包括数学和代数的在线辅导,以及阅读干预。

另一个可能有价值的网站,是国家教育研究中心(NCES, http://ies.ed.gov/ncer/),它提供了协助研究和评估方法的资源,为不同的受众提供数据展示以及可能感兴趣的支助机会。无论你是聘请外部顾问还是聘请内部评估人员,都要考虑了解与评估标准一致的评估模式和流程,以便获得符合你期望的评估结果(Yarborough, Shulh, Hopson, & Carruthers, 2011)。

评估模式

现在,已经开发出各种模式,显示可能进行的评估类型和随之而来的过程。就像教学模式和课程开发模式一样,在细节上和其创造者出于各种评估目的而纳入的要点上,评估模式都各有不同。

那些指导课程评估的人,无论来自学区内还是学区外,都应该拥有高水平的专业知识,并在课程、教学研究和评估方面具有良好基础。他们要熟悉公认的研究和评估方法,以便获得有效的和得到证据支持的发现(Fraenkel & Wallen, 2009; Gay, Mills, & Airasian, 2012)。如何提高调查结果的价值和可靠性、从而为课程决策提供信息的一个例子,是正如迪尔曼、史密斯和克里斯蒂安(Dillman, Smyth, and Christian 2009)所发现的那样,创建和管理一种公认的研究方法的问卷调查和其他工具。

课程评估方法之多令人惊讶,足以说明课程评估复杂多变。例如,斯塔弗尔比姆(Stufflebeam, 2001)在他的《评估模式》一书中讨论了 22 种评估方法。麦克尼尔(John D.

McNeil，2006）断言，"评估领域充满了关于其目的和如何实施评估的不同观点"（第199页）。

本章旨在使读者对课程或项目评估的复杂性保持敏感，描述一些经过挑选的课程评估模式，并将你的注意力引到其他信息和模式的资源之上。为了本书的目的，你需要研究课程评估的基本方法。然后，你将参与由"费黛尔·卡帕（Phi Delta Kappa）国家评估研究委员会"开发的、经常被引用的知名综合模式（Stufflebeam, et al., 1971）。

基本方法

课程目的或标准的评估。请回想一下，第八章描述了课程目标或大观念、课程目的或标准，并将它们与教学目标或基本问题、教学目的或学习目标区分开来。还请回想一下，课程目的被描述为是对学校或学区的学生作为一个群体要实现的具体的、可测量的、程序性的结果的陈述。在利用先前详述的不可测量的课程目标的同时，课程目的与特定内容的项目或标准有关，指的是学生群体（所有学生、一般学生、大多数学生、学生集体）的成就，而不是学生个体的成就。

课程评估直接评估项目，间接评估学生个人的表现。教学评估直接评估个别学生，间接评估项目。将教学评估纳入课程评估中可能是有利的，以便所发现的结果能折射出对有效性的数据研究，反映出对谁有效（例如对学生小组和个人，而不只是就一般而言）。

课程评估最基本的方法，是对规定的课程目的或标准的实现情况进行评估。定性方法和定量方法都能产生有价值的数据和证据。其中一个或另一个，都单独可能限制对结果的理解的深度，例如只分解大型数据集，而不进行后续定性调查。观察、调查、文件夹、数据库和测试结果，都是收集评估数据的资源。且让我们列举一些可能的评估方法：

- 学生将演示熟练使用选定的软件应用程序（学生作业样本、观察）。
- 高中辍学率将下降10%（档案数据、按人口变量分类、统计）。
- 对媒体中心印刷和非印刷资源的使用将会增加（关于谁〔学生和教师〕访问哪些资源的电子数据：在线资源访问、亲自借出、学校媒体中心流通数据）。
- 八年级学生将提高对已结课课程（EOC）代数I评估的熟练度（测试结果，按标准、学生分组、学校和教师分类）。

课程规划人员确定纲领性的目的（即课程目的或标准）是否已经实现。如果课程目的或标准已经达到，那么计划人员将通过详述新的课程目的或标准并确定新的优先项来确认下一步骤。如果课程目的或标准没有达到，通过分析分类数据，确定谁在何种条件下学习，并制定行动步骤以满足需求。决定哪些目的仍然值得追求，并在此前提下，确定采用何种措施去追求和/或如何修正这些目的。

对指导课程建设和组织的八项原则的评估

如第二章所述，课程的建设和组织有其内在原则。从某种意义上说，这些原则是课程建设和课程组织的特色。从另一种意义上说，它们对课程开发者来说是持续的挑战。

除了对课程目的或标准的评估外，课程规划人员还应评估课程建设和组织的基本原则的实施程度。课程建设和课程组织，有八个长期存在的问题：范围、相关性、平衡、整合、顺序、连续性、衔接性和可转化性。这些持久的原则，提出了需要纳入评估的问题。

了解这些原则的评估过程，可以为这些问题提供答案。

- 课程的范围是否足够和务实？
- 课程是否有相关性？
- 课程是否平衡？
- 课程整合是否可取？
- 课程是否在一门课/一学年内以及跨课程/跨学年内循序渐进？
- 每年的规划是否有连续性？
- 不同级别的课程是否衔接恰当？
- 所学知识是否具有可转化性？

要回答诸如此类的问题，课程专家应该了解其基本原理。对课程建设和课程评估原则的评估，不仅需要收集大量数据，而且需要评估者见多识广的反思，这需要在课程实施和开发过程中与利益相关方进行合作。

综合模式

上述基本模式，关注的是课程的特定方面：是否实现课程目的或标准、是否存在课程建设中特选的指导因素。此外，还有其他方面需要评估。

对特定片段的评估。课程规划人员应收集来自学区、州和全国的评估数据，以便对特定课程片段进行形成性评估。在这一阶段，例如，来自"国家教育进展评估"的数据可以证明是有用的。例如，如果"国家教育进展评估"数据显示，与全国其他地方的可比城市地区的儿童相比，该国某一地方城市地区有更多的九岁儿童精通阅读，那么对该特定学区的阅读计划进行集中考查，将是十分重要的。"学术能力水平考试"和"美国大学入学考试"成绩也会提供一些线索。国际评估，如"国际阅读素养进展研究""国际学生能力评估计划"和"国际数学与科学趋势研究"，也可能提供有用数据。州和学区的评估，在这方面甚至将更有意义。

评估工具。在这一阶段，可以使用"国家学校评估研究"（NSSE）的评估工具来收集有关特定研究领域和计划的其他部分的经验数据。这一套标准通常被学校用作区域认证自学过程的一部分。这些工具允许全体教员分析与课程计划相关的原理、所使用的评估技术、改进计划和现状（National Study of School Evaluation，2005）。

芬威克·W. 英格利希（Fenwick W. English，1980）提出了一种方法，通过一种被称为课程绘图的技术来检查课程的特定片段（第 558—559 页）。按照这种方法，教师分析他们所教的内容和花在每个主题上的时间。海蒂·海耶斯·雅各布斯（Heidi Hayes Jacobs，1997）主张，将基于日历的课程绘图作为一种整合课程和评估的手段，将课程地图比作：

学校的手稿。它讲述了操作性课程的故事。有了这张地图在手，工作人员就可以扮演手稿编辑者的角色，检查课程是否需要修订和校验。（Jacobs，1997，第 17 页）

雅各布斯（1997）认为，每个教师在一年的教学过程中创建一个地图，显示过程、技能、概念、主题和评估的技巧，比通常课程委员会准备的目标、目的、技能和概念清单更为有效。雅各布斯（2004）在后来的著作中解释说："首先，绘图使教师能够识别课程和教学计划中的差距、冗余和错位，并促进教师之间就自己的工作展开对话。"（第 6 页）

课程规划者设计总结性措施，以确定课程目标和特定部分的课程目的或标准是否已经实现。如果渴望一所高中 75% 的学生至少参与一项社区服务活动，那么在学校的数据系统中进行简单的搜索就会显示这一目标是否已经实现。就像评估教学一样，有时教学目的本身就是评估项。另一方面，如果想知道一个在上一学年结束时其数学熟练度没有达标的四年级班级成员是否达到四年级水平，那么在四年级结束时，考察熟练度是否有所提高，就必须比较连续两年的成绩数据。

专业学习社群。在学校建立专业学习社群的做法，已经成为鼓励教师之间合作的一种流行方式，这些教师关注学生应该学什么、确实学了什么，以及在评估后如何改善他们的学习。为了减少在许多教育环境中存在的教师各自为政，罗伯特·埃克、理查德·杜富尔和丽贝卡·杜富尔（Robert Eaker, Richard Dufour, and Rebecca Dufour, 2002）提供了一个基于三个主要主题进行操作的概念性框架：

1. 由合作开发与广泛共享的使命、愿景、价值观和目标构成的坚实基础。
2. 联手协作以实现共同目标的合作团队。
3. 注重结果，并承诺持续改进。（Eaker, Dufour & Dufour, 2002, 第 3 页）

专业学习社群提供了一种手段，教育工作者可以在其中推动课程倡议，创建共同的评估，评估学生的数据和证据（学生作业样本），然后调整课程或教学，以改善教师的教学法（Eaker, Dufour, & Dufour, 2002）。经由作为一个具有共同关注点的合作团队并肩协作，他们可以确定：

我们想让他们学习什么？我们怎样才能确定所有的学生都学过？我们如何帮助那些没有达到预期结果的学生？（Eaker, Dufour, & Dufour, 2002, 第 6 页）

专业学习社群的概念，在教育工作者中获得了很好的共鸣，但它也受到了批评。许多带头人表示他们期待合作，但实际上并没有为合作提供必要的框架。学习社区概念的基础，是为专业人员创造碰头和合作的时间，并为此负责。预算减少、缺乏对框架核心概念的理解、员工流失和紧凑的日程安排选项，都是建立有效的专业学习社群所面临的挑战。

评估总体方案。应该对作为一个整体的课程的功能进行评估。课程规划人员想要了解整个课程的目标和目的是否已经实现。

英格利希（English, 1988）将管理审计的概念应用于课程评估，将审计定义为"对记录、事件、过程、产品、行为、信念或付诸行为的动机的客观、外部审查"（第3页）。英格利希继续将课程审计描述为"一个检查过程：在给定的时间、文化和社会中，检查通常称为'学校'的特殊机构内存在的文件和实践"（第33页）。从文件、访谈和现场访问中，审核员或顾问试图确定计划的运作情况，以及它们是否具有成本效益。英格利希指出，课程审计既是一个过程，也是一种产品，因为审计人员从事数据的收集和分析，并编写描述结果的报告。英格利希应用于学区课程审核的标准包括：政策与人员、计划、资源、目的、学区评估和计划改进是否一致。今天，系统性的总结性评估可以被称为课程审计。

盖伦·塞勒、威廉·M. 亚历山大和阿瑟·J. 刘易斯（Galen Saylor, William M. Alexander, and Arthur J. Lewis, 1981）建议，通过"对有能力的人的判断、对人类需求的研究数据、研究小组的建议"，对教育计划作为一个整体进行形成性评估。他们建议通过"调查，后续研究，学者、公民和学生的判断，测试数据"对教育计划进行总结性评估（Saylor, et al., 1981, 第334页）。

总的来说，对总体方案的总结性评估是通过几种方式进行的。收集经验和定性数据与证据，以确定课程目的和标准是否已经达成。对学校和学区的数据进行分析，后续研究揭示毕业生的成败。最后，调查可能要求教师、家长、学生和其他人从各自的角度评估课程。请记住，开发有效可靠的调查和实现高参与率的手段的指南，可以在众多资源中找到，例如在迪尔曼、史密斯和克里斯蒂安（Dillman, Smyth, and Christian, 2009）所提供的资源中找到。

对评估的项目评估。项目评估过程，包括课程有效性的数据资源和分析程序，应在任何评估开始之前进行持续评估并达成一致。在将创新或变革付诸实践之前，应该对如何进行评估做出判断。进行中的评估和最终评估的技术，应仔细规划和执行。

有时，请一位评估专家来审查课程策划者提出的评估方法是有益的。应审查所使用的工具的可靠性和有效性。评估方案是否全面，是否涵盖了课程研究问题的所有维度？程序是否适当和合理，服从于在所需的时间内做出分析？数据收集是否会保护被收集者的权利？调查是匿名的，参与者的访谈或焦点小组是保密的吗？如果你考虑响应的真实性预期，以便收集到的数据是可靠的，那么参与者需要自己的身份受到保护，这可能需要外部评估人员。在线调查工具允许参与者匿名，这有助于获得真实的回答并提高参与率。外部专家应审查拟议的研究技术，以确定它们是否符合可接受的研究标准，并根据对人类和潜在弱势群体（如儿童）进行研究的伦理准则，保护相关人员。

当最终收集到数据时，规划人员可能需要请求评估专家的帮助来运行统计测试和解释数据。现在必须确定是否已考虑和适当地控制了所有变量，以及评估措施是否旨在评估适当的目的。例如，对美国历史认知的测试，不会评估学生在公民技能方面的表现。在客观评估中选择语法规则并不能保证写作技巧，也不能保证用可接受的语法说话。"美国教育考试服务中心"（ETS）有数以万计的考卷可供查阅和使用，所以当你规划评估时，它可能是很好的资源。作为伙伴，布洛斯研究所对你可能正在考虑的工具提供评述。"美国教育考试服务中心"和布洛斯研究所的网址，在本章结尾处可以找到。

当在评估项目中发现缺陷时，应该进行更改。作为研究和评估的结果而得出的结论常常受到攻击：不是攻击其实质，而是攻击得出这些结论的评估过程。下一节将提供一个评估模式。

CIPP 模式

由丹尼尔·斯塔弗尔比姆担任主席的"Phi Delta Kappa 国家评估研究委员会"，制作并发布了一个被广泛引用的评估模式，即 CIPP 模式（Stufflebeam, et al., 1971）。第四章提到了 CIPP 模式的两个主要特征：教育界所需的决策阶段和决策类型。

该模式本质上是综合的，它揭示了评估的类型、决策背景的类型、决策的类型和变革的类型。斯塔弗尔比姆（Worthen & Sanders, 1971, 第 129 页）对评估的定义如下："评估是描述、获取和提供有用信息以判断决策替代方案的过程。"定义的每一部分的含义如下：

1. 过程。包括许多方法并涉及许多步骤或操作的持续的、周期性的活动。
2. 描述。通过描述、定义和解释等步骤，聚焦评估所要服务的信息需求。
3. 获取。通过收集、组织和分析等过程，以及通过统计和测量等正式手段，使之可用。
4. 提供。组合成最能满足评估需要或目标的系统或子系统。
5. 有用的。通过评估者和客户的相互作用，使之适合预先确定的逐渐形成的标准。
6. 信息。关于实体（有形的或无形的）及其关系的描述性数据或解释性数据。
7. 判断。根据指定的价值框架、从中得出的标准以及与被评判的每个实体相关的标准的信息设定权重。

8. 决策的备选方案。对特定决策问题的一组可选择的回应。（Stufflebeam，引自 Worthen & Sanders，1971，第 129 页）

斯塔弗尔比姆指出："评估过程包括描述、获取和提供三个主要步骤。这些步骤为评估的方法论提供了基础。"（Worthen & Sanders，1971，第 129 页）

四种类型的评估。Phi Delta Kappa 委员会指出了四种评估：环境评估、投入评估、过程评估和产品评估，后来被命名为 CIPP 模式。环境评估是"最基本的一种评估"，斯塔弗尔比姆说，"其目的是为确定目标提供一个逻辑依据"（Worthen & Sanders，1971，第 136 页）。在模式的这一点上，课程规划者和评估者定义课程的环境，确定未得到满足的需求和需求未得到满足的原因。目标和目的是具体的，以环境评估为基础。

投入评估的目的，是"为确定如何利用资源实现项目目标提供信息"（Stufflebeam，引自 Worthen & Sanders，1971，第 136 页）。要考虑学区的资源和如何实施课程的各种设计。在这一阶段，规划者和评估者决定要使用的研究程序。1970 年，斯塔弗尔比姆观察到，"教育中缺乏投入评估的方法。普遍的做法包括：委员会审议、诉诸专业文献、聘请顾问和试点实验项目"（Stufflebeam，引自 Worthen & Sanders，1971，第 137 页）。正如本章前面提到的，随着可访问数据库的出现，有许多资源提供了学区人员对资源做出审查的调查研究。

过程评估是在课程实施过程中提供的定期反馈。斯塔弗尔比姆指出："过程评估有三个主要目标，首先是在实施阶段检测或预测程序设计或其实施中的缺陷，其次是为程序化决策提供信息，再次是如实保留整个流程的记录。"（Worthen & Sanders，1971，第 137 页）一旦学区实施课程计划，对课程、教学和评估模式实施的忠实度，应不断做出监测和调整。否则，做出的判断，可能更多地与对模式的忠实度联系在一起，而不是与其是否有效联系在一起。

迈克尔·斯克里文（Michael Scriven，1994；1967）描述了三种类型的过程研究：非差异研究、关于过程的因果关系调查和形成性评估。非差异研究是对课堂上实际发生的事情的观察和调查。对因果关系的调查被一些教育工作者称为行动研究。这种类型的研究是一种不那么严格的尝试，旨在确定一种教学技术是否比另一种更好。如果行动研究与学校或学区的绩效目标联系在一起，并且收集了数据，而且在持续的基础上证实了主动性，那么行动研究可以提供有价值的信息。形成性评估是在学习或项目过程中进行的评估。对于这三种类型的过程研究，你可以加上描述性研究一语，其中对教师和学生课堂行为的非差异研究是典型代表。调查的使用和工具标准的应用，也属于描述性研究的范畴。

产品评估是对结果的调查，因此利用已收集、记录和分析的数据。制定了达成目的的标准，并使用这些标准来确定在多大程度上达成了目的。

四种类型的决策。斯塔弗尔比姆（1971）概述了与目的和方法相关的评估类型，以及与变革过程中的决策有关的评估类型，如图 12.3 "CIPP 评估模式"所示。图 12.3 中的六边形表示四种类型的决策：规划、结构、实施和回收。请注意，图中的六边形"规划决策"紧随环境评估，结构决策紧随投入评估，实施决策紧随过程评估，回收决策紧随产品评估（Stufflebeam, 1971）。

四种类型的变革。可能导致四种类型的变革：新流动论的变革、渐进的变革、自我平衡的变革和改头换面的变革。新流动论的变革发生在这样一种环境中——在信息不全的基础上寻求大变革。这些变革是基于很少证据的创新解决方案。渐进的变革是基于信息不全的一系列小变革。在教育中最常见的自我平衡的变革是基于全面信息的小变革。最后，改头换面的变革是一种基于全面信息的大变革，但这种变革非常罕见，以致没有在 CIPP 模式中显示出来。

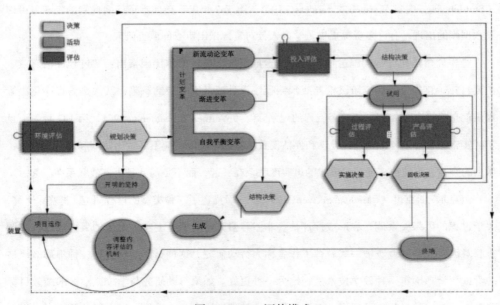

图 12.3 CIPP 评估模式

引自：Daniel L. Stufflebeam et al.（1971）*Educational evaluation and decision making*. Itasca，IL: F. E. Peacock. p. 236. 复制获得许可。

该模式绘制了从环境评估到回收决策的评估与决策顺序。评估模块上看起来像电灯泡的小循环表明描述、获取和提供信息的一般过程是循环往复的，并适用于每种类型的评估。

模式中的椭圆、圆圈和 E 表示活动的类型、变革的类型，以及作为所做的评估和所采取的决策之结果的调整。CIPP 模式提供了对评估过程的全面看法。斯塔弗尔比姆等人（1971）及其合作者也呼吁对评估程序进行评估，"为了使评估的有效性和效率最大化，应该对评估本身进行评估……评估的标准包括内部有效性、外部有效性、可靠性、客观性、相关性、重要性、可信度、范围、普遍性、及时性和效率"（Stufflebeam，1971，第 239 页）。

评估标准

如果评估人员遵循一些达成共识的标准，那么，任何评估模式的使用都将更加有效和恰当。许多年前，由詹姆斯·R. 桑德斯担任主席的"教育评估标准联合委员会"（1994）确定了评估的四个属性：实用性、可行性、适当性和准确性。该委员会提出了七项实用标准，"以确保评估服务于预期用户的信息需要"（第 23 页）。他们提出了三项可行性标准，"以确保评估将是现实的、谨慎的、变通的和节俭的"（Sanders，1994，第 63 页）。还提出了八项适当性的标准，"以确保评估将合法地、合乎伦理地进行，并适当考虑到参与评估和受评估结果影响的人的利益"（Sanders，1994，第 81 页）。提出了十二个准确性标准，"以确保评估将揭示和传达足够的技术性信息，这些信息决定了被评估项目的价值或优点"（Sanders，1994，第 125 页）。从本质上讲，其目的是使课程评估以标准为基础，以确保结果是可以基于结果而做出决定的，并对客户或在此种情况下对学区负责（Yarborough，Shulh，Hopson，& Carruthers，2011；Stake，2004）。

就课程的评估来说，"课程系统开发的戈登泰勒模式"和"数据与证据的持续改进的戈登泰勒模式"最适合今天的基于标准的环境，因为有反馈循环的整体方法允许快速决策，从而对每个组件进行改进。在系统实施过程中，收集有关教学成果的数据和证据。教学成果是课程评估体系的一部分，并被认为是教学评估。这些数据和证据，为课程、指南、教学、课堂评估和问责制评估的持续改进提供了信息，而不仅仅限于未来某个指定的时间。通过随时访问有效可靠的数据和连贯一致的监控，今天的教育工作者、利益相关方和学生可以得到更好的服务。这种课程开发、实施和评估的方法使所有相关工作专业化，类似于商业企业利用数据分析来改善对客户的服务、效率、利润产出或绩效问责制的成败。

总 结

评估是一个持续的过程，通过收集数据和做出判断来改进系统。全面的评估对课程开发至关重要。评估被认为是做出判断的过程，而研究被认为是收集数据以充当判断基础的过程。

课程规划人员从事各种类型的评估和研究。在评估的类型中，有环境评估、投入评估、过程评估和产品评估。研究的类型包括行动研究、描述研究、历史研究和实验研究。另一方面，课程规划者既参与形成性（过程或进展）评估，也参与总结性（结果或产品）评估。

讨论了两种模式的课程评估：评估课程目的和评估课程组织与建设的指导原则、课程综合评估模式（CIPP 模式）。CIPP 模式由 "Phi Delta Kappa 国家评估研究委员会"设计，该委员会由丹尼尔·L. 斯塔弗尔比姆担任主席。该委员会也敦促对评估项目进行评估。有限模式和综合模式可以单独使用，也可以相互结合起来加以使用。

可以聘请学区内外的课程评估人员进行评估。课程评估的大部分重担落在教师身上，因为他们在课程开发领域工作。遵循一套达成共识的标准可以改进评估过程。应注意实用性、可行性、适当性、准确性和问责性的标准（Yarborough, et al., 2011; Stake, 2004）。

在当今以标准为基础的环境中，课程评估应该允许快速做出改进的决定。"戈登泰勒课程系统开发模式"和"戈登泰勒数据与证据持续改进模式"是全面而灵活的，可以由教育工作者通过对每个组成部分运用反馈循环来进行持续改进。

应用

1. 在你的背景下选择一个项目或最近的创新。为这项创新草拟一份项目评估大纲。
2. 调查你周边的最近一项创新或正在考虑的一项创新的有效性证据。一定要访问本书中提到的网站和资源以及其他资源。

反思与探究

1. 作为教育领导者，你能在多大程度上影响有意义和有效的课程评估？你将采取什么措施来确保这一点？

2. 投入产出比（ROI）是一个合乎逻辑的概念，应纳入课程的项目评估中。起草一个针对你的环境的投入产出比的模式，该模式可以包括每个教师和每个学生的支出和结果。想一想有多少学生比以前更为成功，将其作为可接受的投入产出比的关键点。投资多少算太多、多少算太少，又针对谁而言太多或太少？

网站

Curriculum Systems Management, Inc.（Consultations, reports, research with the purpose of improving educational outcomes.）: www.curriculumsystems.com.

Educational Resources Information Center（ERIC）.（Reports on research of interest to educators. Customized data and research may be provided upon request.）: eric.ed.gov

Educational Testing Service Test Collection（ETS）.（More than 20,000 tests and tools.）: www.ets.org/tests_products

McREL International: http://www.mcrel.org/

National Center for Assessment and Accountability for Special Education.（Provides resources for special education and nonspecial education student populations.）

National Center for Educational Research: https://ies.ed.gov/ncer/

National Center for Educational Research.（Resources, methodologies, data presentation, etc.）: https://ies.ed.gov/ncer/

National Study of School Evaluation.（General evaluation related to accreditation）: advanc-ed.org

The Buros Institute.（Reviews of educational tests that are thorough and written by highly respected measurement experts.）: http://buros.unl.edu/buros/jsp/search.jsp

UMI ProQuest Digital Dissertations.（Database of submitted doctoral dissertations and quality may vary.）: pro-quest.com

What Works Clearinghouse. (Resources for evidence-based decision making): http://ies.ed.gov/ncee/wwc

建议阅读

Marsh, C. J., & Willis, G. (2007). *Curriculum: Alternative approaches, ongoing issues* (4th ed.). Upper Saddle River, NJ: Merrill/Prentice Hall.

McNiff, J., & Whitehead, J. (2000). *Action research in organisations*. London, England: Routledge.

National Study of School Evaluation. (2005). *Breakthrough school improvement: An action guide for greater and faster results*. Schaumburg, IL: Author.

Wall, J. E. (2004). Harnessing the power of technology: Testing and assessment applications. In J. E. Wall and G. R. Walz (Eds.), *Measuring up: Assessment issues for teachers, counselors, and administrators* (pp. 665–684). Austin, TX: Pro-Ed, Inc.

参考文献

Dillman, D., Smyth, J., & Christian, L. (2009). *Internet, mail, and mixed-mode surveys: The tailored design method*. New York, NY: Wiley & Sons.

Eaker, R. E., DuFour, R., & DuFour, R. (2002). *Getting started: Reculturing schools to become professional learning communities*. Bloomington, IN: Solution Tree.

English, F. W. (1980). Curriculum mapping. Educational Leadership, 37(7).

English, F. W. (1988). *Curriculum auditing*. Lancaster, PA: Technomic Publishing.

Fraenkel, J. R., & Wallen, N. E. (2009). *How to design and evaluate research in education*. New York, NY: McGraw-Hill.

Gay, L. R., Mills, G. E., & Airasian, P. (2012). *Education research: Competencies for analysis and applications* (10th ed.). Upper Saddle River, NJ: Pearson.

Jacobs, H. H. (1997). *Mapping the big picture: Integrating curriculum and assessment K–12*. Alexandria, VA: Association for Supervision and Curriculum Development.

Jacobs, H. H. (2004). *Getting results with curriculum mapping*. Alexandria, VA: Association for Supervision and Curriculum Development.

McNeil, J. D. (2006). *Contemporary curriculum in thought and action* (6th ed.). Hoboken, NJ: John Wiley & Sons.

National Center for Education Statistics. (n.d.). *Education longitudinal study of 2002* (ELS:2002). Retrieved from http://nces.ed.gov/surveys/els2002/index.asp

Oliver, A. I. (1965). *Curriculum improvement: A guide to problems, principles, and process* (2nd ed.). New York, NY: Harper & Row.

Sanders, J. R. (1994). *The program evaluation standards: How to assess evaluations of educational programs.* Thousand Oaks, CA: SAGE Publications.

Saylor, J. G., Alexander, W. M., & Lewis, A. J. (1981). *Curriculum planning for better teaching and learning.* New York, NY: Holt, Rinehart & Winston.

Scriven, M. (1994). Product evaluation—The state of the art. *Evaluation Practice*, 15(1), 45–62.

Scriven, M. (1967). *The methodology of evaluation, perspectives of curriculum evaluation*, AERA Monograph Series on Curriculum Evaluation No. 1, 49–51. Chicago, IL: Rand McNally.

Stake, R. E. (2004). *Standards-based evaluation.* Thousand Oaks, CA: SAGE.

Stufflebeam, D. L. (2001). Evaluation models. *New direction for evaluation*, Vol. 89. San Francisco, CA: Jossey-Bass.

Stufflebeam, D. L., Foley, W. Jl, Gephart, W. J., Cuba, E. G., Hammond, R. I., Merrman, H. O., & Provus, M. M. (1971). *Educational evaluation and decision making.* Itasca, IL: F. E. Peacock.

Worthen, B. R., & Sanders, J. R. (1971). *Educational evaluation theory and practice.* Worthington, OH: Charles A. Jones.

Yarborough, D. B., Shulh, L. M., Hopson, R. K., & Carruthers, F. A. (2011). *The program evaluation standards: A guide for evaluators and evaluation users* (3rd ed.). Thousand Oaks, CA: SAGE.

第十三章 数字化课程与教学的趋势

> **学习成果**
>
> 学习完本章，你应该能够：
>
> 1. 探讨不同的文化如何影响教育环境。
>
> 2. 将在线学习环境的各组件与你可用的资源联系起来。
>
> 3. 评估成功的混合式学习项目与特定环境中的学习项目是否一致。
>
> 4. 将数字学习中的品质标准应用于可用资源。
>
> 5. 检查如何使用基于计算机的评估来评估课程系统的一致性并为教学提供信息。
>
> 6. 阐明开放教育资源对改善教育环境和提高学生学习效果的作用。
>
> 7. 将网络礼仪应用于教职员工、学生和管理人员间的交流上。

本章提供了基于研究的概念和解决方案，这些概念和解决方案有望通过在课程系统的各个点或整个系统中进行技术调整来提高课程系统的效率和有效性。技术工具，加上使用符合学习成果标准的优质内容的强有力教学实践，可以为现在和将来加强学生的学习提供机会。

教育技术

对教育界来说，利用技术为学生提供学习机会的概念并不新鲜。凭借现成的宽带和无线网络，除了最偏远的地区外，在任何地方、任何时间都能更方便地学习，已成为现实。连接到互联网设备——被称为物联网（IOT）——继续推动消费者随时随地在全球任何地点访问信息的愿望。

教育技术及其实施的研究，始于20世纪90年代初。虽然技术资源具有加速学习和随时随地学习的潜力，但仅使用技术并不能保证提高成就（Bransford，Brown，& Cocking，2000）。仅仅增加技术并不能改善学生的学习，因为教师需要持续的专业学习来调整自己的教学，基于合理的研究利用技术力量（Zheng，Warschauer，Lin，& Chang，2016）。然而，有了高质量的专业学习经验，教师可以将技术嵌入到教学、学习和评估中，以提高学生的学习成绩（Kivunja，2014）。

全球竞争

随着学生的世界不断缩小、全球竞争力在工作场所占据主导地位，课程带头人应该考虑技术可以创造的不断变化的学习环境，并考虑技术本身的变化速度。技术创新每5年左右更新一次，而且更新速度正在加快。教育机构面临的问题是，它们通常需要15年的时间来适应。这种适应速度将让任何课程体系成为过去的产物，并在学生有机会学习和进入劳动力市场之前，对学生的学习成果产生负面影响。根据谷歌X研究实验室首席执行官埃里克·泰勒（Eric Teller）的说法，如果适应性得到一点点改善，好处将是惊人的（Friedman，2016）。随着谷歌等科技行业的大型企业研究和开发出影响行业前景的新系统和新产品，人们出于现实需要，希望教育工作者能够致力于培养能满足这些期望的劳动力。

丹尼尔·平克（Daniel Pink，2008）指出，未来就在这里，就业市场已经发生变化，不再由会计师、律师和软件工程师等传统工作所主导。此外，他认为：

为了在这个时代生存下来，个人和组织必须审视自己是如何谋生的，并问自己三个问题：

- 由海外的人来做可以更便宜吗？
- 电脑能做得更快吗？
- 在这个物质丰裕的时代，我所提供的东西是有需求的吗？（Pink，2008，第51页）

平克关于不断变化的全球工作场所的观点，可以从亚洲市场就业岗位的迅速出现得到印证。世界银行（2016）报告称，中国拥有14亿人口，是世界第二大经济体（www.worldbank.org/en/country/china/overview）。像卡特彼勒、通用电气、通用汽车和西门子这样的大公司已经将工作转移到中国，以利用这个不断增长的市场（Borboza，2010）。

2009年，奥巴马总统在全国西班牙裔商会（National Hispanic Chamber of Commerce）的演讲中承认了美国的全球竞争力：

在21世纪的世界，只要有互联网连接，工作就可以转移到任何地方，达拉斯出生的孩子现在正在与新德里的孩子竞争，你最好的工作资格不是你做什么，而是你知道什么。教育不再仅仅是通往机会和成功的途径，它是成功的先决条件。（Obama，2009）

为了应对全球竞争和对高技能劳动力的需求，课程专家和教学带头人应该把重点放在课程上，努力让学生为在21世纪的就业市场上竞争做好准备。在例如"科学、技术、教育和数学"（STEM）以及"大学和职业准备标准"（CCRS）等领域为学生提供出类拔萃的各种机会，是课程团队要做的明智选择。目前，许多学校正在充分利用其有限的资源，为学生提供技术机会，例如，（1）让学生携带自己的设备（BYOD）到学校；（2）全数字化实施；（3）为每个学生和教师提供一个数字设备；（4）使用电子教科书；（5）引入移动学习来获取教学；（6）将虚拟现实和模拟集成到教学中。这些努力可能会增加合格个人的渠道，从而满足劳动力的需求。

考虑到现有技术的快速变化以及学生将面临的未来，教学领导者应该在他们的学校和学区内拓展他们对技术和学习的愿景（Ray, Laufenberg, & Bjerede, 2016）。与任何大规模的变化一样，应该将各种利益相关方纳入合作愿景中，以确定机构的未来方向，因为它将直接或间接地影响社区内外的所有参与者。

文化素养

正如你意识到的，工作场所正在发生变化，课堂也应当随之变化。使用与商业和工业相同的数字工具，教师可以以非传统的方式接触学生。教师使用网站、社交媒体、博客和互动论坛与学生连接，并与遥远的世界连接到一起，这并不罕见（Sloan，2009）。使用社交媒体作为论坛来促进讨论的一个例子是，当教师建立一个"标签"（社交媒体中使用的一种元数据标签）时，学生可以就课堂上指定的电影发表评论。社交媒体的使用，可以为学生的参与提供各种新机会。

如果你还记得，在第七章中，托尼·瓦格纳定义了"21世纪的学习者"。你可以在瓦格纳的理论基础往前一步，对"21世纪的学习者"做出拓展，将"21世纪的文化素养"纳入其中。"全国英语教师理事会"（NCTE，2013）定义了21世纪的文化素养，指出人们总是共享交际和文化实践，这类实践带来文化素养。文化素养随着社会和技术的变化而变化。伴随这些变化而来的需求，使得有文化的人必须精通各种电子媒介。此外，"全国英语教师理事会"指出，"由于技术增加了识字环境的强度和复杂性，21世纪要求识字的人拥有广泛的技能和才能，拥有诸多文化素养。这些文化素养是多元的、动态的和可塑的"（National Council of Teachers of English，2013）。

21世纪的读者和写作者需要熟练掌握以下几点：

- 娴熟、精通地使用技术工具。
- 有意识地与他人建立跨文化联系和关系，以共同提出和解决问题，并加强独立思考。
- 为全球共同体设计和共享信息，以满足各种目的的需要。
- 同时管理、分析和综合多个信息流。
- 创建、评论、分析和评估多媒体文本。
- 关注这些复杂环境所必需的道德责任。（National Council of Teachers of English，2013）

根据玛格丽特·韦格尔和霍华德·加德纳（Margaret Weigel and Howard Gardner，2009）的说法，学生在网上获取的内容与在线下发现的内容大相径庭。与学校提供的线下资源相比，学生可以在网上获得无限的信息，这些信息既不是专业人士制作的，也不是作者或编辑经过适当研究或引用的。学生和教师应该成为批判性的信息消费者，应该能够仔细审查内容，并对他们正在阅读或下载使用的材料的价值做出恰当的判断。

虽然本书提倡让学生为大学和职业做好准备，不过也许可以考虑未来的课程系统，让所有毕业生做好数字化准备，树立终身学习的理念，这将超越传统的技术学校、学院或大学的高等教育。随着信息和学习曲线比以往任何时候都更加陡峭，了解如何参与来源对话以及如何区分可靠的来源与不可靠的来源，是必不可少和十分复杂的任务。通过在线社区的全球参与和解决方案的开发，将专业学习社群（PLC）的概念从一小群具有共同内容责任的教育者转变为具有多种专业知识的无限数量的教育者。随着新技术的崛起，教育工作者和学生的机会是无穷尽的。

创新

在线课程、混合式学习、个性化学习和移动学习，代表了教师和管理者可以满足21世纪课堂愿景的趋势。因此，许多教育工作者将技术融入教学，通过各种数字学习工具来提高学习效果。2016年，"学习与绩效技术中心"（CLPT）将数字学习工具分为四个领域：（1）教学领域；（2）内容开发领域；（3）社交领域；（4）个人领域。此外，"学习与绩效技术中心"提供了代表四个领域中发展趋势的工具的示例：

教学领域——"教学管理系统"（LMS）、在线会议、课堂反应和课程编写；

内容开发领域——呈现、视频混搭、游戏编辑、截屏和选角；

社交领域——企业社交平台、群发信息应用软件和公共社交网络；

个人领域——书签和策展、网页浏览器、搜索和研究、思维导图。（http://c4lpt.co.uk/top100tools/best-of-breed）

在美国的许多教育环境中，所提供的例子将被认为是创新的；然而，在某些环境中，这些工具的应用是共同的，接下来的创新实践是为日常使用展开基本测试和试点测试。在本书中所定义的"创新"，教育领域的其他人会认为是指新的想法或概念。教育中的"创新实践"，是将一个新的想法或概念应用到自己的环境中。在在线教育中，鉴于技术变化的快节奏，通常很难确定哪些是创新的，哪些是当前的做法。同样地，要辨别那些短命的、没有价值的创新思想、概念或实践，也是一大挑战。美国教育部（2004）警告说，教育行业有很长一段推广时尚和计划的历史，结果证明至少是无效的，在最坏的情况下，则是对儿童有害的。要鼓励带头人在考虑购买、使用和评估决策时检查创新背后的研究和对实施创新的研究。

大力宣传周期（Hype Cycles）

大力宣传周期用于帮助工业界预测技术潮流，而不是帮助那些具有投资回报（ROI）潜力的技术。在采用新技术时，大力宣传周期的使用可以为教学带头人、课程专家和课程团队提供很好的指导资源。与教育行业直接相关的大力宣传周期的一个例子，是高德纳公司的教育大力宣传周期。研究和咨询公司高德纳（2017）指出，随着时间的推移，新技术会经历五个阶段：

创新触发期——围绕一项尚未被证实或根本不存在的新技术，媒体营造出极浓厚的兴趣。

期望爆棚期——公开发布成功和失败的故事。少数公司会使用这项新技术；当然，许多公司并不使用。

幻灭低谷期——新技术研发失败，企业被淘汰。只有当供应商的产品让早期用户满意时，投资者才会继续支持他们。对新技术的兴奋逐渐消退。

启蒙爬坡期——新技术得到广泛理解，一些企业认为新技术的好处是有益的。技术提供商生产新一代产品，一些企业资助试用。

生产力平稳期——越来越多的企业采用新技术。产品的可行性及其生产者得到界定，其相关性和投资回报是明确的。

（http://www.gartner.com/technology/research/methodologies/ hype-cycle.jsp）

图 13.1 "加德纳公司的教育大力宣传周期（2016）"以图形形式显示了四个领域，这些领域将期望与时间联系了起来。新技术是根据它们的生命周期置于图表之上的。2016 年，加德纳公司（2017）在其教育大力宣传周期中确定了以下技术：

创新触发期——教育区块链、智能机器教育应用、虚拟现实/增强型现实应用、慕课平台。

期望爆棚期——数字化评估、能力本位教育平台和学习分析。

幻灭低谷期——游戏化、开放的微证书和自适应电子教材。

启蒙爬坡期——移动学习平台和无线即服务。

生产力平稳期——电子教材与"自备工具"战略。

如果在你的机构制定实施新技术的决策时使用大力宣传周期，那么它可能是重要的工具。以本书第四章中介绍的 XYZ 学校为例。课程团队的任务是确定如何实施 1:1 倡议和"自备工具"

倡议，其中包括移动学习平台和"无线即服务"组件。在分析图13.1时，你会注意到"自备工具"和移动学习平台策略的使用处于生产力平稳期，这将向团队表明，可以检查来自许多供应商的多种实施，以改进他们的计划。然而，"无线即服务"在整个行业正变得越来越被人理解。通过使用大力宣传周期，课程团队可以通过反映行业趋势来确定与实施这些技术关联在一起的项目的风险。因此，课程团队在做出与采用、调适和购买关联在一起的关键决策时，可以评估潜在的倡议并判定风险。

数字化学习（在线学习）

数字化学习一词与电子学习、在线学习、虚拟学习、远程学习以及其他许多术语同义使用。然而，为了本书的目的，我们将"数字化学习"一词定义为同时使用数字工具、内容和教学，使学生能够在不受时间、地点、路径和速度限制的情况下学习。

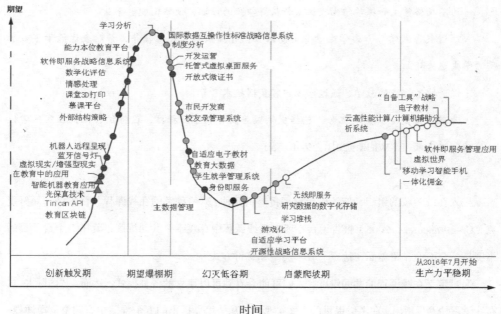

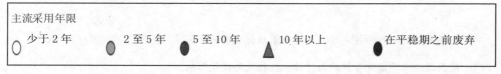

图 13.1 加德纳公司的教育大力宣传周期（2016）

随着技术的不断进步，教师、家长和学生对在线课程的兴趣不断增加。2010年，"国际K-12在线学习协会"（iNACOL）发布了一项研究《全国K-12在线学习入门：第2版》（Wicks, 2010），研究在线学习经验是如何通过各种提供者使用的（这些提供者包括例如公立学区、特许学校、大学系统、州立虚拟学校、联营学校、混合课程和私立学校）。总体而言，调查结果表明，在线课程：

· 允许乡村和城市学生在实体学校所能提供的教育机会之外，获得更多的教育机会。

· 在缺乏高素质教师的地区，提供接触高素质教师的机会。

· 允许学生用富有挑战性的日程表取得对时间的灵活安排。

· 容纳有风险的学生、优秀运动员和表演者、辍学者、流动青年、怀孕或被监禁的学生、因病或受伤而居家的学生，使他们能够在课堂之外继续自己的教育。

· 为不及格学生和辍学学生提供重新获得学分的计划，使他们能够毕业。

· 通过混合式学习，为学生量身定制课程，并提供按需在线辅导，帮助表现低于年级水平的学生迎头赶上。

· 促进技术技能的教学，通过学术内容获得技术素养。

· 为教师提供专业发展机会，包括提供辅导团体和学习社区，这将扩大他们在实体学校之外的知识基础。（Wicks, 2010, 第10页）

进入在线领域的组织，应该确定它们将提供何种/哪些种类的在线课程。格雷格·瓦努里克（Greg Vanourek, 2006）报告说，在所有在线课程中存在十个共同维度。其中五个最重要的维度是：全面性、覆盖面、地点、教学类型和交付方式。

通过定义在线课程的共同维度，人们可能会看到可以建立的各种模式，然而，"国际K-12在线学习协会"指出，在考虑提供的方案类型时，瓦努里克提出的五个维度中有四个值得注意。

· 全面性——一所学校是否提供全套课程，或者是否提供补充其他学校课程的课程。

· 覆盖面——学区是否提供与可转化性相关的政策影响。

· 交付方式——学生和教师是以非同步的方式（即不是实时）还是以同步的方式（即实时）

展开教学。

·教学类型——教学是否提供面对面教学，或是在混合环境或多样环境下展开。（Wicks，2010，第19页）

学习管理系统

受到广泛追寻的组织实践，是使用软件包或"学习管理系统"（LMS），旨在为教师提供管理课程和交付内容的框架。该软件包由于其复杂性和适用性，通常由第三方开发，然而，一些较大的在线学校拥有自己的专有系统。2009年，瑞安·埃利斯（Ryann Ellis，2009）指出，一个稳健的"学习管理系统"可以：

·实行集中和自动化管理。

·使用自助服务和自我指导服务。

·快速拼装和传递学习内容。

·在可扩展的网络平台上整合培训计划。

·支持可移植性和标准。

·促成个性化内容和知识的重新使用。（Ellis，2009，第2页）

"学习管理系统"允许教师分发和收集已完成的作业，发布课程时间表，提供测试和测验，跟踪学生的进度和学习成果，以及其他基本任务。此外，"学习管理系统"应与学区和学校人力资源职能(例如教师专业学习)相结合，这可以根据个人或团体的需求进行规定，并通过"学习管理系统"自动应用于终端用户（Ellis，2009，第3页）。在购买或开发"学习管理系统"程序之前，利益相关方应密切分析"学习管理系统"的内容获取、整合、开发和遵守教育标准的能力（Ellis，2009，第4页）。

"学习管理系统"是面向学生的，因为它提供了内容和教学的界面外观和操作方式。对于教师来说，它是全面数字化学习的支柱。各组织的领导者应该花时间和精力来确定哪个"学习管理系统"应用程序适合自己组织的课程系统数据信息需求。

教师在数字化学习中的角色

在许多方面，教师在网络环境中的角色与传统的课堂教师相似。与任何课堂一样，提供支持并与学生建立关系是学生成败的关键方面。教师应该定期沟通、给予反馈、批阅作业、提供干预、记录考勤，并承担教师的其他传统职能（Watson, et al., 2010, 第17页）。

在线教师面临着与其教学环境相关的独特挑战。在一些网络环境中，人们期望教师通过关注学生的时间管理技能或成为课程作业的促进者来推出信息并成为学生学习的管理者。在其他情况下，教师使用混合式学习实践活动作为交付模式。

内容或课程可由单个教师设计。然而，由于创建在线课程的高度技术性，教学设计、图形艺术和教学领域的高度专业化的专业人员团队，提供了比个人单干更强大的方法（Watson, et al., 2010）。如果教师开发内容或课程，则应当应用诸如戈登泰勒课程系统开发模式之类的模式。戈登泰勒模式是一种演绎模式，它展示了一种基于标准的实践的系统方法，带有一个反馈回路，在这个问责制时代，人们推崇这一模式。

即使有了最先进的技术工具，课程和教学也相当重要。正如本书所指出的，课程体系是创造学生参与的主要工具，是学生学习的核心。

个性化学习

在本书的第十章中，"差异化教学"被呈现为一种满足学习者个体需求的教学实践。此外，"差异化教育"被认为是学生在课堂环境中学习的多种途径，可以促进学生思考和学习，从而产生能展示知识和理解的学生作业（Tomlinson, 2001）。在数字化学习中，"个性化学习"这一术语在教育工作者和提供者中广泛流行，因为它包含了差异化教学和差异化教育。在本书中，个性化学习被定义为允许学生在任何时间或地点获得高质量的教学、课程和支持，其重点是学生个人的学习、参与和对内容的掌握。

"数字教育中心"（www.centerdigitaled.com）发现，90%的受访学区报告称，数字资源已经被用于或计划用于个性化学习（Ray, Laufenberg, & Bjerede, 2016）。虽然数字和技术进步是美国学区的长项，并且可以轻而易举地获得，但指导方针仍在继续制定之中，以帮助教育工作者采用、适应和实施有效的数字学习。2014年，比尔和梅琳达·盖茨基金会资助了一项研究，报告称个性化学习的概念仍在发展之中。其实践包括：

- 创建学习者档案和个性化学习路径。
- 开发展示知识和技能的灵活多变的学习环境。
- 关注大学和职业准备技能和《共同核心州立标准》。
- 为教师提供新机会。
- 利用技术来补充教师引导的教学。(Rand Corporation, 2014, 第5页)

"全球数字承诺"在《让所有人的学习个性化：个性化学习的研究和兴起》中建议，无论怎样定义个性化学习，其基础都是学习者的观点和与其独特经历之间的联系，适应学习者所需要的学习目标、经验和工具，以及学习者的声音和对功课需求的所有权（第2页）。在个性化学习中，需要明确倡导学习科学（如第十章所述）。学习科学可以有效地满足学生学习需求的广泛变化。这种基于学习科学的工具，在以下四类因素中适应学习者的可变性和学习者的进步：背景、环境和经验；认知能力；内容的技能；社交和情感技能。我们建议：内容和课程的数字设计师利用这一领域当下和进行中的研究发展，以确定哪些方法、学习科学原理和工具在个别情况下对特定学生最为有效。

那些对调查研究支持的结果和有前途的实践感兴趣的人可能会发现，除了"全球数字承诺"之外，另一个非营利组织"教育信息协会"（EDUCAUSE）也有一个个性化的学习框架，这一框架可能有助于与课程和教学资源相关的数字化决策。"力争上游基金"在个性化学习方面资助了"地区改革支持网络"，这有助于扩大各种尝试努力（rttd.grads360.org）。比尔和梅琳达·盖茨基金会的网站上也有相关资源。

个性化学习有许多富有前景的机会；然而，教学领导和课程专家必须认识到与个性化学习的实施相关的挑战。2014年，肖恩·卡瓦诺（Sean Cavanaugh，2014）报告说，学校和学区在个性化学习、学生数据收集和安全以及确定其对学习的真正影响的整体方法方面，正在努力迎难而上。

混合式学习

在全国各地的学区，将在线教学与传统课堂教学结合在一起（混合式学习）构成一种个性化学习的做法越来越多。寻求发起混合式学习环境的教学带头人，应该在应用之前考虑其细微差别和影响。来自"创见研究所"的希瑟·斯泰克和迈克尔·霍恩（Heather Staker and Michael Horn, 2012）将"混合式学习"定义为一种正式的教育项目，在这种项目中，学生通过在线内容和教学，在一定程度上控制节奏、地点和路径的情况下，参加有监督的实体课程（第3页）。斯泰克和霍恩定义的一个关键方面是定义的特殊性，它将在线学习和虚拟学习等项目与真正的混合式学习环境区分开来。此外，这一定义确立了学生对节奏、地点和路径的控制，作为建立混合式学习环境的组件。

了解混合式学习不是什么，可以为课程带头人提供进一步的清晰度。混合式学习不是把内容或信息包放到网上供学生消费，也不是在课后为学生提供基于数字技能的项目。此外，混合式学习不是全日制的虚拟教学，然而，它是一个可以在全日制虚拟环境中提供的模式。混合式学习需要教师教学实践的转变，以允许学生在更加个性化和灵活的环境中以自己的节奏和路径显示对内容的掌握（Patrick, Kennedy, & Powell, 2013）。

混合式学习有多种模式。然而，斯泰克和霍恩（2012）确定了四种在普通学校系统组织结构中实施的实用方法：

· 轮换模式。虽然是在传统的课堂环境中，但学生们按一个固定的时间表轮流参加一对一的自定进度的在线项目，这种项目可以在教室里的电脑上登录访问。教师监督在线教学和课堂教学。

· 弹性模式。教师在小组或辅导会议中支持学生，使用在线平台，根据需要灵活地提供课程。

· 自混合（self-blend）模式。学生们选择在线课程来补充传统的学校课程。在线课程总是远程的，而传统课程是在实体环境中进行的。这是美国高中所使用的最常见的混合方法。

· 强化型虚拟模式。学生们处在一个全日制的学校环境中，他们的时间，一部分用于在线教学和内容远程学习，一部分用于实体学校的学习。（Staker & Horn, 2012, 第8—15页）

斯泰克和霍恩（2012）进一步确定了轮换模式中值得重点考虑的四个子模式：

· 站点轮换。在特定的课程中，数字化学习是按照固定的时间表进行的，或者由教师自行决定,作为其他学术学习站轮换的一部分。

· 实验室轮换。在特定的课程中,数字化学习是按照固定的时间表或由教师自行决定在校园的另一个地点(学习实验室)进行的。

· 翻转课堂。在特定的课程中,课程的主要内容以数字方式提供,学生可以在放学后远程访问。在传统的课堂时间里,在实体环境中提供练习和支持。

· 个体轮换。在一门特定的课程中,学生按个人的学习需要依照固定的时间表轮换学习。在这种情况下,学生根据需要轮换,而不是需要去所有学习站。(Staker & Horn, 2012, 第8—11页)。

一所学校的多名教师使用不同的教学模式并不罕见。然而,与任何教学模式一样,重要的是要完整地使用每一种模式,用它来测量学生的成果,并迅速地为教学提供启示,否则它就不是个性化的。教学的交付模式的使用十分重要,它让教师和学生参与到学习过程之中来。露丝·雷纳德(Ruth Reynard, 2007)指出,为了充分利用混合式学习环境,技术应该是:

集成到实际的课程设计中,并用于教学,而不是简单地用于交付和分发内容。至关重要的是,教师要有时间探索这两种环境的不同教学含义,并思考如何将这两种环境结合到一起。(Reynard, 2007, 第1页)

混合式学习为提高灵活性、可及性和便利性以及学生的参与度提供了更多机会,但它也带来了挑战。它不仅要求教师对内容有透彻的理解,还要求他们拥有必要的教学法,以便学生在综合环境中进行学习。在混合式学习环境中,教师面临的一大挑战,是利用技术来加强教学,而不是利用技术来为教学提供信息。此外,如果技术被用作内容和教学的补充,而不是作为课程的一部分,学生可能会认为作业没有意义。这两种担忧,可能都会削弱混合式学习的好处。

移动学习

任何人都很难找到一个没有将某种形式的移动技术纳入其商业计划的行业。同样,在教育领域,可以全天候访问互联网的手持数字工具(无线移动设备)为学习开辟了新途径。随着更广泛的无线接入和更快的宽带速度，移动学习正在变得无处不在。

就本书的定义而言，"移动学习"可以被定义为使用无线数字技术工具，为个人提供按自己的速度、地点和路径学习的机会。无线移动设备，如智能手机、平板电脑、个人媒体播放器、笔记本电脑和手机，都是学习课程的渠道。此外，社交媒体的出现和 Web 2.0 用户生成或云计算应用程序的使用，使移动学习成为教育工作者为学生捕捉教育机会的可行选择（Park，2011）。Web 2.0 工具，被定义为允许非程序员贡献内容的工具（O'Reilly，2005）。因此，随着学生和家长对将移动技术用于课堂的需求不断增长，管理人员和教师不得不想方设法以一种安全而有意义的方式将其整合起来，以改善或提高学习效率。

2005 年，美国国家科学技术与艺术基金会（NESTA）的一份报告，描述了教育工作者、技术开发者和课程开发者在促进移动技术在课堂环境中的成功应用时应该考虑的关键因素。

- 环境。许多用户希望保持匿名。上网收集和利用相关背景信息，可能违背他们的愿望。必须保证对互联网的安全访问，以防止暴露给第三方。
- 移动性。学生在课堂上随时访问互联网的能力，可能会与教师的上课或课程构成竞争。
- 学习者超时。必须开发工具来记录和组织移动学习经验。
- 非礼。如果学生的社交网络受到攻击，他们可能会选择放弃某些技术。
- 所有权。学生们希望使用自己的个人设备，这给学校带来了标准化问题和控制问题。

（Naismith, Lonsdale, Vavoula, & Sharples, 2004, 第 4 页）

读者可能想知道，是否有实际的应用程序（apps），以支持提高学生的学习，并供师生的移动设备登录访问。应用程序设计行业正在蓬勃发展，所以购买或下载应用程序应该经过专业人士（如专业机构）的审查。随着《核心共同州立标准》和严格的标准化评估的实施，更高水平的学科素养变得更为重要。通过使用应用程序，教师发现，学生通过对使用设备和应用程序的信心，在科学学习中培养起了更大的自我效能感（Castek & Beach, 2013）。研究人员发现，应用程序可以为学生提供最近发展区域内的机会（Vygotsky, 1962），使学习新内容和学术语言更容易获得。学生使用应用程序进行协作、多模式学习并共享生产力，从而改进学生的科学学习（Castek & Beach, 2013, 第 555 页）。

随着Web2.0使用的迅速增加，学生们正在创建和贡献维基和博客。2009年，估计有38%的教师使用博客和维基来备课或教学，21%的教师报告说，他们要求学生在博客或维基上发表文章（Gray, Thomas, & Lewis, 2010）。每当这些环境发生变化时，数据都会被收集起来，使研究人员能够以多种方式分析数据，其中包括持续使用的时间长短、质量的好坏和参与的活跃度。安德森和沙塔克（Anderson and Shattuck）分析了这些数据，发现非一流学校的学生在维基网站上花费的时间，比一流学校的学生更长。他们还发现，非一流学校在维基网站上显示出的批判性思维水平，比一流学校要高（Anderson & Shattuck, 2012）。你可以看到，如何利用学习知识并将其应用于数字工具，以改善学生的学习、减少富裕学生和经济贫困学生之间的数字鸿沟，还有很多东西要学。

让学生参与移动学习机会可以更好地促进学习，提高21世纪的各种文化素养，如协作、在多元环境或全球环境中写作、提高信息素养。确实存在各种挑战，包括如何将学习应用于移动环境，为学习者提供无缝衔接的经验。开发人员、设计人员和内容生产者，要考虑使用移动设备为学生提供移动学习所具有的全部意义，包括时间、成本和投资回报率。

基于计算机的评估

正如第九章所讨论的，对教学的期望，已经变成了对学生学习成果负责的标准和证据。第十一章和第十二章讨论了评估，因此在本节中，评估应用是在数字环境中进行的，或使用数字工具。

基于计算机的评估可以发挥重要作用，为教育工作者提供学生表现的数据，进而用监测性评估和形成性评估为教学实践提供启发。通过使用技术来形成评估并快速收集个人表现的数据，教育工作者可以更好地提供有意义的经过调整的教学。当然，正如前面章节所提到的，课程系统必须是一致的（标准、教学、学习任务、学生作业成果、评估）。

学区可以根据学年中特定时间（日程进度表）的教学标准制定形成性评估，这些评估在同一时间对同一科目或年级的所有学生进行管理。在那一特定的时间，预期的熟练掌握的进展如何，可以很快得到确定，并向教师和管理人员提供适当的结果。教师可以根据学区的期望标准看到每个学生的表现，然后重新教学，重新分组以因材施教，使用数字工具进行个性化教学，并根据结果加快进度。

除了学区开发的形成性评估和监测性评估外,具有相同教学责任的教师团队可以创建通过技术管理的常见评估(Ray, Laufenberg, & Bjerede, 2016)。这些常见的评估只有在事实上与目标标准一致,并且使用这些标准和目标内容的学术语言时才是有效的。就像学区评估数据一样,有效的教师所做的评估,可以快速为教师提供反馈,以调整自己的教学,并加以细分和个性化。

使用基于计算机的评估的一个考量因素,是学生对技术本身是否熟悉。如果学生不能熟练使用技术进行学习和评估,那么评估可能会测量学生使用该设备的能力,而不是在目标标准掌握上的进度。换句话说,如果学生在没有技术工具的情况下学习,然后转移到提供设备进行评估的测试地点,学生在使用设备方面缺乏舒适性和专业知识,就可能对结果产生负面影响,使结果达不到预期目的。

随着知识流动的加快,课程创新的设计与实施同样也必须加快。反馈是迅速的,甚至在一夜之间,需要敏捷灵活,使课程系统的调整当机立断,或更为迅速。当前的一个挑战是,许多数字系统收集学生日常表现的数据,但很少有教师或教学带头人以同样的速率持续分析这些数据,以立即做出改变,这些数据表明,立即改变将提高学习水平,并为学生可能要经历的工作生活做好准备。

开放教育资源

教育工作者有机会通过互联网访问公开许可的内容和数字格式的媒体。"开放教育资源"(OER)的概念,在教育工作者中引起了很好的共鸣,因为它为教师和学生提供了一种免费的、无版权的资源,同时增加了获得教学计划、工具和内容的公平性。"开放教育资源"的吸引力在其资源不受版权限制,因此任何人都可以重新合成或重新分发资源。

使用"开放教育资源"内容的法律层面,与创作者如何看待内容的可及性直接相关。"开放教育资源"还有另一个实质的目的,因为它为世界各地的教育工作者增加了获取材料的机会。根据休利特基金会(the Hewlett Foundation, 2017)的说法,"开放教育资源"可以在教育中发挥重要作用,特别是在发展中国家,因为它是免费的,可以从世界各地以数字方式访问。

如果教师和学生使用"开放教育资源"内容和媒介,那么就确实存在各种挑战。应考虑教师的技能水平,以确定材料是否完整,以及材料的应用是否符合课程标准的期望。此外,由于潜在的完整性问题以及与出版行业相关的其他适当考虑，课程开发者不应在营利性领域使用"开放教育资源"材料。

网络礼仪

为师生提供合乎道德地、安全地参与、学习和发挥作用的机会，应该是数字化学习各个方面的关键驱动因素。2010年，"国家教育技术计划"（NETP）将"数字公民或网络礼仪"定义为：

能够恰当地评估和使用技术，在网络社区中以社会可接受的方式行事，并对网络隐私和安全问题形成健康的理解。（U.S. Department of Education，2010）

此外，2017年，"国家教育技术计划"建议，应制定"负责任使用政策"（RUPs），并将其纳入数字学习实践，这种政策是家长、学生和学校之间的协议。"负责任使用政策"应该包括以下主题：

· 学生如何在数字环境中相互接触；
· 一个地区或学校将提供使用网络的资源和权限；
· 数字学习机会中的标准和学术诚信。（Office of Educational Technology，2017，第78—79页）

在建立"负责任使用政策"时应该小心谨慎。对于学区和学校层次的人员来说，要谨慎地考虑过于严格或没有通过各种利益相关方彻底审查的政策的意外后果。此外，应确定负责任的使用、后果、政策和程序，并以利益相关方的主要母语清楚地形诸文字（U.S. Department of Education，2017，第79页）。

在资助促进安全访问互联网的基础设施和课程倡议方面，联邦政府发挥了作用，已经制定了几项联邦法律来确保学生在互联网上的隐私和安全。例如，《儿童互联网保护法》（Children's Internet Protection Act，CIPA）要求接受联邦资金的学校实施网络内容过滤，阻止学生接触可能对未成年人有害的内容。《儿童互联网保护法》还要求学校向学生传授网络安全知识，并监控他们的在线活动（Federal Communications Commission，2017）。此外，学校和学区必须敏锐地意识到联邦法律，如《家庭教育权利和隐私法》（FERPA），其中要求学校为其保存的教育记录提供一定的隐私保护。

除了联邦法律之外，"美国国家电信和信息管理局"（NTIA）于2010年6月委托"在线安全和技术工作组"（OSTWG）撰写青少年互联网安全报告。在该研究中，指出了互联网安全的复杂性，并为利益相关方提供了建议。

- 为利益相关方建立一个电子信息交换中心，以获取有关在线安全的研究。
- 为学龄儿童开展一项全国性运动，以促进安全负责地使用互联网。
- 制定行业基准和标准。
- 让年轻人参与互联网安全政策和方案的制定。（Online Safety and Technology Working Group，2010，第6—7页）

这些建议为教学带头人和课程专家提供了参考。通过数字媒体素养和互联网安全促进网络礼仪，教育可以在保障学校使用数字媒体方面发挥重要作用，这值得考虑。通过创造积极的数字足迹，学生可以享受数字课程和教学的好处，而不会在他们的一生中产生潜在的负面影响。公认的教育实践，加上安全的互联网实践和职业伦理，可以促使学生做出使他们能够享受教育优势和数字化学习之好处的选择。

总　结

人们普遍认为，近年来在教育环境中获得技术的机会呈指数级增长。技术在工作场所、学校环境和社会中的作用越来越大，这使人们必须拥有各种各样的文化素养。在定义新的文化素养时，在线传递的内容截然不同于以印刷形式呈现的内容。这些差异，促使教育工作者和学生成为信息的重要消费者。

第十三章 数字化课程与教学的趋势

在本章中，介绍了创新和使用大力宣传周期来确定哪种教育技术适用于用户环境。个性化学习的组件包括混合式学习和移动学习。包括学区、特许学校、大学系统、州立虚拟学校、基于联营的学校、混合式项目和私立学校在内的各种提供者如何提供在线体验得到了认可。讨论了在课堂环境中促进混合式学习和移动学习时，教学带头人和课程团队应该考虑的关键因素。

研究了在线课程中常见的维度。在常见的维度中，当决定提供哪一在线课程时，应该考虑四个关键方面。在线学习的影响既有积极的，也有消极的，当然，建议使用一个强大的"学习管理系统"，这一系统采用的教学实践拥有与标准和学习结果一致的优质内容。

在这个问责的时代，使用技术的在线评估得到了认可。此外，还讨论了为教育工作者和学生提供学习如何在数字世界中合乎道德地、安全地发挥作用的机会的重要意义。还讨论了各种帮助教育工作者创造安全学习环境的可用资源，以及利益相关方在为学生创造在线机会时应考虑的关键要素。

应用

1. 考虑你所处环境中的技术资源。使用图13.1 "加德纳公司的教育大力宣传周期（2016）"来确定其在教育领域的现状。创建一个潜在的路线图，在你的环境中向决策者展示推动你的组织向前的建议。将潜在的成本和投入产出比（如果有的话）纳入其中。

2. 查看多个"开放教育资源"的资源，以确保其完整性并与你的环境中的标准保持一致。在你的环境中展示所发现的结果并与同事讨论，以培养分辨什么是优质内容的能力。

反思与探究

1. 在你的环境中选择三种技术工具。设想这些工具的未来发展、实施和对教育的影响。

2. 调查一个你熟悉的学区的技术计划。使用本章所提供的材料来确定其是否可行并提出改进建议。

网站

Association for Supervision and Curriculum Development: ascd.org

International Association for K–12 Online Learning: inacol.org

Creative Commons: creativecommons.org

Freereading: freereading.org

建议阅读

Reason, C., Reason, L., & Guiler C. (2017). *Creating the anywhere, anytime classroom: A blueprint for learning online in grades K-12*. Bloomington, IN: Solution Tree Press.

参考文献

Anderson, T., & Shattuck, J. (2012). Design-based research: A decade of progress in educational research? *Educational Researcher*, 41(1), 16-25.

Borboza, D. (2010). *China passes Japan as the second largest economy*. Retrieved from www.nytimes.com/2010/08/16/business/global/16yuan.html

Bransford, J. D., Brown, A. L., & Cocking, R. R. (Eds.). (2000). *How people learn* (Expanded edition). Washington, DC: National Academy Press.

Castek, J., & Beach, R. (2013). Using apps to support disciplinary literacy and science learning. *Journal of Adolescent and Adult Literacy*, 56(7), 554-564.

Cavanaugh, S. (2014). *What is "personalized learning?" Educators seek clarity*. Retrieved from http://www.edweek.org/ew/articles/2014/10/22/09pl-overview.h34.html?r=334378228

Digital Promise Global. (n.d.) *Making learning personal for all: Research and the promise of personalized learning*. Retrieved from www.digitalpromise.org

Ellis, R. (2009). *A field guide to learning management systems*. Retrieved from www.astd.org/~/media/Files/Publications/LMS_fieldguide_2009

Federal Communications Commission. (2017). *The children's protection act (CIPA)*. Retrieved from https://www.fcc.gov/consumers/guides/childrens-internet-protection-act

Friedman, T. L. (2016). *Thank you for being late: An optimist's guide to thriving in the age of accelerations*. New York, NY: Farrar, Straus, & Giroux.

Gartner. (2017). *The Gartner hype cycle*. Retrieved from http://www.gartner.com/technology/research/method-ologies/hype-cycle.jsp

Gray, L., Thomas, N., & Lewis, L. (2010). *Technology in U.S. public schools: 2009*. Washington, DC: National Center for Education Statistics.

Hewlett Foundation. (2017). Retrieved from http://www.hewlett.org/strategy/open-educationalresources/

Kivunja, C. (2014). Theoretical perspectives on how digital natives learn. *International Journal of Higher Education*, 3 (1), 94–109.

Naismith L., Lonsdale P., Vavoula G., & Sharples, M. (2004). *Literature review in mobile technologies and learning*. Retrieved from https://www.nfer.ac.uk/ publications/FUTL15/FUTL15.pdf

National Council of Teachers of English. (2013). *A position statement, the definition of 21st century literacies*. Retrieved from www.ncte.org/positions-statements/ 21stcentdefinition

Obama, B. (2009). *Remarks by the president to the Hispanic chamber of commerce on a complete and competitive American education*. Retrieved from www.whitehouse. gov/the_press_office/ Remarks-of-the-President-to-the- United-States-Hispanic-Chamber-of-Commerce

Office of Educational Technology. (2017). *Reimaging the role of technology in education: The national education technology plan*. Retrieved from https://tech.ed.gov/ netp/. 78–79.

Online Safety and Technology Working Group. (2010). *The national telecommunications and information administration, youth safety on a living internet: Report of the online safety and technology working group*. Retrieved from https://www.ntia.doc.gov/legacy/reports/2010/ OSTWG_Final_ Report_060410.pdf

O'Reilly, T. (2005). *What is web 2.0: Design patterns and business models for the next generation of software*. Retrieved from www.oreillynet.com/pub/a/oreilly/tim/ news/2005/09/30/what-is-web-2.0.html

Park, Y. (2011). *A pedagogical framework for mobile learning: Categorizing educational applications of mobile technologies into four types*. Retrieved from http:// www.irrodl.org/index.php/ irrodl/article/view/791/1699

Patrick, S., Kennedy, K., & Powell, A. (2013). *Mean what you say: Defining and integrating personalized, blended and competency education*. Retrieved from http://www.inacol.org/ resource/mean-what-you-say-defining-and-integrating-personalized-blended-and-competency-education

Pink, D. (2008). *A whole new mind: Why right-brainers will rule the future*. New York, NY:

Penguin Group.

Rand Corporation (2014). *Bill and Melinda Gates Foun- dation early progress, interim research on personalized learning.* Retrieved from http://k12education. gatesfoundation.org/resource/early-progress-interim- research-on-personalized-learning/

Ray, K., Laufenberg, D., & Bjerede, M. (2016). *Guide to choosing digital content and curriculum.* Center for Digital Education. Retrieved from www.centerdigital.com

Reynard, R. (2007). *Hybrid learning: Challenges for teachers.* Retrieved from http://thejournal.com/Articles/2007/05/17/Hybrid-Learning-Challenges-for- Teachers.aspx

Sloan, W. (2009). *Creating global classrooms.* Retrieved from www.ascd.org/publications/newsletters/edu- cation-update/jan09/vol51/num01/Creating-Global- Classrooms.aspx

Staker, H., & Horn, M. (2012). *Classifying K - 12 blended learning the rise of K - 12 blended learning: Profiles of emerging models.* Retrieved from www.innosightinstitute.org/blended_learning_models

The Centre for Learning & Performance Technologies (C4LPT). (2016). *Four main headings.* Retrieved from http://c4lpt.co.uk/top100tools/best-of-breed

The Centre for Learning & Performance Technologies. (2016). *Best of breed 2016.* Retrieved from http://c4lpt. co.uk/top100tools/best-of-breed/

The World Bank. (2016). *China overview.* Retrieved from www.worldbank.org/en/country/china/overview

Tomlinson, C. A. (2001). *How to differentiate instruction in mixed-ability classrooms* (2nd ed.). Alexandria, VA: Association for Supervision and Curriculum Development.

U.S. Department of Education. (2017). *The national education technology plan, transforming American education: Learning powered by technology.* Retrieved from www.ed.gov/technology/netp-2010

U.S. Department of Education. (2017). *Reimagining the role of technology in education: 2017 national education technology plan update.* Retrieved from https:// tech.ed.gov/files/2017/01/NETP17.pdf

U.S.Department of Education. (2004). *What do we mean by innovation*? Retrieved from https://www2.ed.gov/about/offices/list/oii/about/definition.html

Vanourek,G. (2006).*A primer on virtual charter schools: Mapping the electronic frontier.* Retrieved from www.qualitycharters.org/images/stories/publications/ Issue_Briefs/IssueBriefNo10.

Vygotsky, L. (1962). *Thought and language.* Cambridge, MA: MIT Press.

Watson, J., Gemin, B., Evergreen Education Group, & Coffey, M. (2010). *The international association for K‐12 online learning (iNACOL), Promising practices in online learning: A parent's guide to choosing the right online program.* Retrieved from http://www.inacol.org/resource/promising-practices-in-onlinelearning-a-parents-guide-to-choosing-the-right-online-program

Weigel, M., & Gardner, H. (2009). *The best of both literacies.* Retrieved from www.ascd.org/publications/educational-leadership/mar09/vol66/num06/The-Bestof-Both-Literacies.aspx.

Wicks, M. (2010). *The international association for K‐12 online learning (iNACOL), A national primer on K‐12 online learning: Version 2.* Retrieved from http://www.inacol.org/wp-content/uploads/2015/02/iNCL_NationalPrimerv22010-web1.pdf

Zheng, B., Warschauer, M., Lin, C.-H., & Chang, C. (2016). Learning in one-to-one laptop environments: A metaanalysis and research synthesis. *Review of Educational Research, 86*(4), 1052‐1084.